THÉORIE DE LA LITTÉRATURE
sous la direction d'Andrea Del Lungo
25

L'Éducation sentimentale du roman

Ouvrage publié avec le soutien du département des littératures,
cultures et langues de l'université de Stanford

Margaret Cohen

L'Éducation sentimentale du roman

Traduction de Marie Baudry

Préface de Marie Baudry

PARIS
CLASSIQUES GARNIER
2022

Margaret Cohen, professeure de littérature comparée à l'université de Stanford, a notamment publié *Profane Illumination* consacré à Walter Benjamin, le multi-primé *The Novel and the Sea* ainsi que *The Sentimental Education of the Novel.* Elle va prochainement publier un essai consacré à l'histoire du film subaquatique ainsi qu'une *Cultural History of the Sea* en six volumes.

ISBN 978-2-406-12860-1 (livre broché)
ISBN 978-2-406-12861-8 (livre relié)
ISSN 2112-8790

L'ÉDUCATION SENTIMENTALE DU ROMAN, VINGT ANS APRÈS

J'ai beaucoup de chance d'avoir pour traductrice Marie Baudry, autrice de *Lectrices romanesques* : elle a su rendre avec précision et finesse l'argumentation que j'ai développée il y a vingt ans au sujet des contributions majeures que les romancières ont apporté au roman français dans la première moitié du dix-neuvième siècle. J'ai d'autant plus de chance que l'investissement féministe de Marie Baudry m'a encouragée à relire cette argumentation au prisme de la reviviscence récente du féminisme aux États-Unis. Lorsque j'avais écrit ce livre, je m'étais attachée à analyser le langage explicite des romancières sentimentales-sociales en prêtant surtout attention aux revendications économiques et politiques des femmes pour leurs droits à l'égalité et à l'existence dans le contexte où ces romans avaient été écrits. En relisant ces romans à la lumière du renouveau de la conscience féministe en 2019, je suis également frappée par l'attention subtile que ces romancières prêtent à l'affirmation sexualisée du pouvoir patriarcal dans la sphère privée autant que dans les sphères explicitement politiques de la vie de leurs personnages.

On peut comprendre de plusieurs façons ce renouveau récent de la conscience féministe aux États-Unis, en cette année 2019, et je ne pourrai toutes les exposer. Je voudrais surtout m'attarder sur un moment particulièrement éclairant, dont j'espère qu'il fera écho aux préoccupations des lectrices et lecteurs français, puisqu'il s'agit de l'émergence de #metoo. Cette émergence fait suite à l'élection de Donald Trump, président connu pour avoir maltraité verbalement, et peut-être même physiquement, des femmes, mais également pour avoir battu aux élections Hillary Clinton, candidate qui avait remporté la majorité des suffrages populaires. « Attrape-les par la chatte, tu fais ce que tu veux » (*Grab them by the pussy, you can do anything*) : les commentaires de Trump sur un enregistrement du Hollywood Access en 2005 sont connus. « La revanche de la chatte » (« *Pussy grabs back* ») ou « À ton tour d'être attrapé par la chatte » fut l'un des slogans apparus sur les pancartes brandies par les femmes au moment de la Marche des Femmes du 21 janvier 2017, marche qui fut « probablement la plus grande manifestation qui ait jamais eu lieu dans l'histoire américaine[1] ». Les femmes ont commencé à faire sortir de l'ombre les micro-agressions dont elles avaient été pendant trop longtemps la cible sur leur lieu de travail, dans la rue ou à la maison, soulignant que même le plus léger des effleurements ou qu'être l'objet d'une drague dont on ne voulait pas participait à la perpétuation de l'inégalité structurelle entre les sexes. En octobre 2017, le prédateur et producteur hollywoodien Harvey Weinstein fut publiquement mis en cause ; c'est à ce moment-là que le média social #metoo est apparu marquant l'apparition visible d'une solidarité entre les femmes. Que #metoo ait pu parler à tout le monde, à travers le réseau social Twitter, a prouvé que non seulement il manquait un mot pour dire les choses, mais également un concept suffisamment puissant pour permettre à celles et ceux qui sont en situation de dominé.e.s[2] – en grande majorité des femmes, mais pas seulement – d'identifier cette éternelle affirmation sexualisée du pouvoir jusque dans les plus éphémères et apparemment les plus courantes sphères privées des interactions sociales. Toutes ces transactions éphémères ont une histoire longue dont la plupart des femmes, qui ont grandi dans un système patriarcal, ont appris à ignorer ou à minimiser la forme et les effets.

Revenant à *L'Éducation sentimentale du roman* dans le sillage de #metoo, je n'ai pu qu'être frappée par le grand nombre de scènes de harcèlement et d'agressions présentes dans les romans écrits par les romancières que j'y convoque, depuis le viol et les violences domestiques, jusqu'aux attouchements et aux menaces plus vagues. Et bien que ces exemples fussent flagrants, j'ai également été frappée par ma propre réticence, au moment où j'ai écrit ce

---

1 Erica Chenoweth et Jeremy Pressman, « This is What We Learned by Counting the Women's Marches », *The Washington Post*, 7 février 2017, https://www.washingtonpost.com/news/monkey-cage/wp/2017/02/07/this-is-what-we-learned-by-counting-the-womens-marches/?noredirect=on&utm_term=.2b6a75c3c0bf : page consultée le 17 juillet 2019.

2 Sur le modèle de l'usage américain de « latinx » (pour latin.o et/ou latin.a), Margaret Cohen proposait de créer le terme de « dominx ». (*cf.* https://www.huffpost.com/entry/why-people-are-using-the-term-latinx_n_57753328e4b0cc0fa136a159, page consultée le 30 septembre 2019). De peur que l'allusion soit peu claire pour les locutrices et locuteurs francophones, j'ai préféré adopter une transcription ressemblant à celle de l'écriture inclusive (à la hauteur des points près) [NdT].

livre, devant l'affirmation subtile du pouvoir patriarcal. Je me suis particulièrement intéressée aux auteurs de la Monarchie de Juillet pour montrer combien la société française était responsable de son incapacité à tenir ses promesses quant à l'égalité et la liberté des femmes. Mais en donnant une tournure essentiellement politique aux aspirations et aux souffrances de personnages féminins, je n'ai pas assez insisté sur l'attention que ces romans ont pu porter aux micro-agressions ou à la résonnance psychologique que de telles micro-agressions ont pu avoir sur les personnages. Jusqu'où – me demandé-je à présent – n'avais-je pas été moi aussi endoctrinée par le patriarcat pour ne pas voir la myriade de représentations de la sexualisation du pouvoir, si subtiles qu'elles aient été ? Un tel aveuglement est une stratégie de survie, mais indique également qu'il manquait un concept pour prendre la mesure et asseoir solidement ce qui faisait l'objet d'une fin de non-recevoir, à l'égal de ce qui s'est passé avec #metoo.

#Metoo aurait ainsi bien pu être le cri de ralliement des héroïnes de bien des romans sentimentaux sociaux de la Monarchie de Juillet (et même des romans sentimentaux du début du siècle). C'est ainsi tout particulièrement le cas dans le roman qui fait l'objet de mon dernier chapitre : *Une Fausse Position* de Caroline Marbouty. Forcée d'écarter un certain nombre de prédateurs pour produire une pièce dont la première est un succès, l'héroïne, à la fin du roman, donne un banquet à l'issue de cette représentation. Lors de cette soirée, un personnage nommé Brice (en référence à peine voilée au dramaturge Scribe dans ce roman à clé que Marbouty écrit sur toute la coterie littéraire française de son temps), qui a contribué à la publication de la pièce de l'héroïne, se prépare à lui réclamer ce qu'il estime être son dû, en en faisant la conquête sexuelle. « Parlons vrai », lui répond Camille qui entend retarder le moment fatidique, « pour préparer l'avenir ». On peut lire le récit du banquet comme celui d'un cauchemar : les invités sont tous des personnages masculins ; tous ont aidé et harcelé Camille, que ce soit légèrement ou lourdement, tous moquent ou menacent à présent celle qui entend préparer le futur en « parl[ant] vrai ». Leurs réponses pourraient toutes se résumer à celle, manipulatrice, que lui fait Brice « à demi-voix » : « le futur… c'est bientôt… dans une heure ». Dans *Une Fausse Position*, sans lien de solidarité avec d'autres personnages féminins, Camille fait rejaillir l'hypocrisie, la turpitude et l' « infamie » des quiproquos qui entourent son succès sur les personnages masculins qui les lui ont infligés. Cette dernière conclut le banquet par un discours sur la vertu avant de devenir folle. R. D. Laing a justement observé que « la folie peut être une réponse parfaitement adéquate et rationnelle à un monde irrationnel ».

En 1999, j'expliquai que la « fausse position » qui donne le titre au roman de Marbouty pouvait se comprendre par « "la spécificité genrée" ("*gender specific*") des obstacles qui entravent les femmes en un siècle qui leur promettait que les carrières s'ouvriraient à tous les talents » (p. 273). En 2019, cette explication me semble beaucoup trop prudente et pourrait être reformulée en montrant la façon dont la structure patriarcale de la société française, telle qu'elle est dépeinte dans *Une Fausse position*, comme dans bien d'autres romans sentimentaux sociaux, s'infiltre dans le moindre aspect de la vie des personnages. Si ces romans prétendent montrer la dépossession et la violence induites par des lois injustes, ils s'occupent également de peindre la détresse émotionnelle causée par ce qui était alors considéré comme une calomnie ou un préjugé, et que l'on considérerait aujourd'hui être des micro-agressions. De telles micro-agressions s'attaquent autant à des femmes qui tentent de gagner leur vie par elles-mêmes, comme la Camille de Marbouty, qu'à celles qui bravent la censure sociale qui frappe le divorce, même légalisé, comme dans *Settimia* d'Hortense Allart, ou encore à celles qui souffrent d'un mari tyrannique comme dans *Indiana* de George Sand.

Tout en montrant comment le pouvoir s'impose par le sexe, les romancières sentimentales sociales se sont trouvées prises à leur tour au piège de ce que l'on appellerait aujourd'hui aux États-Unis le « consentement affirmatif » (*affirmative consent*[3]). Depuis cinq ans environ s'est en effet développé aux États-Unis un discours sur le consentement affirmatif dans les relations sexuelles, qui a précédé, et peut-être préparé la voie pour #metoo, lequel a sans doute connu un essor d'autant plus impressionnant que la question du viol sur les campus universitaires était déjà présente dans le débat[4]. La Californie est ainsi le premier État à

3 C'est la traduction que l'on trouve dans la presse francophone, *cf.* https://www.letemps.ch/culture/sexe-1ere-consentement-affirmatif ; http://sexe.blog.lemonde.fr/2017/11/10/2741/ ; https://www.lalibre.be/debats/opinions/le-consentement-affirmatif-tout-le-monde-n-est-pas-d-accord-59f34cb1cd703cdd751c8708 ; https://www.lesinrocks.com/2016/07/news/universite-us/ ; pages consultées le 30 juillet 2019.

4 Voir Eleine Zimmerman, « Campus Sexual Assault : A Timeline of Major Events », *The New York Times*, 22 juin 2016, https://www.nytimes.com/2016/06/23/education/campus-sexual-assault-a-timeline-of-major-events.html, page consultée le 19 juillet 2019.

avoir signé, en 2014, une loi requérant un « consentement affirmatif », à savoir une affirmation explicite des deux partenaires désirant avoir des relations sexuelles. La philosophe féministe Geneviève Fraisse rappelle cependant dans sa magistrale interrogation de l'histoire du consentement, dans *Du Consentement* (2007), que le consentement ne saurait être compris en dehors de la structure sociale dans laquelle le geste de consentir a lieu. Ces structures sociales limitent l'effectivité d'un consentement affirmatif, encore aujourd'hui. Dans le roman sentimental social, ces structures forment la cage dans laquelle tournent en rond les personnages, incapables de trouver comment en sortir, même lorsqu'ils tentent de faire entendre leur consentement pour donner forme à leur liberté individuelle.

Lire de près le roman de George Sand, *Indiana*, offre un bon exemple de ce que sont la destruction causée par les micro-agressions et la faillite du consentement affirmatif. *Indiana* est l'un de ces romans célèbres qui mériterait d'entrer dans la liste des grands textes de la littérature mondiale, plutôt que de ne rester connu que du seul cercle des spécialistes du XIXe siècle. Les scènes de conflit matrimonial sont ainsi au croisement de ces deux manifestations chaque fois qu'Indiana doit faire face à son mari violent, ancien soldat napoléonien, le Colonel Delmare. C'est ainsi le cas, au niveau du dialogue autant que de l'action, dans cette scène terrible qui nous montre Delmare, furieux de la possible infidélité d'Indiana et de son refus de le suivre sur l'Île Bourbon. À l'opposé des menaces de son époux, Indiana parle le langage de la liberté individuelle, allant jusqu'à évoquer un discours abolitionniste : « La loi de ce pays vous a fait mon maître. Vous pouvez lier mon corps, garrotter mes mains, gouverner mes actions. Vous avez le droit du plus fort, et la société vous le confirme ; mais sur ma volonté, monsieur, vous ne pouvez rien. » Ce à quoi son époux lui répond : « Taisez-vous, sotte et impertinente créature ; vos phrases de roman nous ennuient » (p. 232). La dispute continue et Delmare broie la main de son épouse rien qu'en la serrant « entre son index et son pouce ». Il eût pu la blesser encore d'avantage sans l'intervention providentielle du cousin Ralph. Autrement dit, la liberté d'Indiana est tout à la fois limitée et concédée par le système patriarcal – qu'il s'agisse d'un côté de la domination violente qu'exerce son mari, de l'autre la présence attentive et apparemment bienveillante, mais non moins insidieuse, de son cousin Ralph.

En 1999, je mettais en avant dans les romans sentimentaux sociaux les revendications explicites des femmes en matière d'égalité sociale, juridique et économique ; selon la perspective de 2019, ce qui me paraît présent partout même si ce n'est jamais explicitement crié sur tous les toits, c'est leur attention tant à #metoo qu'aux pièges du consentement affirmatif. Le syntagme « j'y consens » (p. 312) que prononce finalement Indiana à la fin du roman peut en effet apparaître comme une forme d'acquiescement désespéré à la mort plutôt que comme l'affirmation d'une liberté. Maintenant que son mari est mort et que son séducteur l'a éconduite, Indiana peut désormais endurer les avances de son cousin plus âgé qu'elle. Le narrateur fait de lui un être noble alors même que Ralph est à l'affût d'Indiana depuis le début du roman, et qu'il n'hésite pas à utiliser le chantage affectif lors du dénouement. Indiana finit par consentir au double suicide qu'il lui propose « mettant sa main dans celle de Ralph en signe de pacte » (308). Au lieu de respecter sa volonté, Ralph camoufle, sous le désir de trouver un lieu suffisamment romantique pour l'accomplissement de leur suicide, toute une intrigue pour amener Indiana à l'épouser.

Sand attire l'attention des lectrices et lecteurs sur la force d'expression féministe de la faiblesse d'Indiana autant que sur sa défiance, dans la préface qu'elle donne à son roman en 1842. Il ne lui faut que deux phrases pour que plaider la cause d'un « chétif être » tel que la frêle Indiana, revienne à plaider celle de « la moitié du genre humain », c'est-à-dire, « du genre humain tout entier » (p. 46). Mais dans le même temps, quand bien même Sand nous montre combien Indiana est prisonnière de chacune de ses relations, que ce soit avec son mari, son séducteur, ou encore son cousin, son roman manque d'un concept comme ceux offerts par #metoo. « Phrases de romans » : c'est ainsi que Delmare juge les propos d'Indiana sur la liberté. Cet usage péjoratif de ce qui est « romanesque » joue contre Delmare en nous montrant que ce qui est en jeu dans des romans comme *Indiana*, c'est bien de révéler toutes les nuances de ces agressions micropolitiques, quand bien même il manque les concepts pour en nommer les procédés.

La capacité du roman sentimental social à montrer sans les nommer les structures de la domination est d'autant plus importante que cette mise en tension donne forme à son esthétique. Depuis la perspective de 2019, mon enquête sur les codes de ce sous-genre s'enrichirait d'une description de son atmosphère. En effet, les « *affect studies* », cette approche critique de la littérature qui est apparue ces vingt dernières années aux États-Unis, après que j'ai publié *L'Éducation sentimentale du roman*, ont permis à la lecture critique d'être attentive à cette question de l'atmosphère. Mêlant leur intérêt pour l'histoire des émotions à celui pour les processus cognitifs, les *affect studies* ont esquissé le tableau des subtiles variations d'intensité de la lecture : ce que Rita Felski appelle la « néophénoménologie des textes[5] ». L'atmosphère propre aux romans sentimentaux sociaux, emplie d'inquiétude et de menace, est ainsi de celles qui dérangent en mettant mal à l'aise la lectrice et le lecteur.

La souffrance des personnages féminins, leur faiblesse physique, sont pour beaucoup dans cette atmosphère, les attitudes menaçantes des personnages masculins tout autant. Il est encore plus intéressant de voir de quelle façon les oppositions entre souffrance et menace irriguent les moindres détails de ces romans, que ce soit dans la structuration, les comportements ou encore dans le langage qui leur est propre. Comme l'a bien remarqué Naomi Schor, grande lectrice de Sand, et qui fit tant pour ouvrir les textes des romancières françaises du XIXe siècle à l'analyse théorique, le détail est précisément ce que, tout au long de l'histoire de l'esthétique, on a associé au « féminin ». En mettant côte à côte son travail sur le détail et celui sur Sand, nous pouvons constater combien Sand, comme tant d'autres romancières qui ont étudié et dépeint de près les subtiles rouages des transactions entre les genres/sexes, met en œuvre ce qui a pu parfois être perçu comme une attention péjorativement genrée au détail pour créer une esthétique féministe[6].

Relisons par exemple la scène d'ouverture d'*Indiana* : tous les personnages sont réunis, à la campagne, un paisible soir d'hiver, autour de l'âtre. Mais au lieu de félicité domestique, Sand nous dépeint une scène où plane une menace silencieuse et inquiétante sur son héroïne Indiana : pâle et triste, âgée de dix-neuf ans seulement, elle fait face à son mari beaucoup plus âgé, brutal et colérique, ancien colonel sous Napoléon, qui fait les cent pas sans répit. Le grand art du détail de Sand se déploie lorsque Delmare ordonne qu'on mette dehors le chien d'Indiana, son « beau griffon ». Indiana frissonne tandis que son chien

---

5 Rita Felski, *The Limits of Critique*, Chicago, Chicago University Press, 1999, p. 191.

6 Voir Naomi Schor, *Reading in Detail (Lecture du détail)* et *Idealism in the Novel : Recanonizing Sand.*

se couche à ses pieds, « fermant les yeux, laissant échapper d'avance des cris de douleur et de crainte » (p. 54) de peur d'être frappé par le fouet de poche de Delmare. Le Colonel n'aura pas même besoin de frapper le chien – la menace suffit – car, comme le rappelle sa femme, il lui a déjà tué son épagneul. Ayant anticipé le coup, Indiana a accueilli son chien auprès d'elle, dans un frémissement presque imperceptible, en devenant plus pâle encore que d'habitude : « Son sein se gonfla convulsivement, et tournant ses grands yeux vers son mari avec une expression d'effroi indéfinissable », elle plaide pour son chien : « De grâce, monsieur [...], ne la tuez pas ! ». Une telle scène mériterait qu'on ajoute une section à ma description des codes du roman sentimental social, que l'on pourrait intituler « Une expression d'effroi indéfinissable » et qui prendrait place quelque part entre la section « Victime d'une loi injuste » (p. 218) et « D'énormes monceaux de fumier » (p. 232) au chapitre trois.

La résonnance que font entendre des romans sentimentaux sociaux comme *Indiana* avec l'histoire continue des luttes féministes pour faire sortir de l'ombre les inégalités est une raison suffisante, bien que décourageante, de continuer à les lire aujourd'hui. Une autre bonne raison est celle que j'invoque dans *L'Éducation sentimentale du roman* au sujet de la responsabilité qu'a l'historien de la littérature dans le récit qu'il donne de la place de ces mêmes romans dans la constitution du champ littéraire de cette époque. En vingt ans, depuis la parution de *The Sentimental Education of the Novel*, la révolution numérique a profondément simplifié l'accès à ces textes, comme à toute la masse d'une « littérature sous-étudiée » (*understudied literature*[7]). Quand j'ai lu des romans sentimentaux sociaux pour la première fois dans les années 1990, ils étaient tellement difficiles à trouver que je doutais que leur existence pût aller au-delà de la pure curiosité historique. La plupart se trouvaient à la Bibliothèque Nationale et portaient la mention « *hors d'usage**[8] », pour reprendre ce terme propre au monde des bibliothèques pour désigner un ouvrage trop fragile pour être lu dans la principale salle de lecture, du temps où celle-ci se trouvait encore rue de Richelieu. Les livres hors d'usage faisaient alors l'objet d'une consultation spécifique, dans l' « *hémicycle** » de la « *réserve** », un petit espace étroit et renfermé situé derrière le bureau

7 J'ai développé ce concept de « littérature sous-étudiée » et les différentes raisons de leur non-lecture dans mon article « Narratology in the Archive of Literature ».

8 L'italique suivi d'un astérisque désigne les termes en français dans le texte (NdT).

principal, où l'on n'avait le droit, même dans les années 1990, de ne prendre des notes que muni de feuilles et d'un crayon à papier. Prendre des notes se révélait alors un travail de longue haleine, puisque la plupart du temps, il était interdit de photocopier ces romans, soit parce que leur dos était trop rigide, soit au contraire parce qu'il était inexistant. L'essor du papier à bon marché et des livres collés à l'époque de leur impression avait certes permis la démocratisation de la littérature mais, dans leur vie ultérieure, cela a joué contre leur conservation et leur circulation. Aujourd'hui, si je consulte le site du catalogue en ligne Worldcat, je puis en quelques clics seulement trouver la trace des nombreux textes écrits par l'une de ces romancières oubliées dont je parle dans mon livre, comme par exemple ceux de Camille Bodin (nom de plume de Jenny Bastide), ses publications romanesques, les dates des réimpressions de ses ouvrages, et dans certains cas, les traductions de ceux-ci[9]. Et l'on trouve les versions numérisées des comptes rendus de ses œuvres sur Gallica, venant confirmer que celles-ci étaient lues et discutées en leur temps, en dépit de leur relégation dans des zones obscures par la suite.

Quand j'ai écrit *L'Éducation sentimentale du roman*, j'ai proposé le concept du « Grand non-lu » (*the great unread*) comme alternative possible à l'opposition entre littérature canonique et littérature non canonique. Ce concept, que j'avais formulé en ayant en tête tout à la fois la terminologie qui désigne et dénigre les masses (« *the great unwashed* » désigne en anglais les « prolos » et signifie littéralement la masse des non-lavés) et celle qui désigne les vampires (« *the undead* ») a circulé depuis chez les chercheurs, avec l'usage qu'en fait Franco Moretti dans ses « Conjectures sur une Littérature Monde ». Suivant l'usage qu'en fait Moretti et son goût pour les méthodes numériques, le « Grand non-lu » est tout particulièrement utilisé par les universitaires qui utilisent des outils numériques à destination de la littérature sous-étudiée. Le rôle accordé à la lecture dans de telles analyses est devenu source de débats, Moretti soutenant de façon provocatrice que nous devrions désormais moins lire et davantage compter.

Les méthodes quantitatives sont bien sûr irremplaçables pour élargir notre compréhension de l'histoire littéraire par-delà le canon, ainsi que pour mettre en lumière les failles et les anomalies, tout ce qui ne

9 https://www.worldcat.org/search?qt=worldcat_org_all&q=jenny+bodin, page consultée le 29 juillet 2019.

colle pas avec les récits dominants. Mais dans le même temps, l'un des paradoxes de ces outils numériques vient de ce qu'au moment même où ils démocratisent l'accès à tout un large éventail d'expériences relatées par la littérature, ils ont également en puissance la capacité de couper les lecteurs de leur engagement avec ce contenu nouvellement accessible. Comme je l'ai déjà montré dans « Narratology in the Archive of the Literature », une telle littérature contient seulement la possibilité de transformer – et dans le cas de mon livre, de créer – une représentation plus juste et plus égalitaire des acteurs réels du champ littéraire de la Monarchie de Juillet, si l'on veut bien mettre en jeu et en question son étrangeté et sa différence. La façon dont la condition des femmes peut modeler l'esthétique du roman sentimental social, depuis son contenu jusqu'à son atmosphère, n'est qu'un exemple de ce pourquoi ce n'est qu'à travers des actes de lecture que le grand non-lu peut revenir à la vie – et de tout ce que nous avons à gagner à être attentif à leur expression.

Margaret COHEN
Stanford, Paris, juin 2019

HISTOIRE ET CRITIQUE LITTÉRAIRES AU PRISME DU FÉMINISME[1]

Mon propos partira d'un constat simple : celui d'une double invisibilité.

Invisibilité, dans l'histoire littéraire, récente ou ancienne, de la masse des autrices, de grands noms de femmes romancières, poétesses, ou dramaturges. Qui, pour ne citer quelques noms de femmes qui furent célèbres en leur temps, à la fin du XVIIIe siècle, ou au début du XIXe, qui, hormis quelques spécialistes et érudit.e.s, connaît les noms de Constance de Salm, Sophie Cottin, Isabelle de Charrière, Mme de Duras, Sophie Gay, Delphine de Girardin… ? Seuls les noms de Mme de Staël et de George Sand, pour parcourir le même spectre temporel, surnagent dans cet océan d'oubli. Et encore ne lit-on que peu ces deux dernières, et ne les enseigne-t-on pratiquement jamais en France.

Invisibilité également, pour l'instant, de celles (et plus rarement ceux) qui ont tenté d'établir les conditions rendant possibles la réception et la réintégration de cette part oubliée de l'histoire littéraire : qui connaît, hormis des spécialistes qui aiment à lire en anglais, les noms, parmi tant d'autres, de Naomi Schor, Nancy K. Miller, Margaret Waller, Joan DeJean ou encore Margaret Cohen, dont il sera largement question ici, quand pourtant chacune aura produit une étude de renom sur la littérature française, dont le seul tort est d'avoir été publié en anglais outre atlantique ?

1 Une première version de cet article a été élaborée à l'occasion du Colloque interdisciplinaire international « Plein feux sur les femmes (in)visibles », organisé par Elsa Chaarani, Laurence Denpooz et Sylvie Thieblemont à l'Université de Lorraine les 22 et 23 novembre 2018 – Nota Bene : aucun choix terminologique ou grammatical systématique dans ce texte. On lira parfois auteure, parfois autrice, parfois le respect des préconisations de l'écriture inclusive, et parfois pas. Cette indécision voulue voudrait participer à la liberté grammaticale et conceptuelle qui s'élabore aujourd'hui. – À l'heure où ce texte en était à sa version définitive, on annonçait la parution de *Femmes et littérature. Une histoire culturelle* (Paris, Folio essais, 2 vol., 2020), dirigé par Martine Reid. Je regrette de n'avoir pu l'inclure à cette étude.

C'est cette double invisibilité que je voudrais interroger ici, à l'orée d'un grand texte, celui de Margaret Cohen[2], et d'un espoir – celui que traductions et publications contribuent à rendre caduc ce constat d'invisibilité ; cette interrogation, qui se concentrera sur le début du XIXe siècle, est simple[3] : comment comprendre cette invisibilité ? Doit-on faire quelque chose ? Et si oui, que faire, comment, et pourquoi ?

Car cette double invisibilité peut se comprendre de deux façons au moins, et il me semble que cette double compréhension doit être à reconsidérer chaque fois que l'on examine une autrice singulière qui aura été minorée et effacée : il peut s'agir d'un mouvement orchestré, plus ou moins « volontairement » (c'est l'un des points à éclaircir) de la part des « dominants » (qu'il faudra nommer) selon deux stratégies : soit par ignorance et oubli involontaires, lesquels aboutissent à une forme d'invisibilisation ; soit selon une pratique volontaire d'effacement, par une série de dénigrements, de stratégies visant à faire taire, à minorer et finalement à annuler. Soit qu'il s'agisse également d'un mouvement volontaire en partie effectué par les actrices et acteurs soumis.e.s à cet effacement : les stratégies des romancières qui, dans leurs préfaces, tentent d'excuser leur prise de parole et le sérieux de leur entreprise pour en permettre la publication et contrer par avance les attaques, peuvent être lues comme des stratégies qui, à long terme, ont assuré la non-pérennité de leur œuvre. C'est en partie ce que montre Amélie Legrand dans *Des romancières sous la Restauration*[4].

Quoi qu'il en soit, les faits sont tenaces, et alors que l'on sait que les romancières au début du XIXe siècle sont nombreuses et produisent sans doute autant que les hommes[5], qu'elles sont par ailleurs encensées

2 Au texte de Margaret Cohen ici publié, il faudrait ajouter celui de « Narratology and the History of the Archive », *Representations*, n° 108(1), novembre 2009, p. 51-75.

3 Cette concentration sur le XIXe siècle, que l'on retrouvera tout le long de ce texte, peut s'expliquer diversement : d'abord parce que c'est la période dont s'occupe tout l'essai de Margaret Cohen, mais plus largement aussi parce que c'est un siècle qui configure encore pour une grande partie la façon que nous avons de comprendre la littérature, les genres, les mouvements, et plus largement la politique, la démocratie. Le XIXe siècle est le laboratoire de la critique telle que nous la connaissons, de l'histoire littéraire et de l'établissement du canon qui est encore, pour partie, le nôtre.

4 Amélie Legrand, *Des romancières sous la Restauration. Genre et réception*, Paris, Classiques Garnier, coll. « Masculin/Féminin dans l'Europe moderne », 2018.

5 *Cf.* Margaret Iknayan, *The Idea of the Novel in France : the Critical Reaction*, Genève, Droz, 1961, p. 30 : « The *roman de femme* has a continuing popularity, especially during the Restoration, and the list of more obscure women novelists is endless. Among those named,

par une partie de la critique (il n'y a qu'à voir les propos élogieux de Sainte-Beuve à l'égard de beaucoup d'entre elles dans ses *Causeries du lundi* et dans ses *Portraits de femmes*[6]), il n'en reste pas moins que les histoires littéraires et autres manuels n'en font pas cas.

L'explication fréquemment invoquée et évidemment machiste expliquait ce phénomène facilement : si toutes ces femmes n'ont pas été retenues par l'histoire littéraire, c'est que leurs œuvres étaient épisodiques, inconsistantes, trop légères[7], c'est que les conditions n'étaient pas favorables à leur émergence comme génie, et puis c'est un problème que bien des œuvres d'hommes ont connu elles aussi – qui connaît encore Pigault-Lebrun ou Paul de Kock ?

Cette explication ne saurait plus valoir désormais : en admettant même que les œuvres de ces femmes aient été de moindre importance (reste à savoir qui décide (et comment) de « l'importance » d'une œuvre, qui fabrique les histoires littéraires, les canons, en somme qui fabrique les critères de sensibilité esthétique), on ne saurait effacer l'histoire telle qu'elle fut, à savoir, pour le début du XIXe siècle notamment, celle d'un accroissement considérable du nombre des romancières, au point que les romanciers doivent souvent lutter pour se faire une place dans ce champ littéraire[8]. C'est donc bien qu'il y a eu là invisibilisation de

---

Mme Cottin stands out as being particularly estimed ». La lecture d'aujourd'hui ne peut évidemment qu'entendre le discret mépris d'Iknayan quand elle évoque « la liste sans fin des romancières obscures »…

6 Charles-Auguste Sainte-Beuve, *Portraits de femmes*, nlle édition, Paris, Garnier Frères, 1870, comprenant les portraits de Mme de Sévigné, Mme de Staël, Mme de Duras, Mme de Souza, Mme de la Fayette, M. de la Rochefoucauld, Mme de Longuevile, Mme Roland, Mme des Houlières, Mme de Krüdner, Mme Guizot, etc., etc.

7 Marguerite Iknayan, *The Idea of the Novel in France*, *op. cit.*, citation de Auger, *Mélanges philosophiques et littéraires* (1828), II, 359, p. 53 : « Je suis d'avis qu'elles fassent leurs romans et leurs chiffons : le temps viendra peut-être bientôt où l'homme qui fera un roman sera aussi ridicule que ceux qu'on voit aujourd'hui faire des robes et des bonnets » ; ou bien Chénier : « Après la critique vulgaire, rien n'est plus facile qu'un roman médiocre : aussi les femmes du monde, qui ne sont pas en même temps des femmes de lettres, des femmes aimables, qui ont négligé l'étude de l'orthographe pour donner plus de temps à la composition, font et traduisent des romans. Le but ordinaire de ce travail est d'obtenir du succès en société ; par malheur, en littérature, ils ne sont le plus souvent que ridicules »

8 *Cf.* les analyses de Bourdieu sur le champ littéraire au début des *Règles de l'art*, mais surtout les constats établis, que ce soit par le texte de Parent-Lardeur sur *Les Cabinets de lecture* ou bien encore par Marguerite Iknayan sur la réaction critique au début du XIXe siècle.

tout un pan de l'histoire littéraire, et qu'au moins on devrait œuvrer à rétablir l'histoire telle qu'elle fut.

Aussi souhaiterais-je esquisser ici les façons de s'y prendre pour rétablir une histoire qui tentât d'être plus conforme à ce qui a été le réel de l'histoire littéraire en un temps donné (autrement dit, il sera question d'une histoire littéraire qui ne privilégierait plus les « chefs-d'œuvre », mais au contraire une forme de reconstitution du champ littéraire en un temps donné, dans sa pluralité, en partie à l'instar du travail ouvert par Franco Moretti[9]), autant que les conséquences que peuvent avoir les différentes stratégies que l'on verra mises à l'œuvre dans des travaux très différents.

Je voudrais proposer ici de distinguer quatre grandes options théoriques, qui ne sont pas à opposer les unes aux autres, mais qui se rencontrent souvent. Quatre chemins, qui forment une façon sans doute partiale et discutable de considérer les différents travaux critiques féministes qui auront permis de reconsidérer les œuvres de femmes depuis les années 1980, mais qui voudraient aussi offrir une forme de clarification et de compréhension des enjeux de l'histoire littéraire féministe récente. Quatre chemins qui seront aussi et surtout une façon d'envisager la place singulière que le travail de Margaret Cohen me semble occuper dans ce champ de la critique.

Premier chemin : CONSTATER. Une partie de la critique, de l'histoire littéraire se doit de faire le constat de l'effacement, pour rétablir la vérité, les faits, afin d'écrire une Histoire moins partiale et moins oublieuse.

Second temps : ACCUSER. Autrement dit, montrer les stratégies actives, dans les discours, c'est-à-dire dans les représentations, et donc dans la constitution d'un univers symbolique de l'effacement des œuvres de femmes : comment s'est fabriqué le « canon » très largement masculin, adoubant certains genres, certaines œuvres, au détriment d'autres. Accuser, c'est-à-dire accuser la fabrique de la littérature canonique d'être une fabrique partiale et partielle.

---

9 Le travail de Franco Moretti est notamment connu en France par la traduction de *La letteratura vista da lontano* (publié en 2005 en Italie) et de son *Atlante del romanzo europeano* (Einaudi, 1997). *Cf. Graphes, cartes et arbres. Modèles abstraits pour une autre histoire de la littérature*, Paris, Les Prairies Ordinaires, 2008 et *Atlas du roman européen*, Paris, Le Seuil, 2000. Il a dirigé la grande somme pour une histoire et une théorie mondiale du roman, non traduite en français et intitulée *Il Romanzo* (Einaudi, 2000-2003, 5 vol., traduit en anglais, *The Novel*, Princeton University Press, 2006, 2 vol.)

Troisième temps : RÉHABILITER. Passé le temps du constat et de l'accusation : tenter de comprendre comment redonner à ces textes oubliés une nouvelle vie ? Comment réparer la construction fautive de l'histoire littéraire ?

Quatrième et dernier temps : DÉPLACER, pour reprendre le terme fécond de Joan DeJean et de Nancy K. Miller[10], ou pour le dire autrement, opérer un déplacement interprétatif, proposer une nouvelle herméneutique. Ce que cela engage, c'est à un changement de notre regard et de nos critères d'évaluation esthétique, un changement de nos habitudes de lecture, une façon de nous réapprendre à lire. C'est à mon sens le pari le plus risqué, mais aussi le plus stimulant, parce qu'il pourra apparaître comme ce qui pourrait chapeauter l'ensemble des autres opérations en leur donnant une raison supérieure. C'est là notamment que le travail de Margaret Cohen me semble prendre tout son sens.

CONSTATER

Le constat, c'est avant tout une affaire d'historiens et d'historiennes de la littérature comme fait social, plutôt que de critiques, théoricien. ne.s ou historien.ne.s de la littérature « tout court ».

Je prendrai un exemple, parlant me semble-t-il. Quand Françoise Parent-Lardeur, historienne s'inscrivant dans le sillage de l'Histoire sociale et culturelle – celle de l'édition et du livre telle qu'elle a été renouvelée et conduite à l'EHESS par Roger Chartier –, étudie l'un des hauts-lieux du monde du livre de la première moitié du XIXe siècle, à savoir les cabinets de lecture, elle dresse un panorama de la littérature bien différent de celui que nous ont transmis l'école et l'université (qui ne sont, pour l'histoire littéraire, que les autres noms des hauts-lieux de fabrication et de transmission du canon officiel) :

> Selon les maîtres de lectures, voici la liste des noms d'auteurs sélectionnés comme les plus connus : Mme de Genlis et Walter Scott ; puis Mmes de

10 Ce terme est un clin d'œil au travail dirigé par Nancy K. Miller et Joan DeJean intitulé *Displacements* et dont il sera question un peu plus loin.

> Montolieu, Guénard de Méré, de Flahaut de Souza et Cottin, MM. Pigault-Lebrun et Auguste Lafontaine, Mme Barthélémy-Hadot et Mme Radcliffe ; Fenimore Cooper, Ducray-Duminil, Mme Gottis, le comte d'Arlencourt, MM. Victor Ducange, de Dinocourt, Paul de Kock, Picard ; Enfin, Mme de Choiseul-Meuse[11].

L'historienne constate ensuite que les noms de Chateaubriand, Mérimée et Hugo ne figurent absolument pas et que le nom de Balzac ne figure que sous ses pseudonymes de Lord'Rhoone et de Horace de Saint-Aubin (ce qui est assez normal au vu de la période étudiée).

Autrement dit, ce que Françoise Parent-Lardeur montre ici, c'est la parfaite disjonction entre la réalité du marché éditorial de 1815 à 1830, et ce que l'histoire littéraire en aura retenu. Au sein de cette disjonction, ce que l'on remarque, c'est la présence à égalité (pour ne pas dire majoritaire en ce qui concerne les premières) des romancières et des romanciers, des autrices et des auteurs. Tout un pan de l'histoire littéraire, de sa réalité, est ici rendu, par la bande, au travers d'une étude historique qui ne prétend pas réhabiliter les femmes qui écrivent.

C'est donc que l'histoire littéraire peut s'ouvrir à d'autres sources qu'à la transmission d'un canon globalement inchangé depuis la IIIe République : les emprunts aux cabinets de lecture, les catalogues de libraire éditeur (par exemple celui de Pigoreau[12], toujours pour la même période), ou encore les recensions critiques[13] sont des sources sans pareil pour décrire une certaine réalité de la vie littéraire d'une époque donnée.

---

11 Françoise Parent-Lardeur, *Les Cabinets de lecture : la lecture à Paris sous la Restauration*, Paris, Payot, 1982, p. 157. Cet ouvrage important a été réédité sous le titre, *Lire à Paris au temps de Balzac. Les Cabinets de lecture à Paris, 1815-1830*, Paris, EHESS, coll. « Recherches d'histoire et de sciences sociales », 1999.

12 *Cf.* notamment chez Margaret Cohen, relisant Balzac et *Illusions perdues*. Voir *supra*, p. 69 *sq*. La *Bibliographie biographico-romancière ou Dictionnaire des romanciers tant anciens que modernes, tant nationaux qu'étrangers ; Avec un mot sur chacun d'eux, et la Notice des romans qu'ils ont donnés, soit comme auteurs, soit comme traducteurs ; précédé d'un Catalogue des meilleurs romans publiés depuis plusieurs années, et suivi de tableaux propres à en faire connaître les différents genres, et à diriger dans le choix des ouvrages qui doivent faire la base d'un Cabinet de lecture* de Pigoreau est ainsi accessible sur Gallica, https://gallica.bnf.fr/ark:/12148/bpt6k108408n?rk=21459;2 (page consultée le 19 septembre 2019).

13 Voir le travail de Marguerite Iknayan, déjà cité, qui initie ce mouvement, quand bien même sa lecture adopte les mêmes positions de défiance à l'égard des romancières et du roman sentimental qu'une partie de la critique qu'elle étudie. *Cf.* surtout l'usage que fait Margaret Cohen de ce matériau qui constitue pour une large part le corpus secondaire de son essai.

ACCUSER

À partir de ce constat, on ne peut qu'en conclure qu'il y a eu un effacement : le canon littéraire, tel qu'il nous a été transmis, est largement oublieux d'une réalité. Et cet oubli, pour une bonne part, participe non pas d'une maladresse ou d'une omission involontaire, mais d'une stratégie d'occultation et de dénigrement.

Le travail qui s'impose alors, et ce sont souvent des théoriciennes féministes de la littérature qui s'en sont chargé, est un travail de mise en accusation : mise en accusation, notamment, de la construction de représentations différenciées, qui aboutissent au dénigrement ou au rabaissement systématique, lesquels s'attaquent à différents fronts : dénigrement de l'autrice en tant qu'elle est femme, alors que les femmes ne devraient pas se piquer d'écrire ; dénigrement également des productions littéraires des femmes, jugées des productions mineures (trop sentimentales, trop intimes, trop légères, trop peu sérieuses ; ainsi le roman épistolaire, le journal, la lettre, une certaine poésie lyrique seront longtemps comme des genres mineurs, et « féminins[14] »).

Accuser, c'est donc d'abord montrer comment se sont constitués le discours et les représentations qui ont permis d'écarter du canon les œuvres de femmes.

Une grande figure française s'impose en la matière : Christine Planté. Son travail majeur et pionnier en France, *La petite Sœur de Balzac* (1989)[15], porte un titre qui peut être lu comme une forme d'hommage et de clin d'œil à la fiction que proposait Virginia Woolf dans *Une Chambre à soi*[16] :

---

14 Voir les travaux, majeurs, de Christine Planté : *George Sand critique (1833-1876)*, Tussot, éditions du Lérot, 2007 ; et sous sa directions : *L'Épistolaire, un genre féminin ?*, Paris, Honoré Champion, 1998 ; *Femmes poètes du XIXe siècle. Une Anthologie* (1998), Lyon, P.U.L., 2010 ; *Masculin-Féminin dans la poésie et les poétiques du XIXe siècle*, Lyon, P.U.L., 2002 ou encore avec Dominique Fougeyrollas-Schwebel et Michèle Riot-Sarcey, *Le Genre comme catégorie d'analyse : sociologie, histoire, littérature*, Paris, Turin et Budapest, L'Harmattan, 2003.

15 Christine Planté, *La petite Sœur de Balzac*, Paris, Seuil, coll. « Libre à elles », 1989 (réédition revue et augmentée, Lyon, P.U.L., 2015).

16 Virginia Woolf, *Une Chambre à soi* (*A Room of One's Own*, 1929), trad. Clara Malraux, Paris, Christian Bourgois, 10/18, 1992, p. 70 *sq.* : « Laissez-moi imaginer, puisque les faits précis sont si difficiles à établir, ce qui serait arrivé si Shakespeare avait eu une sœur

celle de la petite sœur de Shakespeare, dramaturge méprisée, qui « se tua par une nuit d'hiver » (p. 73).

Ce qu'étudie Christine Planté, ce n'est pas une réalité : « la femme auteur [...] n'existe pas, j'entends, comme *réalité* historique. Il y a des femmes qui écrivent des livres, bons ou mauvais » (p. 13), mais une représentation : « Mais *la* femme auteur est un personnage, un *type*, où s'investissent les idéologies et les fantasmes du XIXe siècle, qui l'a inventée. » (p. 13). Selon C. Planté, cette figure type permet de regrouper toutes les femmes auteurs dans un même panier qui les discrédite : « ce personnage vaniteux et futile cache un enjeu d'importance, tant il est décisif de confondre à travers lui toutes les femmes auteurs en une unité indistincte, pour discréditer les unes au nom de la médiocrité ou de la vanité des autres, et pour mieux finalement les rejeter toutes ensemble dans un en-dehors de la littérature » (p. 14). Cette image de la femme auteur va se résumer en un mot, qui est aussi une image, largement diffusée à partir des caricatures de Daumier : le « bas-bleu », terme péjoratif s'il en fut pour décrier les productions littéraires des femmes. C'est sans doute, depuis le texte de C. Planté, l'un des pans de l'histoire littéraire le mieux documenté, l'une des accusations – à savoir celle d'une image dépréciative au long cours (il n'y a qu'à voir par exemple les quolibets dont est encore victime Marguerite Duras dans les années 1980 et 1990 de la part de Desproges ou d'autres), celle de la femme auteur en hystérique, virago, insupportable pédante ni homme ni femme[17].

Accuser, c'est aussi montrer comment ce discours et ces représentations ont permis de contribuer à la fabrication d'une histoire littéraire

---

merveilleusement douée, appelée, mettons Judith. ». Ce clin d'œil est explicité dans l'introduction par la référence aux *Shakespeare's Sisters* de Sandra Gilbert et Susan Gubar (Christine Planté, *La petite Sœur de Balzac*, *op. cit.*, p. 9) et sera poursuivi plus tard par l'auteure dans « Judith Shakespeare ou la fiction comme histoire des *outsiders* », *Genre et Utopie. Avec Michèle Riot-Sarcey*, sous la direction de Laurent Contonio et Caroline Fayolle, Paris, Presses Universitaires de Vincennes, 2014, p. 43-62.

17 Sur le bas-bleu, les études sont nombreuses. Elles commencent sans doute avec le chapitre : « Les bas-bleus contre l'ordre social » dans *La petite Sœur de Balzac* ; voir ensuite Brigitte Louichon et Andrea Del Lungo, *La Littérature en bas-bleus. Romancières sous la Restauration et la monarchie de Juillet (1815-1848)*, Paris, Classiques Garnier, coll. « Masculin/Féminin dans l'Europe moderne », 2010 ou encore de tout un chapitre dans l'ouvrage de Martine Reid, « Bas-Bleus », *Des Femmes en littérature*, Paris, Belin, coll. « L'extrême contemporain », 2010.

excluante : le cas des manuels scolaires, examiné dans l'ouvrage majeur de Nancy L. Miller et Joan DeJean est à ce titre très intéressant. Joan DeJean montre ainsi comment dès le XVIIIe siècle, l'abbé Batteux, dont les *Cours de Belles-Lettres* (1747) exerceront une influence considérable sur la formation du « bon goût », propose une exclusion *de facto* des femmes auteurs, à l'exception de Mme de Sévigné et Mme Deshoulières[18]. Dans le même recueil, Anne-Marie Thiesse et Hélène Mathieu montrent comment le déclin de l'âge classique dans l'enseignement conduit à établir une liste des classiques à lire de plus en plus excluante : exclusion de Rabelais à l'agrégation des filles, parce que trop immoral, mais surtout, exclusion des femmes auteurs, qui vont jusqu'à se réduire, à quelques rares exceptions à deux noms, ceux de Mme de Sévigné et de Mme de La Fayette[19].

RÉHABILITER

Accuser ne suffit évidemment pas. Ce que vise chacune de ces études, ce n'est pas seulement montrer que la fabrique de l'histoire littéraire est partiale et sexiste, c'est également redonner à entendre des voix qui avaient été étouffées : rendre visible, audible, lisible, ce qui avait été occulté, rendu invisible, inaudible ou illisible. En un mot, réhabiliter, ou, pour reprendre le vocabulaire de Naomi Schor, « recanoniser ». Cette théoricienne féministe américaine entreprend notamment ce travail de « recanonisation » pour l'œuvre de George Sand, j'y reviendrai.

Cette réhabilitation me semble pouvoir prendre au moins trois formes :

La première, celle d'une politique éditoriale valorisant les écrits de femmes, exhumant les textes oubliés, minorés. Il peut alors s'agir d'éditions courantes, de collections généralistes : je pense par exemple à la réédition de l'œuvre de Mme de Duras, dans l'édition de B. Diethelm, en collection « Folio Classiques » : le simple nom de la collection suffit

18 Joan DeJean, « Classical Reeducation : Decanonizing the Feminine », in Joan DeJean et Nancy K. Miller, (eds.), *Displacements. Women, Tradition, Literature in French*, Baltimore and London, The John Hopkins University Press, 1991, p. 28 *sq.*

19 Anne-Marie Thiesse et Hélène Mathieu, « The Decline of the Classical Age and the Birth of the Classics », in *Displacements*, *op. cit.*, p. 74-96.

à montrer le travail de recanonisation en cours en France, sans doute à la suite de la réévaluation de l'œuvre de Mme de Duras, et notamment d'*Ourika* aux États-Unis[20]. Toujours chez Folio Classiques, à titre d'exemple, la réédition de l'œuvre d'Ann Radcliffe, minorée, dans l'histoire du roman gothique, par rapport, notamment au *Moine* de Lewis (et à sa traduction-réinterprétation magistrale et plus que canonique, par Artaud), est ainsi remise au goût du jour[21].

Cette politique éditoriale peut également prendre la forme d'éditions spécifiques, mettant en avant les femmes en tant qu'auteures. On peut ici penser à trois stratégies au moins : en premier lieu, celle des maisons d'édition comme les Éditions des femmes, créées par Antoinette Fouque en 1973, Desjonquères, ou encore, plus récemment iXe (2010), Tierce, Vlasta, ou la collection Indigo / Côté-Femmes, chez l'Harmattan. En second lieu, à celles d'ouvrages collectifs : ce sont surtout les romans de femmes du XVIIIe siècle qui viennent à l'esprit du grand public, que l'on

20 La traduction d'*Ourika* de Claire de Duras par John Fowles (l'auteur de *The French Lieutenant's Woman*), *Ourika, An English Translation*, MLA, 1999, est ainsi précédée de deux essais importants, l'un écrit par Joan DeJean et l'autre par Margaret Waller. Par ailleurs, la bibliographie critique abonde aux États-Unis, avec notamment l'ouvrage dirigé par Doris Y. Kadish et Françoise Massardier-Kennedy, *Translating slavery : gender and race in French women's writing*, 1783-1823, Kent, Kent State University Press, 1994 ; ou encore les articles de Damon Dimauro, « Ourika, or Galatea Reverts to Stone », *Nineteenth-Century French Studies*, printemps-été 2000, nº 187 ; Adeline Koh, « The uses of racial melancholia in colonial education : Reading Ourika and Saleh : A Prince of Malaya as cautionary tales », *Journal of Postcolonial Writing*, Volume 48, Issue 4, 2012, http://www.tandfonline.com/doi/abs/10.1080/17449855.2011.616341 (page consultée le 24 septembre 2019) ; David O'Connell, « Ourika : Black Face, White Mask », *The French Review*, Special Issue nº 6, *Studies on the French Novel* (printemps 1974), p. 47–56 ; Linda Marie Rouillard, « The Black Galatea : Claire de Duras' *Ourika* », *Nineteenth-Century French Studies*, vol. 32, nº 3 & 4. (Printemps-été 2004), p. 207-222. – Le texte est régulièrement au programme des études dans les départements de littérature française des universités américaines, comme on peut le voir par exemple dans ce programme de l'université de l'Alabama (http://mlc.ua.edu/french/graduate-program/reading-lists/ma-and-phd-in-romance-languages-french-literature/ page consultée le 24 septembre 2019), dans ce programme de cours à l'université du Delaware (https://www1.udel.edu/fllt/grads/schedule/301.html, page consultée le 24 septembre 2019) ou encore ce programme de lecture de l'UCLA (https://french.ucla.edu/graduate/program-requirements/graduate-reading-lists/ page consultée le 24 septembre 2019). – Les rééditions récentes en France du texte de Mme de Duras, en éditions séparées, prouvent également la reviviscence de ce texte : qu'il s'agisse de l'édition de Virginie Belzgaou, Folio Plus, Paris, 2010, de celle de Benedetta Craveri, chez GF également en 2010, ou encore chez Bleu Autour en 2006.

21 *Les Mystères d'Udolphe* (l'édition de Maurice Lévy date de 2001) ainsi que les *Mystères de la forêt* (l'édition de Pierre Arnaud date de 2011) sont ainsi disponibles chez Folio classique.

pense aux *Romans de femmes au XVIIIe siècle* dirigé par Raymond Trousson ou à *La Fabrique de l'intime* de Catriona Seth[22]. De façon plus savante, on assiste à un travail de grande ampleur pour redonner une nouvelle vie aux dramaturges femmes des XVIe aux XVIIIe siècles dans l'édition en partie dirigée par Aurore Évain du *Théâtre de femmes de l'Ancien régime*[23]. Dernière stratégie à laquelle on pourra penser : celles de collections, qui vont privilégier les autrices. L'une, particulièrement intéressante, a été dirigée par Martine Reid dans la série des Folio à 2 euros, rendant ainsi accessible, financièrement, des textes longtemps oubliés, introuvables, dans une collection intitulée « Femmes de lettres », où elle remet à l'honneur des textes de « Mme de Sévigné, Mme de La Fayette, Mme d'Aulnoy, Mme Riccoboni, Isabelle de Charrière, Mme de Genlis, Mme de Staël, Mme Campan, Flora Tristan, George Sand, Marie d'Agoult, Isabelle Eberhardt, Renée Vivien, Elsa Triolet, Simone de Beauvoir, Marguerite de Valois, Mme de Villeneuve, Mme Roland, la comtesse de Ségur et Louise de Vilmorin[24] ».

Le seul reproche que l'on pourrait faire à ces stratégies éditoriales, c'est de mettre à part (de même qu'on classe dans des rayonnages à part la littérature dite « francophone »), et de ce fait, de rendre spécifique ou d'essentialiser ce qui ressortirait d'une éventuelle « écriture féminine[25] », d'une écriture spécifique reconduisant pour partie tous

---

22 *Cf.* Raymond Trousson, *Romans de femmes au XVIIIe siècle. Mme de Tencin, Mme de Graffigny, Mme Riccoboni*, Paris, Robert Laffont, coll. « Bouquins », 1996 ; Catriona Seth, *La Fabrique de l'intime. Mémoires et journaux de femmes au XVIIIe siècle*, Paris, Robert Laffont, coll. « Bouquins », 2013.

23 Aurore Évain, Perry Gethner et Henriette Goldwyn (dir.), *Théâtre de femmes de l'Ancien régime*, Paris (1re édition, Saint-Étienne, Presses Universitaires de Saint-Étienne, 5 volumes, 2006-2013), Classiques Garnier, coll. « Bibliothèque du XVIIe siècle ». Voir https://www.agoravox.fr/culture-loisirs/culture/article/theatre-de-femmes-de-l-ancien-107789, page consultée le 19 septembre 2019.

24 Cette liste se trouve dans la liste des ouvrages de Martine Reid cités p. 4 de *Des Femmes en littérature*, Paris, Belin, 2010. Le projet est clair, si on s'en tient à la fin de la préface qu'elle écrit à *Histoire de M. le marquis de Cressy* de Mme Riccoboni (Folio 2euros, 2009), p. 15 : « De cette belle effervescence romanesque, la fin du XIXe siècle et du XXe siècle à sa suite ont effacé jusqu'au souvenir. Face au roman réaliste, le roman sentimental apparaît brusquement obsolète ; l'histoire littéraire constituée au début de la IIIe République vient entériner ce changement de goût et juge la production de romans de femmes du XVIIIe siècle parfaitement dépourvue d'intérêt. Le verdict condamne l'œuvre de Mme Riccoboni et de bien d'autres à l'oubli. »

25 *Cf.* en France, sur ce point, Hélène Cixous et son si influent *Rire de Méduse*, ou encore Béatrice Didier avec *L'Écriture femme*, ou même les essais de Nathalie Heinich (*États de femme*) ou de l'historienne Mona Ozouf (*Les Mots des femmes*)

les défauts ou les caractéristiques qu'on lui prêtait au XIXe siècle, tous les stéréotypes de *genre*, littéraire autant que sexué – une écriture du corps, de la maternité, plus sensuelle ou sensible, etc. ; une écriture de l'intime –, et qui seraient désormais miraculeusement réévalués. Ce reproche ne me semble toutefois que peu fondé : on peut imaginer qu'une fois que ces textes auront retrouvé un public, ils pourront intégrer les collections généralistes, comme c'est déjà le cas pour l'œuvre de Claire de Duras mentionnée plus haut. Qui plus est, la multiplicité saura résoudre cette difficulté : plus il y en a, et plus cela fonctionnera, comme l'écrit justement Martine Reid : « En multipliant les analyses, en éditant des textes injustement oubliés, en faisant entendre non pas *la* voix des femmes auteurs, mais *des* voix, multiples et personnelles, en partie semblables en même temps que parfaitement particulières, en restituant enfin aux femmes leur place dans un champ littéraire auquel elles appartiennent de plein droit[26] », alors, on parviendra sans doute à reconstituer un panorama littéraire plus juste.

La deuxième forme que peut prendre la réhabilitation (en entendant bien que la numérotation de un à trois ne vaut pas ordre d'importance) est celle d'une politique scolaire et universitaire volontariste. D'abord, en réécrivant les manuels scolaires : pour l'instant, encore trop souvent, seule une petite section dans les manuels est consacrée aux auteurs femmes, lesquelles ne sont jamais intégrées de plain pied. Ainsi, moins de 4 % des auteurs étudiés au lycée sont des femmes, comme le rappelait la pétition d'une lycéenne en 2014, pour les manuels de philo ; une autre pétition en 2016 de la part d'une enseignante concernant les programmes du bac faisait part des mêmes chiffres inquiétants[27].

Ce qui concerne le secondaire vaut aussi pour une politique universitaire plus militante. Les programmes de l'agrégation externe de lettres modernes sont un bon moyen de voir ce qu'il en est, et ce qu'il en sera plus tard quand les jeunes agrégatif.ve.s seront à leur tour devenus professeur.e.s de « français » : aucune femme en littérature française dans le programme 2020, sauvé par la belle triade de la nouvelle question de littérature générale et comparée « Solitude et communauté dans le roman » avec Carson McCullers, Marguerite Duras et Christa Wolf ;

26 Martine Reid, *Des Femmes en littérature*, *op. cit.*, p. 21.

27 Voir le site de l'Observatoire des inégalités, https://www.inegalites.fr/La-place-des-femmes-dans-les-manuels-scolaires (page consultée le 24 septembre 2019).

aucune femme non plus en 2018, mais Marie de France et Simone de Beauvoir au programme de 2019, et George Sand dans celui de 2021[28].

Bien évidemment, il n'y a pas que les programmes de cours et de concours qui puissent participer de cette réévaluation des textes de femmes oubliés. Toute la vie scientifique, l'organisation de colloques et de journées d'étude participe à cette volonté de faire ressurgir des textes de femmes, de s'interroger sur les conditions de l'oubli. Il me serait ici impossible de recenser les colloques ou autres qui vont dans cette direction : leur grand nombre témoigne d'un changement important. Mais il faudrait y apporter une nuance importante : qui, après avoir participé à un colloque dont le sujet traite de près ou de loin des femmes et de l'écriture, n'est pas retourné faire cours pour retrouver un programme, pourtant concocté par ses soins, et entièrement constitué d'auteurs masculins ?

Sans compter que les événements académiques comportent toujours le risque de ne pas même avoir d'effet au sein du petit vase clos des universitaires qui s'y rendent : c'est ce que dénonçait Naomi Schor au début de son article consacré à la recanonisation de Sand où elle raconte sa prestation sur Sand lors d'un colloque. Quand elle va se rassoir, son collègue et voisin, enseignant dans une prestigieuse université « s'est penché vers moi pour me dire tout bas à l'oreille, sur un ton de confidence : "C'était très bien Naomi, mais tu n'as toujours pas réussi à me convaincre de lire *Indiana*". » Voici ce qu'elle en conclut : « quel que soit le nombre d'études que nous voudrons bien consacrer à son œuvre, quel que soit le nombre de ses textes que l'on rééditera, [Sand] sera toujours en dehors des bornes de la littérature au sens institutionnel du mot[29] ».

La troisième et dernière forme de réhabilitation que l'on pourrait envisager est celle de la fabrique d'une nouvelle histoire littéraire. *L'Histoire des femmes*, telle qu'elle a été mise en œuvre par G. Duby, M. Perrot et

28 Sur le programme de 2018, *cf.* https://www.fabula.org/actualites/petition-pas-d-39-agregation-de-lettres-sans-autrice_79424.php. (page consultée le 19 septembre 2019). On notera par ailleurs que le programme de littérature générale et comparée, en ne mettant que des femmes au programme, ne pose pas dans son titre général la question des femmes et de l'écriture, mais postule une stricte égalité avec les programmes entièrement « masculins » qui n'interrogent jamais la « masculinité » de l'écriture.

29 Naomi Schor, « L'idéalisme dans le roman : pour la recanonisation de Sand », trad. Marie Baudry, in Damien Zanone (dir.), *George Sand et l'idéal. Une recherche en écriture*, Paris, Honoré Champion, 2017, p. 427-428.

G. Fraisse à la fin des années 1980, a longtemps attendu son pendant, celui d'une histoire littéraire des femmes, que *Femmes et littérature* dirigé par Martine Reid vient seulement combler, en 2020.

Cette question de l'écriture d'une histoire littéraire des femmes avait déjà été abordée de façon frontale à l'occasion d'un colloque et d'un numéro de la revue *Littérature Histoire Théorie* abritée et lancée par le site de recherches en littérature, Fabula, sous le titre de « Y a-t-il une histoire littéraire des femmes[30] ? ». C'est la question qui sous-tend le travail de Schor quand elle entend recanoniser l'œuvre de Sand : pour elle, l'œuvre de Sand souffre d'une lecture partiale, qui l'aura d'abord cantonnée à sa seule production de romans champêtres, pour en négliger toute la première production, avant que cette partie même de son œuvre soit rejetée. Ce qui s'est joué là, c'est une transformation radicale de la pensée et de la sensibilité françaises, selon N. Schor : alors qu'au XIXe siècle, réalisme et idéalisme sont les deux pôles, pas nécessairement antinomiques ou rivaux, par lesquels penser de façon critique, le réalisme est devenu, au XXe siècle, le grand vainqueur de l'histoire, au détriment de l'idéalisme[31].

---

30 *Cf.* Tout le numéro et notamment les remarques d'Audrey Lasserre dans « La volonté de savoir » : « Ainsi, il apparaît encore temps, dans les études littéraires en France, de "dénoncer une histoire [littéraire] qui s'écrirait sans les femmes, et d'affirmer ensuite la possibilité d'une histoire [littéraire] des femmes" ». Cette « longue historiographie du silence », telle que la nomme Michelle Perrot, reste aujourd'hui à faire comme le souligne l'introduction d'un ouvrage paru tout récemment : *Des femmes en littérature* de Martine Reid (2020). La constante production littéraire des femmes en France, qui apparaît de surcroit comme une spécificité française, ne trouve en effet guère d'écho, y rappelle l'essayiste, dans une histoire littéraire qui s'est constituée au cours du XIXe siècle en « isol[ant] quelques grandes figures au nom du *génie* et d'une conception de la littérature résolument masculine » et qui « s'est par conséquent montrée peu soucieuse de faire sa place à un ensemble importants d'auteures et de publications de toutes sortes ». (http://www.fabula.org/lht/index.php?id=836). On renverra également au dernier texte de ce *LHT* : « Table ronde : "Genre, *gender* : conjonctions et disjonctions" », qui réunit Catherine Nesci, Christine Planté et Martine Reid autour d'Audrey Lasserre.

31 *Cf.* Naomi Schor, « L'idéalisme dans le roman », art. cité, p. 432 *sq.* Plus largement, tout l'essai de Nancy K. Miller et Joan DeJean, et cela est net dès leur préface, vise à repenser l'histoire littéraire française, depuis ce point de côté qu'est l'outre-Atlantique, et dont le projet est bien présenté par Joan DeJean, p. ix : « We wanted, for instance, to stress the example of the broad readership won at different historical moments by works by women writers that did not succeed in gaining recognition by the French Academy, either as subjects of critical commentary or as pedagogical models for schoolchildren. We also wanted to examine labels, from realism to surrealism, commonly adopted in critical or pedagogical analysis, in order to determine why such generally accepted markers of literary history have worked against the canonization of women's writing. Finally, we

Dans le sillage de cette histoire partisane du réalisme, l'œuvre de Sand aura été balayée. Autrement dit, ce à quoi engage une histoire littéraire des femmes, ce n'est pas seulement à l'inclusion, comme dans un jeu de cartes, de quelques cartes supplémentaires, mais bien la réécriture globale de l'histoire littéraire : pourquoi privilégier tel ou tel sous-genre, tel ou tel mouvement, période ? Comment cela s'est-il construit ? Bref, cette réécriture d'une histoire littéraire des femmes pourrait – idéalement – devenir le lieu d'une réécriture de l'histoire littéraire entendue comme histoire des formes, des sensibilités, des idéologies, des champs de force en présence.

DÉPLACER

Pour rendre visible ce qui a été invisibilisé, il ne s'agit pas seulement de ponctuellement citer telle ou telle autrice, d'étudier tel ou tel texte. Schor l'a bien montré avec *Indiana* : pour la plupart des spécialistes de la littérature du XIXe siècle, ce roman reste illisible, ou en dehors de ce qui mérite d'être lu.

C'est dans cette catégorie qu'il me semble qu'on comprendra le mieux le texte de Margaret Cohen. Là encore, je voudrais toutefois proposer deux temps, deux possibilités.

La première, qui pourra paraître paradoxale, serait de rendre illisible la littérature canonisée, ou à tout le moins de rendre problématiques les « grands » textes.

Pour mieux comprendre comment ce qui est littéralement devenu une littérature « hors d'usage », pour reprendre l'expression si suggestive de Margaret Cohen, l'on pourrait d'abord retrouver l'étrangeté des textes dont on nous assure – depuis l'école et encore à l'université – qu'ils sont le canon absolu, en un mot, les rendre illisibles.

Cette pratique de l'illisibilité a connu une de ses manifestations, sans doute les plus provocatrices et virulentes, à la fin des années 1970, dans un travail comme celui de Judith Fetterley. Dans *The Resisting Reader*,

---

hope to launche an investigation of key moments of canon formation, periods during which French literature was shaped into a programm in response to a perceived need for a more clearly defined pedagogical structure ».

celle-ci enjoint les lecteurs, et plus particulièrement les lectrices, à entrer en résistance pour apprendre à modifier tout le cadre herméneutique qui leur permettait, jusqu'à présent, de lire le canon de la littérature américaine (Henry James, Fitzgerald, Faulkner ou Hemingway). Il va s'agir désormais de les lire pour ce qu'ils sont vraiment, à savoir, selon Fetterley, comme des textes politiques, problématiques, ouvertement sexistes et racistes, en se débarrassant du regard masculin blanc qui les avait élevés au rang d'œuvres universelles : « Given the persuasive male bias of the literature, it is not surprising that in the experience of being American is equated with the experience of being male[32] ». Bref, à voir la réalité de la domination à l'œuvre plutôt que de lire respectueusement ce qu'on nous a toujours appris, notamment à nous autres femmes, à lire comme des chefs-d'œuvre indiscutables. Il s'agit pour Fetterley de fourbir une méthode et ses armes pour ne plus, dorénavant, tomber sous la coupe de ces textes problématiques au plus haut point, parce que, « American literature is male. To read the canon of what is currently considered classic American literature is perforce to identify as male » (*loc. cit.*).

Ce nouveau regard ou « biais » qu'a professé Judith Fetterley (à l'instar de ce que les *post-colonial studies* et les études subalternes, G. Spivak en tête, auront proposé pour la lecture d'une littérature occidentalo-centrée), sans même avoir besoin d'être professé, commence de faire des émules : les lectrices (plus souvent que les lecteurs) sont attentives à toutes les marques de misogynie des textes, et en font part en cours et hors cours, en venant à remettre en cause les corpus de textes choisis par leurs enseignant.e.s.

Le dernier mouvement herméneutique, corollaire et inverse du précédent, consiste à rendre lisible ce qui est devenu illisible, à modifier ce qui a fondé nos critères esthétiques, pour rendre à des textes perdus les clés d'une nouvelle compréhension : c'est tout l'objet et toute la force du travail de Margaret Cohen dans *L'Éducation sentimentale du roman*. Il me semble que c'est là sans doute le point le plus haut et aussi le plus compliqué à mener qui soit : nous déprendre de lire selon tout un long héritage, une longue constitution de notre goût et de nos attentes, façonnés par des décennies de promotion du réalisme, pour nous apprendre à lire des textes qui nous semblent d'abord illisibles, sans saveur. Pour ce faire, Margaret Cohen va créer des catégories (le roman sentimental

---

32 Judith Fetterley, *The Resisting Reader : A Feminist Approach to American Fiction*, Bloomington and London, Indiana University Press, 1978, p. XII.

social), mais aussi établir des analogies théoriques puissantes (le roman sentimental et le roman sentimental social comme formes littéraires analogues dans leur rôle social et leur structure esthétique à la tragédie selon Hegel), et instaurer une méthode originale qui, tout en mêlant sociologie, marxisme, post-structuralisme ou lecture de loin, s'offre comme une synthèse étonnamment productive et stimulante.

Il faut lire son texte comme un texte éminemment performatif : à mesure qu'on lit les propositions thématiques et conceptuelles de Margaret Cohen, toute cette littérature « hors d'usage » qu'elle a convoquée revient à la vie, devient analysable (parce que préalablement analysée par les catégories opératoires qu'invente pour elle Margaret Cohen), critiquable, intéressante et absolument nécessaire pour qui veut restituer le premier XIXe siècle et comprendre comment celui-ci, dans ses réalisations objectives et promues depuis (le réalisme) autant que dans ses oublis (les romans sentimentaux puis sentimentaux sociaux, en grande partie écrits par des femmes, et alors à succès), a façonné notre monde, notre façon de sentir, de voir et de concevoir.

Autrement dit, *L'Éducation sentimentale du roman* parvient à faire d'une pierre deux coups : d'une part, cet essai réécrit un pan, capital, de l'histoire littéraire française, celui d'un premier XIXe siècle devenu synonyme de la victoire écrasante du réalisme, en restituant tout ce que cette histoire littéraire a oblitéré et oublié : l'incroyable succès, critique et commercial, de romans que nous ne connaissons plus. Son ouvrage nous permet ainsi de retrouver une certaine « vérité » du champ littéraire d'alors. Cette réécriture ne peut d'autre part exister qu'en redonnant vie à ces romans oubliés, qu'en donnant des clés d'interprétation permettant d'accéder à des romans non réalistes et à une esthétique pour laquelle nous manquions jusqu'à présent de moyen d'accès. Autant de gageures qui permettent de remettre en question nos façons de construire ou de reconduire une histoire littéraire encore trop peu interrogée en France, mais aussi de questionner la façon dont se constituent les goûts, les échelles de valeurs esthétiques et par-delà, les idéologies, que recouvrent par exemple l'opposition qui n'en est pas tout à fait une au XIXe siècle, celle du réalisme et de l'idéalisme.

Marie BAUDRY

INTRODUCTION

Reconstruire le champ littéraire

TIRER UN MONDE DU CHAOS DU SIÈCLE

Avant 1830, le roman n'était en France qu'un « agréable amusement des honnêtes paresseux », si l'on en croit le critique Charles-Marie de Féletz, reprenant une célèbre formule du XVIIe siècle[1]. Après 1830, le genre romanesque est reconnu pour sa capacité à l'analyse sociale et culturelle et a atteint le plus haut degré de prestige littéraire[2]. « Racine et le café ont passé ; l'asphalte et le bitume passeront, mais le roman ne passera pas » déclarait en 1838 un critique impressionné par la prééminence nouvelle du roman. L'histoire a donné raison à son jugement sur la littérature[3]. Jules Michelet, lorsqu'il se demande dans *Le Peuple* (1846) comment peindre la classe sociale qui s'est imposée comme force politique avec la Révolution, témoigne de l'autorité montante du roman pour sa capacité à décrire les relations sociales. Rejetant les analyses statistiques et les ouvrages économiques pour leurs « résultats partiels, artificiels », Michelet préfère se tourner vers les « écrivains », les « artistes » – ces romanciers qui dominent en France et dont, selon

---

1 Charles-Marie Féletz, « *Eugène de Rothelin* », in *Mélanges de philosophie, d'histoire et de littérature*, t. 6, p. 138. Cette phrase est extraite du *Traité sur l'origine des romans* (1669) de Pierre-Daniel Huet. Le compte rendu de Féletz a d'abord paru à la suite de la publication de *Eugène de Rothelin* (1808) avant d'être repris dans les six volumes des *Mélanges* qui célèbrent l'élection de Féletz à l'Académie Française.

2 Pour une étude plus détaillée de la réévaluation du roman en France aux alentours de 1830, voir Erich Köhler, « Gattungsystem und Gesellschaftsystem » dans *Romantische Zeitschrift für Literaturgeschichte*, n° 1, 1977 ; Karlheinrich Biermann, *Literarische-politische Avant-garde in Frankreich*, Stuttgart, W. Kohlhammer, 1982 et Margaret Iknayan, *The Idea of the Novel in France*, *op. cit.*

3 Émile Pagès, « Bulletin bibliographique », *Le Siècle*, 26 juillet 1838, p. 1.

lui, les œuvres puissantes donnent à présent forme à l'appréhension de la société française aussi bien en France qu'à l'étranger[4].

Pendant tout le XXe siècle, on a assimilé la transformation du roman français – de divertissement poli en ambitieuse analyse de la société – aux codes réalistes, lesquels ont joué un rôle absolument crucial, non seulement dans la culture et la littérature françaises, mais aussi dans la culture et la littérature mondiales. On a aussi réduit le roman à deux de ses auteurs majeurs, Balzac et Stendhal, créateurs d'une poétique brillante, née d'une lutte héroïque pour donner un sens aux bouleversements économiques, sociaux et politiques produits par la Révolution française. « Balzac a tiré un monde du chaos du siècle[5] ». La formule de Heinrich Mann pousse à l'extrême le récit mythique qui a donné sa forme aux études sur le réalisme, attentives, depuis Lukács puis Auerbach, à la façon dont les conditions matérielles ont structuré les textes littéraires.

Et pourtant, lorsque Balzac décrit ces mêmes conditions depuis le point de vue que lui offre son propre temps, c'est une histoire moins héroïque qu'il raconte : « vous allez savoir que, sous toutes ces belles choses rêvées, s'agitent des hommes, des passions et des nécessités. Vous vous mêlerez forcément à d'horribles luttes, d'œuvre à œuvre, d'homme à homme, de parti à parti[6] ». C'est par ces mots que Lousteau met en garde Lucien contre la compétition inhérente à toute création littéraire, quand *Illusions Perdues* décrit l'envers de l'histoire littéraire. Cette mise en garde de Lousteau pourrait aussi bien servir d'épigraphe à l'histoire revue et corrigée que l'on se propose de faire. Notre étude interroge en effet, en replaçant Balzac et Stendhal dans les contextes littéraires qui furent les leurs, la façon dont le roman moderne s'est constitué en France, autant en réponse à des conflits internes à la production littéraire qu'à une profonde transformation de la société.

En étant attentif à la façon dont les dynamiques *intralittéraires* déterminent sans doute les codes romanesques les plus influents qui aient jamais été inventés, il s'agit d'aller par-delà l'impératif louable qui commande de prendre en compte les termes dont se sert un moment de l'histoire pour se représenter. Quand Balzac établit un lien entre la littérature

4 Jules Michelet, *Le Peuple*, éd. de Paul Viallaneix, Paris, Flammarion, coll. « Nouvelle Bibliothèque romantique », 1974, p. 60.

5 Heinrich Mann, *Flaubert und George Sand*, Leipzig, Insel Verlag, 1971, p. 5 : „Balzac hatte aus dem Chaos des Jahrhunderts eine Welt gezogen".

6 Balzac, *Illusions Perdues*, éd. de Philippe Berthier, Paris, GF Flammarion, 1990, p. 263.

et les « horribles luttes » de la production littéraire, il me semble qu'il offre également une solution prometteuse à cette question cruciale – bien qu'elle ne soit pas assez discutée – à laquelle sont confrontées les études littéraires contemporaines, et que l'on pourrait résumer ainsi : comment écrire une histoire littéraire dans le sillage du post-structuralisme ? La théorie post-structurale s'est d'emblée constituée à l'encontre de l'histoire littéraire traditionnelle, en discréditant de fond en comble les concepts qui la fondaient[7]. Mais dans le même temps, au sein de ce paradigme post-structuraliste, on n'a bizarrement que très peu exploré les contours d'une nouvelle histoire littéraire, là où les critiques littéraires occupés d'histoire se sont davantage intéressés à des questions générales portant sur la relation entre l'histoire et la littérature qu'ils n'ont étudié avec attention l'histoire de la littérature en elle-même[8].

Conséquence involontaire : les catégories discréditées de l'histoire littéraire traditionnelle hantent parfois, malgré elles, les analyses post-structuralistes les plus rigoureuses et les plus influentes. Les analyses matérialistes post-structurales du roman moderne qui font remonter, dans le corps même de leurs travaux, l'essor des « premiers grands réalismes » français à Balzac, et parfois à Stendhal[9], en sont un exemple patent. Car ce faisant, non seulement les critiques matérialistes périodisent-ils l'histoire littéraire en des termes dont des générations de critiques avant eux s'étaient servis pour sanctifier les mêmes chefs-d'œuvre et les mêmes esthétiques reconnues, mais plus encore, ils abandonnent l'examen critique de la notion-même de chef-d'œuvre. L'usage persistant de ces notions

7 Voir *Blindness and Insight* et plus particulièrement le chapitre "Literary History and Literary Modernity" de Paul de Man, ainsi que *L'Archéologie du Savoir* et « Qu'est-ce qu'un auteur ? » de Michel Foucault : ces textes déterminants du post-structuralisme, mettent en question l'histoire littéraire au sein d'un plus vaste dispositif qui s'attaque à l'humanisme.

8 Pour les défis auxquels est confrontée l'histoire littéraire qui s'inscrit dans le sillage du post-structuralisme, voir les articles réunis dans l'ouvrage dirigé par Marshall Brown, *The Uses of Literary History*, Durham, Caroline du Nord, Duke University Press, 1995. Lawrence Lipking rend compte dans sa contribution du tournant critique récent, où les questions d'histoire littéraire ont cédé la place à des questions portant sur la relation entre l'histoire et la littérature. Ce tournant est patent, que ce soit dans la critique qui prolonge la logique de déconstruction dans les interactions philosophiques entre les catégories de littérature et d'histoire ou dans la critique matérialiste qui interroge la façon dont la littérature participe de l'histoire, entendue comme ensemble des transformations qui affecte l'organisation sociale toute entière.

9 Fredric Jameson, *L'Inconscient politique* (*The Political Unconscious*, 1981), trad. N. Vieillecazes, Paris, Éditions Questions théoriques, coll. « Saggio Casino », 2012, p. 128.

ne saurait aller sans que d'autres, tout aussi discréditées, ne survivent à leur tour. Si l'on considère l'histoire littéraire comme une série de chefs-d'œuvre, on suppose alors que la littérature elle-même traverse les flots d'un « temps homogène et vide », bien loin du processus conflictuel qui, pour le matérialisme, caractérise l'histoire sous le rapport de son organisation sociale toute entière[10]. De même, si nous mettons sur un même plan, et sans l'interroger, le réalisme et le roman moderne, nous donnons forme à une téléologie rétrospective qui perpétue l'idée d'une histoire littéraire toujours en progrès.

De tels points aveugles illustrent bien la façon dont les derniers vestiges de l'histoire littéraire traditionnelle perdurent quand la critique conceptualise les caractéristiques littéraires des textes littéraires. Pour repenser ces caractéristiques de façon à rendre justice à la dimension matérialiste du post-structuralisme, mon étude se propose de tenir compte d'*Illusions perdues* autant que faire ce peu, autrement dit, de comprendre la littérature comme un réseau de relations sociales tissé d'institutions formelles et informelles, depuis les académies et les maisons d'éditions, jusqu'aux mouvements avant-gardistes et aux genres littéraires. Reconsidérer l'émergence du réalisme en France, c'est plus précisément interroger la façon dont les contextes romanesques ont structuré les codes réalistes dans lesquels ils sont apparus : Balzac et Stendhal ont-il vraiment inventé le réalisme dans un désert littéraire ? Les poétiques réalistes ne sont-elles pas plutôt entrées en résonance avec d'autres romans et romanciers contemporains tout au long du chaos de ce siècle ? Pour répondre à cette question, il est nécessaire de ré-ancrer les œuvres fondatrices du réalisme dans le paysage romanesque français des premières décennies du XIXe siècle. Et il est d'autant plus nécessaire de reconstruire ce paysage que le triomphe du réalisme l'a relégué dans un oubli rien moins qu'absolu[11].

L'Éducation sentimentale du roman se présente donc comme une histoire littéraire écrite depuis l'archive. Archive, comprise d'abord dans le sens

---

10 Walter Benjamin, « Sur le concept d'histoire », traduit de l'allemand par Maurice de Gandillac, *Œuvres III*, Paris, Gallimard, coll. « Folio essais », 2000, p. 439.

11 Seule une poignée de spécialistes de ce genre littéraire retient, en ces « années de vaches maigres », un peu plus que les quelques œuvres exceptionnelles de Chateaubriand, Constant et Staël et les quelques romans historiques de la fin des années 1820. J'emprunte à Margaret Iknayan dans *The Idea of the Novel in France* cette expression des « années de vaches maigres », qui montre bien à quel point la situation du roman français entre la Révolution et l'émergence du réalisme continue à être dominée par ce seul point de vue (M. Iknayan, *The Idea of the Novel*, *op. cit.*, p. 138).

du document poussiéreux, oublié au fond des bibliothèques. Les pratiques qui ont contribué à la naissance du réalisme français se trouvent ainsi dans des romans dont il a d'abord fallu retrouver la trace, avant de les localiser pour être, enfin, en mesure de les lire. Archive, aussi, telle qu'elle a été définie par Foucault, lorsqu'il a cherché à détourner l'enquête historique des seules œuvres individuelles pour s'occuper des structures discursives qui les sous-tendent ; et cela, quand bien même je m'intéresse ici à une conception de l'archive sensiblement différente de celle à qui les critiques littéraires nord-américains de ces vingt dernières années ont donné un rôle de tout premier ordre. Comme le nouvel historicisme l'a bien montré, l'archive a été exagérément considérée comme un équivalent des discours non-littéraires qui traversent l'organisation sociale. Archive n'est pourtant pas synonyme de non-littéraire. Et la littérature possède une archive qui lui est propre. Car les livres dont nous nous souvenons aujourd'hui ne représentent qu'une infime fraction du passé littéraire, ainsi que le rappelle Franco Moretti dans une récente étude, de la première importance, qu'il consacre à la façon dont l'archive littéraire pourrait apporter un matériau brut, déterminant pour le renouvellement de l'histoire littéraire. Les études littéraires ont beaucoup à apprendre du tournant qu'a connu la discipline historique quand elle est passée d'une historiographie des exceptions à la formulation d'une historiographie des normes, dominées par les conventions, « répétitive, lente – ennuyeuse, même [...]. Et pourtant, sommes-nous bien sûrs qu'il faille tenir l'ennui pour ennuyeux[12] ? ».

Au cœur de cette archéologie, Balzac et Stendhal apparaîtront donc comme des producteurs parmi d'autres, en quête d'une « niche » à même de leur assurer sur le marché des genres littéraires une rentabilité à la fois économique et culturelle. Nous verrons que les romans réalistes n'étaient pas unanimement célébrés par leurs contemporains comme des chefs-d'œuvre, et que l'esthétique réaliste n'était pas considérée comme l'inéluctable téléologie du roman moderne à sa naissance. Pour accroître leur parts de marché, Balzac et Stendhal ont bien plutôt dû faire une offre de rachat hostile des pratiques romanesques qui dominaient au moment où ils ont commencé à écrire : celles des romans sentimentaux écrits par les romancières. Ils sont alors entrés en compétition avec des

---

12 Franco Moretti, *Atlas of the European Novel 1800-1900*, Londres, Verso, 1998, p. 150.

écrivains qui contestaient également le prestige accordé au roman sentimental en utilisant d'autres codes, que leurs contemporains trouvèrent tout aussi irrésistibles, si ce n'est plus encore.

Parce qu'elle conçoit la littérature comme une production sociale conflictuelle, cette étude s'inscrit dans un champ en pleine effervescence, au croisement de l'histoire littéraire matérialiste – et plus particulièrement féministe –, de l'histoire du livre, et de la sociologie des institutions culturelles. Chacune de ces approches méthodologiques est en train de renouveler intégralement la façon dont nous comprenons l'historicité de l'*artefact* littéraire, bien que leur cohérence transdisciplinaire mérite encore d'être articulée sous une forme théorique plus substantielle. Afin de conceptualiser la façon dont les luttes littéraires modèlent les codes textuels, je ferai largement usage de la théorisation de la littérature, d'inspiration balzacienne, proposée par Pierre Bourdieu, même si ce dernier n'a pas reconnu combien il devait à *Illusions Perdues*[13].

Le projet de Bourdieu a pour ambition de remettre en cause la relation directe qu'établit la critique marxiste entre l'organisation sociale et le texte. Si un texte littéraire peut répondre à des conflits sociaux, Bourdieu indique que celui-ci reste néanmoins tout autant structuré par des éléments littéraires que sociaux, ou plutôt par des facteurs sociaux qui sont en eux-mêmes littéraires, parce que le texte est une réponse qui s'élabore dans un horizon de codes littéraires et de contraintes institutionnelles auquel tout écrivain est soumis à un moment donné de l'histoire littéraire[14]. La situation se complique encore de ce que l'écrivain n'est pas

13 Si *Les Règles de l'Art* de Pierre Bourdieu est à mon sens un ouvrage utile, c'est parce que son modèle théorique propose, de fait, une description historique de la période littéraire qui fait l'objet de cette étude. La question reste néanmoins ouverte de savoir dans quelle mesure le modèle bourdieusien s'applique à l'institution littéraire, telle qu'elle se configure dans d'autres lieux et à d'autres époques. Trouverait-on, par exemple, la même compétition agressive entre écrivains dans un champ littéraire où les cercles littéraires et les maisons d'édition ne seraient pas centralisés comme ils l'étaient dans le Paris du XIXe siècle ?

14 Bourdieu écrit que « Réintroduire le champ de la production culturelle comme univers social autonome, c'est échapper à la *réduction* qu'ont opérée toutes les formes, plus ou moins raffinées, de la théorie du "reflet" qui sous-tend les analyses marxistes des œuvres culturelles » (*Les Règles de l'art. Genèse et structure du champ littéraire*, Paris, Éd. du Seuil, coll. « Libre Examen », 1992, p. 284). *Semi-autonome* serait plus juste que *autonome*, d'autant que le champ littéraire est sur-déterminé par ses relations avec d'autres champs de l'organisation sociale, ainsi que Bourdieu l'a lui-même clairement indiqué. Tony Bennets fait une critique semblable de l'influente tendance matérialiste à placer les événements

isolé dans ce que Bourdieu appelle le « champ littéraire » – terme par lequel il désigne les réseaux qui se tissent entre les institutions officielles et les relations sociales plus informelles, si conventionnelles fussent-elles par ailleurs. La pratique de l'écrivain est ainsi surdéterminée par des relations de concurrence avec ses contemporains, qui doivent répondre aux mêmes codes et contraintes : les écrivains se positionnent en effet en fonction les uns des autres et font tout leur possible pour obtenir une reconnaissance littéraire et/ou un succès commercial[15]. Aussi le modèle bourdieusien a-t-il pour effet de transformer en profondeur la façon dont les critiques ont pendant longtemps organisé le passé littéraire. Un temps donné de l'histoire littéraire se définit bien moins par des chefs-d'œuvre canonisés que par les luttes qui impliquent un large éventail d'écrivains, de lecteurs et de textes.

Bourdieu s'est pourtant à son tour davantage occupé de textes et d'esthétiques canonisés dès lors qu'il a montré comment sa théorie pouvait s'appliquer. Son argumentation au sujet de l'invention d'une distinction haute ou basse au second Empire ne s'applique qu'à des auteurs comme Flaubert ou Baudelaire, qu'à des œuvres comme *L'Éducation sentimentale* ou *Les Fleurs du Mal*. De sorte que son propos a par la suite fait l'objet de critiques justifiées à l'encontre de sa façon réductrice d'envisager la manière dont les esthétiques expriment les luttes littéraires. De même n'a-t-il guère prêté attention au genre [*gender*][16], comme catégorie de l'analyse sociale, bien que cette notion ouvre indubitablement un espace théorique qui permet d'interroger combien l'identité collective peut être déterminante pour qu'un écrivain accède au capital économique et culturel. Face à de telles limites, le modèle bourdieusien gagne beaucoup à être

sociaux en-dehors de la littérature, dans son essai au titre éloquent, *Outside litterature*. Son chapitre consacré à la tradition marxiste de la théorie du roman est particulièrement pertinent dans le cadre de cette étude quand il met en garde de ce que « cette conception doit être considérée au sein des structures institutionnelles spécifiques qui conditionnent l'émergence des textes littéraires, afin d'évaluer les espaces de sociabilité auxquels ils étaient concrètement liés et dans lesquels ils opéraient alors » (p. 110).

15 Il ne faudrait pas confondre le concept bourdieusien de « prise de position » avec la notion, moins précise, d'influence. Si l'influence peut désigner n'importe quelle pratique textuelle dans un texte, « la prise de position » désigne précisément le dialogue intertextuel qui implique le pari qu'un auteur fait sur la part de marché qu'il peut conquérir.

16 Toutes les fois que « genre » traduira l'anglais « *gender* », ce dernier terme sera indiqué entre crochets, afin d'éviter toute confusion avec le « genre » littéraire (*genre* en anglais). (note de la traductrice).

associé à la pratique féministe de l'histoire littéraire, pratique décisive quant à la redécouverte d'œuvres et d'esthétiques négligées, et qui en redessine les contours grâce à une analyse textuelle des plus sophistiquées.

La volonté de revisiter plus particulièrement le réalisme français dans ce travail prend sa source dans les deux caractéristiques de l'histoire littéraire féministe que nous venons de mentionner ; son ambition est de reconsidérer les notions discréditées de l'histoire littéraire traditionnelle en prêtant attention au champ littéraire. Le travail des féministes sur l'histoire du roman a été déterminant pour mettre à nu les modes conflictuels de représentation qui constituent ce moment de l'histoire littéraire, afin de recontextualiser l'esthétique réaliste. Pour ce qui est du XIXe siècle français, les premières critiques à suggérer que le réalisme serait né d'un conflit qui l'opposait à d'autres esthétiques tout aussi puissantes et cohérentes sont, à ma connaissance, Naomi Schor – prônant une « recanonisation » des romans de Sand pris comme modèle d'un idéalisme autrefois prestigieux et désormais dévalué – et Margaret Waller, qui a révélé que le premier roman de Stendhal était une réponse à l'œuvre sentimentale de Claire de Duras[17].

En retour, la fusion de la théorie de Bourdieu avec l'histoire littéraire féministe n'est pas sans intérêt, loin s'en faut, pour les études

17 Voir Naomi Schor, *George Sand and Idealism* et Margaret Waller, *The Male Malady* (New York, Columbia University Press, 1993). Les critiques féministes du roman anglais, qui ont on ne peut mieux su mettre fin à l'idée de « naissance du roman » [*the rise of the novel*] qui a longtemps dominé dans le contexte anglais avec la même autorité que l'*agon* de la Révolution dans l'historiographie du roman en France, ont énoncé de façon plus radicale encore la critique de l'assimilation du réalisme au roman moderne. April Alliston a tout particulièrement explicité le caractère problématique de ces hypothèses au sujet du processus historico-littéraire qui structure le mythe de la « naissance du roman » de Watt à McKeon, dans *Virtue's Faults* mais aussi dans « Female Sexuality and the Referent of Enlightenment Realisms » [in] *Spectacles of Realism*, dirigé par Margaret Cohen et Christopher Prendergast, Minneapolis (Minnesota), University of Minnesota Press, 1995. Cette étude s'inspire également de la façon dont les récits qui récrivent la « naissance du roman » anglais sont attentifs à l'archive et aux littératures oubliées, reconsidérées depuis le point de vue du champ littéraire. Alors que les féministes qui travaillent dans la tradition française ont tendance à corriger la version de l'histoire littéraire tournant autour du grand homme/du grand texte, en allant sortir de l'oubli les grandes œuvres de femmes exceptionnelles, les interventions féministes les plus marquantes du contexte anglais conceptualisent la littérature oubliée comme l'une des formes prises par les pratiques sociales et culturelles. Voir par exemple les différents modèles d'archéologies textuelles présentés dans *Women and Romance* de Laurie Langbauer (Ithaca – Londres, Cornell University Press, 1990), dans *Nobody's Story* de Catherine Gallagher (Londres, Clarendon Press, 1994) et *Virtue's Faults* de April Alliston (Stanford, Californie, Stanford University Press, 1996).

féministes. Celles-ci ont visiblement beaucoup à gagner à lui emprunter la notion de champ littéraire et à son rôle déterminant dans la structuration des textes littéraires par les relations sociales. Pour rendre compte de ces apports, je me servirai de Bourdieu pour répondre à une question qui vexe depuis longtemps l'histoire littéraire féministe en France : pourquoi n'y a-t-il pas eu de romancières réalistes en France ? En approfondissant ma connaissance des pratiques romanesques qui accompagnaient l'émergence du réalisme, j'ai ainsi pu vérifier que les femmes écrivains ne participaient pas au canon réaliste au XIXe siècle : les contemporaines de Balzac et de Stendhal se sont plus que largement détournées des codes réalistes. Se tenir à distance du réalisme ne veut pas dire pour autant, bien au contraire, qu'elles ne comptaient pas dans le roman contemporain. Nous verrons bien plutôt que des femmes écrivains, au nombre desquelles George Sand, occupèrent une place d'importance dans la création d'une forme romanesque qui concurrençât au premier chef le réalisme dans les années 1830-1840, et que j'appellerai le roman sentimental social [*the sentimental social novel*], afin de mettre l'accent sur la continuité avec le roman sentimental du début du XIXe siècle[18].

Pendant longtemps, les critiques féministes françaises, de part et d'autre de l'Atlantique, ont expliqué la désaffection des femmes écrivains pour le réalisme par leur état de subordination sociale. C'est l'explication qu'ont donnée, entres autres, les théoriciennes de l'*écriture féminine** dont la poétique prend la forme d'une réponse tacite à l'absence de femmes écrivains depuis la tradition réaliste classique. « Pas les romanciers, solidaires de la représentation » : ainsi s'exprime avec emphase Hélène Cixous quand elle passe en revue la tradition littéraire, en quête d'un signe prémonitoire de l'écriture des femmes, suggérant de la sorte que le roman – par quoi elle entend le roman réaliste – ne serait que l'expression littéraire majeure de l'ordre phallogocentrique[19].

18 Après avoir passé en revue les romans oubliés tout au long du XIXe siècle, je n'ai en effet découvert que très peu de romans réalistes écrits par des femmes avant la IIIe République. Après 1880, les femmes commencent à écrire régulièrement des œuvres réalistes. Pour un panorama des pratiques génériques des romancières au XIXe siècle, voir le chapitre que j'y consacre, « Women and Fiction in the Nineteenth-Century », dans *The Cambridge Companion to the Modern French Novel* dirigé par Timothy Unwin, Cambridge, 1997.

19 Hélène Cixous, « Le Rire de la Méduse », *L'Arc* n° 61 « Simone de Beauvoir et la lutte des femmes », 1975, p. 43.

En taxant d'essentialisme les théories d'Hélène Cixous, les principales féministes américaines travaillant sur la littérature française depuis les années 1980 n'en ont pas moins suivi son exemple pour expliquer la désaffection des femmes à l'égard du réalisme par la subordination sociale des femmes. Ainsi, lorsque Schor se demande pourquoi George Sand, la romancière française la plus célèbre du XIXe siècle, écrit des fictions idéalistes, elle identifie les codes non-réalistes au « seul mode de représentation alternatif qui ait été possible pour celles et ceux qui ne pouvaient profiter des privilèges de la subjectivité dans le réel[20] ». De façon comparable, Nancy K. Miller a explicité certains passages peu plausibles de *La Princesse de Clèves* – roman dont on a longtemps fait le point de départ de la tradition réaliste – en attirant l'attention sur la subordination sociale des femmes. Cette position les rend, selon elles, hostiles aux notions de vraisemblable et de plausible qui dominent alors et qui sont les produits de la culture dominante, autrement dit, masculine[21].

Les défauts de ce type de modèle explicatif apparaissent très nettement dès lors que l'on jette un coup d'œil, si rapide fût-il, sur l'histoire littéraire de cette autre nation célèbre pour avoir donné naissance au roman réaliste. En Angleterre, tout comme en France, les femmes étaient, d'un point de vue légal, politique et économique, des citoyens de seconde zone, et le réalisme était étroitement associé à l'ordre social phallocentrique ; et pourtant, jamais cette forme romanesque n'aurait vu le jour sans des auteurs comme Jane Austen, Charlotte Brontë, Elizabeth Gaskell ou George Eliot. Pour comprendre l'absence des femmes à l'aube du réalisme français moderne, nous devons donc prendre en compte les mêmes dynamiques spécifiquement littéraires qui manquent dans les principales études matérialistes de cette esthétique. Alors que pour les féministes françaises, il y a un rapport direct entre esthétique et construction du genre [*gender*] au niveau de la construction sociale toute entière, l'impact du genre [*gender*] sur les textes se trouve, en fait, médiatisé par la construction du genre [*gender*] au sein des relations sociales de production littéraire[22].

---

20 Naomi Schor, *Sand and Idealism*, *op. cit.*, p. 54. Cet essai a paru pour la première fois dans le n° 75 de la revue *Yale French Studies* (1988), intitulé *The Politics of Tradition : Placing Women in French Literature.*

21 Voir Nancy K. Miller, *Subject to change*, New York, Columbia University Press, 1988, et en particulier le chapitre consacré à *La Princesse de Clèves.*

22 Leyla Ezdlini fait le même constat dans un article stimulant, « *La Canne de M. de Balzac* : Parody at the Intersections of Politics and Literature », *L'Esprit Créateur* 33, n° 3.

LE RÉALISME DANS SON CONTEXTE LITTÉRAIRE ET POLITIQUE

En postulant que les codes réalistes se sont formés en réponse aux fictions non-réalistes des *consœurs** de Balzac et Stendhal et à la compétition ouverte avec elles, mes recherches corrigent le mythe de l'émergence du roman français moderne selon plusieurs axes majeurs. Il s'agira d'abord de montrer que le roman est, dans les trente premières années du XIXe siècle, une réponse à la Révolution. Les œuvres sentimentales qui dominent ces décennies font face aux impasses majeures de l'idéologie révolutionnaire : comment s'accommoder des conceptions, aussi bien négatives que positives, des droits du citoyen ? Dans la pensée comme dans la pratique politiques, il s'est avéré extrêmement difficile de concevoir une forme de gouvernement à même de protéger les droits négatifs du citoyen à la vie, à la liberté et au bonheur, aussi bien que ses droits positifs à participer aux décisions concernant le bien-être de tous. Les romans sentimentaux ont créé pour compenser une communauté esthétique idéalisée, où les difficultés pourraient être déjouées et dépassées. Ces romans, écrits par des auteures aussi appréciées qu'Isabelle de Montolieu, Sophie Cottin, Stéphanie de Genlis, Adélaïde de Souza (*alias* Flahaut), Juliane von Krüdener, ou encore Germaine de Staël, connurent en leur temps un succès tant critique que commercial[23].

Quoi qu'il en soit, dans les années qui ont conduit à la Révolution de 1830, et plus encore à ses conséquences, le roman sentimental des premières années du XIXe siècle a perdu de sa force de persuasion. Le conflit entre les droits négatifs et positifs s'est fait moins pressant et a laissé sa place à de nouvelles contradictions sociales. Le problème le plus urgent pour le roman devint, comme j'essaierai de le montrer, celui de la division inégalitaire de la société, problème qui va prendre une importance nouvelle après la Révolution de Juillet. Car en même temps que 1830 a légitimé les idéaux de 1789, il a installé un régime

23 Aussi ces œuvres remettent-elles en cause l'hypothèse communément admise dans les histoires littéraires – qu'elles soient traditionnelles ou novatrices – qui veut que les textes qui n'ont pas été canonisés appartiennent nécessairement à la littérature populaire ou à la production de masse.

qui prolongeait le gouvernement des seules classes privilégiées de la Restauration. Pendant toute la Monarchie de Juillet, la contradiction entre l'accès symbolique pour tous les sujets à la liberté, l'égalité et la fraternité et la concentration dans la pratique des droits, du pouvoir et de la propriété entre les mains des hommes des classes moyennes et supérieures, a joué un rôle central dans la forme qu'ont pris les débats publics, que ce soit dans la littérature ou ailleurs.

Les événements qui ont accompagné 1830 ont également rendu obsolètes les compensations que le roman sentimental opposait à l'impasse sociale. La résolution des problèmes sentimentaux reposait sur la distance, héritée des Lumières, entre esthétique et politique, selon une distinction aussi stratégique qu'idéologique, étant donnée la puissance de la censure politique sous l'Empire et la Restauration, à une époque où le roman était avant tout sentimental. Tout au long des années 1820, les écrivains et intellectuels ont cependant alimenté l'idée subversive selon laquelle l'opinion écrite pouvait jouer un rôle politique actif[24]. À la fin de la Restauration, ce sentiment s'est encore accru, en réponse à la censure toujours plus répressive de Charles X ; la sphère publique s'est finalement montrée puissante au point de faire éclater une deuxième Révolution en France.

Les critiques matérialistes ont longtemps considéré que « les romanciers [réalistes] du XIXe siècle » étaient « les enfants de la Révolution

24 Rien n'est plus explicite en la matière que le Romantisme au moment où il soufflait sur le monde culturel. Les principales conceptions historico-littéraires du Romantisme font généralement la distinction entre les aspirations plus individuelles à la liberté, qui caractériseraient les Romantiques d'avant 1830, et la politique manifeste de la « génération de 1830 », au moment où « le romantisme français révèlera sa vraie nature, qui est, tout compte fait, moins esthétique que philosophique, éthique et sociale », ainsi que Max Milner le met en avant dans *La Littérature française*, t. XII, *Le Romantisme I (1820-1843)*, Paris, Arthaud, 1973, p. 60. Milner observe pourtant dans le même temps que « l'une des grandes originalités du romantisme français est [...] le rôle que joua la politique dans ses débuts » (p. 55). La périodisation de l'étude de Milner montre bien comment pendant longtemps le romantisme a offert une grille de lecture qui a dominé la conceptualisation de l'engagement de la littérature dans la politique dans les années dont il est ici question. Cependant, mon enquête « archéologique » prouve que le terme de romantisme obscurcit, bien plus qu'il ne les éclaire, les romans produits dans la première moitié du XIXe siècle. Nous verrons ainsi que ce terme appauvrit notablement ce qui différencie chaque écrivain dans sa stratégie esthétique de politisation de la littérature. Il obscurcit également le rôle majeur que les femmes ont joué pour affiner une forme romanesque qui n'engage pas seulement la question de la liberté telle qu'elle se posait avant le Romantisme, mais qui constitue bien plutôt la préhistoire de ce mouvement même.

française », pour citer Sandy Petrey, paraphrasant avec éloquence Hugo[25]. Pourtant, depuis le concept de champ littéraire que nous privilégions ici, la volonté réaliste de représenter un panorama complet de la vie sociale semble moins répondre, comme à contre-temps, à 1789, qu'apporter une réponse immédiate à 1830. La Charte de 1830 proclame ainsi, dans une formulation non moins éloquente qu'elle devait ne pas être respectée, que : « Les Français ont le droit d'imprimer et de publier leurs opinions, dans les limites fixées par la loi. Jamais la censure ne sera rétablie[26] ». Elle eut pour conséquence décisive de transformer la situation sociale de la littérature. Grâce à la Révolution de Juillet, les écrivains purent intervenir dans le champ politique, et les œuvres les plus ambitieuses du spectre littéraire se mirent en quête de ce nouveau pouvoir conféré à la littérature pour accéder aux affaires publiques[27]. Bien plus, ce pouvoir était aussi important pour les romans réalistes que pour les romans non-réalistes qui se risquaient à réclamer une autorité littéraire et culturelle.

---

25 Sandy Petrey, *Realism and Revolution*, Ithaca (New York), Cornell University Press, 1988, p. 50.

26 Cité par Nicholas Harrison, *Circles of Censorship*, Oxford, Clarendon Press, 1995, p. 31. Nicholas Harrison résume de façon concise les vicissitudes de la censure tout au long de la première moitié du XIXe siècle en France. Quand Balzac prend comme sujet de discussion un roman de l'Empire dans *La Muse du département*, il fait de la censure l'un des points qui distingue radicalement la littérature contemporaine (*La Muse* se déroule en 1836) de la littérature du début du XIXe siècle : « À cette époque, [...] il y avait une censure, et il faut être aussi indulgent pour l'homme qui passait sous les ciseaux de 1805 que pour ceux qui allaient à l'échafaud en 1793 » explique Bianchon pour qui la censure, bien plus qu'un simple institution d'autrefois, est une pratique qui structure l'esthétique romanesque. *Cf.* Honoré de Balzac, *La Muse du département*, éd. de Patrick Berthier, Paris, Gallimard, coll. « Folio », 1984, p. 122.

27 E. J. Hobsbawm a bien observé que : « Rares sont les époques où même les moins idéologues des artistes ont été aussi universellement des partisans, pour qui très souvent se mettre au service de la politique représentait le premier devoir » (E. J. Hobsbawm, *L'Ère des Révolutions (The Age of Revolutions)*, traduit de l'anglais par Françoise Braudel et Jean-Claude Pineau, Paris, Fayard, coll. « L'aventure des civilisations », 1969, p. 343). Sur les relations ouvertes entre les domaines politiques et culturels pendant la Monarchie de Juillet, voir également Karlheinrich Biermann, *Literarische-politische Avant-Garde in Frankreich*, *op. cit.* ; Richard Terdiman, *Discourse/Counter-Discourse*, Ithaca (New York), Cornell University Press, 1985 ; André-Jean Tudesq et André Jardin, *La France des Notables, I L'évolution Générale, 1815-1848*, t. 6 de la *Nouvelle Histoire de la France contemporaine*, Paris, Seuil, coll. « Points Histoire », 1973 ; Pierre Bourdieu, *Les Règles de l'Art*, *op. cit.* et François Furet, *La Révolution*, t. 2, *Terminer la Révolution. De Louis XVIII à Jules Ferry (1814-1880)*, Paris, Hachette, coll. « Pluriel », 1988. L'affirmation de « *l'art pour l'art* »* a émergé au début des années 1830 en réaction à l'importance démesurée accordée aux questions politiques et sociales dans la littérature qui a suivi 1830.

Si l'histoire a fait s'évanouir la force de persuasion du roman sentimental du début du XIXe siècle, cette forme a suffisamment gardé de son prestige pour que des romans, animés par un esprit de sérieux littéraire et des aspirations culturelles, aient repris l'essentiel de ces codes[28]. Tous ces romans ne se sont pourtant pas partagés l'héritage sentimental de la même façon. Alors que les conceptions matérialistes dominantes réduisent les conditions littéraires qui ont donné naissance aux pratiques de Balzac ou Stendhal au seul roman historique tel qu'il fut initié par Walter Scott, cette étude voudrait postuler que ces deux romanciers ont forgé les caractéristiques fondamentales de leur poétique réaliste dans une offre de rachat hostile du roman sentimental. Un code aussi important que celui par lequel l'intrigue du *bildungsroman* place immanquablement son héros dans une relation en rupture avec la collectivité, provient directement du roman sentimental. Mais lorsque des œuvres comme *Le Rouge et le Noir* ou *Le Père Goriot* s'approprient des codes sentimentaux, elles en modifient la valeur et la signification. Dans le roman sentimental, l'intrigue de la rupture permet par exemple d'initier une lutte tragique des principes entre eux. Dans les romans réalistes au contraire, ces principes se muent en illusions sentimentales ; l'intrigue de la rupture ouvre la porte au compromis réaliste, à la lutte amorale du personnage pour réussir.

Le genre [*gender*] s'avère alors être une arme symbolique puissante pour contrer les campagnes qu'ont menées Balzac et Stendhal pour affirmer l'importance de leurs nouvelles pratiques. Tous deux, que ce soit dans des textes polémiques comme dans leurs poétiques, ont associé l'invention des codes réalistes à la masculinisation d'une forme autrefois féminine et frivole. Leur stratégie s'est appuyée sur le simple fait que les

---

28 On retrouve, dans la façon dont les étrangers considèrent le roman français, un indice éloquent du pouvoir du roman sentimental à cette époque. Quand le critique anglais, Henri Southern, passe en revue les romans français de 1832, il s'occupe bien plutôt de dessiner les contours généraux et abstraits de cette forme sentimentale qu'il ne s'occupe des diverses prises de position des contemporains. Southern écrit ainsi que « La différence entre le roman français et le roman anglais est assez bien marquée de nos jours. Les romans de notre pays tournent généralement autour de détails matériels. Dans un roman français au contraire, il sera assez difficile de savoir si un homme conduit un équipage à deux chevaux ou s'il vit dans une mansarde. Les nuances sont réservées aux sentiments, au langage ou aux manières. La grande affaire des romans français, c'est de se sentir excité par certaines situations et relations de la vie » (Henri Southern, « French Novels », *The Foreign Quaterly Review*, n° 10, Oct. 1832, repris dans *A Victorian Art of Fiction*, sous la direction de John Charles Olmsted, 2 vol., New York, Garland, 1979, 1er vol, p. 131).

romans sentimentaux les plus prestigieux publiés dans les trente premières années du siècle étaient écrits par des femmes et que les femmes, puisqu'elles dominaient la production du roman sentimental social, faisaient partie intégrante de la vie culturelle de la Monarchie de Juillet, au même titre que la forme qu'elles employaient. Ces femmes allaient ainsi de la réformatrice socialiste et utopiste comme Flora Tristan à la Comtesse Merlin, dont le salon aristocrate était un *rite de passage** pour qui « avait des talents ou des ambitions dans la musique » ; de Louise de Constant, sœur de Benjamin, à la professionnelle à succès, Virginie Ancelot, connue autant pour ses romans que pour les pièces populaires qu'elle écrivait avec son mari ; de Hortense Allart, critique, romancière, « muse romantique » de Chateaubriand, Lammenais, Bérenger ou Sainte-Beuve, à la baronne Aloïse de Carlowitz, dont les traductions des romantiques allemands reçurent plusieurs prix de l'Académie française[29].

Une femme de l'importance de Sand pouvait être considérée par tous et le plus simplement du monde comme le plus grand romancier contemporain, ainsi que le rappelle Michelet au moment où il énumère les modèles littéraires qu'il revendique pour *Le Peuple*. Qualifiant Balzac de « peintre de genre, admirable par le génie du détail », Michelet n'en vient à lui qu'après avoir évoqué « les romans classiques, immortels, révélant les tragédies domestiques des classes riches et aisées[30] ». Le préfacier de l'œuvre de Michelet croit pouvoir identifier ces derniers avec les premiers romans de Sand ; mais le fait que Michelet les décrivent en terme de pratique sans nommer leur auteur est plus éloquent encore[31]. Sand est l'un de ces nombreux romanciers à avoir beaucoup misé sur

---

29 Anne Martin-Fugier, *La Vie élégante*, Paris, Fayard, 1990, p. 315. J'emprunte le terme de « muse romantique » à Léon Séché dans *Hortense Allart de Méritens*, Paris, Société du Mercure de France, 1908, p. 7.

30 Jules Michelet, *Le Peuple*, *op. cit.* p. 61.

31 Paul Viallaneix écrit que « Michelet songe sans aucun doute, si l'on en juge par l'interprétation qu'il en proposera à l'époque de *L'Amour* et de *La Femme* (1858-1859), aux premiers romans de George Sand », *Le Peuple*, *op. cit.*, p. 61. Reconstruire le contexte générique qui a modelé la pratique de Sand permet également d'enrichir d'une strate supplémentaire l'éloge de Michelet. Lorsque Michelet qualifie les œuvres de Sand de « classiques immortels », sans doute ne veut-il pas seulement témoigner de leur importance en soi, mais montrer qu'elles sont exemplaires d'une forme classique et immortelle de roman. Comme cela apparaîtra plus nettement dans le chapitre qui suit (« Devoirs opposés : Poétiques sentimentales »), Michelet met en avant l'affiliation de Sand au roman sentimental, puisque la tragédie domestique ayant pour cadre un riche environnement, est au cœur de l'intrigue sentimentale.

une reconnaissance littéraire et culturelle en s'appuyant sur les codes sentimentaux et sociaux.

L'association des femmes de la Monarchie de Juillet au roman sentimental social est allée au-delà du caractère visible de ses actrices. Quand bien même celles-ci visaient ce nouveau pouvoir dévolu au roman d'intervenir dans la vie politique, et ce, quelle que fût leur position sociale, elles ont démesurément employé la seule forme sentimentale sociale. Pourquoi les *consœurs** de Balzac et Stendhal auraient-elles fait preuve d'une telle aversion pour la position réaliste ? Cette étude avance l'hypothèse que c'est peut-être aussi parce que le réalisme était pour les femmes d'alors une « *fausse position* »*, pour reprendre les termes d'une romancière de cette même époque[32]. Je postulerai que si les codes réalistes n'ont pas intéressé les femmes écrivains, c'est à cause de leurs interactions complexes avec la construction du genre [*gender*] dans un contexte spécifiquement littéraire et plus largement social.

Deux des aspects de cette construction prennent une forme textuelle : (I) Les campagnes agressives de Balzac et Stendhal, dans leurs écrits polémiques et leurs poétiques réalistes, pour masculiniser le roman et (II) l'assignation genrée de plus en plus envahissante de la sentimentalité au féminin par les écrivains et critiques de tous bords esthétiques. Un autre aspect tient au statut des femmes au sein des institutions contemporaines de production littéraire. Pendant la Monarchie de Juillet, une femme ne pouvait faire autrement que d'écrire comme une « *femme auteur** » : critiques, lecteurs et éditeurs mêlés considéraient d'abord les femmes auteurs comme des femmes, et seulement ensuite comme des auteurs. Un dernier aspect, déterminant, se trouve au croisement du champ littéraire et de l'organisation sociale toute entière. Si, ainsi que le suggère François Furet, « Juillet 1830 ramène et approfondit tous les conflits nés de 1789 », ce point est alors aussi vrai dans le domaine du genre [*gender*] que pour celui des classes[33]. La question de savoir si le droit révolutionnaire pourrait s'étendre aux filles de la Révolution fut vivement débattue, alors même que l'idéologie domestique exerçait toute sa force et que la *femme auteur**, cette femme publique, était devenue l'épouvantail qu'on agitait dans les disputes concernant le trop grand nombre de femmes à avoir franchi les frontières de la sphère privée.

32 J'emprunte cette expression au roman sentimental social de Caroline Marbouty, *Une fausse position*.

33 François Furet, *Terminer la Révolution*, *op. cit.*, p. 146.

Quand l'archive révèle la présence des femmes dans la dimension littéraire de la vie publique de la première moitié du XIXe siècle, elle nous oblige à nuancer les arguments, pourtant importants et influents, des historiens féministes et des historiens de la littérature concernant le pouvoir de l'idéologie bourgeoise domestique pendant la Révolution et la période qui a suivi. L'émergence d'une idéologie domestique qui serait devenue hégémonique à partir de la Révolution conduit par exemple Joan DeJean à faire de 1789 « une date sans doute absolument fatale [...] pour l'écriture féministe en général » aussi bien que pour ses conséquences à l'égard des femmes auteurs, bien à l'inverse de la culture littéraire de l'Ancien Régime dans laquelle les femmes auraient joué un rôle prééminent, tant comme écrivaines que comme arbitres du bon goût[34]. Mais bien qu'elle soit idéologiquement dominante, la doctrine des sphères séparées a pris forme au sein de pratiques qui furent, au moins pour ce qui concerne la production littéraire, beaucoup plus complexes[35].

Il y a visiblement beaucoup à gagner à comprendre une construction culturelle comme un *éventail* de pratiques, dans un cas comme celui de cette œuvre célèbre pour avoir posé les termes de la misogynie littéraire post-révolutionnaire. L'œuvre de Jean-François La Harpe, *Lycée ou Cours de littérature ancienne et moderne (1791-1803)*, a établi, ainsi que DeJean l'a montré de façon convaincante, que la tradition française était masculine à une écrasante majorité ; elle eut une influence déterminante pour définir le canon dans la seconde moitié du XIXe siècle[36]. Cependant, si l'on replace La Harpe dans le contexte littéraire de son temps, la représentation qu'il a des femmes écrivains, et de leur « importance quasi-nulle », se charge d'une signification dynamique[37]. La Harpe a en effet esquissé son canon de la littérature dans les années où les romans sentimentaux

---

34 Joan DeJean, « Classical Reeducation : Decanonizing the Feminine », *Yale French Studies* n° 75, 1988 "The Politics of Tradition", dirigé par Joan DeJean et Nancy K. Miller, p. 30. Joan Landes apporte d'autres arguments quant à l'exclusion générale des femmes de la sphère publique après la Révolution dans *Women and the Public Sphere in the Age of the French Revolution*, New York, Cornell University Press, 1988.

35 Carla Hesse livre des conclusions similaires dans sa recherche statistique qui révèle que le nombre de femmes embrassant une carrière littéraire est sans précédent, pendant, et après la Révolution. Voir Carla Hesse, "Women in Print, 1750-1800 : An Essay on Historical Bibliography", *Studies on Voltaire and the 18th Century*, 1998.

36 Bien que le *Lycée* de La Harpe évoque quelques femmes écrivains du XVIIe siècle, DeJean insiste sur le fait qu'il les juge négativement. Dans ses huit volumes consacrés au XVIIIe siècle, il ne fait mention que de Tencin, de Beaumont, Riccobini et Graffigny.

37 DeJean, « Classical Reeducation », art. cité, p. 37.

écrits par des femmes ont paru sous les vivats de la critique, même si les juges de la haute valeur littéraire n'avaient pas la même opinion quant à l'importance du roman comme forme littéraire[38]. Si le genre [*gender*] est en jeu dans la réécriture de la tradition française par La Harpe, il pourrait bien s'agir d'une réaction à la visibilité littéraire des femmes après la Révolution, qui permet d'affirmer, fût-ce négativement, leur importance[39].

---

38 Marie-Joseph Chénier affirme ainsi que « ce sont des femmes qui figurent avec le plus de distinction parmi les romanciers modernes » dans son *Tableau historique de l'état des progrès de la littérature française depuis 1789* ((1816), Paris, E. Ducrocq, 1862, p. 245), œuvre aussi influente dans les premières décennies du siècle que le *Lycée* de La Harpe. Le critique François-Adolphe Loève-Veimars fait ainsi de Chénier et La Harpe les deux pôles opposés du bon goût quand il passe en revue le paysage critique de cette même époque dans son *Précis de la littérature française depuis son origine jusqu'à nos jours* de 1825. Le résumé s'ouvre sur une louange du *Tableau* de Chénier et assure qu'au contraire *Le Lycée* de La Harpe doit être « complètement refait » (F. A. Loève-Veimars, *Précis de littérature française depuis son origine jusqu'à nos jours* (1825), Bruxelles, Société Belge de Librairie, 1838, p. 1)

39 Plus on explore l'archive littéraire et plus le travail de La Harpe nous semble exprimer l'un des points de vue importants, et pour cela extrêmement discuté, au sein d'un éventail plus vaste. Ainsi DeJean oppose précisément le « canon » pédagogique de La Harpe au genre, déclinant depuis la Révolution, des « anthologies mondaines ». Ce genre subsiste néanmoins : ainsi, de 1808 à 1810, A. A. Barbier et N. L. M. Desessarts publient la *Nouvelle Bibliothèque d'un homme de goût* qui actualise la *Bibliothèque d'un homme de goût* de l'abbé de la Porte publiée en 1772. En s'adressant à un public éduqué, Barbier et Desessarts présentent les « opinions que des censeurs judicieux ont émises non-seulement sur les chefs-d'œuvre de la littérature ancienne et moderne mais encore sur tous les ouvrages qui, sans les égaler, peuvent former une bibliothèque choisie » (*Nouvelle Bibliothèque d'un Homme de goût*, Paris, Arthus Bertrand, 1815, t. 1, p. i). Ces auteurs confirment l'argument de DeJean selon lequel La Harpe s'attaque au « canon » mondain d'autant qu'ils dirigent explicitement leur travail contre ce dernier : « Les opinions [de La Harpe] sur les auteurs modernes sont encore plus répréhensibles [que celles concernant les auteurs anciens] sous le rapport de la prévention et la partialité » ainsi qu'ils l'indiquent dans leur préface (t. I, p. ii). Bien que les deux auteurs ne précisent pas en quoi ils jugent les opinions de La Harpe « répréhensibles », il ne fait pas de doute qu'ils n'ont pas le même point de vue sur le roman. Tout comme La Harpe, Barbier et Desessarts mettent le roman au bas de la hiérarchie des genres, mais c'est bien là le seul point sur lequel ils s'accordent. Ils confèrent ainsi aux femmes écrivains un rôle majeur dans l'histoire du roman, en évoquant trente-neuf romancières contre seulement dix-neuf romanciers pour un nombre de pages respectif à peu près semblable. Parmi les romancières qu'ils ont distinguées, on trouve Mmes La Rocheguilhem, Villedieu, La Fayette, d'Aulnoy, Gomez, La Force, Bernard, Murat, L'Héritier, Durand, Fontaines, Le Marchand, Lussan, Tensin, Graffigny, Villeneuve, Lintot, Mme le Prince de Beaumont, Mmes Robert, d'Arconville, Élie de Beaumont, Riccoboni, Puisieux, Borhon, Sommery, Beauharnais, Genlis, Cottin, Souza et Montolieu. La liste des romanciers est la suivante : Le Vayer de Boutigny, Boursault, Prévost, Le Sage, Hamilton, Marivaux, Crébillon fils, Duclos, Sainte-Foix, Diderot, Voltaire, Jean-Jacques Rousseau, Restif de la Bretonne, Choderlos

LE GENRE EST UNE RELATION SOCIALE

Le puissant rôle qu'a joué le roman sentimental sur la structuration de l'histoire encore à venir du roman vient confirmer la remarque de Marx, célèbre pour sa pénétration, et fondamentale pour la pensée de Bourdieu[40]. Ainsi, bien que ce soient les auteurs qui écrivent leur poétique, ils ne sauraient l'écrire comme ils le veulent, mais bien plutôt en réaction aux discours établis dans lesquels ils cherchent à intervenir ; et, pour ce qui est des luttes ici décrites, selon les positions les plus significatives pour définir le roman. Pendant la première moitié du XIXe siècle, ces positions pouvaient se distinguer en termes de genre. Vouloir faire remonter à la surface les luttes esthétiques oubliées qui ont façonné l'émergence du réalisme engage donc une réflexion sur le paradigme, ou plutôt, sur le problème du genre.

La notion de genre est, comme le rappelle Jameson « on ne peut plus discréditée par la théorie littéraire contemporaine », parce qu'elle n'a jamais fait l'objet dans son histoire d'un examen critique rigoureux[41]. Avec sa notion négative de textualité, l'effort de déconstruction du post-structuralisme semblerait même lui avoir asséné le coup de grâce. Depuis cette perspective, mettre sur un même plan les romans de Balzac, Stendhal ou Flaubert et les codes du réalisme, c'est manquer leur part la plus intéressante, la façon dont ils sapent les conventions, dont ils interrogent et subvertissent les représentations réalistes au moment même

---

de Laclos, d'Arnaud, Monjoie, Pigault-Lebrun, Ducray-Duminil et Fiévée. – *La Revue des romans* de Pierre-Augustin Eusèbe Girault de Saint-Fargeau, sous-titrée *Recueil d'analyses raisonnées des productions remarquables des plus célèbres romanciers français et étrangers contenant 1100 analyses raisonnées, faisant connaître avec assez d'étendue pour en donner une idée exacte, le sujet, les personnages, l'intrigue et le dénouement de chaque roman*, indique que les anthologies mondaines prospèrent au moins jusqu'en 1839. En se proposant comme guide pour un public adulte qui veut lire pour son plaisir et pour s'éduquer, *La Revue des romans* poursuit aussi la tradition mondaine en accordant une grande valeur aux contributions féminines dans le domaine du roman.

40 *Cf.* Karl Marx, *Le 18 Brumaire de Louis Bonaparte*, dans Karl Marx et Friedrich Engels, *Œuvres Choisies*, t. 1, Moscou, Éditions du Progrès, 1978, p. 414 : « Les hommes font leur propre histoire, mais ils ne la font pas arbitrairement, dans les conditions choisies par eux, mais dans des conditions directement données et héritées du passé ».

41 Jean-Marie Schaeffer présente une critique détaillée de la théorie traditionnelle du genre dans *Qu'est-ce qu'un genre littéraire ?*, Paris, Éd. du Seuil, coll. « Poétique », 1989.

où ils les mettent en jeu. La théorie de la déconstruction a ainsi permis de démanteler le projet de taxinomie qui garantissait les articulations traditionnelles du genre[42].

On perdrait pourtant beaucoup à se passer entièrement de la notion de genre du seul fait que l'histoire littéraire traditionnelle aurait échoué à lui rendre justice. S'il se pourrait bien que le concept ne révèle rien en matière de textualité, il révèle par contre beaucoup de la littérature considérée comme pratique sociale : car le genre est une relation sociale, ou, comme le propose Jameson, un contrat social[43]. L'inscription poétique des attentes de l'écrivain et du lecteur qui façonnent le texte, les conventions du genre, tout cela draine des informations cruciales quant à la façon dont un texte se positionne dans les échanges littéraires de son temps et met en lumière la façon dont il retient son public. Aussi, prêter attention au genre permet-il de contrebalancer le tout-venant de la sociologie de la littérature qui identifie la portée sociale d'un texte à son seul contenu, tout en compliquant l'équation foucaldienne entre la signification sociale d'un texte d'une part et sa participation à des discours non-littéraires de l'autre. Comme Jameson le fait remarquer, le problème de la notion de genre consiste « en fait à avoir toujours entretenu une relation privilégiée avec le matérialisme historique », en arbitrant entre les œuvres individuelles et « l'évolution de la vie sociale[44] ».

Considérer le genre comme une relation sociale nous permet encore d'échapper à cette opposition entre le texte individuel et la classe sociale, qui a miné la théorie du genre depuis ses commencements classiques[45]. Pour le dire en des termes bourdieusiens, le genre est une position. Il désigne le fait qu'un certain nombre d'écrivains partage un ensemble commun de conventions qui correspond à un espace des possibles, autrement dit, un horizon tissé de conventions littéraires et de contraintes, qui assignent tout écrivain à une situation particulière dans le champ littéraire. Ou, pour le dire encore autrement, lorsque ces écrivains proposent une solution à cet espace des possibles – parce que celui-ci est dynamique, puisqu'il prend la forme de « problèmes à résoudre,

42 Voir par exemple les articles réunis dans *Glyph* n° 7 (1980) et plus particulièrement « La Loi du genre » de Jacques Derrida.

43 Fredric Jameson, *L'inconscient politique*, *op. cit.*, p. 131.

44 *Ibid.*, p. 105.

45 Sur les problèmes posés par cette opposition, voir « La Loi du genre » de Derrida ainsi que *Qu'est-ce qu'un genre littéraire ?* de Jean-Marie Schaeffer.

possibilités stylistiques ou thématiques à exploiter, contradictions à dépasser, voire ruptures révolutionnaires à initier » – ils permettent de constituer une problématique littéraire, qui interagit avec des facteurs déterminants de l'ensemble de la construction sociale pour donner forme à des poétiques textuelles[46]. Une fois le genre – ou, pour ce qui est des positions dont il est ici question, le sous-genre – ramené à sa dimension de position, il devient alors, constitutivement, intertextuel et inter-générique à la fois ; autrement dit, le genre devient une relation systémique et synchronique[47]. Les codes qui constituent un sous-genre ne possèdent pas seulement une cohérence interne, en tant qu'ils apportent une solution à une problématique, mais ils construisent également leur identité en relation à d'autres, notamment contre les autres réponses majeures qui sont apportées à cette problématique.

Une fois que l'on considère le genre comme une position, les différences d'un exemple isolé de ce genre à un autre acquièrent une importance singulière à partir du moment où un texte transgresse l'horizon générique dominant (pris dans un sens structuraliste). En violant les codes qui le fondent, le texte s'engage dans ce que Bourdieu appelle une « prise de position », puisque l'auteur demande moins à son lecteur de suivre une pratique bien établie, revêtue de prestige symbolique et/ou des attraits du marché, qu'il ne lui demande de s'y opposer. Bourdieu remarque ainsi que les prises de positions individuelles s'amalgament

---

46 Pierre Bourdieu, *Les Règles de l'art*, *op. cit.*, p. 327. Bourdieu écrit ainsi que : « Du fait du jeu des homologies entre le champ littéraire et le champ du pouvoir ou le champ social dans son ensemble, la plupart des stratégies littéraires sont surdéterminées et nombre de "choix" sont des *coups doubles*, à la fois esthétiques et politiques, internes et externes. » (p. 289). Bourdieu emploie le terme de « choix » dans une perspective structuraliste, pour décrire la sélection par un membre d'une communauté d'une parmi un ensemble de possibilités.

47 Quand Jonathan Arac élabore son projet d'histoire littéraire dans le sillage du post-structuralisme, il émet l'hypothèse de prendre « comme unité fondamentale d'intelligibilité, non pas l'auteur, mais le système des genres ». Voir Jonathan Arac, "What is the History of Literature ?" [in] *The Uses of Literary History*, dirigé par Marshall Brown, Durham (Caroline du Nord), Duke University Press, 1995, p. 26. Le genre n'est pourtant pertinent que dans la mesure où il détermine les pratiques des écrivains à leur époque, comme c'est le cas pour les périodes de l'histoire littéraire ici décrites. Dans un champ où le genre est une institution littéraire importante, il peut de surcroît orienter des pratiques qui ne se définissent pas en elles-mêmes en termes de genre. Il n'est ainsi pas de position plus manifeste que celle du Romantisme dans les premières décennies du XIXe siècle pour donner toute son importance au genre : si celui-ci n'avait été un concept aussi puissant, les Romantiques n'auraient pas trouvé si essentiel de mener une guerre totale contre lui.

en positions lorsqu'elles commencent à être reconnues en tant que telles par leurs contemporains, à partir du moment où leur pratique même va faire l'objet d'une circulation symbolique et/ou économique. C'est par l'analyse que l'on peut mettre en évidence une position, qui est avant tout de nature textuelle. Et quand un critique découvre un ensemble de textes qui partagent les mêmes codes, il apporte une nouvelle preuve de l'existence de cette position. Les jugements portés par les écrivains et leurs lecteurs permettent encore de distinguer les pratiques pertinentes des autres, d'éclairer leurs significations sociales et esthétiques, aussi bien que leur statut littéraire et culturel[48]. Qu'on ne prenne pas pour autant ces jugements pour des descriptions scientifiques : ils font partie d'un faisceau d'indices qui demande encore à être interprété.

L'Éducation sentimentale du roman utilise donc la notion de réalisme – ce monstre aux contours si flous – selon un mode qui lui est propre, pour identifier comment la prise de position des écrivains autour de 1830 s'est très rapidement cristallisée en une position, c'est-à-dire en un ensemble symboliquement chargé de codes qui répondent à une problématique propre à un moment singulier de l'histoire du roman. Comme je l'ai déjà indiqué, cette problématique, qui voit aboutir les transformations aussi bien littéraires qu'extra-littéraires initiées par la Révolution de Juillet, ne va pas sans le legs du sous-genre sentimental qui dominait le roman au début du XIXe siècle. Les codes réalistes font partie de ces instruments puissants à la recherche desquels étaient les écrivains pour renouveler le roman à partir de 1830. Et le roman sentimental social est la solution alternative majeure que les écrivains ont trouvée dans les années 1830-1840.

Si pour Bourdieu, la position se trouve au croisement des contradictions et des problèmes, internes comme externes, propres à la littérature, les dynamiques qu'il met en œuvre pour résoudre ces problèmes restent trop vagues. Quand il est question de la position d'un sous-genre, il nous est cependant possible de clarifier la dimension extra-littéraire de ces dynamiques, en s'appuyant sur les critiques matérialistes qui

48 Quand Bourdieu pose la question de l'intentionnalité, il postule « qu'il suffit de lire les témoignages littéraires, les correspondances, les journaux intimes, et surtout peut-être les prises de position explicites sur le monde littéraire en tant que tel [...] pour se convaincre que [...] la lucidité, toujours partielle, est, une fois encore, affaire de position et de trajectoire dans le champ, et qu'elle varie donc selon les agents et selon les moments » (*Les Règles de l'Art*, *op. cit.*, p. 378).

ont purgé la notion de genre de ses excès traditionnels. Dans certaines théories très convaincantes, comme celles de Jameson sur le *romance*[49], de Moretti sur le *Bildungsroman*, ou de Nancy Armstrong sur le roman domestique, les codes génériques nous livrent des informations majeures sur l'intérêt idéologique d'un texte. Dans la formulation althusserienne de Jameson, le « romanesque » (en anglais *romance*) est, à l'origine, « une résolution symbolique » pour résoudre une « *contradiction* », celle de la « situation historique concrète, qui met en faillite les valeurs de la noblesse féodale[50]. Pour Moretti, le *Bildungsroman* dans sa forme classique vient résoudre la tension qui fonde la société moderne démocratique, entre la primauté accordée à l'individu et les processus de normalisation essentiels à une société pour fonctionner sans heurts[51]. De façon similaire, Nancy Armstrong considère que la fiction domestique offre un idéal petit-bourgeois de l'amour et de la différence des sexes [*gender difference*] qui « créé un sentiment d'accomplissement personnel là où il y avait conflit intime, une unité sociale là où il y avait des intérêts de classe divergents[52] ». En faisant fusionner le modèle matérialiste avec celui de Bourdieu, on peut dès lors considérer que le sous-genre est l'ensemble des stratégies poétiques à même d'offrir dans le même temps une solution fictionnelle crédible aux contradictions sociales momentanément les plus urgentes, et de résoudre une problématique propre au champ littéraire.

Quand Jameson, Moretti ou Armstrong définissent le genre, ils se préoccupent du développement des formes qu'ils analysent respectivement. Ce faisant, ils préservent la dimension diachronique du concept, lorsque celui-ci se confond avec une position dans le système en synchronie. Dès lors qu'une position est devenue absolument incontestable, il lui est possible de survivre et de prendre différentes formes dans le champ littéraire ; l'histoire du réalisme au XIXe siècle l'a bien montré.

49 Le terme de *romance* n'est pas traduit dans le texte, mais marqué par un italique : traditionnellement opposé à *novel*, il ne saurait avoir d'équivalent indiscutable en français ; une de ses traductions usuelles pourrait être celle de « romanesque ». L'opposition réductrice entre roman réaliste et roman sentimental que recouvre en partie l'opposition *novel/romance*, ne saurait retranscrire la complexité dont il se charge dans le cadre théorique et littéraire anglo-saxon qui est celui de F. Jameson ou de M. Cohen [note de la traductrice].

50 Jameson, *L'inconscient politique*, *op. cit.*, p. 145.

51 Voir Franco Moretti, *The Way of the World*, Londres, Verso, 1987.

52 Nancy Armstrong, *Desire and Domestic Fiction*, New York, Oxford University Press, 1987, p. 51.

Bourdieu fait remarquer que deux sortes de pratiques importent tout particulièrement aux écrivains quand ils composent leurs œuvres : d'une part, la ou les position(s) dominante(s) qui défini(ssen)t la problématique au moment où ils commencent à écrire pour la première fois ; d'autre part, les réponses que d'autres apportent à cette position, et qui ne peuvent qu'être stimulantes pour tout écrivain de la même période. *L'Éducation sentimentale du roman* décrira ces deux positions possibles, en faisant remonter à la surface des genres oubliés. Le premier chapitre de cet essai retrace ainsi la cohérence poétique et idéologique du roman sentimental au début du XIXe siècle, pratique romanesque alors la plus reconnue, au moment où Balzac et Stendhal s'apprêtent à faire leur entrée dans le champ littéraire. Le chapitre qui suit reconsidère l'émergence du réalisme, en le comprenant comme un déplacement des codes sentimentaux. Notre essai se penche ensuite sur un genre oublié, le roman sentimental social, autre agencement majeur des codes romanesques, élaboré pour renouveler le roman contemporain du réalisme. Chacune des descriptions d'un genre se trouve ainsi éclatée dans des chapitres qui correspondent la plupart du temps aux codes qui définissent un sous-genre.

Cette étude se conclut en évoquant la remarquable superposition de la position générique et de la position de sujet, dans le cas des femmes qui ont renouvelé le roman dans la France des années 1830. L'histoire littéraire offre en effet peu de moments où genre [gender] et genre littéraire se recoupent plus nettement : pourquoi donc les *consœurs** de Balzac et Stendhal seraient-elles passées de façon si unanime à côté du réalisme, au moment même où il était en train de naître ? En formulant une série d'hypothèses sur cette question, je serai amenée à compliquer l'approche initialement assez abstraite de ce livre, où l'écrivain est considéré comme producteur. À la suite de Bourdieu, je formulerai l'hypothèse suivante : les écrivains se servent des poétiques qui leur conviennent et profitent dans le même temps des critères déterminants de leur position de sujet, tout particulièrement ceux qui affectent leur situation au sein des dynamiques de production littéraire[53].

53 Comme Bourdieu le rappelle : « Les stratégies des agents et des institutions qui sont engagées dans les luttes littéraires ou artistiques ne se définissent pas dans la confrontation pure avec des possibles purs ; elles dépendent de la position que ces agents occupent dans la structure du champ » (*Les Règles de l'Art*, *op. cit.*, p. 290). Ainsi que nous le verrons, le

Quant au dernier chapitre, ses enjeux sont d'ordre plus spéculatifs que la description des genres qui précède. Je l'ai conçu sur un mode plus ouvert, comme une étude de cas révélatrice. Pour mieux expliquer pourquoi le réalisme a pu apparaître comme une « *fausse position** » aux consœurs de Balzac et Stendhal, j'ai ressuscité la carrière littéraire d'une femme qui s'est servi de cette même expression pour diagnostiquer la situation plus générale de la *femme auteur** à cette époque. À l'origine, avant que leurs relations ne se détériorent, Caroline Marbouty était une amie de Balzac : juste après la publication par Marbouty d'un roman sentimental social, Balzac l'attaque dans *La Muse du département*. Marbouty riposte alors dans son autre roman sentimental social, *Une Fausse position*, qui réécrit dans la perspective de la femme écrivain la conception du champ littéraire telle que Balzac l'avait énoncée dans *Illusions perdues*.

*HORS D'USAGE**

En exhumant les luttes qui imbriquent étroitement genre [*gender*] et genre littéraire, luttes que nous connaissons désormais sous le nom d'émergence du roman français moderne, ce livre travaille de fait sur une littérature qui n'a plus cours, une littérature *hors d'usage**, pour reprendre l'une des raisons alléguées parmi tant d'autres par la Bibliothèque Nationale de France à la lectrice qui peine à obtenir le livre qu'elle avait demandé. Les livres *hors d'usage** ne sont pourtant pas tout à fait perdus pour le lectorat contemporain ; du moins ne l'étaient-ils pas à la Bibliothèque Nationale, rue Richelieu, au début des années 1990. Il fallait simplement ajouter un niveau supplémentaire de justification universitaire pour les consulter, parce que leurs couvertures graisseuses de papier jaune et bleu s'effritaient sous les doigts. Des livres de si peu d'intérêt, et ce, depuis tant d'années, que personne n'avais songé à s'en occuper et en assurer la conservation, ni encore moins à laisser à qui que ce soit la possibilité de les lire.

---

genre joue un rôle déterminant pour définir la façon dont les femmes écrivains au temps de Balzac font jouer les institutions formelles et informelles du champ littéraire.

Accéder physiquement aux livres n'est certainement pas la moindre ni la seule des difficultés que l'on rencontre à travailler sur une littérature *hors d'usage**. Il n'est, bien sûr, jamais évident de définir les contours de ce que l'on entend par archive. Car l'archive demande au critique son lot indéterminé de chance et de hasard, il lui faut fouiner, jusqu'à trébucher parfois sur la question de sa définition, que les experts en la matière n'ont toujours pas résolue. Et pourtant, ce n'est qu'une fois que l'on s'est assis pour commencer la lecture de ces livres que le problème commence vraiment. Si je donne aux genres que je ressuscite la forme de descriptions abstraites, ces descriptions ne vont charrier à leur tour qu'une part infime du caractère illisible que je trouvais aux romans sentimentaux et sentimentaux sociaux quand j'ai commencé à m'en approcher avec mes attentes réalistes. Car la littérature *hors d'usage** met à l'épreuve l'illusion selon laquelle un lecteur de près [*close reader*] pourrait révéler la logique esthétique de n'importe quel type de texte. Cette lecture de près, telle du moins qu'on la pratique le plus souvent, dépend d'un ensemble d'attentes esthétiques qui découle précisément de l'histoire de la lecture successive de ces œuvres qui, elles, ne sont pas sorties de la circulation.

Pour toute exhumation de la sorte, l'enjeu majeur est de parvenir à « dénaturaliser » ces attentes pour appréhender la littérature oubliée selon ses propres termes. Quelles sont les poétiques qui distinguent une œuvre d'une autre ? Quelles est la logique esthétique, la force idéologique de ces poétiques ? Tant que l'on ne veut pas comprendre que ces œuvres oubliées sont structurées par une esthétique cohérente – quand bien même oubliée depuis – on ne fait que les congédier au nom de ce qu'elles n'auraient plus aucun intérêt, qu'elles seraient inférieures aux esthétiques qui l'ont emporté depuis. Aussi certains critiques, qui avaient d'abord prêté attention aux romans sentimentaux du début du XIXᵉ siècle, ont-ils reproduit cette erreur, en les dénigrant par la suite pour avoir manqué aux lois du réalisme, ou bien en les rachetant au nom de ce qu'ils étaient réalistes malgré eux[54].

---

54 Dans *Balzac romancier*, Maurice Bardèche fournit un bon exemple de la façon dont les critiques ont méprisé le roman sentimental pour son défaut de réalisme, même s'il accomplit par ailleurs cet inestimable travail qui consiste à maintenir vivant le souvenir de ce sous-genre. Plus tard, le *Gynographs* de Joan Stewart lira le roman sentimental comme un réalisme farci d'une poétique guindée et artificielle.

La clé permettant d'accéder à l'intégrité d'une œuvre singulière réside dans la problématique propre à son époque et dans laquelle va s'élaborer sa poétique. Comme Bourdieu le fait remarquer, « tout producteur culturel est irrémédiablement situé et daté en tant qu'il participe de la même *problématique* que l'ensemble de ses contemporains[55] ». Circonscrire cette problématique permet ainsi de dénouer l'esthétique d'un texte et ses enjeux idéologiques. À partir du moment où l'on associe un texte à sa problématique, la singularité de ses codes ne nous apparaît plus comme une aberration, eu égard à nos critères esthétiques habituels, mais bien plutôt comme une solution possible.

Bien entendu, ce serait une entreprise vouée à l'échec que de vouloir reconstruire cette problématique depuis un compte rendu exhaustif de tout ce qui a été publié à un moment donné, même dans le cas où cette problématique ne recouvrirait qu'une part restreinte du champ littéraire, comme c'est le cas pour cette étude portant sur les transformations qui affectent le roman. Pour avoir un peu plus de prise sur elle, on peut néanmoins ressusciter un certain nombre de ses aspects fondamentaux. Il est par exemple crucial d'établir à quels autres textes ressemble un texte oublié. Appartient-il à une position qui fut – comme c'est le cas dans cette étude – un sous-genre ? Dans le cas contraire, de quelle façon s'éloigne-t-il des positions qui dominent à l'époque ? Car bien souvent, c'est jusqu'à la position – qui structure le texte oublié – qui aura été à son tour oubliée : il est alors d'autant plus nécessaire de parcourir les archives à la recherche d'autres textes qui occuperaient cette même position, en commençant par chercher des ressemblances que l'on ne saurait théoriser, comme la proximité entre certains titres ou des préoccupations thématiques communes[56]. Une telle façon de lire n'est pas encore assimilable à une « lecture de près », laquelle dépend d'une bonne compréhension de où, quand et comment un texte reproduit et s'écarte dans le même temps des normes poétiques de son temps. Cela ressemble

55 Pierre Bourdieu, *Les Règles de l'art*, *op. cit.*, p. 328 (c'est Bourdieu qui souligne).

56 À cette étape de la réflexion, les histoires littéraires traditionnelles peuvent s'avérer utiles puisqu'elles évoquent parfois des œuvres oubliées dont elles décrivent dans la longueur les thématiques. Les comptes rendus de la production littéraire datant de la période étudiée peuvent aussi servir de guide menant à la fabrication des positions oubliées. C'est ainsi en reconstruisant les contours du roman sentimental au XIXe siècle que j'ai retrouvé des catalogues de libraires datant de la Restauration, d'autant plus utiles qu'ils classaient les œuvres en des termes génériques, et ce, même quand leurs catégories ne reposaient en elles-mêmes sur rien de scientifique.

bien plutôt à ce que Sharon Marcus décrit comme une « lecture en quête de motifs » [*reading for patterns*], qui entend chercher ce qui se répète au niveau des structures du texte afin de livrer un répertoire détaillé des codes les plus saillants[57].

Pour mettre en évidence la cohérence d'un texte oublié, il n'est pas non plus inutile d'identifier la réitération des positions et des prises de position connues qui répondent à une même problématique, même quand le texte oublié présente des différences substantielles avec elles. L'absence de description dans les romans sentimentaux sociaux, même si elle laisse d'abord perplexe, frappe ainsi nettement dès lors qu'on la compare aux longues descriptions qui prennent place dans les œuvres qui fondent le réalisme et leur sont contemporaines. De la même façon, l'intrigue répétitive du roman sentimental social ressort d'autant plus quand on la compare à l'herméneutique du suspense de la lecture réaliste. Les positions et les prises de position connues qui ont fait l'objet d'une théorisation s'avèrent alors d'une grande utilité, non seulement pour identifier la spécificité d'une pratique oubliée, mais aussi ses enjeux esthétiques et idéologiques. Comme nous le verrons plus loin, l'analyse matérialiste des constructions sociales qui ont donné forme au réalisme offre un raccourci saisissant pour comprendre les contradictions extra-littéraires qui structurent la poétique du roman sentimental social.

On franchit une nouvelle étape pour définir une problématique en envisageant les pratiques dominantes d'une époque depuis la période historique qui les précède immédiatement, laquelle permet d'en comprendre les termes. Ces pratiques, parce qu'elles ont été dominantes à un moment donné, présentent l'avantage supplémentaire d'être bien connues et analysées aujourd'hui. J'ai commencé, aux débuts de mes recherches, par exhumer le roman sentimental social ; depuis, il m'a fallu revenir en arrière et me pencher sur deux moments antérieurs du roman français pour retrouver une telle pratique littéraire. Quand je me suis rendu compte que le roman sentimental du début du XIXe siècle anticipait les termes dans lesquelles les luttes pour dominer le roman sous la Monarchie de Juillet allaient se poser, je n'ai fait qu'aller plus loin dans l'archive, qui avait elle aussi été complètement oubliée. Par contre, lorsque j'ai commencé à conceptualiser la sentimentalité au début du XIXe siècle en

57 Sharon Marcus, « Disciplining Cultural Studies », intervention dans le cadre du « Colloquium for Nineteenth-Century French Studies », Santa Barbara, oct. 1994.

la mettant en relation avec la sentimentalité qui a précédé la Révolution, j'ai bénéficié de l'accès à une riche bibliographie critique qui est venue mettre en lumière la cohérence d'une littérature sentimentale plus tardive et à présent *hors d'usage**.

C'est donc à l'extérieur de la problématique que je reconstruisais qu'est apparu un autre type de texte qui s'est avéré utile pour établir la cohérence de cette littérature oubliée. Les problèmes littéraires et sociaux qui sont en jeu dans ces œuvres oubliées se retrouvent parfois dans la théorie esthétique de leur temps, même quand cette théorie ne semble pas s'adresser à elles directement. Ainsi, la conception hégélienne de la tragédie classique, parce qu'elle décrit une poétique qui répond à des impasses politiques qui sont exactement les mêmes que celles des textes sentimentaux, s'est avérée extrêmement utile pour reconstruire la logique du roman sentimental. À l'instar d'*Antigone* pour Hegel, le roman sentimental se trouve à même d'offrir une résolution tragique au problème de la liberté né dans le sillage de la Révolution française.

C'est donc un travail de longue haleine que de reconstruire la cohérence de ne serait ce qu'une seule esthétique oubliée, comme le prouvent sans doute clairement ces pas de côté et ces déplacements dans le temps. Mais revenons au problème déjà mentionné du chemin à se frayer dans la masse immense des livres que l'on rencontre dès lors qu'on s'aventure dans la littérature *hors d'usage**. Chaque livre demande un tel travail pour redevenir lisible que l'archéologue littéraire se doit d'abandonner toute ambition quant à une reconstruction complète du passé. C'est pourquoi il est aussi important de délimiter le champ d'investigation que de retrouver des matériaux oubliés ; car sans de telles délimitations, il n'y aurait en effet aucune trouvaille qui vaille.

Il est ainsi nécessaire de réduire les questions relatives aux archives au strict minimum et la façon d'opérer dépendra, bien sûr, de l'histoire que l'on veut raconter. Tant que je n'aurai pas d'axiomes à mêmes de resserrer le champ d'investigation, je ne pourrai que décrire la façon dont je m'en suis approché ; c'est plus particulièrement le cas dans la mesure où cette description me permet de soulever des questions en marge de mon projet, que j'avais d'abord été obligée de mettre entre parenthèses afin d'être en mesure de saisir ne serait-ce que la signification d'un infime fragment de ce grand texte non-lu. Au départ de cette étude, ma lecture s'est concentrée sur les deux questions qui m'ont conduite aux archives : existait-il des alternatives au réalisme au moment où celui-ci est apparu ? Existait-il, avant le réalisme, des codes romanesques pertinents pour saisir le sens de la Révolution ? Par la suite, une fois qu'il est clairement apparu que le roman sentimental social était en mesure d'éclaircir le problème jusqu'à présent sans réponse de l'absence généralisée des femmes dans la grand lignée réaliste au XIXe siècle, j'ai limité la première question à l'exhumation du premier affrontement dans lequel s'est engagé le réalisme pendant toute la Monarchie de Juillet.

Limiter ainsi le champ de mon enquête ne m'a pourtant pas conduite à passer en revue l'ensemble des transformations qui ont affecté le roman et que nous associons aujourd'hui à l'émergence du roman en France. Pour rendre pleinement justice à ce changement de paradigme dans l'histoire littéraire, il conviendrait de replacer le réalisme dans un mélange des genres qui fasse non seulement la part belle à la position sentimentale – forme la plus haute et la plus respectable du roman au début du XIXe siècle – mais aussi au *roman gai**, ainsi qu'à la version française du roman gothique – le *roman noir** –, deux positions très populaires au début du XIXe siècle. Le système des sous-genres n'a commencé à se modifier qu'avec l'importation des romans de Walter Scott, dans les années 1820. Le succès d'abord populaire de ses romans fut suivi par un accueil enthousiaste de la critique ; la réception très favorable des *Fiancés* de Manzoni n'a fait qu'accroître encore le prestige du roman historique. L'importance qu'a pris ce roman historique venu de l'étranger a suscité en retour l'émergence éphémère d'un roman historique français, à la fin des années 1820, sur le modèle des romans de Manzoni, Walter Scott ou Fenimore Cooper (considéré comme l'émule américain de Walter Scott), et ce, conjointement à ces deux autres positions du début du XIXe siècle, le *roman noir** et le *roman gai**, lesquelles cohabitaient déjà avec le roman sentimental[58].

L'adaptation en France du roman historique marque le début de la contestation vigoureuse menée par certains écrivains français contre la domination du roman sentimental. Le fait que Balzac ait utilisé les codes

58 Le rôle qu'a joué le roman historique dans les luttes autour du roman au début du XIXe siècle se complique encore du fait que le genre existait déjà en France avant Walter Scott. Les libraires et les critiques de l'Empire et du début de la Restauration confondaient parfois les romans gothiques et sentimentaux à intrigue historique avec les romans historiques, et l'on continua à écrire des romans sentimentaux d'inspiration historique tout au long de l'existence du roman historique.

du roman historique au moment même où il a cherché à marquer de son empreinte le genre romanesque avec *Les Chouans* (1829) est révélateur des luttes exposées plus haut.

Après 1830, le réalisme et le roman sentimental social ont très rapidement supplanté le roman historique pour devenir les deux formes les plus à mêmes de renouveler le genre ; ce qui n'empêcha pas la poétique réaliste d'absorber un certain nombre des codes phares du roman historique, comme certains critiques, depuis Lukács, l'ont mis en évidence[59]. Le roman historique a également fait une brève apparition dans le débat qui se demandait de quelle façon le roman pourrait revendiquer une autorité publique nouvelle dans le sillage de Juillet 1830. Son prestige ne fit cependant plus que décliner après l'apogée qu'il atteignit avec *Notre-Dame de Paris* en 1831.

Une fois le roman historique relégué à une place subalterne, le réalisme et le roman sentimental social ont dominé seuls la scène romanesque de la fin de la Monarchie de Juillet, en s'affirmant comme les pratiques romanesques les plus estimées. Pour rendre compte de leur règne, il faudrait discuter les enjeux contemporains à ces deux pratiques, en les mettant notamment face à la position de l'art pour l'art qu'incarne par exemple *Mademoiselle de Maupin* de Gautier. Il faudrait encore décrire la façon dont ce règne s'est compliqué quand le système des sous-genres a recommencé à se modifier dans les années 1840. La force de déstabilisation venait cette fois d'en bas. Elle prit la forme de ce sous-genre que l'on appelle *roman feuilleton** (d'autant plus difficile à définir que de nombreux romans, qui ne sont pas à proprement parler des *romans feuilletons**, furent publié en feuilletons) et dont les romans d'Alexandre Dumas et d'Eugène Sue constituent un bon exemple.

On n'aurait pas tout dit des difficultés qu'il y a à travailler sur une littérature *hors d'usage** si l'on ne lui adressait cette question que j'ai régulièrement entendue lorsque j'écrivais ce livre. L'entourage critique, qu'il soit bienveillant ou hostile à l'égard de ce projet, me demandait régulièrement : ce n'est pas trop pénible de lire des romans sentimentaux ? En d'autres termes : tu ne voudrais pas plutôt lire Balzac ? Comme s'il était entendu que ces œuvres étaient par définition sans intérêt, même si je pouvais toujours les revêtir de quelques oripeaux critiques.

---

59 Voir, bien entendu, Georg Lukács, *Le Roman historique* (1965), traduit de l'allemand par Robert Sailley, Paris, Éditions Payot et Rivages, coll. « Petite Bibliothèque Payot », 2000.

Cette question permet toutefois de mettre en lumière l'un des grands problèmes que pose l'étude d'une littérature *hors d'usage** : celui de la mise en doute permanente de sa valeur littéraire. On considère trop souvent que c'est à une agitation tatillonne d'antiquaire qu'on doit de s'intéresser à des textes qui mériteraient pourtant d'être oubliés. Ou bien l'on accuse la critique qui porte sur une littérature non-canonisée de ne rien révéler de la dimension littéraire des textes littéraires, de réduire la littérature à l'histoire.

Et pourtant, rien de tel que la maîtrise progressive d'une esthétique oubliée pour déranger l'idée bien assurée selon laquelle la valeur littéraire serait un attribut évident du texte. Lorsque j'ai commencé à lire pour la première fois de la littérature *hors d'usage**, je suis restée perplexe. Une fois que j'avais reconstruit la problématique qui structure ces œuvres oubliées, je me suis mise à apprécier la diversité et l'élégance des solutions qu'elles apportaient. Dès lors que je possédais mes marques esthétiques, la littérature *hors d'usage** n'appartenait plus à cette longue nuit indifférenciée du relativisme esthétique où tous les textes sont gris. Dans le cas de la littérature n'ayant plus cours (et plus encore pour celle qui a cours), une œuvre réussie, une œuvre qui mérite d'être étudiée pour des raisons littéraires, doit apporter une réponse convaincante à la problématique de son époque, et cela, que cette œuvre s'élabore au sein d'une position définie, dont elle affine les codes avec le plus de clarté possible (selon la conception aristotélicienne de l'excellence littéraire), ou qu'elle se distancie au contraire des pratiques dominantes pour emprunter des chemins inventifs qui lui soient propres (le texte moderniste qu'on préfère aux précédents).

L'évaluation littéraire, comme le signale Barbara Herrenstein-Smith, est « l'un des problèmes les plus anciens, les plus essentiels, les plus signifiants d'un point de vue théorique et incontournables d'un point de vue pratique, de ceux qui affectent la littérature », même si les « guerres du canon », menées dans les années 1980 aux États-Unis pour remettre en cause la validité de la notion de canon dans l'humanisme littéraire occidental, ont jeté dans un désarroi irrémédiable les façons traditionnelles d'évaluer l'excellence littéraire[60]. Ces dernières années, la difficulté à alimenter le débat sur la valeur littéraire a conduit certains critiques,

60 Barbara Herrenstein-Smith, *Contingences of Value*, Cambridge (Massachusetts), Harvard University Press, 1998, p. 17.

autrefois partisans d'un démantèlement du canon, à se détourner de la littérature non-canonisée, au nom d'un plaisir du texte – autre façon de nommer les textes canoniques que l'on peut lire de nos jours. À force de travailler sur la littérature *hors d'usage**, il paraît pourtant manifeste que les obstacles momentanés que rencontre l'évaluation littéraire ne viennent pas des textes non-canonisés, mais bien plutôt du fait que l'on en sache si peu sur eux. Les textes non-canonisés apparaissent trop souvent comme les fragments de solutions oubliées, ou les réponses à des questions que l'on ne sait plus entendre. S'il nous était possible de réveiller les luttes qui opposèrent les esthétiques, et qui se sont depuis rigidifiées dans la procession des trésors culturels traditionnels, nous serions alors sur la voie d'un profond renouveau historique de la question de l'évaluation littéraire.

DEVOIRS OPPOSÉS

Poétiques sentimentales

IL N'Y A PAS QUE LES ILLUSIONS QUI SOIENT PERDUES

Par un froid matin de septembre 1821, le « grand homme de province » de Balzac rassemble son courage à deux mains pour aller déballer sa marchandise littéraire à Paris. En flânant quai des Augustins dans le quartier des éditeurs, Lucien remarque et détaille un de ces procédés qui viennent juste d'être inventés dans l'affiche qui annonce *Le Solitaire* par le Vicomte d'Arlincourt et *Léonide* de Victor Ducange. Quand Lucien entre enfin dans la boutique des libraires-commissionnaires, il est choqué par le « brutal et matériel aspect[1] » que ceux-ci donnent à la littérature. Les deux marchands de livres qui le renvoient sans ménagement intimident dans le même temps l'éditeur de Ducange en montrant tout leur intérêt pour le rival de ce dernier, le romancier Picard. Lucien parvient toutefois à se faire entendre de ce « singulier vieillard » qu'on nomme « père Doguereau » (228). À Lucien qui explique qu'il a écrit un roman « dans le genre de Walter Scott », l'éditeur répond : « J'aurais mieux aimé un roman dans le genre de Mme Radcliffe » (229) mais accepte néanmoins de regarder le manuscrit.

Avec *Illusions perdues*, Balzac dresse le tableau impitoyable de la production littéraire sous la Restauration, et on l'a souvent loué pour sa « force et [sa] vérité[2] ». Mais quand on en vient au paysage romanesque de la Restauration, il apparaît que Balzac se fabrique sa propre histoire littéraire. Il suffit de comparer les goûts de Doguereau à ceux de celui qui fut son modèle, l'éditeur et libraire Alexandre-Nicolas

1 Honoré de Balzac, *Illusions perdues*, Paris, GF-Flammarion, 1990, p. 228. Les références suivantes seront données entre parenthèses dans le corps du texte.

2 Antoine Adam, Introduction à *Illusions perdues*, Paris, Garnier-Frères, 1961, p. xxvii.

Pigoreau, que Balzac connut dans sa jeunesse. L'année même où Lucien se promène quai des Augustins, Pigoreau publie sa très influente *Petite Bibliographie biographico-romancière* qui permet au marché du livre sous la Restauration de connaître les auteurs les plus demandés. En mettant à jour son travail dans les années 1820, Pigoreau ne cesse de remettre au pinacle du goût populaire les mêmes auteurs, année après année : « Sans vouloir amoindrir en rien le mérite de ces messieurs, lequel d'entre eux aujourd'hui prévaut sur Madame de Genlis, Madame de Staël, Madame Cottin, Madame Flahaut[3] ? ». Tous ces auteurs ont écrit dans un sous-genre bien particulier, que le commerce du livre d'alors a appelé roman sentimental, qui n'est ni dans le « genre de Madame Radcliffe » ni dans celui de Walter Scott[4]. Et de fait, même si Pigoreau accorde également à Scott le prestige de la popularité, il range les romans de Radcliffe sensiblement plus bas dans les goûts du public.

Balzac fait-il ici montre d'un banal trou de mémoire quand il transforme le « Pig » en « Dog » ? Et pourtant, comme Balzac l'a proclamé lui-même, le diable réaliste se niche toujours dans les détails. Dans les études sociologiques du XXe siècle, les auteurs préférés de Pigoreau – Genlis, de Staël, Cottin et Flahaut (plus connue sous le nom de Souza) – sont constamment en haut des échelles de popularité, auquel est associée une autre romancière sentimentale, Isabelle de Montolieu. Ainsi, quand il travaille sur les mémoires des imprimeurs, Martin Lyons, par

3 Alexandre-Nicolas Pigoreau, *Troisième Supplément à la petite bibliographie biographico-romancière* (1821), Genève, Slatkine, 1968. *Cf.* tout particulièrement le *Supplément* de 1828 à la *Petite Bibliographie* qui donne une bonne idée de la façon dont Pigoreau met en tête les romancières sentimentales devant Radcliffe et Scott. Sous couvert de donner une vue d'ensemble des romanciers les plus populaires, Pigoreau donne des conseils : « Il faut d'abord être très attentif aux œuvres de Madame de Genlis, Madame de Montolieu, Madame Cottin, Madame de Souza, Madame Armande Roland, Madame de Staël, Madame Renneville. Il faudra ensuite choisir parmi les productions de Madame Guénard, Madame Choiseul-Meuse, Madame Barthélemy Hadot. Les romans de Ducray-Duminil, Monjoye, Picard et Dinocourt ne devront pas être oubliés pour autant. Il faudra ajouter aux romans français quelques bonnes traductions des romans anglais de Madame Radcliffe, Maria Regina Roche, Mistriss [sic] Bennet, les deux Miss Porters, Miss Burney, Miss Edgeworth. Par-dessus tout, ajouter les romans de Walter Scott et ceux de son imitateur américain Cooper ; les romans traduits de l'allemand, ceux de Lafontaine, Goëthe [sic] et Madame Pichler ne doivent pas être mis de côté. » Pigoreau, *Dix-septième Supplément à la petite bibliographie biographico-romancière*, Paris, Pigoreau, 1828, p. 38-39.

4 Sur les relations entre les catégories du commerce du livre sous la Restauration et les sous-genres pratiqués par les auteurs, voir Maurice Bardèche, *Balzac romancier*, Paris, Plon, 1940.

exemple, trouve en *Claire d'Albe* de Sophie Cottin le seul roman qui fût un best-seller au début de la Restauration, quoique suivi de près par *Élisabeth, ou les Exilés de Sibérie*, du même auteur[5]. Dans son approche du goût populaire, se plaçant davantage du côté de la réception que de la production, Françoise Parent-Lardeur met en lumière les auteurs préférés de la Restauration en basant son étude sur les catalogues des cabinets de lecture à Paris[6]. L'étude de Françoise Parent-Lardeur est catégorique sur ce point : les romanciers « dans le genre de Radcliffe » sont bons seconds derrière les romanciers sentimentaux qui sont en tête des ventes, nonobstant les goûts d'un Doguereau/Balzac :

> Le relevé exhaustif des noms d'auteurs sélectionnés par les maîtres de lecture comme « les plus connus » ou « les plus en faveur » à la suite de longues listes d'ouvrages imprimés dans leurs catalogues (dans 30/80) – a fait ressortir les noms suivants : en tête, Mme de Genlis et Walter Scott, suivis de Mmes de Montolieu, Guénard de Méré, de Flahaut de Souza et Cottin ; MM. Pigault-Lebrun et Auguste Lafontaine ; Mme Barthélémy Hadot et Anne Radcliffe ; Fenimore Cooper, Ducray-Duminil, Mme Gottis, le comte d'Arlincourt ; MM. Victor Ducange, de Dinocourt, Paul de Kock, Picard ; enfin, Mme de Choiseul-Meuse[7].

5 Dans *Le Triomphe du Livre*, Martin Lyons compile les listes des best-sellers du XIXe siècle en se basant sur la *Bibliographie de France* et les archives départementales autant que sur les déclarations officielles des imprimeurs avant la publication d'un livre. Lyons n'établit qu'indirectement la liste des romans les plus populaires au XIXe siècle puisque 1/ il fait l'inventaire des livres produits pour l'acquisition plutôt que les livres que les gens veulent lire et 2/ il s'intéresse à tous les livres imprimés plutôt qu'aux seuls romans. Dans les années 1821-1825 par exemple, Martin Lyons ne recense aucun roman parmi les grands best-sellers. Mais le manque d'attention que Martin Lyons porte au roman du tout début du XIXe siècle rend plus significatif encore la mention qu'il peut faire de ceux-ci. Martin Lyons estime ainsi que *Claire d'Albe* était le roman le plus populaire des années 1816 à 1820. Durant cette période, le roman de Cottin a connu au minimum un tirage de 19 000 exemplaires qui a pu s'élever, selon Martin Lyons, jusqu'à 25 ou 30 000 exemplaires. Toujours selon lui, durant la même période, le tirage minimum connu d'*Élisabeth* a atteint 14 500 exemplaires, ce qui permet d'estimer son tirage réel à 20 000-25 000 exemplaires. De 1826 à 1830, ce sont quatre romans de Scott qui se trouvent en haut de la liste. Selon Lyons, ils connaissent tous un tirage moyen connu de 20 800 exemplaires.

6 Une grande partie des lectures de divertissement durant la Restauration avaient pour cadre ces cabinets de lecture. Le prix relativement exhorbitant des romans les mettait hors de portée de tout un chacun et les bibliothèques publiques n'existaient pas encore.

7 Françoise Parent-Lardeur, *Les Cabinets de lecture – La lecture publique à Paris sous la Restauration*, Paris, Payot, 1982, p. 157, note 1 : « Étrange sélection, qui ne tient compte ni de Chateaubriand (cité une seule fois), ni de Mérimée, ni d'Hugo ni d'autres encore ». Françoise Parent-Lardeur ajoute : « Il a pu être vérifié que [les auteurs de cette liste] jouissaient alors d'une célébrité certaine » (p. 157, note 1).

Dans les bibliothèques privées de prêt, il est incontestable qu'Ann Radcliffe et les auteurs français de l'adaptation maison du roman gothique – d'Arlincourt, Ducray-Duminil et Dinocourt – sont bien moins demandés que des romancières sentimentales comme Genlis, Montolieu, Souza et Cottin.

Quand le Doguereau de Balzac range les œuvres selon leur genre, il reflète avec précision les pratiques du marché du livre sous la Restauration. Pour les éditeurs et directeurs de cabinets de lecture, ces classifications sont autant de moyens de vendre[8]. Les catégories génériques distinguées par le marché du livre correspondent également à trois pratiques distinctes du roman qui demeureront stables tout le long du premier quart du XIXe siècle et qui se partagent entre le roman sentimental, le roman gai et le roman noir[9]. Comme les conclusions de Françoise Parent-Lardeur l'ont bien montré, ces trois sous-genres ont longtemps eu les faveurs du public, auquel il faut ajouter le roman historique qui fut importé en France à la fin des années 1810 et au début des années 1820[10].

Dans l'épisode de la visite de Lucien quai des Augustins, les auteurs que Balzac mentionne couvrent tout le spectre des sous-genres romanesques en vogue, à une notable exception près. Scott représente le roman historique, Radcliffe et d'Arlincourt le roman noir, Ducange et Picard le roman gai. Mais qui représente le roman sentimental ? L'oubli de Balzac est d'autant plus flagrant que le roman sentimental surpasse en popularité et le roman gai et le roman noir.

Le roman sentimental et ses auteurs sont ainsi à peu près absolument absents d'*Illusions perdues*. Les quelques exceptions sont parlantes : la

---

8 Ainsi, dans son *Dictionnaire des romans* (1819), Antoine Marc explique qu'il classe les œuvres « par ordre des matières » pour aider « Messieurs les Libraires à [...] contenter leurs clients [...]. Cet ouvrage n'a d'autre but que d'indiquer tous les Livres et tous les genres de lecture qu'un Abonné peut désirer. » (Couverture du *Dictionnaire des romans anciens et modernes*, Paris, Chez Marc et Pigoreau, 1819 par Antoine Marc).

9 Maurice Bardèche observe justement que l'« On distinguera dans la production romanesque trois principales catégories, pour lesquelles on conservera la terminologie employée à cette époque dans les catalogues et les bibliographies : le roman à intrigue sentimentale, le roman "noir" et le roman "gai". On n'a retenu que ces trois divisions parce qu'elles correspondent toutes les trois à une technique. On ne fera pas une place spéciale au *roman personnel* [...] » (dans Maurice Bardèche, *Balzac romancier*, *op. cit.*, p. 1).

10 Selon les listes d'auteurs les plus en vogue établies par Françoise Parent-Lardeur, les romanciers « gais » comprennent Guénard de Méré, Pigault-Lebrun, Picard, Ducange, de Kock et Choiseul-Meuse, auxquels il faut ajouter le romancier allemand Auguste Lafontaine.

Corinne d'Angoulême, Madame de Bargeton, est une parodie de Staël ; quand Balzac mentionne enfin une œuvre dont le titre évoque celui d'un roman sentimental, *Yseult de Dôle*, il en fait, non sans condescendance, « un joli ouvrage de province » (271). La réception du roman par les juges de sa valeur esthétique raconte pourtant une toute autre histoire.

« Les femmes obtiennent les plus hautes distinctions parmi les romanciers modernes » écrit ainsi Marie-Joseph de Chénier dans son très influent *Tableau historique de l'état et des progrès de la littérature française depuis 1789* paru en 1816[11]. Parmi ces romanciers les plus distingués, Chénier cite Staël, Cottin, Souza et Genlis, autant de romancières connues pour avoir écrit dans le sous-genre sentimental[12]. Le jugement de Chénier est caractéristique de cette période pendant laquelle Lucien va plonger dans le bourbier littéraire parisien. Durant les dix premières années de la Restauration, les critiques littéraires font des romans sentimentaux écrits par des romancières les romans français les plus importants d'alors, même s'ils estiment par ailleurs que le roman est davantage un honnête divertissement qu'une forme littéraire sérieuse[13]. Car après tout, quels sont les codes que l'ambitieux Balzac lui-même a choisis quand il s'est agi pour lui d'écrire un roman, dans ces mêmes années où Lucien de Rubempré ébauchait son *Archer de Charles IX* ? *Sténie*, composé en 1819-1820, n'est pas un roman « dans le genre de

---

11 Marie-Joseph de Chénier, *Tableau historique*, *op. cit.*, p. 227.

12 Le *Tableau* ne mentionne pas *Adolphe* et reste réservé à l'égard de Chateaubriand. Comme l'explique Chénier, *Atala* mérite qu'on s'y arrête, parce qu'il « a fait sensation. Il est singulier dans sa conception, sa marche et son style » (p. 48).

13 Parmi les œuvres que les critiques de la Restauration mettaient le plus souvent au pinacle du roman, citons *Delphine* (1802) et *Corinne* (1807) de Germaine de Staël, *Claire d'Albe* (1799), *Malvina* (1801), *Amélie Mansfield* (1803) et *Mathilde* (1805) de Sophie Cottin, *Adèle de Sénange* (1794), *Charles et Marie* (1802), *Eugène de Rothelin* (1808) et *Mademoiselle de Tournon* (1820) d'Adélaïde de Souza, *Mademoiselle de Clermont* (1802), *La Duchesse de la Vallière* (1804) et *Mademoiselle de la Fayette* (1813) de Stéphanie-Félicité de Genlis, *Caroline Lichtfield* (1786) d'Isabelle de Montolieu, *Valérie* de Juliane von Krüdener, *Ourika* (1823) et *Édouard* (1825) de Claire de Duras. Si *Atala* occupe parfois le panthéon des critiques, il n'y figure la plupart du temps pas, pour l'une ou l'autre de ces deux raisons opposées : soit que les critiques soient divisés quant aux extravagances du roman, soit qu'ils considèrent que l'importance de cette œuvre lui fait transcender le genre romanesque. À partir du moment où l'on reconstruira les poétiques sentimentales, il deviendra évident que quoiqu'il en soit, les romans de Chateaubriand établissent le bien-fondé de la primauté accordée à la sentimentalité parce que ce sont les codes sentimentaux qui constituent leur horizon générique dominant, entendu dans son acception structuraliste.

Walter Scott ». C'est bien plutôt un roman sentimental, dans le genre de ceux qu'écrivent Cottin ou Staël[14].

Pour les contemporains non fictionnels de Lucien, les critères de distinction permettant de mettre au pinacle du goût des critiques certains romans reposent à la fois sur le *genre* [*gender*] de leurs auteurs et sur le genre littéraire de leur production. Quand Charles Nodier désigne en 1817 les romans les plus importants parus depuis la Révolution, il le fait ainsi en terme générique : « Depuis quinze ans, en effet, [le roman] ne repose que sur les affections naturelles, les sentiments tendres, les pensées morales et pieuses [...]. Il faut savoir gré aux romanciers d'avoir donné un asile à la vérité quand la fausse politique et de la fausse philosophie l'ont proscrite[15] ». S'il ne mentionne aucun auteur en particulier, c'est que pour Nodier, leur identité est si évidente qu'il ne sert à rien de les nommer. C'est un postulat du même ordre qui est implicitement à l'œuvre quand les critiques désignant les romans qui dominent leur époque le font en simples termes de genre [*gender*]. Le compte rendu d'un roman sentimental de 1817 affirme par exemple que « ce roman est d'une femme, et depuis assez longtemps le sceptre de ce genre de littérature est entre les mains des femmes ; les hommes en conviennent, et ils n'ont pas même en cela le mérite de la galanterie, ils ne sont que justes : ce qui au surplus est quelquefois plus difficile et plus méritoire que d'être galant[16] ». Quand les critiques mettent particulièrement en avant certaines romancières parmi toutes ces femmes régnantes, ce sont toujours les mêmes noms qui apparaissent, à l'instar de ceux que Chénier mentionnait déjà. En 1821, le journaliste P. A. Vieillard loue « Mesdames de Staël et Genlis, [qui] ont vu se grouper autour de leurs

14 Quand les romans de Scott ont commencé de paraître en France, ce fut aussitôt un succès, « plus qu'un succès, une folie furieuse », observe Louis Maigron dans *Le Roman historique à l'époque romantique*, Genève, Slatkine, 1970, p. 99. Au milieu des années 1820, l'approbation critique est unanime à l'égard de Scott et le roman historique leur apparaît comme une innovation poétique passionnante. Alors même que dans ses débuts, les critiques déprécient ce sous-genre venu de l'étranger, les écrivains français qui ont quelque ambition littéraire commencent à en explorer les codes dans les cinq dernières années de la décennie 1820 jusqu'à ce qu'une variante locale du roman historique émerge et concurrence la forme dominante du roman sentimental, avec *Cinq-Mars* de Vigny en 1826, *Les Chouans* de Balzac en 1829, la *Chronique du règne de Charles IX* de Mérimée la même année et *Notre-Dame de Paris* de Hugo en 1831.

15 Charles Nodier, « *Louise de Sénancourt* par Madame de T*** », *Journal des débats*, 19 avril 1817, p. 3.

16 Compte rendu signé A. de *Auguste et Frédéric*, *Journal des débats*, 11 mars 1817, p. 1.

noms ceux de Mesdames de Flahaut, Cottin, de Montolieu, Gottis, Pannier et Simons-Candeille[17] ». Et toujours de la même façon, un compte rendu d'Émile Dupaty l'affirme :

> Plusieurs femmes, aujourd'hui même, rivalisent avec les écrivains les plus célèbres. Elles l'emportent dans la peinture des sentiments tendres [...] où leurs propres souvenirs les guident et les éclairent. [...] Aussi les ouvrages de femmes seront-ils constamment recherchés. Notre empressement à les lire est d'ailleurs plus que justifié par les heures agréables que nous fait passer les compositions supérieures des auteurs de *Corinne* [Staël], de *Mademoiselle de Clermont* [Genlis], d'*Adèle de Sénange* [Souza] et de *Mathilde* [Cottin][18].

Vieillard et Dupaty écrivent leurs comptes rendus en 1821, l'année même où Lucien se promène quai des Augustins. Si, comme le proclame Balzac, « La Société française allait être l'historien, je ne devais être que le secrétaire[19] », pourquoi effacer d'*Illusions perdues* le roman sentimental du paysage littéraire de la Restauration ? Cette question nous conduit au point central de la prétention réaliste au prestige littéraire et culturel. Nous y verrons Balzac et Stendhal asseoir leur suprématie par une campagne de discrédit jeté sur le roman sentimental. Faisant se rejoindre genre littéraire et genre [*gender*], le roman sentimental deviendra pour eux inséparable d'une féminité faible et stupide, quand bien même ils s'approprieront pourtant dans leur pratique des aspects importants de la sentimentalité. Et finalement, nous verrons que la relation contrariée de Balzac et Stendhal à la sentimentalité permet de comprendre pourquoi les romancières qui leur sont contemporaines ont choisi de se tenir à distance des codes réalistes. Mais nous ne pouvons plus à présent comprendre ces luttes politico-littéraires si nous nous en tenons à la critique type du roman sentimental. Car les études littéraires du XXe siècle ont conduit cet effacement des origines du réalisme par le réalisme à ce point que Walter Benjamin appelle « l'histoire écrite du point de vue des vainqueurs ».

La critique a longtemps déconsidéré le roman sentimental du XIXe siècle, en dépit de l'importance de ce sous-genre en son temps.

---

17 P. A. Vieillard, compte rendu de *Agnès de France ou le Douzième siècle*, roman historique, *Annales de la littérature et des arts*, 4, 1821, p. 46.

18 Émile Dupaty, compte rendu de *Les Séductions*, *La Minerve littéraire*, 1820, tome Ier, p. 547.

19 Honoré de Balzac, *Avant-propos*, *in Écrits sur le roman, Anthologie*, Paris, Le livre de Poche, 2000, p. 286-287.

Si l'on a étudié en détail l'œuvre d'écrivains connus pour leur stature intellectuelle comme Staël ou Constant, peu d'attention a finalement été portée à l'horizon générique dans lequel ils écrivaient pourtant. Ce qui retient alors l'attention, ce sont les caricatures et les dénigrements de la forme sentimentale. Cette attitude unit singulièrement des critiques aux positions politiques et intellectuelles par ailleurs très opposées.

Pour Maurice Bardèche, l'angle d'attaque de la sentimentalité se fait du côté du génie et de l'originalité. Si son *Balzac romancier* rend cet incomparable service de donner une image vivante de ce sous-genre, Bardèche fait néanmoins du roman sentimental du début du XIXe siècle une forme « factice » si insipide que le « miracle » de la création balzacienne n'en apparaît que plus glorieux[20]. Quant à Pierre Barbéris, dans l'étude marxiste la plus importante qui soit de la genèse de la pratique balzacienne, il reproche au roman sentimental d'échouer à représenter les transformations matérielles en cours dans la société. Selon lui, ce sous-genre, « *n'a pas à se poser de problèmes de fonds.* [...] Réalité sociale, fortune, métier, tout ce qui rattache l'homme [sic] à la terre : rien de tout ceci n'est matière à littérature[21] ». Même Joan Stewart, seule critique féministe à considérer que les romancières sentimentales du début du XIXe siècle constituent un groupe, ne rachète leurs textes qu'au prix d'un dénigrement de la pratique sentimentale. Pour elle, la sentimentalité n'est qu'une façade dont on doit dépouiller le roman pour révéler son contenu social et politique latent, et dévoiler « la subversion de ces textes derrière l'orthodoxie de leur style et de leur apparence[22] ».

En dépit de positionnements critiques très différents, Bardèche, Barbéris et Stewart partagent également et sans jamais l'interroger cette même prévention favorable à l'égard du réalisme. Laquelle est plus généralement celle de l'histoire littéraire au XXe siècle, qui ne peut concevoir qu'au XIXe siècle, un rapport précis à l'histoire, des descriptions exhaustives, une intrigue bien ficelée et une myriade de personnages sans scrupules mus par leur égoïsme et leurs désirs puissent manquer à un roman digne de ce nom. Si les poétiques sentimentales se caractérisent par une esthétique distincte et une puissance idéologique propres, elles restent illégitimes du point de vue de l'esthétique réaliste.

---

20 Maurice Bardèche, *Balzac romancier, op. cit.*, p. 15.

21 Pierre Barbéris, *Balzac et le mal du siècle*, Paris, Gallimard, 1970, t. 1, p. 342 et 344.

22 Joan Hinde Stewart, *Gynographs*, Lincoln, University of Nebraska Press, 1993, p. 7.

Comme dans les anamorphoses, une structure littéraire apparemment étrange selon les perspectives habituelles devient très cohérente pour peu que l'on déplace légèrement son angle de vue. Pour réévaluer l'intrigue abstraite et concentrée du roman sentimental, ses personnages vertueux, son absence de détail concret et sa construction narrative conduisant à un inéluctable dénouement attendu depuis le début, j'invoquerai les ressemblances que ce sous-genre entretient avec la tragédie. Si l'on se réfère à la préhistoire du genre, on sera peut-être moins étonné des affinités que ces deux genres entretiennent. En effet, le roman sentimental procède des romans de la passion de la fin du XVIIe siècle et du début du XVIIIe siècle, lesquels sont tout autant imprégnés de tragédie classique que de romans héroïques [*heroic romances*]. Qui plus est, c'est dans le dialogue avec la « *tragédie domestique bourgeoise**[23] » dont il partage plusieurs aspects esthétiques, que le roman sentimental se met en place.

C'est dans l'*Esthétique* d'Hegel que l'on trouvera la description de la tragédie la plus pertinente pour comprendre le roman sentimental. Mis au pilori dès ses origines parce qu'il projetait l'ordre politique et éthique en jeu dans la tragédie classique dans les termes libéraux des Lumières[24], l'anachronisme de sa description nous sera au contraire utile pour comprendre un genre dont les dates recouvrent à peu près celles de Hegel (1770-1831). Ainsi, quand Hegel modernise la tragédie classique pour en faire un genre qui met en avant le conflit entre les intérêts privés et les intérêts publics, il la relie à la tension fondamentale qui agite la conceptualisation de la citoyenneté au sein du libéralisme européen continental, ce qui – ce sera là mon point – est également en jeu dans le roman sentimental[25].

23 J'emprunte l'expression à Peter Szondi, « *Tableau* and *Coup de Théâtre* », *New Literary History* 11, n° 2, hiver 1980, p. 324.

24 Pour un résumé concis des objections faites à Hegel, voir Martin Donougho, « The Woman in White : On the Reception of Hegel's *Antigone* », *The Owl of Minerva*, 21, n° 1.

25 Pour être plus précise, il faudrait davantage parler dans ce chapitre, pour évoquer le sous-genre qui s'y reconstruit, de roman sentimental-libéral plutôt que du seul roman sentimental, pour la simple et bonne raison que la critique fait de cette dernière catégorie un emploi des plus lâches, qui peut caractériser le roman de la passion [*novels of passion*] de la fin XVIIe – début XVIIIe autant que les romans à l'eau de rose de la culture de masse [*mass culture romances*] du XXe siècle. Le sous-genre qui domine en France au début du XIXe siècle ne partage que peu de points communs avec les romans de La Fayette et Tencin aussi bien qu'avec ceux de la collection Harlequin ; il possède en outre une poétique et une idéologie bien à lui. J'ai néanmoins préféré retenir ce terme de « roman sentimental », d'une part, parce que « roman sentimental libéral » est un brin encombrant, et d'autre

Si le modèle de la tragédie défini par Hegel s'avère également utile dans mon analyse, c'est parce qu'il comprend le genre littéraire comme une forme de persuasion sociale. En proposant de faire du genre littéraire un mode d'expression sociale, Hegel décrit plus particulièrement la tragédie comme la forme qui représente et résout tout à la fois les contradictions éthiques dans le domaine de l'esthétique. Ce faisant, Hegel propose pour la première fois de considérer d'un point de vue matérialiste la tragédie, ou pour le dire autrement, celui-ci fonde le modèle matérialiste des genres littéraires qui sous-tend mon étude. Ainsi, quand Jameson explique que le roman (implicitement compris comme roman réaliste) « produi[t] [...] le nouvel objet monde profane et "désenchanté" du système de la marchandise » en réponse aux transformations capitalistiques de la vie traditionnelle en une « ahurissante *Umwelt*, empirique, "dénuée de sens" et contingente », quand Moretti fait du « bonheur » du *Bildungsroman* classique l'« exact opposé de ce que Jefferson et Saint-Just ont imaginé » et quand Armstrong relit le « roman domestique » anglais comme une résolution du « conflit des intérêts de classes » représentée dans la « guerre des sexes », toutes ces positions critiques se basent sur la perspicacité de Hegel quant à la résolution tragique, en historicisant profondément ce que Hegel comprend à la fois comme contradiction éthique et réponse esthétique[26]. Et mon étude n'échappe pas à cette historicisation du récit que fait Hegel de la résolution tragique quand il s'agit d'expliquer le rôle persuasif du roman sentimental, surtout quand il s'agit de clarifier la relation inégale mais néanmoins significative qu'entretient le roman sentimental avec la Révolution française.

La poétique du roman sentimental précède 1789 en commençant en France, si je ne me trompe, avec *La Nouvelle Héloïse.* Mais si le sous-genre sentimental est la forme prédominante du roman entre les années 1790 jusqu'au tout début des années 1820, il n'a été utilisé que de façon sporadique – bien qu'avec succès – avant 1789. S'il apparaît très clairement que le roman sentimental ne saurait être considéré comme une réponse

---

part parce que je voulais garder l'expression avec laquelle on désigne habituellement ces textes au XXe siècle. C'est ainsi cette expression qu'utilisent Bardèche et Stewart, mais aussi Béatrice Didier quand elle discute rapidement des romans sentimentaux du début du XIXe siècle dans son volume *Le Dix-huitième Siècle, 1778-1820* pour la série *Littérature française* chez Arthaud.

26 Fredric Jameson, *L'Inconscient politique*, *op. cit.*, p. 191 ; Voir également Franco Moretti, *The Way of the World*, *op. cit.*, p. 23 et Nancy Amstrong, *Desire and Domestic Fiction*, *op. cit.*, p. 49.

à la Révolution, n'est-il pas néanmoins remarquable que la Révolution coïncide avec le fait que cette forme devienne le genre prédominant ?

Du fait de la position centrale de *La Nouvelle Héloïse* dans le paradigme sentimental, je devrais mettre au premier plan ce texte archi-connu pour définir les codes sentimentaux. Je préfère pourtant mettre l'accent sur les romans sentimentaux du début du XIXe siècle, parce qu'ils incarnent les formes romanesques les plus prestigieuses et les plus populaires au moment où Balzac et Stendhal commencent à écrire, mais aussi parce qu'ils ont traversé la Révolution, ce dont leur tonalité particulière témoigne. Que ces romans sentimentaux du tout début du XIXe siècle soient aujourd'hui oubliés ne rend pourtant pas la tâche facile quand il s'agit d'en rendre compte. Seuls quelques rares spécialistes pourraient comprendre les références faites à ne serait-ce qu'une de ces œuvres, sans une sérieuse mise en contexte.

Plutôt que de noyer ma démonstration sous une pléthore d'intrigues et de personnages, j'emploierai une technique devenue familière dans l'histoire de la critique générique, depuis les travaux d'Aristote et de Hegel sur la tragédie jusqu'à ceux de Todorov sur le fantastique et de Barthes sur le réalisme : je concentrerai mon analyse sur un texte où les caractéristiques du genre apparaissent avec le plus de clarté. Mais cette stratégie rencontre ses limites dans le cas d'un sous-genre si longtemps négligé : la plupart des lecteurs ne seront pas en mesure de saisir la pertinence de ces généralisations à partir du moment où ils ignorent la plupart des textes qui constituent ce champ générique. Aussi, pour donner un aperçu de sa densité, j'inclurai quelques références à d'autres œuvres sentimentales.

En matière de roman sentimental, *Claire d'Albe*, publié en 1799, et que Martin Lyons présente comme le seul grand best-seller des années 1816-1820, sera mon *Œdipe.* Si je choisis ce texte, c'est que Cottin fut l'un des auteurs les plus adulés de son temps. Qui plus est, *Claire d'Albe* présente l'avantage d'être court, comparé à *Mathilde*, publié en 1805 et souvent présenté par les contemporains de Cottin comme son meilleur roman[27]. En distillant l'essence de la sentimentalité dans un échange épistolaire assez bref, *Claire d'Albe* permet une présentation économique des codes sentimentaux qui se prête aussi bien à la lecture qu'à l'enseignement.

---

27 L'action de *Mathilde* a lieu pendant les Croisades (le roman a été écrit plus de dix ans avant *Ivanhoé*) et raconte l'amour pur mais impossible entre la vertueuse Mathilde, sœur de Richard Cœur de Lion, et Malek-Adhel, le noble et très attirant frère de Saladin, roi des Sarrasins.

DEVOIRS OPPOSÉS

Le paradigme de l'intrigue sentimentale repose sur le *double bind*[28]. Le roman sentimental prend en effet ses personnages en tenailles entre deux impératifs moraux valides en eux-mêmes, mais contradictoires dans leur rencontre. Le bien-être commun, qui constitue l'un des termes du *double bind*, se range aux côtés d'un amas instables d'abstractions nées des Lumières comme le bien public, les mœurs, la société, la raison et autres éléments du bien-être public. Le roman sentimental oppose à cet impératif celui de la liberté individuelle, associé aux notions de bonheur, de choix, de nature, de vie privée, de sentiment et d'amour physique.

Dans *Claire d'Albe*, c'est une histoire d'amour adultère qui se fait le catalyseur du *double bind* moral. Cette intrigue de l'adultère menaçant le bien-être collectif est certes un scénario bien connu dans le roman français depuis ses origines dans la romance médiévale [*medieval romance*]. Là où *Claire d'Albe* ou d'autres romans sentimentaux dont l'intrigue est basée sur l'adultère s'en éloignent, c'est qu'il ne s'agit pas seulement de peindre la passion transgressant les lois : les deux pôles du conflit sont également dignes d'un point de vue moral[29].

Le roman de Cottin raconte ainsi l'histoire de la jeune, belle et vertueuse Claire, laquelle a épousé, selon les vœux de son père, un honnête homme plus âgé qu'elle, M. d'Albe. Claire, qui vit dans le domaine campagnard et prospère de M. d'Albe, voit sa vie confortable bouleversée par l'arrivée de Frédéric, jeune cousin devenu la pupille de son époux qui l'a fait venir. Ainsi que Claire le remarque dès son arrivée, « son

28 J'utilise ce terme de *double bind* pour caractériser la situation du « allez au diable si vous le faites, allez au diable si vous ne le faites pas » plutôt que dans le sens psychologique que Gregory Bateson a donné à ce terme. Pourtant, l'un des aspects de l'analyse de Bateson n'est pas sans intérêt pour le roman sentimental puisque selon lui, le *double bind* provoque une crise dans la capacité du sujet à interpréter une situation, de même que, nous le verrons, le *double bind* sentimental provoque une crise de l'interprétation.

29 On peut déjà entrevoir dans les romans de la passion adultère de la fin du dix-septième et du début du dix-huitième siècle la quête d'une alternative au seul bien public qui fût moralement valable. C'est ainsi ce qui est en jeu, par exemple, dans l'invraisemblable confession de son amour pour un autre que fait la Princesse de Clèves à son mari. Déchirée entre la passion et le devoir, Madame de Clèves cherche une troisième voie à même de dire sa singularité, même si c'est au prix d'un geste qui scandalise les normes sociales.

corps » montre « autant de souplesse et d'agilité » que son « esprit » est « original » et « son caractère » candide[30]. Plus tard, Élise, la confidente de Claire, corrige l'euphémisme de la description : « Jamais Claire ne me l'a peint comme il m'a paru : c'est la tête d'Antinoüs sur le corps d'Apollon[31] ». Claire et Frédéric tombent amoureux l'un de l'autre, et Claire passera le reste du roman à lutter pour savoir que faire.

Claire possède les principaux attributs de l'héroïsme sentimental : intégrité morale, sensibilité et intelligence. Et à l'instar d'autres personnages sentimentaux, elle aspire également à agir vertueusement. April Alliston a justement remarqué que « La vertu des héroïnes du XVIIIe siècle consiste bien moins, au contraire de la mâle vertu, à accomplir bienfaits et actions méritoires qu'à être en mesure d'éviter la faute [...]. La *virtus* classique de l'action se voit ainsi remplacée par une vertu féminine de la souffrance[32] ». Mais dans le sous-genre sentimental, la vertu est tout autant impératif passif à éviter la faute qu'impératif actif visant à promouvoir l'ordre moral. Avec beaucoup d'à propos, la vertu sentimentale traverse les lignes du genre [*gender*], et ce, même si les romans sentimentaux mettant en avant des personnages féminins dépassent largement en nombre ceux qui mettent en avant des personnages masculins. C'est dans cette même veine ambiguë que le roman sentimental décrit la vertu dans des termes passifs en même temps qu'il réactive le langage dynamique du combat typique de l'héroïsme classique du « *preux** » (*cf.* le Saint-Preux de Rousseau). Ainsi, quand son fils lui demande « ce que c'[est] que la vertu », Claire lui répond : « C'est la force, mon enfant [...], c'est le courage d'exécuter rigoureusement tout ce que nous sentons être bien, quelque peine que cela nous fasse » (p. 87).

Et pourtant, malgré son courage et sa rigueur, Claire se trouve prise au piège dans une impasse d'ordre pratique. Les liens qui unissent Claire à son mari la relient à la collectivité en la faisant partie prenante de son bien-être. Mais dans le même temps, son amour adultère lui révèle l'impératif contradictoire de la liberté individuelle, et tout particulièrement la liberté de choisir celui avec qui vivre. C'est bien la liberté qui a manqué au mariage de Claire, arrangé par son père[33].

---

30 Sophie Cottin, *Claire d'Albe*, Paris, Éditions Régine Deforges, 1976, p. 30.

31 Sophie Cottin, *Claire d'Albe*, *op. cit.*, p. 108.

32 April Allison, *Virtue's Faults*, *op. cit.*, p. 86.

33 Cottin renforce encore l'alliance entre M. d'Albe et le père de Claire en en faisant des amis, et, une fois mort, en plaçant la tombe de son père sur les terres de M. d'Albe.

Pour bien marquer le caractère problématique du mariage de Claire, Cottin montre l'insatisfaction de son héroïne au début du roman, alors même que son mari est un homme prévenant et digne. Et c'est en des termes positifs que Claire décrit d'abord la source de son incapacité à être heureuse quand elle explore son insatisfaction dans une lettre à Élise : « ne *dois*-je pas bénir mon père de m'avoir choisi un si digne époux ? » (p. 25, je souligne).

La façon dont Cottin dessine les contours de ses personnages renforce l'organisation en *double bind* de son texte. Chacun des deux principaux personnages secondaires incarne l'un de ces deux impératifs moraux entre lesquels Claire est déchirée. M. d'Albe, qui incarne le côté du bien-être collectif, lui est passionnément dévoué : « il est comme le centre et la cause de tout le bien qui se fait à dix lieues à la ronde » (p. 28). Quant à Frédéric, fils sauvage des montagnes, avocat de l'individualité et de l'indépendance, il agit en accord avec les mouvements spontanés de son âme, sans se soucier de savoir comment les autres vont le juger. Cependant, il est important de comprendre que Cottin ne structure pas son action en terme d'immoralité ou d'amoralité, mais bien plutôt comme une base naturelle pour établir une morale. Claire écrit ainsi à Élise : « Pour moi, j'aime ce caractère neuf qui se montre sans voile et sans détour ; cette franchise crue qui le fait manquer de politesse, et jamais de complaisance, parce que le plaisir d'autrui est un besoin pour lui » (p. 30).

Dans le premier roman sentimental français, pour caractériser son incapacité à établir un plan d'action entre les choix affectifs et les obligations familiales, la Julie de Rousseau se décrit comme déchirée par des « devoirs opposés[34] ». Cette expression permet à Julie de mettre en avant de façon éloquente le fait que chaque terme du conflit sentimental repose sur un impératif moral qui se constitue de façon positive. S'il dote la liberté individuelle et le bien-être commun d'une semblable dignité morale, le roman sentimental n'en tait pas pour autant leurs dangers respectifs : tout en montrant l'importance de chacun d'eux pris en lui-même, il en montre le caractère destructeur dès lors qu'on le poursuit à l'exclusion de l'autre.

---

34 Jean-Jacques Rousseau, *La Nouvelle Héloïse*, Paris, Garnier-Flammarion, 1967, 2e partie, Lettre IV, p. 140. Les références suivantes apparaîtront entre parenthèses dans la suite du texte.

Ainsi, dans *Claire d'Albe*, Cottin montre comment la poursuite de l'amour, quand elle oublie la responsabilité collective, a pour résultat l'effondrement social, comme c'est le cas quand Claire expose à Frédéric son dilemme :

> O Frédéric ! s'il est vrai que je te sois chère, apprends de moi à chérir notre amour pour ne le souiller jamais par rien de bas ni de méprisable. Si tu es tout pour moi, mon univers, mon bonheur, le dieu que j'adore ; si la nature entière ne me présente plus que ton image [...], je ne suis point coupable. [...] dépend-il de moi d'éteindre ce qu'une puissance supérieure alluma dans mon sein ? Mais, de ce que je ne puis donner de pareils sentiments à mon époux, s'ensuit-il que je ne doive point lui garder la foi jurée ? (p. 97)

Refusant de décrire sa passion selon les termes chrétiens du péché, Claire l'associe au contraire à « une puissance supérieure », en formulant dans les termes des Lumières cette espèce de divinité, tout en insistant sur le fait que son amour détruirait la « foi jurée », cette responsabilité de l'individu à l'égard d'autrui qui fonde l'organisation rationnelle de la société. Si Claire finit par préférer Frédéric au collectif, le roman confirme quant à lui la vérité de son propos. Elle meurt, et Frédéric, en se proclamant désormais « libre » de tout lien social, jure qu'il la suivra bientôt (p. 142).

Et pourtant, *Claire d'Albe* montre comment la poursuite du bien-être social peut tout aussi bien conduire à des excès quand il est poursuivi aux dépends de la liberté individuelle : il n'est pas d'impératif dans le conflit sentimental qui suffise à définir une morale propre. Lorsque dans un effort héroïque pour sauver son mariage Claire rassemble son courage pour éloigner Frédéric, M. d'Albe, si désireux de préserver sa famille, ne respecte pas même la façon dont Claire prend en main la situation. Profitant de l'absence de Frédéric pour tenter de détruire l'amour que Claire lui porte, il lui explique que Frédéric lui est infidèle, ce qui n'est en rien la vérité. Ce faisant, M. d'Albe trahit lui-même cette « foi jurée » qui est censée être le fondement de ce contrat de mariage qu'il tente pourtant de sauvegarder. Loin de s'avérer efficace, son mensonge précipite le roman dans la catastrophe finale. Et Claire et Frédéric ne consommeront leur amour qu'après que Frédéric sera venu se justifier.

Si j'insiste sur le caractère positif des valeurs morales de la passion sentimentale, c'est que je m'oppose ici aux récits matérialistes et féministes dominants qui comprennent l'adultère dans le roman comme l'expression d'une énergie sociale transgressive. Selon l'interprétation influente de Tony Tanner, l'adultère permet de faire émerger les forces réprimées d'une altérité qui menace l'ordre bourgeois. De la même façon, Nicola Watson, lorsqu'elle remarque avec finesse l'importance que prend le conflit dans la structuration des textes sentimentaux, fait de l'adultère l'expression de la lutte d'un désir féminin rebelle s'élevant contre le patriarcat : « L'action à laquelle [l'héroïne sentimentale] est soumise et au travers de laquelle elle se constitue comme sujet sentimental est paradigmatique [...] de l'intrigue construite sur le conflit entre la loi du père et la passion sexuelle[35] ». Mais le conflit adultère est surtout déroutant parce qu'il révèle combien l'ordre éthique s'en trouve miné[36]. L'adultère est tout à la fois transgressif et doté de valeur morale.

Les contemporains de Cottin accordaient eux aussi à la passion sentimentale une signification morale positive. Un compte rendu anonyme de l'ensemble des romans de Cottin prend ainsi un chemin inverse à celui de Tanner et Watson en associant exclusivement la menace pesant sur la société représentée dans le roman sentimental aux exigences mêmes des impératifs collectifs. Pour ce compte rendu, l'amour sentimental préserverait la liberté individuelle de ce privilège excessif et socialement corrosif accordé au bien-être collectif que toute la société française venait d'expérimenter sous la Terreur. Aussi, toujours selon lui, les romans de Cottin conviendraient-ils tout particulièrement à une génération en pleine désillusion postrévolutionnaire : « Ainsi, quand le despotisme sanglant du prétoire opprimait l'univers, l'amour ardent et l'ardent christianisme, qui, bien compris, est l'amour même, consolaient de leurs calamités les générations naissantes[37] ».

35 Nicola Watson, *Revolution and the Form of the British Novel*, Oxford, Oxford University Press, p. 25.

36 Mon analyse vient également compliquer l'équation qu'établit David Denby entre la moralité sentimentale et les sentiments individuels. Pour Denby, « L'amour sentimental, cette expérience spontanée du cœur, dictée par la nature, est en prise avec le préjugé social qui établit à sa façon les obstacles de la naissance et de la fortune, alors que l'identification sentimentale du texte est toute du côté des victimes », David Denby, *Sentimental Narrative and the Social Order in France, 1760-1820*, Cambridge, Cambridge University Press, 1994, p. 13.

37 Compte rendu signé A des œuvres complètes de Riccoboni et Cottin, *La Minerve française* août 1819 (tome 7), p. 14. Hegel fut un autre de ces contemporains à assigner une valeur morale à l'amour individuel dans ses remarques annexes sur la « fiction romanesque moderne » dans son *Esthétique*. Il écrit ainsi : « Les jeunes gens, particulièrement, sont ces nouveaux chevaliers qui doivent se faire jour en combattant à travers ce monde matériel

L'adultère est l'un des deux scénarios qu'affectionne le roman sentimental pour faire entrer la liberté individuelle en conflit avec le bien-être collectif. Le second est celui de la famille qui s'oppose au mariage et les deux coexistent dans le premier exemple du sous-genre. Dans la première partie de *La Nouvelle Héloïse*, Julie tombe amoureuse d'un homme dont la position sociale s'oppose aux intérêts familiaux. Surmontant une angoisse terrible, elle tente, dans un singulier tour de passe-passe, d'abolir le conflit entre la liberté d'aimer et le bien-être familial, en choisissant librement de n'être pas libre, pour renverser la célèbre formule du *Contrat social*, dont j'examinerai plus loin la relation avec *La Nouvelle Héloïse*, lorsque Julie acquiesce de son plein gré au mariage avec Wolmar. Mais le reste du roman prouve bien que Julie ne peut tromper les exigences du cœur. Plutôt que d'abolir le conflit, son mariage le mène à une hauteur tragique.

Si le schéma narratif du roman sentimental peut sembler ténu, il se prête en réalité à une grande variété de « combinaisons » et de « situations », pour emprunter les termes que Balzac applique à la richesse de la sentimentalité sur un plan narratif, quand bien même celui-ci ne les lui prête qu'alors qu'il proclame la mort de cette forme[38]. Certaines de ces variations sont affaire de contexte. L'*œuvre** de Cottin montre bien l'éventail de personnages et d'événements que peut induire le contexte historique et géographique, depuis la noblesse campagnarde et raffinée d'un M. d'Albe jusqu'aux guerriers et nobles se poursuivant dans les déserts desséchés au temps des Croisades dans *Mathilde* ; de l'aristocratie russe au plus profond de l'hiver sibérien dans *Élisabeth* aux hypocrites, prudes et autres vieux roués de la bonne société écossaise dans *Malvina*.

---

et positif ; ils regardent comme un malheur qu'en général il y ait une famille, une société civile, des lois, des devoirs de profession, parce que ces rapports constituent la base des mœurs réelles, opposent des barrières violentes à l'idéal et aux droits infinis du cœur » (Hegel, *Esthétique*, trad. Charles Bénard, revue et complétée par Benoît Timmermans et Paolo Zaccaria, Paris, Le livre de Poche, « Les Classiques de la philosophie », 1997, t. I, p. 727 ; le titre sera ensuite abrégé en *E*, les pages citées apparaissant entre parenthèses dans le texte.). Cependant Hegel n'envisage jamais dans son propos sur le roman l'hypothèse selon laquelle le conflit pourrait mal finir ; il fait bien plutôt du roman moderne un équivalent du *Bildungsroman*, partant du principe que les personnages finiront par apprendre à concilier les droits de l'affect avec les devoirs sociaux. Pour Hegel, les luttes du héros ne « sont autre chose que l'apprentissage de la vie, l'éducation sociale de l'individu. C'est là leur véritable sens. » (*ibid.*)

38 Balzac, « Note de la première édition de *Scènes de la vie privée* [1830] », Paris, Bibliothèque de la Pléiade, t. I, 1976, p. 1175.

Les romans font aussi varier le conflit sentimental selon la relation que les personnages entretiennent avec le conflit, relation qui oscille entre deux pôles : inclination et devoir. Certains romans mettent l'inclination du côté de la liberté individuelle et le devoir du côté du bien-être collectif. Dans *Caroline de Lichtfield* de Montolieu, la famille de l'héroïne marie celle-ci au peu avenant mais noble de cœur conte Walstein. Caroline, cette « intéressante mais malheureuse victime de l'obéissance », poursuit la liberté sous les espèces d'une histoire d'amour avec un beau jeune homme qui se trouve être l'ami de Walstein[39]. Mais il y a d'autres possibilités. La *Clarissa* de Richardson est d'autant plus remarquable que l'inclination ne ressort pas du *double bind* dans lequel est plongée l'héroïne. Dans *La Nouvelle Héloïse*, tout comme dans *Claire d'Albe*, l'inclination est cette fois des deux côtés. C'est encore le cas dans *Eugène de Rothelin*, où le héros, Eugène, est tiraillé entre l'amour qu'il porte à son père et celui qu'il voue à une femme qui appartient à une famille que son père déteste. Quant à *La Duchesse de la Vallière* de Genlis, elle offre une variation peu commune sur le paradigme : l'inclination de son héroïne tend vers le bien-être commun. Amoureuse de Louis XIV, Louise veut rester vertueuse. Elle n'agit que sous contrainte, après que Louis a usé de son autorité royale pour la kidnapper du couvent où elle avait trouvé refuge contre les ardeurs du roi et ses propres sentiments.

Avec le personnage de Louis XIV, le texte de Genlis renverse ainsi singulièrement l'opposition sentimentale traditionnelle entre l'individu et le collectif. En aimant Louis XIV, Louise tombe amoureuse d'un homme qui fait s'écrouler ces deux abstractions en une autre (« L'État, c'est moi »). Tous ces exemples montrent en tout cas que les romans sentimentaux peuvent générer un grand nombre d'intrigues en faisant coïncider les abstractions instables nées des Lumières avec le conflit éthique qui les fonde. Toujours dans *La Duchesse de la Vallière*, cette variation trouve sa première expression dans les contours mêmes du personnage. Dans *Claire d'Albe*, Claire se tourne vers un homme dévoué à la liberté

39 Isabelle de Montolieu, *Caroline de Lichtfield*, ou *Mémoires d'une famille prussienne* (1786), Paris, Arthus Bertrand, t. 1, 1843, p. 47. *Caroline de Lichtfield* est l'un de ces rares romans sentimentaux qui finissent bien, grâce à la médiation de l'amant de Caroline, qui n'avait pas compris que Caroline était l'épouse de Walstein au début de leur liaison. En ami dévoué, qui place le bonheur des autres avant le sien, l'amant finit par convaincre Caroline de la véritable valeur du comte Walstein, en l'aidant à réconcilier son cœur avec son mariage arrangé.

individuelle, au sentiment, à la nature, quand le mari de Claire est un fervent soutien au devoir social, à la raison et à la culture. *Corinne* est encore bien différent, puisqu'Oswald, ébloui par une femme qui porte en elle tout à la fois la liberté individuelle, le sentiment et une nature que le roman associe au génie artistique et au plus haut degré de la civilisation, finit par se conformer à la société en choisissant une fille naïve qui appartient à la société provinciale la plus assommante qui fût. Dans le même temps, la Mathilde du roman de Cottin du même nom, découvre la liberté individuelle en la personne d'un guerrier qui suit ses intuitions, lesquelles prennent la forme de la sensibilité, de la valeur et d'un sens aigu du devoir à l'égard de la société. Cottin oppose alors le personnage du noble Sarrasin, en la personne de Malek-Adhel, à celui du courtisan rusé, à qui Richard-Cœur-de-Lion a fiancé Mathilde : ce courtisan, Lusignan, feint quant à lui de suivre les devoirs imposés par la société pour mieux poursuivre, non sans une froide raison calculatrice, son propre intérêt.

LE *DOUBLE-BIND* DU LIBÉRALISME[40]

Le combat de la vertu, prisonnière d'un conflit moral insurmontable : l'intrigue du roman sentimental ne fait pas vraiment sens pour le critique qui se place depuis le point de vue avantageux du réalisme. Il reprochera notamment à une telle intrigue de réduire à des absolus moraux le jeu complexe de pouvoir et d'intérêts qui constitue la trame des affaires humaines. Pourtant, quand il définit la tragédie, Hegel fait du conflit entre deux purs principes moraux l'origine même de celle-ci. Dans le modèle du genre qu'est *Antigone* pour Hegel, la tragédie met aux prises Créon, qui « n'honore que Zeus, le pouvoir tout-puissant sur la vie publique et le bien-être de tous » avec Antigone, qui « révère les liens du sang, les dieux souterrains » (*E*, 2, p. 682). Hegel écrit : « Le tragique, originairement, consiste en ce que, dans le cercle d'une pareille

40 J'emprunte cette expression aux analyses décisives de Waller sur *Adolphe*, qui permet de caractériser la politique d'un sous-genre tout entier. Voir, dans *The Male Malady*, *op. cit.* le chapitre intitulé « The Double Bind of Liberalism ».

collision, les deux partis opposés, pris en eux-mêmes, ont la justice pour eux. Mais d'un autre côté, ne pouvant réaliser ce qu'il y a de vrai et de positif dans leur but et leur caractère que comme violation de l'autre puissance également juste, ils se trouvent, malgré leur moralité, ou plutôt à cause d'elle, entraînés à commettre des fautes. » (*E*, 2, p. 663-664)

Sur le plan de l'intrigue, la sentimentalité rejoint très certainement ces vues sur la tragédie. Cependant, le combat entre les deux impératifs en présence diffère d'une assez singulière manière. Alors que l'intrigue sentimentale circonscrit ces impératifs à de puissants personnages secondaires, la tragédie classique les incarne dans ses personnages principaux. Ainsi, dans la tragédie classique, les devoirs opposés se dressent aussitôt, à la différence du roman sentimental dans lequel ils ne se rencontrent que dans l'âme tourmentée de l'héroïne dont le caractère va déterminer le devenir romanesque. C'est dans cette nuance que la sentimentalité va exploiter les capacités proprement romanesques d'exploration des nuances de l'intériorité[41].

Cette différence n'affecte pourtant en rien la parenté entre les dénouements sentimentaux et tragiques. Dans le dénouement tragique, comme Hegel l'indique : « les personnages provoquent leur ruine par l'exclusif de leur volonté et de leur caractère d'ailleurs solides, ou alors ils doivent se résigner à admettre ce à quoi ils s'opposent. » (*E*, 2, p. 667). Le roman sentimental s'achève également quand les personnages ont porté à leur dernière extrémité les impératifs contradictoires qu'ils incarnaient. En plaçant au-dessus de tout le bien être collectif, M. d'Albe finit par mentir dans sa tentative désespérée et malencontreuse de séparer Claire et Frédéric. En plaçant au-dessus de tout la liberté individuelle, Frédéric revient à Claire pour l'accabler de son amour. Et parce que ces impératifs se rencontrent dans l'âme de l'héroïne, cette dernière ne peut qu'en être détruite quand ils sont portés à leur plus haut point. Dans *Claire d'Albe*, Claire meurt, épuisée par la violence venue de chaque extrémité du *double bind*.

41 L'accent tout particulièrement mis sur l'intériorité est considéré par Hegel comme l'une des différences majeures entre la tragédie moderne et la tragédie classique. Alors que les personnages de la tragédie classique « sont de fortes figures qui sont seulement ce qu'elles sont, exemptes de collisions intérieures », « l'intérêt poétique » de la tragédie moderne « consiste alors dans la grandeur des caractères qui [...] déploient tous les trésors que [ces riches natures] recèlent » (*E*, 2, p. 678 et 675)

Si l'on retrouve une intrigue similaire dans la tragédie et le roman sentimental, doit-on pour autant penser que le contenu de l'intrigue de chaque genre soit le même ? Hegel met l'intrigue conflictuelle aux fondements mêmes de la tragédie, en ce qu'elle formule une vérité fondamentale de la « vie éthique ». Lorsqu'il définit la signification philosophique de la tragédie, Hegel écrit :

> En tant qu'unité concrète, la substance de la vie morale est une totalité de relations et de puissances *différentes* qui n'accomplissent le travail de l'esprit au sein d'une vie joyeuse et sereine que dans l'inactivité propre aux dieux bienheureux. Mais le concept de cette totalité implique d'abord qu'elle passe de l'idéalité purement abstraite à son actualisation mondaine dans la réalité, et à son apparence. Or, étant donné la nature de cet élément, la simple différence entre les constituants de cette totalité se pervertit dans l'opposition et le conflit, une fois que les caractères individuels se sont déployés dans un territoire et des circonstances spécifiques. (*E*, 2, p. 664)

La tragédie, par l'intrigue du conflit moral, montre la difficulté qu'il y a à mettre en œuvre des abstractions éthiques sur un plan pratique. Plus particulièrement, elle montre la difficulté qu'il y a à réconcilier les deux pôles de la vie éthique qui sont en jeu dans toute intrigue tragique selon Hegel. Ainsi, selon lui, « le cercle de ces sujets tragiques, bien qu'ils puissent être traités de diverses manières, n'est pourtant pas, dans sa nature, d'une grande étendue. L'opposition principale [...] est celle de *l'État* et de la *famille*, de la vie sociale et des droits de la nature ». Si ce conflit entre vie éthique universelle et vie éthique naturelle fournit à la tragédie son sujet principal, c'est parce que « l'harmonie de ces deux sphères constitue la perfection du monde moral » (*E*, 2, p. 682).

L'intrigue tragique ne fait pas que représenter cette tension : elle la résout, dût cette résolution prendre la forme de la destruction et de la perte. Pour Hegel, le dénouement tragique montre que ce déséquilibre moral ne saurait durer : la tragédie « laiss[e] entrevoir la justice éternelle qui, [...], brise la justice relative des fins et des passions exclusives. » (*E*, 2, p. 666). Nommer « justice éternelle » le « pouvoir suprême qui surpasse les individus qu'ils soient hommes ou dieux » permet à Hegel d'associer celle-ci à la raison : « [la haute raison des événements] qui est placée au-dessus des dieux et des hommes ne peut pas souffrir que des puissances individuelles qui se rendent indépendantes deviennent exclusives et, par là, dépassent les limites de leur domaine respectif » (*E*, 2, p. 685)

« Toujours historiciser ». Tel est l'impératif matérialiste de *L'Inconscient politique* de Jameson. Si l'on veut bien lire l'analyse de Hegel à la lumière de l'exigence de Jameson, il sera peut-être possible alors d'en dégager ce qui vaut pour comprendre le roman sentimental. Le roman sentimental, lui aussi, veut convaincre son lecteur qu'il est un ordre rationnel et éthique, par-delà toutes les violations individuelles que représentent le conflit, l'excès et la destruction[42]. Seulement, les enjeux de cette conviction appartiennent bien plus à une idéologie spécifiquement datée qu'ils ne constituent la nécessaire « substance de la vie éthique ». En opposant la liberté individuelle au bien-être collectif, le roman sentimental fait état d'une tension fondamentale qui traverse la politique libérale française pensée depuis les Lumières qui en sont l'origine[43].

On peut définir le libéralisme français par son difficile, pour ne pas dire impossible, projet d'intégrer les notions de droit positif et négatif, ainsi que Furet et Ozouf l'ont observé pour les deux notions distinctes de « liberté » qui forgent le « cas français[44] ». Dans le conflit sentimental, la liberté individuelle rend compte de la notion négative du droit : droit en tant qu'il s'agit du droit de l'individu à faire ce qu'il ou elle veut. Tout au contraire, le bien être collectif rend compte de la notion positive du droit, droit en tant qu'il s'agit du droit de l'individu à participer au gouvernement. Furet et Ozouf attribuent à l'héritage hybride de la théorie politique des Lumières en France cette volonté d'intégrer les notions de droit positif et négatif. Les penseurs français font ici leur la tradition anglo-américaine qui entend protéger la liberté négative de l'individu, en même temps qu'ils incorporent « l'héritage de l'absolutisme » et sa vision de l'État fort, aussi bien que la « tradition intellectuelle du républicanisme de l'Europe depuis la Renaissance[45] ».

42 En suggérant que le roman sentimental revendique la rationalité au travers de la perte, je complique la position de Denby, pour qui le sentimentalisme appartient « résolument au versant optimiste et triomphant du projet des Lumières » (*Sentimental Narrative and the Social Order in France 1760-1820*, *op. cit.*, p. 87).

43 J'utilise le terme de « libéralisme » pour désigner une idéologie qui fonde un ordre social rationnel sur la liberté plutôt que dans le sens donné par F. Furet et M. Ozouf dans leur préface au *Siècle de l'avènement républicain*, Paris, Gallimard, 1993, p. 12 pour qui « la conception libérale *stricto sensu* [...] vise à protéger les droits naturels des individus contre tout empiètement du pouvoir ».

44 *Ibid.*

45 *Ibid.*

En France, la classe qui forge l'idéologie libérale dépasse les clivages de classes traditionnels. Cette classe est tout autant constituée par la *noblesse de robe** et quelques membres de la *noblesse d'épée**, que par des hommes de métiers, des financiers et des bourgeois proto-industriels[46]. Élite sociale émergeant dans la seconde moitié du XVIIIe siècle, détenant un pouvoir économique et culturel considérable autant qu'un pouvoir politique, cette classe parviendra à une domination politique à peu près complète avec la Révolution, malgré la situation de désarroi social et symbolique dans lequel elle se trouve. Dans un argument décisif pour comprendre l'origine sociale du roman sentimental, Guy Chaussinand-Nogaret suggère que la notion élitiste de mérite fondée sur « la valeur morale et les capacités professionnelles » commence dans les années 1760 à surpasser la notion purement aristocratique d'un mérite basé sur le sang et la valeur[47]. C'est à peu près à la même époque que le roman sentimental va substituer à la représentation littéraire plus ancienne du mérite comme vertu aristocratique la notion de mérite pour désigner la valeur morale et l'intelligence : la *Nouvelle Héloïse* paraît en 1761.

Deux exemples tirés de la vie du roman sentimental viennent illustrer cette préoccupation proprement libérale de faire fusionner les notions de droit positif et négatif : le premier, au commencement même du sous-genre, et le second quand celui-ci est devenu la forme romanesque dominante. Il me semble qu'il n'y a pas de meilleur point de départ que *Le Contrat Social* (1762). Publié un an après *La Nouvelle Héloïse*, le texte politique de Rousseau commence sur une proposition semblable : si la notion de société humaine repose sur une aspiration à la liberté (« renoncer à la liberté, c'est renoncer à être un homme »), Rousseau met également en avant les abus potentiels d'une liberté individuelle qui ne

46 Lorsqu'il entreprend de distinguer les aristocrates des bourgeois en tant que membres de « catégories socio-juridiques distinctes » dans la seconde moitié du XVIIIe siècle, Immanuel Wallerstein remarque que les « catégories ont très fortement tendance à se chevaucher, comme c'est le cas, *de facto*, pour les entrepreneurs capitalistes ». I. Wallerstein, *The Modern World System*, vol. 3, Londres, Academic Press, 1988, p. 100. Sur l'absorption croissante des valeurs de la classe moyenne par la noblesse, voir Guy Chaussinand-Nogaret, *La Noblesse au XVIIIe siècle. De la féodalité aux lumières*, Paris, Hachette, 1976.

47 Guy Chaussinand-Nogaret, *La Noblesse au XVIIIe siècle*, *op. cit.*, p. 59. Chaussinand-Nogaret met ainsi en lumière que l'ennoblissement, avant 1760, se justifie comme « le moyen le plus sûr d'exciter à la vertu » (p. 58) alors qu'après 1760, « l'anoblissement n'est plus que la confirmation officielle du mérite personnel de ceux "qui réunissent la vertu et les sentiments qui font le caractère et la source de toute noblesse". On ne peut mieux dire la noblesse n'est plus une affaire de naissance. » (p. 58-59).

serait pas restreinte : « "Comment trouver une forme d'association qui défende et protège de toute la force commune la personne et les biens de chaque associé, et par laquelle chacun s'unissant à tous n'obéisse pourtant qu'à lui-même et reste aussi libre qu'auparavant ?" Tel est le problème fondamental dont le contrat social donne la réponse[48] ». Car le contrat social consiste évidemment en un « engagement réciproque du public avec les particuliers », inaugurée par l'aliénation totale de la liberté individuelle à la volonté générale[49]. La critique de Rousseau a longtemps insisté sur cette notion farcie de contradictions. Dans une critique lucide de ces contradictions, Louis Althusser émet cette remarque pénétrante, quoiqu'il ne la développe pas, que Rousseau pourrait s'être tourné vers la littérature pour les résoudre[50].

Le second exemple de cette volonté libérale de fusion, au moment où le roman sentimental est dominant, nous oblige à nous tourner vers un autre théoricien politique important, qui écrivit également un roman sentimental. Durant la Restauration, la polémique politique tourna autour du mot de liberté avec autant de vigueur que les débats politiques américains des années 1980 et 1990. Personne mieux que Benjamin Constant ne pouvait illustrer la théorie libérale à l'époque. On ne peut faire plus justement que Waller quand elle intitule son étude d'*Adolphe* de Benjamin Constant « Le *double-bind* du libéralisme », puisque ce texte met en scène la paralysie d'un héros déchiré entre sa liberté et « un sentiment profondément intériorisé de responsabilité [...] envers autrui[51] ». C'est un conflit similaire que Constant place au cœur de sa théorie politique.

« Notre constitution actuelle reconnaît formellement le principe de souveraineté du peuple, c'est-à-dire la suprématie de la volonté générale sur toute volonté particulière. Ce principe [...] ne peut être contesté » : ainsi commencent les *Principes de politique* (1815) de Constant[52]. Mais il

48 Jean-Jacques Rousseau, *Du contrat social*, Paris, Garnier-Flammarion, 1966, p. 51.

49 *Ibid.*, p. 53.

50 Louis Althusser, *Montesquieu, Rousseau, Marx,* Londres, Verso, 1972, p. 160.

51 Margaret Waller, *The Male Malady*, *op. cit.*, p. 94. Waller met bien en évidence le tour inhabituel que prennent les termes fondateurs du *double-bind* sentimental dans *Adolphe*, quand elle met au premier plan sa politique suspecte du *genre* [*gender*]. Le héros de Constant fait s'équivaloir la liberté et un vague désir d'individualité plutôt qu'avec l'amour, quand le bien-être collectif consiste pour lui en « un lien qui le lie aux autres, plus particulièrement à Ellenore, une femme qui ne lui convient pas » (94).

52 Benjamin Constant, *Principes de politique* (1815), Paris, Guillaumin, 1872, p. 7.

continue : « il ne s'ensuit pas que l'universalité des citoyens [...] puisse disposer souverainement de l'existence des individus[53] ». Comment un État, fondé sur les droits positifs des citoyens à participer au gouvernement, pourrait-il protéger la liberté des individus à disposer de leur existence comme ils l'entendent ? La solution proposée par Constant consiste à proposer l'établissement de droits négatifs au-dessus de la portée de l'« universalité des citoyens ». Il pose alors comme dogme fondateur des *Principes de politique* que « Les citoyens possèdent des droits individuels indépendants de toute autorité sociale et politique, et tout autorité qui viole ces droits devient illégitime. Les droits du citoyen sont la liberté individuelle, la liberté religieuse, la liberté d'opinion, dans laquelle est comprise sa publicité, la jouissance de la propriété, la garantie contre tout arbitraire[54] ».

La préface à l'étude de Constant établit qu'il y a « dans les esprits une raison naturelle[55] », comme si cette proposition ne méritait pas d'être expliquée En affirmant le pouvoir de la raison, le roman sentimental résout le conflit entre les notions de droit positif et négatif d'une manière singulièrement libérale plutôt que d'en appeler à « l'éternelle substance des choses » comme Hegel le suggérait. Mais si le schéma tragique de Hegel révélait le retour à la raison qui est en jeu dans l'excès sentimental, c'est bien parce que cette même « substance des choses » chez Hegel n'est pas non plus éternelle. La critique a souvent reproché à Hegel d'offrir une lecture moderne et erronée du divin et du destin quand il postulait que la tragédie classique faisait l'apologie de la rationalité. Et dans le même temps, elle a taxé d'anachronique sa pensée du conflit tragique. Pour Michelle Gellrcih par exemple, celle-ci serait fondée sur la notion moderne d'une « éthique individuelle des droits[56] ». Et en effet, confrontés à un conflit entre « la vie éthique dans son universalité spirituelle » et « la vie éthique naturelle », les personnages tragiques selon Hegel font face à une situation qui ressemble au conflit entre les notions de droit positif et négatif qui structurent le roman sentimental[57]. Hegel

53 *Ibid.*, p. 9.

54 *Ibid.*, p. 275.

55 *Ibid.*, p. 267.

56 Michelle Gellrich, *Tragedy and Theory : The Problem of Conflict since Aristotle*, Princeton, Princeton University Press, 1988, p. 68.

57 Les termes du conflit prennent cependant des formes concrètes bien différentes dans la tragédie classique selon Hegel et dans le roman sentimental. Dans la tragédie classique,

place ces notions de droit en conflit au fondement même de sa propre contribution à la théorie politique, en même temps que son *Esthétique*, dans la *Philosophie du droit* (1821).

« La liberté constitue [l]a substance et [l]a destination [du droit] » déclare Hegel à l'entrée de son texte, distinguant très vite la liberté d'une notion purement négative du droit : « Quand on entend dire que d'une façon absolue la volonté consiste à pouvoir faire ce que l'on veut, on peut considérer une telle conception pour un défaut total de culture de l'esprit où ne se trouve aucun soupçon de ce que sont la volonté libre en soi et pour soi, le droit, la moralité, etc.[58] ». La matière même que cherche Hegel interroge la façon dont peut être protégée ce que Hegel appelle la liberté « subjective » de l'individu tout en permettant le développement de la liberté dans sa forme « objective ». Pour Hegel, la clé du problème réside dans l'État, qui « accord[e] aux forces particulières [dans ce cas précis, des individus] [...] leur droit positif aussi bien que négatif » (*P.P.D.*, p. 304).

Antigone fait alors son apparition dans la recherche de Hegel en vue de la constitution de la liberté afin de clarifier le rôle de la famille dans la société civile moderne. Et quand Hegel relit la pièce selon le point de vue avantageux de la théorie politique, il modernise l'opposition tragique en des termes très explicitement libéraux et sentimentaux. Dans sa *Philosophie du Droit* comme dans son *Esthétique*, Hegel considère qu'Antigone est un exemple de « l'opposition morale suprême et par conséquent la plus hautement tragique » (*P.P.D.*, p. 205). Dans la *Philosophie du Droit*, cette opposition fait cependant s'affronter « la loi manifeste, [...] celle de l'État » avec la loi privée, le sentiment, « loi de l'intériorité », alors que dans son *Esthétique*, la confrontation des sphères éthiques universelle et naturelle est désignée sous les termes de l'État et de la famille (*P.P.D.*, p. 205).

---

les impératifs éthiques naturels et universels entrent dans une lutte entre un individu représentant la famille et la collectivité. Dans le roman sentimental, les notions de droit négatif et positif entrent dans une lutte où l'individu est contre la famille qui est du côté de la collectivité.

58 Hegel, *Principes de la philosophie du droit* (1855), trad. A. Kaan, Paris, Gallimard, Idées, 1963, p. 57 et 67 (§ 7 et § 15). Par la suite, les *Principes de la Philosophie du Droit* seront abrégés en *P.P.D.* et le numéro de page cité entre parenthèses dans le corps du texte.

DESTIN DE FEMME

Selon la *Philosophie du Droit*, c'est dans « l'opposition morale suprême » qui se joue dans *Antigone*, à l'image de la société, que « féminité et virilité sont individualisées » (*P.P.D.*, p. 115). En assignant aux femmes le travail de la vie privée pour mieux laisser les hommes aux affaires publiques, Hegel rend compte de la traditionnelle séparation genrée [*gendered*] des sphères dans la pensée libérale des XVIIIe et XIXe siècles. Pendant tout le temps que durera le roman sentimental, les penseurs libéraux tiennent pour acquis que la jouissance des droits positifs est masculine, en excluant les femmes de l'accès aux doits positifs et en limitant également leur jouissance des droits négatifs. Selon cette dépolitisation libérale des femmes, il pourrait sembler surprenant que le roman sentimental privilégie des personnages féminins pour mettre en scène le conflit entre les notions de droits positifs et négatifs. Julie, Mistriss Henley, Caroline de Lichtfield, Claire d'Albe, Mathilde, Malvina, Delphine, la Duchesse de la Vallière, Mademoiselle de Clermont, Adèle de Sénange l'emportent largement en nombre sur William*** dans *Caliste*, Gustave dans *Valérie*, Eugène de Rothelin, Adolphe, ou encore Oswald dans *Corinne*.

Il me semble que l'on comprendra mieux cette préférence du roman sentimental pour les personnages féminins plutôt que masculins en se tenant à l'intersection de la poétique et de l'idéologie. L'un des principes majeurs de la tragédie est l'économie de moyen dans la représentation. Montrant la différence entre la concentration du drame et l'amble paresseux de l'épopée, Hegel postule que le drame, « n'a pas à esquisser l'état général du monde, comme l'épopée » et que toute l'attention se concentre sur « la collision qui constitue le fond essentiel de l'action dramatique » (*E*, 2, p. 632). Hegel met alors en lumière les conséquences de cette restriction pour la construction de l'intrigue tragique, dont il considère qu'il s'agit du drame dans sa forme la plus concentrée. Ainsi, la tragédie supprime tout « épisode et personnages accessoires » qui pourraient la distraire de la confrontation dramatique essentielle (*E*, 2, p. 631).

Le roman sentimental met en scène une concentration tragique de même ordre dans la situation qui représente le conflit idéologique qui la sous-tend. Une simple action, celle qui consiste à choisir un être aimé auquel aucune autorité ne saurait consentir, suffit à produire le conflit entre liberté individuelle et bien-être collectif sans qu'il soit besoin de plus amples complications. Les personnages masculins et féminins rencontrent la même opposition dans les récits sentimentaux en dépit des grandes différences qui affectent les positions des hommes et des femmes dans le monde non-fictionnel. Quoiqu'il en soit, ces grandes différences offrent aux dilemmes sentimentaux une plus grande résonance collective quand il s'agit d'une femme. Pour tous les personnages dans la longue existence du roman sentimental, hormis figures exceptionnelles, « l'homme a[ura] donc sa vie substantielle réelle dans l'État [...] et encore dans le combat et le travail aux prises avec le monde extérieur [...] ; quand c'est dans la famille que la femme trouve sa destinée substantielle » ainsi que Hegel le remarque quand il discute d'*Antigone* dans sa *Philosophie du Droit* (*P.P.D.*, p. 204-205)[59]. Le choix, par une femme, d'un objet érotique soulève inévitablement des questions relatives au bien-être collectif et ne peut jamais se réduire à une simple question de sentiment individuel. Que ce choix porte sur le partenaire d'un mariage à venir ou sur un amour extra-conjugal, celui-ci implique toute la famille de cette femme et le bien-être de ses enfants, si elle en a. Dans tous les cas, une femme qui défie sa famille court le risque d'un ostracisme collectif.

J'expliquerai alors cette préférence du roman sentimental pour les protagonistes féminins dans une voie contraire à celle que prend Armstrong quand elle explique le rôle des personnages féminins dans le « roman domestique » anglais. Selon moi, plutôt que de permettre l'existence d'intrigues privées pour mieux obscurcir certains conflits collectifs, le roman sentimental français se sert des personnages féminins pour donner à leurs relations privées le maximum de résonance collective. Il n'en reste pas moins que l'analyse d'Armstrong est à prendre en considération pour comprendre combien malaisément ce privilège accordé par le roman sentimental français aux destinées féminines permet de contourner le politique : « En vertu de leur mépris apparent pour ces

59 Cottin émet ainsi cette hypothèse dans *Malvina* que : « Les romans sont le domaine des femmes : elles commencent à les lire quand elles ont quinze ans ; à vingt ans, elles les vivent, et elles n'ont rien de mieux à faire que les écrire quand elles en ont trente [...] car il appartient aux femmes de capter toutes les nuances du sentiment, qui est l'histoire de leur vie, quand c'est au mieux un simple épisode dans la vie d'un homme » (Sophie Cottin, *Malvina* (1801), vol. 1 des *Œuvres Complètes*, Paris, Foucault, 1817, p. x-xi).

domaines (du commerce et de la politique), écrit-elle, les intrigues qui tournent autour du contrat sexuel, permettent de faire passer l'idéologie pour le produit d'un intérêt purement individuel[60] ». En résolvant par des récits éthiques éloignés de tout sujet politique la tension entre droits négatif et positif, les romans sentimentaux français évitent dans le même temps les sujets qui pourraient mettre au premier plan l'écart gigantesque qui sépare la restauration esthétique de la rationalité et les « fins et passions exclusives » qui mènent les affaires publiques (*E*, 2, p. 666).

Quand le roman sentimental se sert des personnages féminins comme de paradigmes des sujets libéraux, il accepte dans le même temps de faire de la sphère domestique un modèle réduit de la vie publique, de faire que les destinées féminines puissent en venir à poser le problème du caractère véritable de la *res publica*. Une telle hypothèse reste, toutefois, à étayer, étant donné l'écart entre la fonction idéologique de la Femme et le statut social, juridique et politique des femmes. De fait, si les romancières jouent un rôle si important dans le roman sentimental, c'est parce que cet écart rend les femmes tout particulièrement sensibles non seulement à la distinction entre droits positif et négatif, mais encore aux contradictions que cela peut produire.

Mais si le roman fait porter l'attention sur cet écart entre la possibilité incarnée par la Femme de résoudre le conflit politique et le statut social contemporain des femmes, cela peut alors faire échouer le retour sentimental à la raison. En fait, cet écart pourra générer l'intrigue même du conflit, comme nous le verrons dans le cas des romans sentimentaux sociaux de la Monarchie de Juillet, lesquels adaptent les codes sentimentaux pour mieux miner les constructions libérales du genre [*gender*]. Cet écart a cependant déjà été exposé et exploité dans les quelques rares intrigues sentimentales où des personnages rencontrent des obstacles à leur amour dans les spécificités mêmes de leurs situations sociales. Ainsi, les héroïnes de Staël voient s'élever contre elles les familles de leurs amants parce qu'elles sont engagées dans des actions qui ne sauraient convenir à une femme (le divorce de Delphine, le refus de Corinne de rester cantonnée à la sphère privée), alors que ces mêmes actions n'affecteraient en rien un homme. En faisant la peinture des conséquences dramatiques de la différence des sexes [*gender difference*], les œuvres de Staël mettent en avant ce problème impensable, et que

60 Nancy Armstrong, *Desire and Domestic Fiction*, *op. cit.*, p. 42.

le conflit libéral élude en en faisant le conflit entre liberté individuelle et bien-être collectif : celui de l'inégalité sociale[61].

UNE TOUCHE LÉGÈRE

Lorsque Hegel établit une distinction entre la concentration de la représentation tragique et le coup d'œil panoramique de l'épopée, il rend compte de cette différence sous la forme d'une seule poétique. Dans la tragédie, comme, de façon plus générale, dans le drame, il ne s'agit pas d'« *esquisser* l'état général du monde, comme l'épopée » le faisait (*E*, 2, p. 632, *cmqs*). Cet effacement de la description caractérise tout aussi bien le roman sentimental. Quelques rares éléments, qui sont souvent des lieux communs, suffisent à dessiner les contours de la scène et des conditions matérielles d'existence des personnages. Ainsi l'action de *Claire d'Albe* se situe dans un « vaste et commode » château (p. 25), Claire est « belle et aimable » pour M. d'Albe (p. 22) quand Frédéric est caractérisé par la « souplesse » et l'« agilité » de son corps (p. 30). Et quand Saint-Preux mentionne Julie pour la première fois, il n'évoque que sa « beauté » avant de louer son âme : « Non, belle Julie ; vos charmes ont ébloui mes yeux ; mais jamais ils n'auraient enchanté mon cœur sans le charme bien plus puissant qui les anime » (p. 6). Jamais Saint-Preux ni Julie ne précisent les lieux où naît leur passion. Sur la couverture de son roman sentimental social, *Deux Originaux* (1835), B. Monborne cite cette phrase d'Alexander Pope qui dit bien le goût sentimental pour les descriptions réduites : « C'est assez d'être capable, par une *touche légère* / De mettre ici une

61 Waller fait la même remarque au sujet d'*Adolphe*, quand elle souligne que les impasses que rencontre Adolphe font avancer sa position quand, pour Ellénore, elles mènent à la mort. Ainsi que Waller le suggère, l'asymétrie des destins du héros et de l'héroïne vient mettre en évidence que si tous les citoyens sont égaux en droit, l'accès à ces droits est tout sauf égal. Pour une analyse d'un autre type, voir également la lecture que Carla Hesse donne des *Trois Femmes* de Charrière, dans « Kant, Foucault, and *Three Women* » in Jan Goldstein éd., *Foucault and the Writing of History*. Hesse met en lumière avec beaucoup de finesse le cœur du conflit sentimental quand elle montre comment les récits de Charrière mettent en scène le conflit entre vertu et bonheur.

ombre, et là, la lumière[62] », et que l'on trouve aussi décrite sous les mots de « touche délicate[63] ».

C'est bien cette absence de description précise des conditions matérielles que la critique centrée sur le réalisme a longtemps reprochée au roman sentimental. Typique de cette critique, Bardèche s'attaque aux « personnages conventionnels bornés à deux ou trois types, décor, milieu, mœurs et vie habituelle laissés dans le vague » dans le roman sentimental[64]. Le paradigme tragique nous permet du coup de comprendre comme un choix poétique signifiant ce qui semble une lacune incompréhensible aux yeux du réalisme. Le roman sentimental, comme la tragédie, efface les détails prosaïques pour concentrer toute son attention sur les progrès de l'action. Quand Barthélemy Hadot explique à quoi sert d'appliquer de légères touches dans les paragraphes qui ouvrent *Guillaume Penn* (1816), elle indique clairement que la description ne fait que diluer l'action sentimentale à la fois parce qu'elle présente une matière inutile à la conduite de l'action et parce qu'elle en retarde la représentation :

> Je n'entreprendrai point de faire la description de la riante demeure de l'amiral [Penn]. Qu'importe au lecteur qu'on y arrive par une avenue de plus d'un quart de lieue, que recouvre, dans la belle saison, un dôme de verdure ; que le perron soit formé de vingt degrés en marbre blanc, au moyen desquels on parvient à un péristyle de plus de trente pieds, dont la voûte est soutenue par douze colonnes de granit et d'albâtre, et que de là on puisse s'introduire dans divers appartements, dont l'élégance ne le cède qu'à la richesse ? *Tout ce que l'on en pourrait dire n'aurait sans doute aucun intérêt pour les âmes sensibles ; c'est l'illustre marin que l'on désire voir arriver au milieu de sa famille*[65].

Cet exemple permet de bien voir que si les romanciers sentimentaux évitent la description, ce n'est pas parce qu'ils en sont incapables, comme les remarques méprisantes émises un siècle plus tard sur ce sous-genre le laissent entendre, mais bien parce qu'ils s'y opposent selon les fondements d'une poétique propre. Les détails concernant tels aspects matériels n'ont

62 Madame B. Monborne, *Deux Originaux*, Paris, Corbet aîné, 1835, *cmqs*. Voir aussi le compte rendu par F. Barrière dans *Mes loisirs*.

63 Dans l'introduction sans mention d'auteur d'une sélection de *Souvenirs d'un enfant du peuple* de Michel Masson, p. 7.

64 Maurice Bardèche, *Balzac romancier*, *op. cit.*, p. 14.

65 Marie-Adèle Barthélemy-Hadot, *Guillaume Penn*, 3 vol., Paris, Pigoreau, 1816, vol. 1, p. 9-10, *cmsq*.

aucun intérêt pour des lecteurs « sentimentaux » avides d'en venir aux drames du conflit intime[66].

Aussi quand les contemporains de Barthélémy-Hadot font l'éloge du roman sentimental confirment-ils sa remarque. Dans la préface à une édition complète des romans de Cottin datée de 1820, A. Petitot associe par exemple leur « vérité » à leur mépris des considérations matérielles. Les romans de Cottin « ne sont pas moins recherchés aujourd'hui que dans leur nouveauté. Leur succès est indépendant des temps et des circonstances, parce que personne n'a su rendre avec plus d'énergie et de vérité les sentiments divers qui agitent une âme livrée à une grande passion. On trouvera dans ses romans peu de détails de mœurs, peu de portraits[67] ». « Il y a deux sortes de vérité : une vérité matérielle, celle des faits ; une vérité morale, celle des idées et des sentiments », écrivait encore le compte rendu d'un roman sentimental de 1818, qui mettait bien évidemment le roman sentimental du côté de la vérité morale[68].

PEU DE DÉTAILS, PEU DE MANIÈRES, PEU DE PORTRAITS

L'effacement de « l'état général du monde » permet, outre la description, de donner leur forme à d'autres codes narratifs du roman sentimental : ce principe structure le déploiement et l'organisation de l'intrigue sentimentale, l'élaboration sentimentale des personnages ainsi que la narration sentimentale. Les intrigues préfèrent ainsi se centrer sur les seuls personnages nécessaires à l'action, généralement issus d'une ou deux familles appartenant à la même société. Claire, Frédéric, M. d'Albe, Élise, et Adèle, une connaissance qui vient rendre visite à

66 De même, Claire indique au début d'une lettre à Élise que la description peut être laissée de côté quand ce sont des questions de sentiment bien plus urgentes qui sont en jeu. S'excusant parce qu'elle a échoué à décrire son environnement en détail, Claire s'explique : « l'asile qui bientôt doit être le tien […] mérite qu'on le décrive : mais que veux-tu ? quand je prends la plume, je ne puis m'occuper que de toi, et peut-être pardonneras-tu un oubli dont mon amitié est la cause ? » (p. 24). Dans le lien qui unit Claire à sa lectrice, les affaires du cœur prennent le pas sur les aspects purement pratiques.

67 A. Petitot, « Notice », dans Sophie Cottin, *Œuvres complètes*, Paris, Foucault, 1817, vol. 1, p. lxxiii.

68 A., compte rendu d'*Albertine de Saint-Albe*, *La Minerve Française*, vol. 2, mai 1818, p. 416.

Claire, composent tout le personnel de *Claire d'Albe*. Le roman sentimental renforce encore cette restriction dans la façon qu'il a de conduire les événements. Car la sentiementalité commence à la maison. Toutes ces familles intimement liées interagissent dans des espaces domestiques – salons, chambres et jardins des demeures, quand bien même il arrive à certains personnages de voyager. Plus l'intrigue est privée et plus le nombre de personnages est restreint, et moins il y a structurellement de chance pour que prennent place des « actions diversement épisodiques et [des] personnages secondaires » (*E*, 2, p. 631) qui dilueraient l'intensité de la concentration tragique.

Le paradigme hégélien permet encore d'éclairer la façon dont la restriction sentimentale dans le déploiement de l'intrigue rend plus intense la représentation sentimentale, en rehaussant le pathos du conflit qui le fonde. Pour Hegel, les actions tragiques les plus probantes ne peuvent se passer qu'entre des personnages qui partagent une même identité sociale et familiale, parce que celles-ci enracinent mutuellement les personnages non seulement dans les impératifs éthiques que chacun soutient, mais également dans un impératif que chacun entend détruire. Comme Hegel l'écrit : « Le mode le plus parfait [de développement tragique] est possible lorsque les personnages opposés, caractères tout d'une pièce, pénétrés d'une seule idée, se rencontrent sur un terrain où ils ont le pouvoir de celui qu'ils combattent, et par là violent ce qu'ils devraient respecter en vertu de leur situation même » (*E*, 2, p. 687). Vivant « sous la puissance politique de Créon », Antigone « est elle-même la fille d'un roi [Œdipe] et la fiancée d'Hémon [le fils de Créon] ; de sorte qu'elle doit obéissance au prince. Cependant, lui aussi, Créon, de son côté, est père et époux ; il doit respecter la sainteté des liens du sang, et ne pas défendre ce qui est opposé à cette piété. » (*E*, 2, p. 687).

De la même façon, le roman sentimental affiche sa préférence pour des personnages issus des mêmes cercles sociaux et familiaux. Claire, en tant que femme de M. d'Albe, et Frédéric, en tant qu'il est le cousin et pupille de ce dernier, devraient respecter ces liens du sang et de la communauté que leur amour violera. Claire observe lucidement que « Frédéric est l'enfant adoptif de mon mari ; je suis la femme de son bienfaiteur, ce sont des choses que la vertu grave en lettres de feu dans les âmes élevées et qu'elles n'oublient jamais » (p. 45). Dans le même temps, M. d'Albe devrait respecter le bonheur individuel de Claire et

Frédéric, puisqu'ils appartiennent à la collectivité qu'il administre et dont c'est un principe fondateur. C'est ce que nous dit Claire au début du roman quand elle évoque la morale bienveillante de son époux : « Comme j'aime mon mari, Élise ! combien je suis touchée du plaisir qu'il trouve à faire le bien ! Toute son ambition est d'entreprendre des actions louables, comme son bonheur est d'y réussir. Il aime tendrement Frédéric, parce qu'il voit en lui un heureux à faire » (p. 29-30)

L'intrigue resserrée du roman sentimental et ses allusions discrètes aux différences sociales vont ainsi de pair, parce que le peu de personnages qui y évolue appartient à un même rang social et que les personnages de domestiques n'y sont pas mentionnés. Si cette homogénéité sociale a fait les frais de la critique pro-réaliste, elle participe néanmoins de la concentration tragique. En assourdissant toute allusion à un panorama social plus varié, le roman sentimental supprime tout ce qui pourrait venir compliquer ou diluer la rigueur d'un conflit structurellement éthique. Cette stratégie est tout autant d'ordre poétique qu'idéologique. Car en étouffant toute allusion aux différences sociales, le roman sentimental implique que le conflit qui le sous-tend est le résultat inévitable de toute vie morale bien plus que le produit de certains facteurs sociaux.

Les seules variations de rang que connaissent les personnages sentimentaux ne sont fonction que de l'époque où se déroule le roman. Dans les romans qui se passent dans un passé récent voire à l'époque de l'écriture les personnages appartiennent le plus souvent à la petite aristocratie, comme on peut le voir dans *Claire d'Albe*. Si la particule de M. d'Albe fait sans aucun doute de lui un noble, il n'est en aucun cas relié à la cour. Son domaine campagnard lui assure un confort tranquille, d'où il veille à la bonne marche de sa manufacture. Les romans qui se passent dans un passé plus lointain placent au contraire leurs personnages au centre du pouvoir, qu'il s'agisse de Louis XIV et son entourage dans *La Duchesse de la Vallière*, ou de Richard Cœur de Lion et du roi Sarrasin, Saladin, dans *Mathilde*. Mais ces différences de statut social sont plus apparentes que réelles. Une même éthique de la vertu sentimentale unit tous les protagonistes sentimentaux. Unité frappante, jusque dans ces rares romans sentimentaux qui mettent les différences de classes sociales au premier plan, comme *La Nouvelle Héloïse*.

Un autre facteur d'unité entre les personnages sentimentaux réside dans leur manière de parler : quelques soient leur sexe [*gender*], leur origine, leurs spécificités nationales ou régionales, tous parlent de la même façon, qu'il s'agisse de Frédéric, l'enfant des montagnes, ou de la bien plus lettrée Claire, qu'il s'agisse encore du prince Sarrasin Malek-Adhel ou de la princesse chrétienne Mathilde, qu'il s'agisse enfin de l'aristocratie prussienne ou de l'entourage royal à la cour de Louis XIV. Ce langage se caractérise par un vocabulaire néo-classique restreint, par la répétition de motifs syntaxiques simples, par des phrases qui se composent de fragments nombreux, par la relation la plus économique qui soit des événements, tous éléments qui contrastent avec la prolixité de la description sentimentale de l'intériorité. Un tel langage permet au roman sentimental de supprimer tout ce qui n'est pas nécessaire au conflit qui le sous-tend. Il touche tous les personnages du roman aussi bien que l'instance auctoriale si le roman est écrit à la troisième personne.

Sainte-Beuve caractérise très justement le langage sentimental dans son commentaire du style de Duras qu'il trouve : « *naturel* et achevé, simple, rapide, réservé pourtant, un style à la façon de Voltaire, mais chez une femme[69] ». Voici donc un exemple de ce langage sentimental chez Duras, dans le récit-cadre qui ouvre *Édouard* : « Le voyage finit ; nous débarquâmes à Baltimore. Le jeune passager me demanda de l'admettre comme volontaire dans mon régiment ; il y fut inscrit, comme sur le registre du bateau, sous le seul nom d'Édouard[70] ». Lorsque Claire décrit l'arrivée de Frédéric à son château, le compte rendu sentimental, apparemment dépouillé, se dilate d'une infime façon, enregistrant ainsi les commencements d'un conflit intérieur : « Je n'ai fait qu'embrasser mon mari, et entrevoir Frédéric. Il m'a paru bien, très-bien. Son maintien est noble, sa physionomie ouverte ; il est timide, et non pas embarrassé. J'ai mis dans mon accueil toute l'affabilité possible » (p. 29).

Il n'est qu'un cas de figure où le roman sentimental fait entorse à cette espèce de *lingua franca* néo-classique qui est la sienne, c'est pour un certain type de personnage secondaire, lorsqu'il est affecté d'une

69 Charles-Augustin Sainte-Beuve, « Madame de Duras », *Portraits de femmes*, Paris, Garnier Frères, 1870, p. 74. Balzac est bien plus critique à l'encontre de cette langue quand il fait de Lousteau son porte-parole pour décrire le roman sentimental début de siècle dans *La Muse du département* : « La littérature de cette époque tenait le milieu entre le sommaire des chapitres du *Télémaque* et les réquisitoires du ministère public. Elle avait des idées, mais elle ne les exprimait pas, la dédaigneuse ! elle observait, mais elle ne faisait part de ses observations à personne, l'avare ! » (*La Muse du département*, *op. cit.*, p. 132).

70 Claire de Duras, *Ourika. Édouard. Olivier ou le secret*, éd. M.-B. Diethelm, Paris, Gallimard, coll. « Folio », 2007, p. 102.

de ces pathologies morales que l'on rencontre dans la bonne société, qu'il s'agisse de la calomnie, de l'envie, de l'égotisme ou du matérialisme, quand bien même aucune d'elles n'apparaît dans *Claire d'Albe*. L'hypocrisie est la pathologie morale la plus fréquente ; on la rencontre dans le courtisan Lusignan qui intrigue pour épouser la sœur de Richard Cœur-de-Lion dans *Mathilde*, ou chez madame de Vernon dans *Delphine*. Dans le cercle intime de ses amis, l'hypocrite décrit les faits dans la langue mondaine et spirituelle du roman libertin. Au contraire, quand il s'adresse à un personnage sentimental, l'hypocrite use d'une parodie de langage sentimental. « Le contrat de Matilde et de Léonce a donc été signé aujourd'hui ; et après-demain soir, à six heures, ils se marient ; je voudrais vous voir avant cet instant si solennel pour moi ; venez, demain, à Paris, et j'irai à vous. Adieu, je suis bien affectée de votre chagrin[71] » se lamente Madame de Vernon quand elle apprend à Delphine le contrat que celui qu'elle aime vient de signer avec sa propre fille, et qu'elle s'est évertuée à manigancer. On voit bien que le roman sentimental ne peut inclure différents idiomes que dans la mesure où ceux-ci viennent fonder une différence morale, et non pas sociale[72].

71 Germaine de Staël, *Delphine*, Paris, À la librairie Stéréotype, chez H. Nicolle, 1809, t. 1, p. 267. Les références suivantes apparaîtront entre parenthèses dans le texte.

72 Ce n'est pas seulement du réalisme du XIXe siècle que le roman sentimental s'écarte quand il choisit d'étouffer la représentation des spécificités sociales, mais aussi d'autres sous-genres romanesques de la fin du XVIIIe siècle et du tournant du XIXe siècle. Il se différencie ainsi visiblement des romans mondains, si importants avant la Révolution pour leur « exploration et définition de l'homme dans son milieu social » comme le remarque Peter Brooks dans *The Novel of Worldliness*, Princeton, Princeton University Press, 1969, p. 60. Il se différencie encore des romans comiques gais comme par exemple de *L'Enfant du Carnaval* (1792) ou des *Barons Felscheims* (1798) de Guillaume-Charles-Antoine Pigault-Lebrun ou encore de *Sœur Anne* (1825) de Paul de Kock, qui prêtent une attention soutenue aux détails matériels et aux classes inférieures de la société. On ne saurait trouver plus grand contraste avec l'univers homogène et intériorisé du roman sentimental dans les pages qui ouvrent *L'Enfant du Carnaval* où un prêtre engrosse une jeune servante sur une table qui déborde des reliefs d'un dîner de Mardi Gras.

UNE IMAGE DU CŒUR

À certains moments de ses péripéties, le texte sentimental rompt toutefois avec l'éviction de tout détail matériel pour fournir la description complète de la beauté de la nature. On pourrait voir dans ces exceptions à l'esthétique de la « touche légère » une forme d'écart par rapport à la volonté du roman sentimental de se concentrer sur les événements qui résultent du conflit entre le bien-être collectif et la liberté individuelle. De tels détails matériels viennent en fait, et tout particulièrement quand il s'agit d'une description visuelle de la nature, renforcer les événements qui l'entourent en les résumant de manière allégorique. Aloïse de Carlowitz nomme cette convention « une image du cœur[73] » quand elle en fait usage dans son roman sentimental social *Caroline, ou le Confesseur*.

La seule image du cœur que l'on trouve dans *Claire d'Albe* apparaît au moment où Claire se retire pour la première fois avec son époux dans son château campagnard. Dans une lettre où elle explique à Élise l'harmonie de sa vie conjugale, Claire commence par une description luxuriante de la campagne :

> L'habitation où nous sommes est située à quelques lieues de Tours, au milieu d'un mélange heureux de coteaux et de plaines, dont les uns sont couverts de bois et de vignes, et les autres de moissons dorées et de riantes maisons ; la rivière du Cher embrasse le pays de ses replis, et va se jeter dans la Loire ; les bords du Cher, couverts de bocages et prairies, sont riants et champêtres ; ceux de la Loire, plus majestueux, s'ombragent de hauts peupliers, de bois épais et de riches guérets ; du haut d'un roc pittoresque qui domine le château, on voit ces deux rivières rouler leurs eaux étincelantes des feux du jour dans une longueur de sept à huit lieues, et se réunir en murmurant au pied du château. (p. 24)

Par cette description où s'unifient les contraires dans un équilibre harmonieux, Claire donne une allégorie de sa propre situation qui est, dans le roman, en passe de se stabiliser. À l'instar du paysage, son mariage est l'alliance d'une jeune femme riante et pleine de grâce à un homme « digne », plus âgé qu'elle. Rétrospectivement, l'allégorie de Claire prend une tournure plus sombre, en devenant la figure pittoresque d'une harmonie que Claire ne pourra pas mettre en pratique sur un plan moral.

73 Aloïse de Carlowitz, *Caroline, ou le Confesseur*, Paris, Jules Berrier, 1834, p. 104. Les références suivantes apparaîtront entre parenthèses dans le texte.

BLASON SENTIMENTAL

Le blason sentimental est une autre de ces conventions qui rompt avec l'action sinon extrêmement concentrée qui résulte du conflit sentimental qui la fonde. Lorsqu'un personnage devient l'objet du désir d'un autre, le roman sentimental suspend l'action pour en détailler les caractéristiques physiques. La plupart du temps, il s'agit d'un homme qui, regardant une femme, rend compte de sa beauté en utilisant les stratégies rhétoriques empruntées à la tradition poétique du blason, évoquant ainsi les charmes de la femme en décomposant sa beauté selon chacune de ses moindres particularités physiques, en insistant tout particulièrement sur l'attrait visuel de celle-ci.

Si l'on ne sait d'abord de Claire rien d'autre si ce n'est qu'elle est « belle et aimable » (p. 22), nous en avons un blason dès lors que Frédéric commence à tomber amoureux d'elle. Celui-ci prend place dans une scène où Frédéric critique un portrait qu'une artiste consommée a fait de Claire : « Ce n'est pas là madame d'Albe, a-t-il dit, vous n'avez pas même réussi à rendre un de ses moments » (p. 59). La peintre lui demande : « Que voulez-vous donc de plus ? – Ce que je veux ? qu'on reconnaisse qu'il est telle figure que l'art ne rendra jamais, et qu'on sente du moins son insuffisance. Ces beaux cheveux blonds, quoique touchés avec habileté, n'offrent ni le brillant, ni les ondulations des siens. Je ne vois point, sur cette peau blanche et fine, refléter le coloris du sang ni le duvet délicat qui la recouvre. Ce teint uniforme ne rappellera jamais celui dont les couleurs varient comme la pensée. C'est bien le bleu céleste de ses yeux, mais je n'y vois que la couleur : c'est leur regard qu'il fallait rendre. » (p. 59). Et Frédéric de conclure : « Non, non, des traits sans vie ne rendront jamais Claire ; et là où je ne vois point d'âme, je ne puis la reconnaître » (p. 59).

Si c'est en se concentrant sur l'aspect physique de Claire que Frédéric exprime son désir pour elle, il le fait cependant en réduisant cette importance du physique, et ce, de plusieurs façons. S'il énumère d'abord les beautés du visage du Claire tout en critiquant le tableau qui a échoué à la représenter, c'est à la fois pour montrer que la beauté de Claire transcende la représentation purement matérielle de l'art mais aussi pour montrer que le médium pictural fige la mobilité de Claire en un immuable instant. Il en vient ainsi à distinguer la beauté de Claire de sa seule apparence physique : celle-ci est dans son regard, et non pas dans ses yeux ; quand elle brille sur son visage, elle émane directement de son âme.

Les commentaires de Frédéric sont typiques du blason sentimental, qui réinvestit l'utilisation traditionnelle de ce *topos* pour exalter le caractère sensuel du désir. Avec le blason, le roman sentimental peut ainsi mettre en place l'opposition matière/esprit pour mieux subordonner la première au second. Alors même que le blason sentimental pourrait sembler interrompre l'action sentimentale, le *topos* vient en fait en renforcer l'importance : le blason affirme la primauté du monde moral en jeu dans le conflit de la narration sentimentale[74].

Cottin souligne plus particulièrement la signification que prend le blason sentimental quand elle fait le portrait de celle qui avait pris Claire pour modèle. Le portrait de Claire est donc l'œuvre d'Adèle, une belle jeune femme qu'elle a invitée pour tenter de faire dévier les intérêts de Frédéric. L'intérêt d'Adèle pour la peinture fait partie de son attachement aux plaisirs matériels, que Cottin réprouve, puisqu'elle fait d'Adèle une jeune fille vaniteuse, qui aime plus que tout la frivolité et la sensualité des fêtes, de la danse. D'abord conquis par la beauté d'Adèle, Frédéric est vite désillusionné, comme il l'exprime à Claire : « Dans quelle erreur n'ai-je pas été en la voyant si belle ! J'avais cru que cette femme devait avoir quelque ressemblance avec vous ; mais, pour mon malheur, mon éternel malheur, je le vois trop, vous êtes unique… » (p. 59). L'écart entre l'apparence physique d'Adèle et son caractère vient ainsi mettre en avant le peu de chose qu'est cette apparence matérielle en elle-même et combien elle peut, épistémologiquement, être trompeuse.

74 Par cette réécriture du blason, c'est non seulement à la littérature de son temps, mais aussi à la tradition littéraire que le roman sentimental s'attaque. Le mieux connu des usages contemporains du blason se trouve dans le roman libertin, où le trope vient exprimer le désir libertin. En corrigeant cette vue de l'amour, le blason sentimental corrige dans le même temps la réponse que le roman libertin apportait aux contradictions du contrat social. Ce dernier résout ainsi la contradiction entre liberté positive et liberté négative en abandonnant toute liberté sociale pour n'importe quelle forme de liberté naturelle – « un droit illimité à tout ce qui le tente » et qu'il « peut atteindre » (Rousseau, *Du contrat social*, *op. cit.*, I, VIII, p. 55). Bien sûr, le désir libertin pense essentiellement aux possessions matérielles, puisque, ainsi que Rousseau le montre bien, la liberté naturelle trouve son origine dans une « impulsion physique » et une satisfaction matérielle (p. 55).

On retrouve bien souvent dans le roman sentimental cette façon de dénigrer la seule beauté physique. Ainsi, dans *La Duchesse de la Vallière*, si Louise n'en est sans doute pas le personnage féminin le plus éblouissant, elle fait par contre preuve d'une supériorité morale qui « intéresse » et qui « émeut » : « sa figure n'était ni régulière ni frappante ; elle semblait faite pour attendrir et pour charmer le cœur et non pour éblouir les yeux[75] ». En revanche, la perfide rivale de la Vallière, Madame de Montespan, « joignait à la régularité des traits, à la perfection de la taille et de la beauté, toute la fraîcheur de la première jeunesse, et la physionomie la plus animée et la plus piquante » (p. 178).

Quand *Claire d'Albe* fait d'un portrait l'occasion d'un blason sentimental, on retrouve là l'usage sentimental bien connu des apparences comme métonymie de la matière dans l'opposition matière/esprit[76]. Cette association est encore plus lisible dans *Alphonsine* de Genlis, qui commence comme un roman sentimental de l'adultère : Diana, malheureuse dans son mariage de convenance, est en proie aux affres d'une passion extra-conjugale. À partir de là, le roman de Genlis se mue en un roman pédagogique, quand le mari de Diana, pour la punir de son adultère, la fait emprisonner dans les sous-sols d'un donjon. Diana est enceinte ; elle donne naissance à une petite fille dans le donjon. Le reste du roman est consacré à décrire le programme, digne de louange, que Diane met en pratique pour éduquer sa fille, Alphonsine, d'abord dans le donjon, puis dans la société à laquelle elles sont finalement rendues après vingt ans d'emprisonnement[77].

---

75 Stéphanie-Félicité de Genlis, *La Duchesse de la Vallière*, Paris, Chez Maradan, 1804, p. 5. Les références suivantes apparaîtront entre parenthèses dans le corps du texte.

76 Il faut remonter à la *Nouvelle Héloïse* pour retrouver ce lieu-commun sentimental du portrait. Julie envoie ainsi, en gage d'amour, son portrait à Saint-Preux, qui le réjouit d'abord. Mais à mesure qu'il le regarde, sa déception grandit et il compose à Julie un blason qui montre combien elle échappe à toute description physique. Saint-Preux montre ainsi que si le portrait contient bien les traits physiques de Julie, il lui en manque pourtant l'âme : « La première chose que je lui reproche est de te ressembler et de n'être pas toi, d'avoir ta figure et d'être insensible. Vainement, le peintre a cru rendre exactement tes yeux et tes traits ; il n'a point rendu ce doux sentiment qui les vivifie, et sans lequel, tout charmants qu'ils sont, ils ne seraient rien. » (Rousseau, *Julie ou la Nouvelle Héloïse*, *op. cit.*, p. 209).

77 Dans la dernière partie de son roman, Genlis développe une version maternelle du *double bind* sentimental. Diana se trouve tiraillée entre son désir d'être « tout l'univers » pour sa fille et ses efforts pour lui faire intégrer la société. Stéphanie-Félicité de Genlis, *Alphonsine, ou la Tendresse maternelle*, Paris, Chez Maradan, 1806, vol. 1, p. 39.

Genlis fait de l'emprisonnement de Diana l'occasion d'une fable lumineuse : parce que Diana ne possède que quelques bougies, qu'elle n'utilise qu'en cas d'urgence, Alphonsine passe toute son enfance sans pouvoir exercer sa vue. Quand la mère et la fille sont libérées, Alphonsine ne peut d'abord tolérer aucune lumière et Diana doit lui apprendre comment regarder. Genlis fait alors de cette éducation l'occasion idéale pour que Diane prévienne sa fille des séductions matérielles. En faisant de la nature l'objet privilégié de ses contemplations, Diana enseigne à Alphonsine l'art de regarder et d'apprécier le monde sensible sur un mode platonicien. Les beautés matérielles deviennent alors le moyen d'atteindre les plaisirs intangibles de l'esprit et du cœur, et par-dessus-tout, d'approcher du divin.

« … »

En subordonnant le sensible à l'expérience mentale, le roman sentimental participe de cet antimatérialisme dont Jean Starobinski a montré combien il était un courant intellectuel important à la fin du XVIIIe siècle. Pour lui, l'antimatérialisme représente « une soif de beauté intelligible […] contre la séduction corruptrice des plaisirs sensuels. On aspirait à un art qui ne s'adressât plus seulement aux yeux, mais bien plutôt, par le truchement même de cette inévitable médiation de la vue, à l'âme[78] ». Le roman sentimental reste cependant plus ambigu quant à savoir s'il ne professe pas cet antimatérialisme pour se défendre de la séduction.

Si la sentimentalité prévient le plus souvent des dangers érotiques du monde sensible, elle associe plus souvent encore l'âme à une forme rehaussée de plaisir érotique. Saint-Preux compose le premier blason de Julie alors que, pendant qu'il l'attend pour leur rendez-vous amoureux, il examine un à un ses vêtements : « ces mules si mignonnes qu'un pied souple remplit sans peine ; ce corps si délié qui touche et embrasse… quelle taille enchanteresse !… au-devant deux légers contours… O spectacle de volupté !… la baleine a cédé à la force de l'impression » (p. 97).

78 Jean Starobinski, *L'invention de la liberté 1700-1789*, suivi de *1789 : Les Emblèmes de la raison*, Paris, Gallimard, 2006, p. 145.

Ce sont tous les détails sensibles, et plus particulièrement visuels, que Saint-Preux associe au désir dans son blason, mais les vêtements de Julie le transportent à un point d'excitation qui dépasse le corps. Le mouvement qui va par-delà la matière nie le plaisir sensuel au profit d'une intensification érotique. De la même façon, dans *Édouard*, le héros de Duras tombe amoureux d'une femme dont la séduction « spirituelle » excède toutes ses qualités. Abolissant tout d'un coup les codes du blason sentimental, Édouard s'exclame au sujet de la femme qu'il aime : « Ah ! mon ami ! comment vous la peindre ? Si elle n'était que belle, si elle n'était qu'aimable, je trouverais des expressions dignes de cette femme céleste. Mais comment décrire ce qui tout ensemble formait une séduction irrésistible ? Je me sentis troublé en la voyant, j'entrevis mon sort ; mais je ne vous dirai pas que je doutai un instant si je l'aimerais ; cet ange pénétra mon âme de toute part » (p. 117).

Si le texte sentimental n'est pas sans ambiguïté quant à la dimension érotique de l'âme, cette ambiguïté est cristallisée par l'usage des points de suspension qui vient représenter la sexualité. Avec ces points de suspension, certains narrateurs élident ainsi toute description de l'expérience physique qui pourrait séduire le lecteur. Mais ce geste peut également être interprété dans le sens d'une intensification érotique qui ne saurait être décrite en un vocabulaire physique. Les points de suspension chez Cottin illustrent ces deux faces de l'anti-matérialisme sentimental. La scène qui suit est rapportée par Élise, qui nous donne le dénouement du roman après la mort de Claire, afin de satisfaire aux exigences de Claire pour que sa fille, en lisant son histoire, « puisse se former [...] à toutes les vertus qui manquèrent à sa mère » (p. 127). Élise commence par condamner la passion, puis fait dériver la censure morale en une célébration de la jouissance sentimentale : « L'amour a doublé les forces de Frédéric, l'amour et la maladie ont épuisé celles de Claire... Elle n'est plus à elle, elle n'est plus à la vertu ; Frédéric est tout. Frédéric l'emporte... Elle a goûté dans toute sa plénitude, cet éclair de délice qu'il n'appartient qu'à l'amour de sentir ; elle l'a connue, cette jouissance délicieuse et unique, rare et divine comme le sentiment qui l'a créée. » (p. 135)

PAR-DELÀ LA VIE PUREMENT PERSONNELLE

La critique a longtemps dénigré la sentimentalité pour ses descriptions abstraites des personnages et des détails matériels. Bardèche, par exemple, remarque que pour ce qui est des héros sentimentaux : « Il est difficile de dire ce qu'ils sont, mais l'on désigne facilement ceux qui leur ressemblent, ceux qui reflètent cet idéal imaginaire qu'on ne peut tracer et qu'on sent très bien. On pourrait écrire à peu près la même chose des héroïnes[79] ». Bardèche rend bien compte de ce qu'en effet, les personnages du roman sentimental tendent vers l'abstraction sur le mode de l'idéalisation[80]. Claire est ainsi vertueuse, « belle et aimable » (p. 22) ; son mari passe le plus clair de son temps à « entreprendre des actions louables » (p. 29) et on retrouve en Frédéric « ces touches larges et vigoureuses dont l'homme dut être formé en sortant des mains de la divinité » (p. 33).

Si l'idéalisation est un anathème pour le roman réaliste, elle est au contraire essentielle à la mise en œuvre de la tragédie selon Hegel. Pour lui, les personnages tragiques se tiennent « à cette hauteur où les simples accidents de le vie purement personnelle disparaissent » (*E*, II, p. 662). Pour extraire les personnages de ce qu'ils ont de « purement personnels », la tragédie commence par effacer tout détail « accidentel » qui pourrait atténuer la signification du conflit qui la fonde. Le conflit tragique apparaît alors comme l'inéluctable conséquence d'une pratique morale, bien plus que le résultat de la faiblesse psychologique ou d'une demande sociale du personnage.

La sentimentalité utilise l'idéalisation à des fins semblables. Quand Cottin représente M. d'Albe sous les aspects d'un homme respectable et honnête, elle supprime de la sorte tous les facteurs qui pourraient justifier la trahison de Claire en en faisant la conséquence d'un abus physique ou psychologique. La trahison de Claire est d'autant plus insigne – puisque Claire est elle-même un modèle de vertu, tristement lucide quant à sa

---

79 Bardèche, *Balzac romancier*, *op. cit.*, p. 6.

80 Quand Schor caractérise l'idéalisme de Sand comme un « miroir […] qui possède […] la propriété magique de rejeter le laid et le vil pour magnifier le beau et le bon », elle ne fait rien d'autre que de prendre note de l'une des formes que prend le profond engagement de Sand dans la sentimentalité. Schor, *Sand and Idealism*, *op. cit.*, p. 43.

situation – qu'elle en devient moins évitable. Qui plus est, l'idéalisation des deux personnages permet au « caractère moral de celui qui souffre » (selon les mots de Hegel, *E*, II, p. 665) d'émerger de la manière la plus dépouillée qui soit. En faisant de Claire un personnage si digne et en donnant à M. d'Albe tant de « droits à [s]a tendresse » (p. 28), Cottin supprime tout ce qui pourrait détourner du seul point où le mariage de Claire contrevient à une juste éthique de la vie : à savoir qu'il ne relève pas de son propre choix.

Les commentaires de Hegel sur la tragédie permettent encore de mieux mettre en lumière l'autre biais par lequel les personnages idéalisés rehaussent la puissance du conflit moral qui sous-tend le roman sentimental. Pour que le spectateur puisse saisir la portée morale du conflit tragique, Hegel postule qu'il est essentiel que celui-ci puisse se mettre pleinement à la place de chacun. Cette identification prend chez lui le nom de relation de « véritable pitié » du spectateur pour le(s) personnage(s) : celle-ci étant une sympathie « pour la justice de la cause et le caractère moral de celui qui souffre » (*E*, 2, p. 665), de sorte que pour que « le caractère tragique [...] éveille dans son malheur une sympathie tragique, il faut qu'il soit en lui-même substantiel et bon. Car il n'y a qu'un contenu substantiel qui s'adresse à une noble âme humaine et la remue jusque dans ses profondeurs » (*E*, 2, p. 665-666). Il en va de même lorsque le roman sentimental peint des personnages exemplaires, afin de solliciter la sympathie du lecteur à leur égard et renforcer ainsi le sérieux de leur dilemme moral. Hegel montre à quel point il est ici redevable au discours des Lumières sur la sympathie, lequel nourrit également le roman sentimental. Ce faisant, il réécrit « la crainte et la pitié » de la catharsis aristotélicienne en une « pitié et compassion » qui fonde la morale sur la sympathie.

Hegel prend également soin de distinguer cette « véritable pitié », si mâle, de la « sympathie pour le malheur et la souffrance d'autrui, qui n'ont rien de supérieur au cours ordinaire des choses. Les femmes des petites villes sont particulièrement susceptibles d'une pareille compassion. [...] Car, dès que le côté insignifiant du malheur seul est manifesté, il n'y a plus qu'un rabaissement de l'infortune » (*E*, 2, p. 665). Les critiques de la sentimentalité ont bien souvent rabaissé le sous-genre au nom même de « ce côté insignifiant [...] de l'infortune », reprenant la plupart du temps cette rhétorique dénigrant le féminin. Alors qu'en fait, comme le révèlent ces mêmes critiques lorsqu'ils reprochent toute idéalisation sentimentale, le dilemme du personnage sentimental ne provient pas en premier lieu du « côté insignifiant de l'infortune » mais bien plutôt de celui de sa « justification morale ».

TOUT DOIT ÊTRE CLAIR

Même si dès le départ, héros et héroïnes sentimentaux sont idéalisés, l'intrigue sentimentale soumet encore la valeur morale de ses protagonistes à une épreuve de grande ampleur. En instaurant d'emblée le conflit entre la liberté individuelle et le bien-être collectif, l'intrigue sentimentale accumule les situations qui viennent mettre à l'épreuve la capacité que le personnage aura d'affronter le conflit en même temps qu'elle mettent à l'épreuve la force-même de ce conflit.

Mais les épreuves infligées par l'intrigue sentimentale font plus que de mettre à l'épreuve la valeur morale du personnage : elles lui donnent son existence. Comme l'a justement remarqué Carolyn Dever, la vertu sentimentale est performative[81]. Les réactions que les personnages sentimentaux opposent avec lucidité aux obstacles qu'ils rencontrent sont la forme que revêt leur vertu. La remarque de Saint-Preux selon laquelle « La vertu est un état de guerre, et [...] pour y vivre, on a toujours quelque combat à rendre contre soi » (519) vient témoigner de la vérité de l'analyse de Dever[82]. La vertu exige alors un récit dans lequel se déployer, car, ainsi que le remarque Constant : « la morale a besoin du temps[83] ». Plus grande est la lutte, plus « touchante » sera la réussite, comme Genlis en témoigne dans sa préface aux *Mères rivales,*

81 Dever a développé cet argument dans « The Literary Chunnel : Britain, France, and the "Rise of the Novel" », cours que nous avons co-enseigné à la New York University en été 1996.

82 Hegel fait une observation similaire dans sa *Philosophie du Droit*, quand il différencie la vertu de la « probité » de celui qui « n'a rien d'autre à faire que ce qui lui est indiqué, énoncé et connu par sa condition » (*P.P.D.*, p. 193) : « La vertu propre n'a de place et de réalité que dans les circonstances extraordinaires et dans les conflits de ces conditions, dans de vraies collisions » (*P.P.D.*, p. 194)

83 Benjamin Constant, *De l'esprit de conquête et d'usurpation* (1814), Paris, B. Grasset, 1918, p. 22.

ou la Calomnie (1800) : « Il est reconnu que, *dramatiquement*, le repentir est plus intéressant que l'innocence, que l'*expiation* est plus touchante que la persévérance, et que la vertu qui s'est égarée d'une manière excusable et qui se relève avec éclat a quelque chose de plus sublime que la vertu inébranlable[84] ». Ce commentaire rend plus clair l'un des points qui différencie l'héroïne du XVIIIe siècle, telle que la décrit Alliston, du personnage du sous-genre sentimental. Pour ce dernier, la vertu est une action en cours qui n'est pas nécessairement équivalente au fait d'éviter toute faute, à la chasteté.

L'intrigue sentimentale qui produit la vertu met en avant une logique qui diffère dans son essence de la logique narrative du texte réaliste. Pour Roland Barthes, la narration balzacienne « classique » engage le lecteur dans une quête[85]. En mettant en avant deux codes cruciaux de cette quête, Barthes distingue les actions de l'intrigue – ce qu'il appelle le code proairétique – de la façon dont ces actions soulèvent des problèmes d'interprétation – ce qu'il appelle le code herméneutique. Barthes rend alors bien compte de ce que les codes herméneutique et proairétique travaillent l'un contre l'autre dans la narration classique, de façon à soutenir l'intérêt du lecteur : « La dynamique du texte (dès lors qu'elle implique une vérité à déchiffrer) est donc paradoxale : [...] le problème est de *maintenir* l'énigme dans le vide initial de sa réponse ; alors que les phrases pressent le "déroulement" de l'histoire et ne peuvent s'empêcher de conduire, de déplacer cette histoire, le code herméneutique exerce une action contraire : il doit disposer dans le flux du discours des *retards* (chicanes, arrêts, dévoiements)[86]. » Ainsi, alors même que le déroulement des événements conduit l'intrigue, celui-ci doit, dans le même temps, freiner chez le lecteur la saisie de leur pleine signification. L'expérience que fait le lecteur de cette forme d'interférence s'apparente alors au suspens.

La vérité sentimentale émerge au contraire dès la situation initiale dans le roman, même lorsque celle-là prend la forme d'un conflit

84 Stéphanie-Félicité de Genlis, *Les Mères rivales, ou la Calomnie*, Paris, chez Maradan, 1819, vol. 1, p. ix-x.

85 Pour produire son paradigme « classique » de la narration à partir d'une nouvelle balzacienne, Barthes ne discute en rien l'historiographie du roman, puisqu'il ne s'agit pas pour lui de s'élever contre la notion de réalisme. En faisant s'équivaloir réalisme et narration pré-moderniste, Barthes interdit l'existence de modèles narratifs qui tomberaient en dehors de l'opposition binaire entre réalisme et modernisme.

86 Roland Barthes, *S/Z*, Paris, Seuil, 1970, p. 75.

plutôt que d'une révélation. Il n'est pas de texte sentimental qui atteigne ce point aussi rapidement que dans *La Nouvelle Héloïse*, dont voici les toutes premières lignes : « Il faut vous fuir, mademoiselle, je le sens bien : j'aurais dû beaucoup moins attendre ; ou plutôt il fallait ne vous voir jamais. Mais que faire aujourd'hui ? Comment m'y prendre ? » (*NH*, lettre I, p. 9). Il suffit des premiers mots de Saint-Preux pour que Rousseau mette en place le conflit qui génèrera la vertu de ses personnages tout au long de son roman, voire, il suggère que ce conflit existait avant même que le roman ne commence. Dans *Claire d'Albe*, Cottin retient plus longtemps cette révélation. Si le lecteur saisit bien dès la sixième lettre (sur les quarante que comprend le roman) le fond du conflit, dès lors que Claire commence à décrire ses relations avec Frédéric, il faut toutefois attendre la lettre dix-huit pour que son personnage prenne pleinement conscience de la situation.

Dans un tel cas de figure, les deux codes, proaierétique et hérméneutique, vont de pair. Le code herméneutique établit rapidement la vérité qui le fonde et le code proairétique met à l'épreuve l'inexorabilité de cette vérité en déployant la vertu des personnages du roman. Une telle dynamique produit nécessairement des textes au suspens moins haletant que celui des textes classiques, selon Barthes. La question herméneutique n'apparaît qu'à l'occasion d'un épisode isolé, lorsque le lecteur se demande comment les personnages vont parvenir à se sortir de tel ou tel dilemme illustrant le conflit fondateur du roman. Ce n'est donc pas du suspens, mais bien plutôt ce sentiment de plus en plus écrasant de ce que le conflit entre le bien-être collectif et la liberté individuelle est inévitable, que construit la narration sentimentale. L'empilement des preuves de la force du conflit finit par faire crouler la narration sous son poids dans le désastre final.

Que des romans sentimentaux soient particulièrement longs ne fait que résulter de cette dynamique narrative spécifique. Dans une situation où les codes herméneutique et proairétique vont de pair, il n'y a aucun moment structural déterminant où la narration parviendrait à son terme. On peut prolonger toutes les angoisses du *double bind* aussi longtemps que les personnages le veulent et le peuvent. Les codes herméneutique et proairétique peuvent très bien chevaucher de conserve en direction d'un soleil couchant toujours fuyant.

Cette structure répétitive et fastidieuse a alimenté les attaques de la critique au XXe siècle à l'encontre du roman sentimental. L'analyse que fait Tanner de *La Nouvelle Héloïse* manque ainsi complètement ce qui fait la substance même de son intrigue romanesque quand il écrit qu'« il n'entre pas dans [s]on propos de discuter des méandres rhétoriques infinis, des virements, changements et modifications etc., de l'intrigue[87]. » Comme pour répondre aux regrets de Tanner, la seule édition courante de *La Nouvelle Héloïse* en anglais a supprimé nombres d'épisode où la vertu de Julie et Saint-Preux est mise à l'épreuve, pour donner au roman une dynamique narrative « classique », sans doute dans l'espoir de le rendre ainsi plus lisible, alors même que nous devons comprendre la logique narrative du roman sentimental comme un processus d'intensification de l'empathie du lecteur pour les épreuves imposées aux personnages, afin d'augmenter encore la puissance du *double bind* sentimental, selon une hypothèse que je ne fais qu'emprunter à l'avis que formule Diderot dans *De la Poésie dramatique* (1758) quant aux logiques narratives les plus susceptibles selon lui d'inspirer la sympathie.

Pour Diderot, le principal mot d'ordre pour une intrigue est que « Tout doit être clair pour le spectateur[88] » comme il l'explique dans la section « De l'intérêt » – terme auquel il donne le sens, propre au XVIIIe siècle, de sympathie inspirée. Pour lui, l'implication du lecteur dans l'intrigue est proportionnelle au savoir qu'il en a (et donc au peu d'énigme qu'elle comporte) : « Je ne plaindrai qu'un instant celui qui sera frappé et accablé dans un instant. Mais que deviens-je si le coup se fait attendre, si je vois l'orage se former sur ma tête ou sur celle d'un autre, et y demeurer longtemps suspendu ? » (*ibid.*). « Loin de penser [...] qu'il faille dérober au spectateur le dénouement », Diderot propose au contraire sa version idéale d'un drame « où le dénouement serait annoncé dès la première scène, et où je ferais ressortir l'intérêt le plus violent de cette circonstance même » (*ibid.*).

---

87 Tony Tanner, *Adultery in the Novel*, Baltimore, John Hopkins University Press, 1979, p. 115.

88 Denis Diderot, *De la Poésie dramatique*, in *Œuvres*, éd. A. Billy, Paris, Gallimard, « Bibliothèque de la Pléiade », 1935, p. 1306.

INTÉRESSER, INSTRUIRE

Dans le roman sentimental, la sympathie du lecteur à l'égard des personnages est sollicitée avant même que ne se mettent en place les événements qui déclencheront le conflit entre la liberté individuelle et le bien-être collectif. Ainsi, qu'ils soient écrits à la première ou à la troisième personne, les romans sentimentaux sont la plupart du temps précédés d'une préface où l'instance auctoriale en appelle à la « sympathie » et à l'« intérêt » du lecteur pour l'histoire, en des termes qui vont de l'empathie moralisante à l'auto-dépréciation plus ou moins explicite. Cet « intérêt » est alors érigé en élément essentiel de la signification morale de l'intrigue, par sa capacité à l'instruire. De la sorte, l'instance auctoriale donne une version sentimentale du lien sympathique qui unit selon Hegel le spectateur aux personnages et exhausse ainsi les effets de la démonstration tragique.

Bien que la préface de *Claire d'Albe* ne soit pas avare en longues remarques auto-dépréciatives, elle se singularise par sa réticence à solliciter la compassion du lecteur à l'égard des personnages. Une phrase comme « Je sens si bien tout ce qui manque [à mon ouvrage], que je ne m'attends pas que mon âge ni mon sexe me mettent à l'abri des critiques » (p. 18) est ainsi typique du sentiment que Cottin réitère dans toutes ses préfaces. C'est du côté de Genlis qu'on trouvera une position plus typique, comme dans ces paragraphes qui ouvrent *La Duchesse de la Vallière* : « Je veux peindre les faiblesses d'un amour malheureux et la funeste influence d'une passion coupable sur la destinée d'une femme sensible et née pour la vertu : que ce tableau sera moral, si les couleurs en sont vraies ! » (p. 1-2). Et aussi : « Puissé-je exprimer tout ce qu'elle a senti, tout ce qu'elle a souffert ! Son historien n'a besoin que d'une scrupuleuse vérité. Pourquoi ne pas intéresser, ne pas instruire, s'il est fidèle ? » (p. 2). Dans sa préface à *Adèle de Sénange*, c'est pour des intérêts plus mondains que pour de grandes passions que Souza réclame la sympathie de son lecteur :

> J'ai voulu seulement montrer, dans la vie, ce qu'on n'y regarde pas, et décrire ces mouvements ordinaires du cœur qui composent l'histoire de chaque jour [...]. J'ai pensé que l'on pouvait se rapprocher assez de la nature et inspirer

> encore de l'intérêt en se bornant à tracer ces détails fugitifs qui occupent l'espace entre les événements de la vie. [...] Chaque moment a son occupation, et chaque occupation son ressort moral[89].

Les préfaces de Genlis et Souza le montrent bien : l'« intérêt » des conflits du roman sentimental loge aussi bien dans les existences ordinaires que dans les destins exceptionnels.

UNE ANALYSE DU CŒUR HUMAIN

Pour mieux solliciter la sympathie du lecteur, le roman sentimental recourt souvent à la narration à la première personne pour explorer l'intériorité, ou ce qu'un éminent critique du XIXe siècle a nommé « l'analyse du cœur humain[90] ». Les personnages y explorent les ramifications concrètes du conflit moral, implicite dans le roman, avec des détails vivants et souvent atroces. Nous avons déjà rencontré un exemple de ce célèbre topos sentimental dans ce passage où Claire détaille sa culpabilité dans une lettre à Frédéric. En voici deux autres extraits, provenant de la même lettre : « Frédéric, je vous aime, je n'ai jamais aimé que vous ; l'image de votre bonheur, de ce bonheur que vous me demandez et que je pourrais faire, égare mes sens et trouble ma raison [...] ; mais acheter votre bonheur par une perfidie ! Frédéric, vous ne le voudriez pas... Insensé ! Tu veux que Claire soit à toi, uniquement à toi ! Est-elle donc libre de se donner ? s'appartient-elle encore ? » (p. 94-95)[91]. Et plus loin : « Les objets qui me sont les plus chers sont ceux que je repousse avec le plus d'effroi... Toi-même, Frédéric, c'est parce que je t'adore que tu m'es odieux ; c'est parce que je n'ai plus de forces pour te résister que ta présence me fait mourir ; et mon amour ne me paraît un crime que parce que je brûle de m'y livrer. » (p. 96).

89 Madame de Souza, *Adèle de Sénange. Charles et Marie. Eugène de Rothelin*, Paris, Charpentier, 1842, p. 1.

90 Charles-Marie Feletz, compte rendu d'*Adolphe*, *Mélanges de philosophie, d'histoire et de littérature*, Paris, Grimbert, 1838, vol. 6, p. 161.

91 Pour mieux montrer l'intensité de la lutte que livre Claire contre son amour, Cottin fait régulièrement passer les adresses de Claire à Frédéric du vouvoiement formel à un *tu* familier ; c'est notamment le cas ici.

Il est courant que l'analyse du cœur humain soit, comme ici pour Claire, l'occasion de mettre en avant les contradictions inhérentes à la position du personnage, en montrant par exemple à quelles conséquences paradoxales suivre son cœur la mène. Poursuivre son bonheur ne peut mener qu'à détruire ce bonheur, parce qu'alors Claire briserait son engagement à l'égard du bien-être de tous, et perdrait du coup cette supériorité morale qui a d'abord fait toute sa valeur aux yeux de Frédéric.

De la sorte, l'analyse du cœur humain vient accroître la sympathie du lecteur pour le personnage selon deux moyens. D'abord, dans ce topos, et comme les commentaires de Claire le montrent bien, il n'y a aucun doute quant au fait que héros et héroïnes sont pleinement lucides quant à leurs actions, ce qui permet de conforter ce statut idéal digne de notre intérêt. Comme l'écrit Hegel : « dans ces actions, [les personnages tragiques] ne veulent pas être en quelque sorte innocents. Loin de là, ce qu'ils ont fait c'est leur gloire de l'avoir fait » (*E.*, II, p. 684). Mais l'analyse du cœur humain éveille encore la sympathie dans l'attitude implicite des personnages à l'égard du lecteur : en le rendant témoin privilégié de leurs difficultés les plus intimes, les personnages se prévalent auprès du lecteur d'être d'un point de vue moral au plus haut point possible. Ils ne laissent alors d'autre choix au lecteur que d'être cette personne aux « sentiments élevés », éminemment capable, comme le dit Hegel, de « vraie pitié ». Celui, et surtout celle qui lit, ne peut qu'accepter cette position, sans quoi elle ou il contrevient au contrat narratif du roman sentimental.

OH ! TOURMENTS D'UNE CONSCIENCE AGITÉE

L'emphase est un autre de ces codes sentimentaux qui sont là pour attirer la sympathie. Alors même que les narrateurs du roman sentimental font généralement dans la sobriété et dans la litote, leur narration se module dans les moments où la tension morale est à son comble. À mesure que les personnages font l'expérience de la collision des deux impératifs antagonistes avec plus de force, la voix narrative se fait plus enflée et sentencieuse. Différents traits grammaticaux viennent signifier ce changement : qu'il soit instance auctoriale ou personnage, le narrateur passe du passé au présent quand il s'agit de dire l'urgence de la situation, usant d'exclamations, de questions rhétoriques, d'hyperboles, d'adresses directes au lecteur ou au personnage qui tient lieu de lecteur, ou encore répétant certains motifs syntaxiques complexes. Le narrateur pimente encore ses remarques de commentaires moralisateurs ou de maximes sociales et psychologiques. Pour ne prendre qu'un exemple, voici comment Claire se rend compte des sentiments qu'elle éprouve pour Frédéric dans une lettre à Élise qui se termine ainsi : « Comment t'exprimer ce que je souffre ? Adèle est partie hier, et, depuis ce moment, mon mari, inquiet sur ma santé me quitte le moins possible ; il faut que je dévore mes larmes ; je tremble qu'il n'en voie la trace et qu'il n'en devine la cause. Il s'étonne de ce que j'interdis ma chambre à tout le monde [...]. Oh tourments d'une conscience agitée ! c'est ainsi que je soupçonne dans le plus vrai, dans le meilleur des hommes, une dissimulation dont je suis seule coupable : et je vois trop que la première peine du méchant est de croire que les autres lui ressemblent » (p. 80).

Si l'emphase de la narration sentimentale a été critiquée dans l'histoire du XXe siècle du fait de son aspect boursouflé et didactique, elle fait toutefois sens si on la relie à l'esthétique tragique analysée par Hegel. Une telle narration vient représenter au plan rhétorique la gravité du dilemme des personnages du roman sentimental. En attirant l'attention sur l'ampleur des luttes dans laquelle est pris le personnage, cette narration vient souligner à quel point le mérite moral de celui-ci est essentiel pour provoquer la « sympathie tragique[92] ».

TABLEAU

Autre moyen de susciter la sympathie du lecteur pour le personnage : le topos du tableau. Au moment où le conflit implicite atteint un tel niveau d'intensité qu'il est sur le point d'exploser, la narration perd

92 L'usage de cette rhétorique emphatique dans le mélodrame aux moments où les conflits moraux sont à leur comble doit beaucoup au roman sentimental, dont l'invention est antérieure à ce genre théâtral. Le lien étroit qui relie le roman sentimental au mélodrame est assez visible dans le fait que celui-là a fourni, avec le roman gothique, une bonne part des intrigues mélodramatiques.

l'accès à l'intériorité du personnage, comme si elle était submergée par la tension que celle-ci représente. Plutôt que de suivre les mouvements de l'âme, la narration va alors produire une image dans laquelle le corps du personnage met en scène la crise. Cela peut encore prendre la forme du dialogue, dans le cas où le personnage est en mesure de décrire la crise à un autre personnage qui vient jouer le rôle du spectateur.

C'est par un tableau que nous apprenons comment Claire fait connaître son amour à Frédéric. Celle-ci le raconte dans une lettre à Élise :

> Si je t'aime, Frédéric ! oses-tu le demander ? imagine ce que doit être une passion qui réduit Claire dans l'état où tu la vois : oui, je t'aime avec ardeur, avec violence : et dans ce moment même, où j'oublie pour te le dire les plus sacrés devoirs, je jouis de l'excès d'une faiblesse qui te prouve celui de mon amour. O souvenir ineffaçable de plaisir et de honte ! À cet instant les lèvres de Frédéric ont touché les miennes ; j'étais perdue, si la vertu, par un dernier effort, n'eût déchiré le voile de volupté dont j'étais enveloppée : m'arrachant d'entre les bras de Frédéric, je suis tombée à ses pieds. (p. 88)

Par ce geste physique qui marque l'intensité de sa lutte, Claire s'évanouit, après avoir poussé à son extrême limite ses capacités de résistance, avant d'exprimer son tourment dans un dialogue où elle parle d'elle-même à la troisième personne, lorsqu'elle implore Frédéric de ne pas abuser de sa détresse en la séduisant : « Frédéric ! Frédéric ! contemple-la, prosternée à tes pieds, et mérite son éternelle reconnaissance en ne la rendant pas la dernière des créatures ! » (88).

Dans une analyse lumineuse, Jay Caplan a montré que ce tableau prenait place en un moment de sacrifice. Sacrifice est un terme affectionné du vocabulaire sentimental pour décrire le renoncement d'un individu à sa liberté individuelle devant le bien-être collectif. Dans cette scène de *Claire d'Albe*, l'héroïne sacrifie son bonheur pour protéger sa foi jurée à l'égard de son mari. Caplan ajoute que ce tableau permet d'étendre le sacrifice sentimental au-delà du seul protagoniste : en rendant effectif son sacrifice, le personnage fait plus que solliciter la seule sympathie du spectateur ; il l'encourage à se sacrifier lui-même[93]. Par « spectateur »,

93 Caplan explique ainsi que les larmes jouent un grand rôle dans la duplication du sacrifice sentimental : « Les larmes du spectateur répètent le sacrifice que les personnages en scène ont fait autant qu'il représente le sacrifice du spectateur lui-même. Ainsi, dans la structure dialogique du tableau, les larmes jouent trois fonctions [...] : elles *racontent* le sacrifice, elles le *répètent*, enfin, elles le *représentent* ou bien elles en sont l'indication ». (Jay

Caplan entend tout autant le personnage qui assiste à la scène que le lecteur. Après avoir contemplé Claire à genoux, Frédéric lui répond comme s'il avait lu les analyses de Caplan : il lui offre « le plus grand sacrifice dont la force humaine soit capable » (89). Le sacrifice lui permet d'empêcher le désir instinctif de prendre le pas sur son amour.

Caplan fait alors du tableau tout à la fois le témoignage et la consolation de ce qui a été perdu. Celui-ci « exige l'empathie du spectateur à l'égard des souffrances des personnages en présence, tout en se définissant lui-même comme la pièce manquante de ce tableau[94] ». Pour procéder à cette généralisation, Caplan commence par l'exemple d'un tableau qui prend forme autour d'un corps. Si l'on élargit sa notion de « manque » à celles d'insuffisance ou d'incomplétude, alors les observations de Caplan s'appliquent à merveille au roman sentimental. Quand Claire tombe aux pieds de Frédéric, son geste vient dramatiser l'impossibilité de jamais réconcilier les deux impératifs éthiques en conflit dans *Claire d'Albe*. Pour Caplan, le tableau transforme en effet le corps en un « instantané fétichisé dans lequel l'éphémère du monde réel se métamorphose magiquement en une fixité idéale[95] ». Mais cette suspension provoque une réaction éthique qui annule la fixation fétichiste sur un aspect visuel. Quand le tableau nous présente une héroïne déchirée par un tourment intime, il y montre son corps pour attirer l'attention sur la souffrance qui en est la cause : autrement dit, dans le tableau, la chair et la matière viennent rendre compte des effets moraux, à la manière du blason sentimental et de l'image du cœur.

Ainsi, dans *Claire d'Albe*, le tableau nous invite à éprouver de la sympathie pour les efforts moraux de Claire par le biais d'un corps dont nous savons qu'il est attirant, et il n'est pas étonnant que Caplan parle d'un « érotisme étrange » du tableau ou de son usage du corps « séduisant dans sa vulnérabilité[96] ». Mais pour elle, cette mise sur un même plan de l'éthique et de l'érotique est pervers : « le tableau est éthique, *partant*, érotiquement émouvant, selon une perversité qu'on n'observe que trop souvent. Dès lors que l'on a reconnu cette dimension érotique du tableau, il devient difficile de ne voir dans ce dispositif qu'un appel

Caplan, *Framed Narratives*, Afterword by Jochen Schulte-Sasse, Minneapolis, University of Minnesota Press, 1985, p. 20).

94 *Ibid.*, p. 19.

95 *Ibid.*, p. 18.

96 *Ibid.*, p. 21.

larmoyant aux valeurs des classes moyennes[97] ». Si ce n'est que l'idéologie des classes moyennes repose précisément sur cette représentation érotisée de l'éthique, comme l'a bien montré Armstrong au sujet de la fiction domestique anglaise contemporaine du roman sentimental. De même, dans le tableau, l'érotisme augmente son attrait idéologique, même si en France, cette idéologie est hybride sans être propre aux seules classes moyennes. Claire aux pieds de Frédéric est le pendant tragique de Darcy se déclarant à Élisabeth dans *Orgueil et Préjugé* ou de la réconciliation entre Wentworth et Anne Elliot dans *Persuasion*. Le blason sentimental ne fait pas autre chose quand il subordonne le physique au moral au travers du topos traditionnel du désir.

UN ASILE ASSURÉ

Lorsqu'il explique comment le dénouement tragique justifie *in fine* la rationalité, Hegel fait avant tout reposer cette restauration sur un code tragique précis, grâce au chœur, qui rassure les spectateurs, malmenés par les excès des personnages, par le biais de commentaires empathiques et judicieux qui décrivent l'action. Pour compenser les « collisions terribles » des personnages, le chœur nous fait sentir « qu'un asile assuré contre ces orages existe » et « il fait passer sa sécurité dans l'âme du spectateur » (*E.*, 2, p. 680). Dans le roman sentimental au contraire, « les statues sont placées sous un ciel libre et ne doivent pas se dessiner sur un pareil fond » (*ibid.*) comme l'écrit Hegel au sujet de la tragédie moderne opposée à l'antique. Et sans cette garantie qu'offre le chœur, qu'est-ce qui pourrait bien empêcher ces portraits si contrastés du roman sentimental de complètement détraquer l'ordre moral ?

Il me semble pourtant que le roman sentimental nous fait lui aussi sentir « qu'un asile assuré contre ces orages existe », mais d'une manière qui lui est propre. Les codes sentimentaux que nous avons vus, comme *ces personnages idéalisés*, *tout doit être clair*, *intéresser et instruire*, *l'analyse du cœur humain*, *la narration empathique* ou le *tableau*, ces codes font plus qu'encourager l'implication sympathique du lecteur dans le conflit moral. Ils viennent

97 *Ibid.*

encore créer une communauté de lecteurs qui est l'équivalent romanesque du chœur tragique de Hegel, et qui vient remplir un rôle essentiel pour rendre crédible le dénouement sentimental. Diderot nous offre dans son *Éloge de Richardson* – l'une des meilleures analyses aujourd'hui encore de l'esthétique sentimentale – un éclairage intéressant pour comprendre comment des codes requérant l'empathie peuvent aider à restaurer l'ordre moral.

Dans son éloge, Diderot cherche par-dessus tout à peindre les effets du roman sentimental sur le lecteur pour montrer comment sa réaction empathique aux romans de Richardson peut être interprétée comme une forme du sublime. Quand le lecteur ou la lectrice se fait le témoin des souffrances d'un personnage vertueux, il ou elle ne fait pas seulement l'expérience directe de ses conflits intimes ; mieux, le lecteur ou la lectrice en prend pitié dans une agréable distance esthétique. Pour Diderot, les romans de Richardson provoquent « une mélancolie qui me plaît et qui dure[98] ». Il qualifie ailleurs le sublime sentimental de « plaisir de s'attendrir et de répandre des larmes[99] ».

C'est en sympathisant avec les souffrances des personnages que le lecteur devient partie de leur communauté. Car la misère esthétisée déteste la solitude. Diderot établit ainsi une forme de *continuum* depuis la communauté sentimentale qui s'établit entre le lecteur et le texte jusqu'à la communauté de tous les lecteurs empathiques. À l'instant même où nous pleurons sur les personnages, le roman sentimental nous promet que d'autres pleureront sur nous et qu'en vérité, d'autres partagent déjà notre doux plaisir : « Venez apprendre de lui comment vous réconcilier avec les maux de la vie ; venez, nous pleurerons ensemble sur les personnages malheureux de ses fictions, et nous dirons, si le sort nous accable : "Du moins les honnêtes gens pleureront aussi sur nous"[100]. ». C'est bien souvent que Diderot insiste sur la propension du roman sentimental à former une communauté de lecteurs, que chacun lise à part soi, ou qu'on lise à voix haute avec autrui : « J'ai remarqué que dans une société où la lecture de Richardson se faisait en commun ou séparément, la conversation en devenait plus intéressante et plus vive[101] ».

98 Diderot, *Éloge de Richardson*, précédant *Clarisse Harlove* de Richardson, traduit par l'abbé Prévost, Paris, Boulé éditeur, 1846, p. 7.

99 Diderot, *De la poésie dramatique* (1758), in *Œuvres de Théâtre de M. Diderot*, t. 2, Amsterdam, 1772, p. 264.

100 Diderot, *Éloge de Richardson*, *op. cit.*, p. 7.

101 *Ibid.*, p. 9.

Cette communauté de lecteurs sensibles donne au lecteur l'assurance d'une stabilité de l'ordre éthique en contrepoint des actions qui le perturbent dans le roman, mais non cependant à la manière de cet « asile assuré » qui définissait le chœur tragique parlant d'une même voix selon Hegel. Quand Diderot écrit que les conversations qui font suite à la lecture des textes Richardson sont plus « vives », il met en avant le fait que les lecteurs ne font pas que pleurer à leur lecture, mais qu'ils discutent également « la conduite des personnages » et « les points les plus importants de la morale et du goût[102] » au point que la discussion peut se faire dispute : « J'ai vu de la diversité des jugements naître des haines secrètes, des mépris cachés, en un mot, les mêmes divisions entre des personnes unies, comme s'il eût été question de l'affaire la plus sérieuse[103] ».

On pourrait croire qu'en dépeignant ainsi cette communauté de lecteurs empathiques prêts à en venir aux mains, Diderot couperait l'herbe sous le pied à la capacité de toute communauté à compenser les excès de l'intrigue sentimentale. Car loin de ne faire que pleurer ensemble, les lecteurs de romans sentimentaux s'engagent dans un conflit dont les termes ressemblent grandement à ceux qui sont en jeu dans le *double bind* sentimental. En faisant l'expérience des « divisions entre des personnes unies », les lecteurs sentimentaux font face à la difficile conciliation des jugements individuels dans un contexte collectif et à la possibilité que des jugements contradictoires détruisent la communauté. N'était que pour Diderot, ces conflits se disent dans les termes esthétiques déterminants du *comme si*. Quand les lecteurs font l'expérience de la collision entre la liberté individuelle et le bien être collectif, ils le font dans la sphère esthétique que Diderot prend soin de distinguer de celle de l'action.

Le roman sentimental est alors en mesure d'offrir ses consolations propres face aux tensions politiques autant qu'il peut rassurer d'une manière générale quant au pouvoir de la raison. Il crée une communauté de lecteurs qui peuvent rejouer le conflit entre les notions de droit positif et négatif sous la forme du conflit entre liberté de jugement et consensus collectif ; mais aussi une communauté où les lecteurs peuvent expérimenter la menace de dissolution de l'intégrité de l'ordre social sous les espèces d'une dissension de goûts. C'est donc en faisant

102 *Ibid.*
103 *Ibid.*

de la communauté esthétique le plus sûr substitut au conflit entre droits négatifs et positifs que le roman sentimental met en acte ce que Jochen Schulte-Sasse a défini comme la compréhension spécifique des Lumières à l'égard de la fonction plus générale de toute la littérature : « réconcilier les intérêts de l'individu avec l'intérêt général[104] ». N'était que la nature proprement conflictuelle de la communauté esthétique vient compliquer la description de la réconciliation esthétique comme unification qu'en donne Schulte-Sasse.

Diderot écrivait : « Tout ce que Montaigne, Charron, La Rochefoucauld et Nicole ont mis en maxime, Richardson l'a mis en action[105] ». Si nous tenons compte de la distance que Diderot maintient entre la représentation sentimentale et son lecteur, il devient alors évident que les leçons morales de la sentimentalité diffèrent profondément de la banale mimesis que les écrivains anti-sentimentaux se plaisent tant à parodier[106]. Plutôt que d'exhorter le lecteur ou la lectrice à l'héroïsme de ses personnages, le roman sentimental lui permet d'explorer les contradictions qui les animent. Quand Diderot demande : « Qu'est-ce que la vertu ? », il répond aussitôt : « un sacrifice de soi-même[107] ». Cette assertion ne saurait avoir le même sens pour le personnage et pour le lecteur ou la lectrice du roman sentimental. Alors qu'une héroïne comme Clarisse Harlowe fait l'expérience du sacrifice comme d'une perte douloureuse, il est un gain libérateur pour la lectrice. En suspendant ses propres intérêts pour s'engager dans le monde fictionnel de Richardson, elle découvre bien plutôt un royaume où jouer que les rigueurs des impératifs moraux.

Diderot comprend bien la différence entre le sacrifice effectué par les personnages et celui du lecteur : « le sacrifice que l'on fait de soi-même en idée est une disposition préconçue à s'immoler en réalité[108] ».

---

104 Jochen Schulte-Sasse, postface à Jay Caplan, *Framed Narratives*, *op. cit.*, p. 112.

105 Diderot, *Éloge de Richardson*, *op. cit.*, p. 5.

106 Ainsi Sade, au tout début de *Justine ou les malheurs de la vertu* parodie la sentimentalité en demandant à ses lecteurs d'imiter complètement les leçons irréalistes de la vertu souffrante : « Il est cruel sans doute d'avoir à peindre une foule de malheurs, accablant la femme douce et sensible qui respecte le mieux la vertu [...]. Mais s'il naît cependant un bien du tableau de ces fatalités, aura-t-on des remords de les avoir offertes ? Pourra-t-on être fâché d'avoir établi un fait d'où il résultera, pour le sage qui lit avec fruit, la leçon si utile de la soumission aux ordres de la providence [...] ? », D.A.F. de Sade, *Justine ou les malheurs de la vertu*, s. n., En Hollande, 1801, p. 13.

107 Diderot, *Éloge de Richardson*, *op. cit.*, p. 6.

108 *Loc. cit.*

Le choix des mots par Diderot est clair : faire l'expérience du sacrifice « en idée » engage une « disposition préconçue », mais n'engage pas à une imitation directe. Et de fait, Diderot montre combien le texte sentimental décourage activement tout lecteur de transposer directement ses représentations dans la vie réelle. Lorsqu'il est « arraché à cette lecture par des occupations sérieuses », Diderot ne peut que se lamenter : « j'éprouvais un dégoût invincible ; je laissais là le devoir et je reprenais le livre de Richardson[109] ».

« AUJOURD'HUI, LA TRAGÉDIE, C'EST LA POLITIQUE » (NAPOLÉON, 1799)

Peter Szondi, dans l'analyse de l'esthétique sentimentale qu'il propose dans un article consacré à Diderot et au drame bourgeois du XVIIIe siècle, considère que la sentimentalité est la consolation offerte à une classe sociale bloquée dans son accès au pouvoir politique. Pour lui, les textes sentimentaux ne font rien d'autre que de décrire une forme purement privée de vertu qui console le citoyen des « intrigues et de la méchanceté de la société dans le confort et la sécurité de ses quatre murs ». Le citoyen, c'est-à-dire le citoyen bourgeois « privé de ses droits » sous la monarchie absolue[110].

L'analyse que je propose quant à la signification sociale du roman sentimental modifie sensiblement l'analyse de Szondi. D'abord, parce qu'il me semble que la formation d'une communauté de lecteurs sentimentaux est déterminante pour donner lieu à la consolation sentimentale. Cette communauté ne constitue pas un refuge privé à la vie publique ; elle retranscrit sous une forme réduite ce qui se joue dans la sphère publique libérale où l'unité se réalise dans le débat et le conflit, cette « diversité des jugements » évoquée par Diderot. Or, cette sphère publique libérale est une forme socialement organisée avec un pouvoir politique substantiel. De Tocqueville à Furet, les historiens ont souvent montré le rôle de catalyseur de cette sphère dans la Révolution française.

109 *Ibid.*, p. 7.
110 Peter Szondi, « *Tableau* et *Coup de théâtre* », art. cité, p. 335.

En termes de groupes sociaux dont les valeurs sont en jeu dans le roman sentimental, ce qui différencie mes analyses de celles de Szondi tient en ce que le roman sentimental est tendu par l'idéologie de cette classe intermédiaire, qui traverse les distinctions de classes traditionnelles, et qui est bien loin de se réduire à un groupe entièrement « privé de ses droits ». Cette classe intermédiaire, hétéroclite, est sans doute bloquée avant la Révolution dans son accès au plein exercice du pouvoir selon des modalités qui la distinguent de la *noblesse de robe*, de la *noblesse d'épée* autant que de la bourgeoisie. Mais elle a néanmoins acquis depuis la seconde moitié du XVIIIe siècle une importance politique, économique et culturelle non négligeable, avant de devenir hégémonique avec la Révolution. Si le roman sentimental prend forme alors que cette classe hybride est en passe de triompher et de dominer, il est en mesure de profiter d'un succès critique et économique sans précédent, bien qu'il se trouve dans un grand désarroi symbolique et politique. Nous touchons en fait là à la question des relations entre le roman sentimental et la Révolution. Le roman sentimental était l'un des grands sous-genres avant la Révolution. Comment comprendre qu'il devienne la forme dominante dans son sillage ?

Lorsque la critique matérialiste veut expliquer l'ascension du réalisme au XIXe siècle, elle fait des codes du réalisme ceux qui seraient les plus adéquats pour rendre compte des contradictions idéologiques provoquées par la transformation de la France dans le grand mouvement vers la modernité. Nous devrions faire de même et comprendre l'essor du roman sentimental dans les toutes premières années du XIXe siècle comme la résolution esthétique des problèmes posés dans l'après-coup révolutionnaire. Avant la Révolution, le roman sentimental résolvait un problème majeur en se confrontant à une puissante idéologie montante. Avec la Révolution, cette résolution a eu une profonde résonance collective, puisque les tensions à l'œuvre dans le roman sentimental étaient l'origine en même temps qu'elles avaient métonymiquement la forme de la dévastation sociale en cours. Ainsi, lorsque l'on parcourt le spectre historiographique, on voit que les historiens représentent les tragédies révolutionnaires dans des termes où l'histoire française ressemble tout à coup à un roman sentimental. Ils montrent ainsi combien le conflit entre droit négatif et droit positif peut être vu tout à la fois comme l'une des raisons parmi d'autres pour comprendre l'incapacité de la

Révolution à assurer la formation d'une organisation politique stable et comme le moyen privilégié pour cette incapacité à être identifiée dans le débat révolutionnaire.

On peut observer la tension à l'œuvre entre les notions de droit positif et négatif dès ce texte qui fait époque, celui de la « Déclaration de droits de l'homme et du citoyen » où Étienne Balibar a bien remarqué à quel point il s'agissait d'un « texte intrinsèquement équivoque[111] ». Dès son titre, la Déclaration se révèle incapable de trouver un unique terme pour définir le nouveau sujet politique à qui la Révolution vient de donner jour. Ce sujet est à la fois « homme » et « citoyen », et la déclaration sépare ce qui relève de l'accomplissement du sujet dans sa vie privée ainsi que ses droits privés de ses droits publics à participer au gouvernement. Dans cette analyse de la Déclaration dont nous avons déjà vu que Furet et Ozouf l'étendaient à l'ensemble du « cas français », J. Kent Wright explique : « Les constituants français ont tenté de faire la synthèse de deux conceptions différentes de la liberté : la conception libérale, manifeste dans la tradition anglo-saxonne, consistait à protéger les droits naturels des individus contre tout empiètement du pouvoir ; et la conception selon laquelle la liberté n'existe pleinement que comme participation du citoyen au pouvoir de la collectivité[112]. »

L'Assemblée constituante a tenté de résoudre les ambiguïtés de la Déclaration par la loi. Elle établit ainsi d'emblée l'existence de « deux catégories de citoyen – l'actif et le passif », pour citer Joan Scott : ceux qui profitent des droits positifs et négatifs, et ceux qui ne profitent que des droits négatifs. Cette distinction a ensuite donné forme à d'autres articulations conséquentes de la citoyenneté « même si cela n'a plus été mentionné dans les documents politiques officiels[113] ». Dans un argument décisif pour mieux comprendre le rôle prédominant des romancières sentimentales au tournant du XIXe siècle, Scott met en avant que les

111 Étienne Balibar, « Citizen Subject », dans Eduardo Cavada, Peter Connor et Jean-Luc Nancy, *Who Comes After the Subject ?*, New York, Routledge, 1991, p. 44.

112 Voir François Furet et Mona Ozouf, « Préface », *Le Siècle de l'avènement républicain*, *op. cit.*, p. 12 ; J. Kent Wright, « Les sources républicaines de la Déclaration des droits », dans Furet et Ozouf, *Le Siècle*, *op. cit.*, p. 162. Wright base son analyse sur « La déclaration des Droits de l'homme » de Philippe Raynaud dans *The French Revolution and the Creation of Moderne Political Culture*, édité par Colin Lucas. Sur les tensions entre droits négatifs et droits positifs dans l'idéologie révolutionnaire, voir également *Échec au libéralisme* de Lucien Jaume.

113 Joan Scott, *Only Paradoxes to Offer*, Cambridge, Harvard University Press, 1996, p. 35.

femmes furent réduites au statut de citoyennes passives pendant toute la Révolution, alors même qu'elles y étaient entrées en réclamant leur place dans la *res publica*. Scott voit dans cette exclusion une expérience féminine singulière du conflit entre les notions de droit positif et négatif dont elle fait le fondement du féminisme moderne.

Ce compromis législatif qui a échoué à dissiper tout conflit trouve son apogée dans la Terreur. Pour Simon Schama, « la Terreur représente la liquidation du rêve initial de la Révolution : celui selon lequel liberté et pouvoir patriotique n'étaient pas seulement conciliables, mais étaient même mutuellement dépendants[114]. » Et pour Claude Lefort, les cauchemars de la Terreur mettent en scène le principal fantasme révolutionnaire, où le conflit entre droit positif et doit négatif apparaît sous sa forme démoniaque. Fantasme qui représenterait l'expression des droits positifs en la personne d'un « homme nouveau dont la vocation est de devenir un agent historique universel, et dont l'existence publique se confond avec l'existence privée : en un mot, le militant révolutionnaire. » À cet idéal, la révolution oppose l'individu mû par la poursuite avide des « intérêts égoïstes[115] ».

Le roman sentimental a ainsi eu la triste bonne fortune de diagnostiquer l'une des tensions les plus spectaculaires qui ait agité les efforts révolutionnaires pour mettre en place une société nouvelle. Il n'y a qu'à prendre Benjamin Constant, à la fois romancier sentimental et théoricien politique, pour voir à l'œuvre l'urgence de cette tension dans les premières années de la Révolution. Chaque fois qu'il entend justifier ses efforts théoriques de clarification de la relation entre droits positifs et négatifs, Constant ne cesse de faire allusion à la récente catastrophe sociale : « Mais si la loi nous prescrivait de fouler aux pieds ou nos affections ou nos devoirs ; si, sous le prétexte d'un dévouement gigantesque et factice, pour ce qu'elle appellerait tour à tour monarchie ou république, elle nous interdisait la fidélité à nos amis malheureux, [...], anathème à la rédaction d'injustices et de crimes couverte ainsi du nom de loi[116]. » Si je cite cette version des observations de Constant,

114 Simon Schama, *Citizens*, New York, Alfred A. Knopf, 1989, p. 755.

115 Claude Lefort, *Democraty and Political Theory* (1988), Minneapolis, University of Minnesota Press, s. d., p. 106 et 107.

116 Benjamin Constant, *Principes de politique* (1815), p. 15. Dans la *Philosophie du droit* de Hegel, la Terreur apparaît également comme une tentative pour redéfinir la liberté. Si tous deux relient à Rousseau la façon dont la Terreur fait un usage abusif de la liberté,

c'est qu'elle permet de montrer comment une rhétorique sentimentale s'entremêle au problème de la conciliation entre les droits positifs et négatifs : ici, Constant entrevoit ce qui pourrait faire l'intrigue d'un roman sentimental, en en appelant à notre sympathie dans un conflit entre le droit public et les *devoirs** privés, grâce à une éloquence sentimentale outrée dans les moments de crise morale[117].

Se servir d'une rhétorique sentimentale pour décrire la tourmente révolutionnaire fait écho chez Constant à la pratique rhétorique des révolutionnaires eux-mêmes, quelle que soit leur place dans le spectre politique. David Denby a ainsi noté avec perspicacité combien « la langue du sentiment structure fortement certains des débats clés de la Révolution[118] ». Les exemples pris par Denby montrent comment la rhétorique révolutionnaire se nourrit d'émotions hyperboliques, d'un appel à l'empathie devant la souffrance et de tout l'arsenal des termes

ils se séparent néanmoins quant à la manière d'expliquer son influence désastreuse. Pour Contant, la Terreur fait un usage abusif des droits positifs, encouragée en cela par la notion de bien public. En insistant davantage sur l'aspect romantique de Rousseau, Hegel, quant à lui, interdit une certaine conception de la liberté : « très répandue depuis Rousseau, d'après laquelle la base primitive et substantielle doit être [...] non pas l'esprit comme esprit vrai, mais la volonté comme individu particulier, comme volonté de l'individu dans son libre-arbitre propre. [...] ce point de vue est rejeté aussi bien sans considération spéculative que par la pensée philosophique, depuis qu'elle a produit dans les têtes et dans la réalité, des événements dont l'horreur n'a d'égale que la platitude des pensées qui en ont été la cause. » (*Principes de la philosophie du droit*, *op. cit.*, p. 54).

117 Constant formule souvent le conflit entre droits négatifs et positifs en des termes de devoir, sacrifice, compassion et vertu. Dans les *Principes de politique*, on peut ainsi lire : « Nous devons au repos public beaucoup de sacrifices ; nous nous rendrions coupables aux yeux de la morale, si, par un attachement trop inflexible à nos droits, nous résistions à toutes les lois qui nous sembleraient leur porter atteinte ; mais aucun devoir ne nous lie envers ces lois prétendues [...] qui nous commandent des actions contraires à ces principes éternels de justice et de pitié que l'homme ne peut cesser d'observer sans dégrader et démentir sa nature » (15)

118 David Denby, *Sentimental Narrative*, *op. cit.*, p. 154. Nulle part ailleurs mieux qu'en Angleterre peut-on sentir les liens qui unissent la révolution à la sentimentalité. Nicola Watson a ainsi montré que « l'on comprenait les politiques révolutionnaires à leurs moments les plus cruciaux dans les termes du roman sentimental – et tout particulièrement selon l'intrigue d'un unique roman, *La Nouvelle Héloïse* » (Nicole Watson, *Revolution and the Form of the British Novel*, *op. cit.*, p. 4). La Révolution, selon ces vues, se lit comme la conséquence d'un enjeu sentimental pour savoir à qui revient l'autorité et Watson cite à l'appui des écrits qui attribuent à la Révolution une forme de désobéissance maritale, encouragée par les romans sentimentaux. Elle montre également que les écrivains anglais favorables à la Révolution l'ont représentée en des termes sentimentaux. Ainsi, dans ses *Letters from France*, Helen Maria Williams nous offre plusieurs récits qui montrent de jeunes amoureux séparés par des pères ancien régime.

de morale abstraite (vertu, sacrifice, pitié et devoir) qu'affectionne le vocabulaire sentimental.

Denby explique ainsi le caractère sentimental de la vertu révolutionnaire en montrant avec habileté combien les révolutionnaires affectionnent les conflits emplis de souffrances, d'oppressions, où la faible vertu est aux prises avec le puissant vice. N'était du coup que la notion de vertu telle que Denby la présente ressortit davantage du mélodrame que du roman sentimental, même s'il s'agit pour lui de subsumer les deux genres sous le même terme de « sentimentalisme », alors que dans le roman sentimental, la vertu n'est pas un terme pris au sein d'une opposition manichéenne, mais bien plutôt une réponse au conflit entre deux impératifs également valides – à savoir le bien-être collectif et la liberté individuelle. Et la notion de vertu telle que la développe le roman sentimental domine largement la rhétorique révolutionnaire, au côté de la vertu de mélodrame.

Robespierre en appelle ainsi à la vertu sentimentale pour justifier pendant la Terreur la suspension des libertés individuelles et de l'opposition politique. « Qu'est-ce que la vertu ? », demandait Diderot. Ce à quoi il répondait : « Le sacrifice de soi-même ». Robespierre ne le désavouerait pas : « Eh quoi ! nous n'avons donc fait tant de sacrifices héroïques au nombre desquels il faut compter ces actes d'une sévérité douloureuse, n'avons-nous fait ces sacrifices que pour retourner sous le joug de quelques intrigans [*sic*] qui prétendaient dominer ? ». Voilà la question qu'il pose, louant le « peuple français » et ne s'oubliant pas au passage, alors qu'il construit son accusation du 11 Germinal contre Danton[119]. En affirmant que c'est le sacrifice qui dirige l'action révolutionnaire, Robespierre pose les bases qui vont permettre de définir les crimes de Danton : « Citoyens, c'est ici le moment de dire la vérité. Je ne reconnais à tout ce qu'on a dit que le présage sinistre de la ruine de la liberté et de la décadence des principes. Quels sont en effet ces hommes qui sacrifient à des liaisons personnelles, à la crainte peut-être,

119 Les mots de Robespierre sont rapportés par J.-B. Buchez et P.-C. Roux dans *Histoire parlementaire de la Révolution française ou Journal des assemblées nationales depuis 1789 jusqu'en 1815*, tome XXXII, Paris, Paulin Librairie, 1837, p. 70. Robespierre modifie sensiblement sa rhétorique politique habituellement faite d'emprunts à l'antiquité romaine chaque fois qu'il veut définir la vertu comme un sacrifice coûteux, alors même que les discours de Cicéron définissent la vertu comme une « prouesse militaire, faite de bravoure et d'excellence », pour citer la *Virtus romana* de Werner Eisenhut (p. 52), mots qui n'ont rien à voir avec la volonté pour Robespierre de susciter l'empathie de son lecteur ou de son auditeur.

les intérêts de la patrie[120] ? » Alors même que Robespierre et le peuple français renonçaient à leur liberté individuelle pour en faire sacrifice à la Révolution, Danton trahissait « les intérêts de la patrie » au profit d'une liberté individuelle d'autant plus méprisable qu'elle prenait la forme des « liaisons personnelles » et de la « peur ». Ce faisant, il trahit la moralité de la liberté et pervertit le sacrifice révolutionnaire.

La conception sentimentale de la vertu se retrouve toutefois dans tous les bords politiques. Quand Charlotte Corday assure sa défense devant le Tribunal révolutionnaire pour le meurtre de Marat, elle se représente comme celle qui a sacrifié son existence individuelle pour le seul bien-être public. « Corday : "Je n'ai jamais manqué d'énergie". Montané : "Qu'entendez-vous par énergie ?" Corday : "Ceux qui mettent de côté leur propre intérêt et qui savent faire le sacrifice d'eux-mêmes pour la *patrie*"[121] » Dans sa défense, Corday fait plus qu'invoquer le sacrifice sentimental : elle emprunte à une des sources déterminantes de la tradition sentimentale, en se présentant elle-même comme une « descendante des héroïnes tragiques de Corneille, qui meurent par vertu[122]. »

Cette importance de la sentimentalité dans la représentation de soi révolutionnaire pourrait expliquer le pouvoir que va prendre le roman sentimental à la suite de la Révolution. Plutôt que de diagnostiquer les tensions majeures qui contrarient l'effort révolutionnaire pour fonder une société nouvelle, le roman sentimental offre une rhétorique dans laquelle la tension est combattue jusqu'au bout. On pourrait aller jusqu'à dire que le roman sentimental se tient dans une relation comparable à celle de la Révolution à l'égard du *Serment des Horaces* de David (1785), souvent cité comme emblème des espoirs et des déceptions révolutionnaires, alors même que la peinture précédait la révolution de quelques années. Car à l'instar du roman sentimental, la peinture de David représente le conflit entre droits négatifs et positifs qui fissurera la Révolution[123].

---

120 J.-B. Buchez et P.-C. Roux, *Histoire parlementaire de la révolution française*, *op. cit.*, p. 71.

121 Cité par Simon Schama, *Citizens*, *op. cit.*, p. 738.

122 *Ibid.*, p. 734. Ainsi que Schama le montre, Corday se réfère aux intrigues des pièces de Thomas plutôt que de Pierre.

123 Et en effet, l'histoire des Horaces montre de façon exemplaire, mieux peut-être encore que dans *Antigone*, les oppositions entre les différentes conceptions du droit en jeu dans le libéralisme français. Camille, la sœur des Horace, aime le fils de la famille contre laquelle son père et ses frères vont se battre en vue de sauver leur patrie. Elle résiste au bien-être public au nom de sa liberté individuelle et de son amour charnel plutôt qu'au nom de sa famille ou du culte des morts.

Et les révolutionnaires font de nombreux emprunts à cette peinture, comme ils le font au roman sentimental, pour inventer le vocabulaire symbolique propre à la Révolution.

En venant confirmer la pertinence sociale des vues du roman sentimental, la Révolution transforme du coup la signification de la consolation sentimentale. Avant que n'éclate la Révolution, la communauté des lecteurs empathiques était la solution aux tensions d'une idéologie qui n'avait pu être expérimentée dans l'arène politique. Après la Révolution, la représentation sentimentale devient une forme de déploration. Cette déploration repose sur l'identification empathique, à ceci près que cette empathie se lie à un objet perdu plutôt que présent[124].

La façon dont les romans sentimentaux ont enregistré ce tournant idéologique après la Révolution se lit davantage dans le ton que dans une quelconque transformation du code poétique. Les romans sentimentaux postrévolutionnaires inventent souvent des situations d'extrême souffrance qui mettent à l'épreuve leurs personnages et sont emplies de scènes d'agonie et de pathologies mélancoliques. Ce tournant dans la tonalité, que les critiques contemporains ont tout à fait perçu, trouve son expression la plus éloquente dans cet article de 1818 que nous avons déjà cité et qui s'en prenait à la représentation de l'amour comme une forme de résistance individuelle à la Terreur chez Cottin. Pour mieux mettre en lumière la spécificité historique des romans de Cottin, l'article les confrontait à ces romans de l'ancien régime qu'incarnent parfaitement les romans de Riccoboni[125]. Ceux-ci expriment le mécontentement d'une société dont les institutions politiques autant que juridiques sont largement en retard sur la façon dont les gens vivent réellement : « L'ancien régime, qui, à bien dire, n'a jamais été constitué, tombait en

124 Au sujet des relations entre deuil, empathie et Révolution, je me permets de renvoyer à « Melancholy, Mania, and the Reproduction of the Dead Father » dans *The Novel's Seductions : Staël's* Corinne *in Critical Inquiry*, éd. Karyna Szmurlo, Lewisburg, Bucknell UP, 1999.

125 En fait, les romans de Riccoboni se trouvent plutôt au sommet de ce paradigme que je décris. Tout en s'emparant de la tension entre liberté individuelle et bien-être collectif, ils manquent complètement l'intrigue du *double-bind*. Ainsi, dans ses *Lettres de Mistriss Fanni Burtlerd* (1757), si l'héroïne souffre de l'affrontement entre ces deux impératifs, elle n'est en rien confrontée au dilemme moral qu'il devrait provoquer. Fanni se fait l'avocate consensuelle de la liberté individuelle, en même temps que de la nécessité de respecter librement les obligations contractées vis-à-vis d'autrui, s'opposant en cela à la version négative de l'obligation collective qu'incarne Lord Alfred lorsqu'il trahit Fanni pour épouser une femme qui viendra rehausser son prestige social.

pleine dissolution. La Révolution était déjà faite dans les mœurs, tandis que l'autorité s'efforçait encore à retenir les institutions et les lois, ce qui amenait dans la société un malaise général. » En plaçant les romans de Cottin de l'autre côté de la coupure révolutionnaire, l'article attribue leur ton fiévreux au récent cataclysme social : « Il est aisé de reconnaître, à l'ardeur brûlante de ceux-ci, et aux catastrophes dans lesquelles on la voit se complaire, qu'elle écrivait en des temps malheureux lorsque le bouleversement de la vie et le continuel danger de la perdre exaltaient encore dans les jeunes gens l'orageuse passion de l'amour [...] et quand les fervens [sic] néophytes des deux sexes s'encourageaient ensemble à cueillir les palmes du martyre[126]. » Du malaise au martyre : cette distinction permet de donner un aperçu du drame supérieur vécu dans le roman sentimental postrévolutionnaire autant que de la douleur qui transparaît dans les appels à la raison et à la communauté.

126 A., « Œuvres complètes de Mmes Riccoboni et Cottin », *La Minerve française*, *op. cit.*, p. 14.

LE ROMAN EST UN JEUNE HOMME DE BELLE ESPÉRANCE

Réalisme contre sentimentalité

« LES FEMMES ÉCRIVAIENT DONC SOUS L'EMPEREUR ? »

Chez Balzac, la discussion la plus serrée qui fût sur le roman du début du XIXe siècle prend place dans le salon de Dinah de la Baudraye, « femme de province » et femme de lettres, où les sommités locales se sont réunies pour une soirée improvisée. En cette nuit de 1836, Dinah tient en réserve pour son public une surprise : les deux enfants du pays qui ont réussi à Paris, Étienne Lousteau, journaliste, et le docteur Horace Bianchon. Désireux d'impressionner son hôtesse autant que de se défaire des ennuyeux provinciaux, Lousteau examine négligemment les épreuves qu'il vient de recevoir de son journal parisien. Bianchon, observateur sans pareil, remarque alors : « Mais voici le plus joli roman du monde contenu dans une maculature qui enveloppait tes épreuves. Tiens, lis : *Olympia ou les vengeances romaines*[1]. » *Olympia*, affirment-ils aussitôt, est un *roman noir**, témoignant par là de l'importance qu'ils accordent à l'appartenance générique d'un texte. Et qui en est l'auteur ? se demandent-ils juste après. Cette nouvelle question leur permet de transformer la discussion en un jeu savant où les membres cultivés de la soirée lisent de près les fragments tels que Balzac les a fait reproduire comme en *fac simile.*

Lousteau y va de ses suppositions : « Le style est faible, l'auteur était peut-être un employé des Droits réunis, il aura fait le roman pour payer son tailleur » (p. 121-122). Mais à mesure que Lousteau

1 Balzac, *La Muse du département*, *op. cit.*, p. 119. Les références suivantes apparaîtront entre parenthèses dans le texte.

observe plus attentivement les pages et surtout les gravures, il modifie ses hypothèses quant à l'auteur : « Pour avoir obtenu, sous l'Empire, des vignettes gravées sur bois, l'auteur devait être un conseiller d'État ou Mme Barthélemy-Hadot, feu Desforges ou Sewrin. » (p. 125) Que Lousteau lâche des noms comme ceux de Desforges ou de Sewrin se passe de commentaire pour tout lecteur au fait de la littérature de cette époque : tous deux écrivent des *romans gais* et les pages en question relèvent du *roman noir*. Mais c'est en étudiant les coquilles que Lousteau affine ses hypothèses : « Évidemment ni Maradan, ni les Treuttel et Wurtz, ni Doguereau n'ont imprimé ce roman-là [...], car ils avaient à leurs gages des correcteurs qui revoyaient leurs épreuves [...] Ce sera quelque pacotilleur du quai... » (p. 127). À quoi Bianchon répond : « En tout cas, ce n'est pas d'un conseiller d'État – C'est peut-être de Mme Hadot, dit Lousteau » (p. 127-128). Ce nom de Barthélemy-Hadot n'est pas familier aux pauvres provinciaux qui assistent à tout ce déploiement de finesse critique :

> – Pourquoi fourrent-ils là-dedans Mme Hadot de la Charité ? demanda la présidente à son fils [faisant ici référence à une sommité locale].
> – Cette Mme Hadot, ma chère présidente, répondit la châtelaine, était une femme auteur qui vivait sous le Consulat...
> – Les femmes écrivaient donc sous l'Empereur ? demanda Mme Popinot Chandier.
> – Et Mme de Genlis, et Mme de Staël ? fit le procureur du Roi piqué pour Dinah de cette observation. (p. 128)

Les historiens de la littérature au XXe siècle ressemblent pour beaucoup aux provinciaux ingénus de Balzac, en partie du fait de la prise de partie réaliste contre le roman sentimental que cette scène permet de mettre en acte. Car dans les propos échangés autour d'*Olympia*, Balzac met en place une stratégie rhétorique qui permettra au réalisme de polémiquer contre la forme sentimentale dans ce double geste de gommer et de dénigrer dans le même temps. « La littérature de l'Empire » (p. 132) dont il est question dans *La Muse du département*, concerne après tout les années où les œuvres sentimentales ont plus que dominé le roman. Ce n'est que de manière oblique que Balzac fait référence à ces œuvres, qu'il approche quand il doit en citer les auteurs ; plus, il réduit la littérature produite dans ces années au *roman noir**. Romancières sentimentales / littérature de l'Empire / *roman noir** : c'est par ce glissement que Balzac parvient à nous suggérer le caractère absolument désuet des romans des premières années du XIXe siècle. Car comme le suggèrent les critiques dans *La Muse du département*, le *roman noir** appartient à un genre dépassé : « Le roman est du bon temps d'Anne Radcliffe », comme le dit l'un des titres de chapitre de *La Muse du département.* Alors que le succès du *roman noir** connaissait un pic entre les années 1790 et 1810, le succès du roman sentimental dans les années postrévolutionnaires ne faiblit pas pendant toute la première moitié du XIXe siècle[2]. Balzac renforce toutefois l'idée selon laquelle les romans écrits dans les années postrévolutionnaires appartiennent à un passé révolu en périodisant le roman du début du XIXe siècle en termes politiques, alors même que politique et roman n'évoluent pas au même rythme entre 1790 et 1830, et que le sous-genre dominant de l'Empire n'a pas encore disparu de la scène romanesque européenne.

Le glissement opéré par Balzac implique également de faire de la littérature du début du XIXe siècle une littérature sans grand mérite littéraire : le *roman noir** jouissait d'un grand succès économique mais n'a jamais eu les faveurs de la critique, même quand il était au plus fort de sa gloire. Comme nous l'avons vu, c'était loin d'être le cas des romans sentimentaux majeurs des années postrévolutionnaires qui resteront en vogue jusqu'à la moitié du siècle. L'article de Sainte-Beuve concernant les romans de Souza dans *La Revue des deux mondes* (1834) s'appuie ainsi sur une opinion qui est courante dans la critique des années 1830-1840 : « Adèle de Sénange [héroïne de Souza] en effet, dans l'ordre des conceptions romanesques qui ont atteint à la réalité vivante, est bien sœur de Valérie [héroïne de Krüdener], comme elle l'est aussi de Virginie [chez Saint-Pierre], de mademoiselle de Clermont [chez Genlis], de la princesse de Clèves, comme Eugène de Rothelin [héros de Souza] est un noble frère d'Adolphe [de Constant], d'Édouard [de Duras] [...] Heureux celui qui, puisant en lui-même ou autour de lui [...] enfantera un être digne de la compagnie de ceux que j'ai nommés[3] ! »

2 Martin Lyons fait figurer *Corinne* de Staël et *Élisabeth* de Cottin dans sa liste des livres les plus vendus dans les années 1836-1840, où ne figure pas un seul roman gothique, ni un seul roman de Balzac non plus à cette période...

3 Charles-Augustin Sainte-Beuve, « Madame de Souza », *La Revue des deux mondes*, 3e série, tome 1, 1834, p. 699, repris dans *Portraits de femmes*, Paris, Garnier frères, 1870, p. 48. Cette opinion domine les années 1830-1840. On trouve ainsi dans le compte rendu anonyme du roman sentimental de Charrière, *Caliste* les propos suivants : « *Calixte* [sic]

Mais les insinuations de Balzac quant au peu de mérite littéraire des romanciers qui le précèdent sont encore renforcées dans *La Muse du département* par le fait qu'il associe plus particulièrement un auteur à *Olympia*, à savoir Madame Barthélemy-Hadot, que l'on connaît autant pour ses romans noirs que pour ses romans sentimentaux historiques. On peut mesurer toute la popularité de Barthélemy-Hadot dans le fait que c'est son portrait qui ornait le frontispice du *Dictionnaire des romans* d'Antoine Marc paru en 1819, lequel recommandait aux libraires les romans qui leur assureraient les meilleures ventes. En terme de valeur littéraire, par contre, Barthélemy-Hadot occupa toujours un rang secondaire : « Ses romans ne brillent point par leur style mais ils sont le fruit d'une imagination brillante et du sentiment. On peut juger du succès de ses écrits par la rapidité avec laquelle ils sont enlevés » estime ainsi Pigoreau dans sa *Petite Bibliographie biographico-romancière* de 1821[4].

Barthélemy-Hadot est-elle réellement l'auteur d'*Olympia ou les Vengeances romaines* ? « Alors on finit par admettre que ce texte est tout simplement de Balzac ! », nous assure Bernard Guyon dans son introduction de *La Muse du département*[5], après avoir exposé toute la « chasse universitaire » aux sources. Mais alors que le *roman noir** décrit la vertu persécutée – généralement sous les traits d'un persécuteur tout-puissant et sur-viril et d'une très féminine, passive et séduisante victime[6], le

---

est l'un de ces romans comme on n'en écrit pas aujourd'hui, où le cœur l'emporte sur l'imagination, [...] où l'auteur aime mieux peindre simplement les sentiments vrais que de mettre en scène, avec un style emphatique, des aventures bizarres » (*L'Illustration* n° 122, 28 juin 1845, p. 286). Et quand en 1837 un compte rendu remet « le prix du meilleur roman intime aux femmes », il illustre bien la nette domination du roman sentimental sur le roman gothique et le contexte implicite de la polémique que Balzac va initier dans ces années. En nommant Radcliffe aux côtés de Staël, Cottin et Sand, le critique élève Radcliffe en la plaçant aux côtés de romancières renommées de la lignée sentimentale, à la différence de l'usage que fait *La Muse du département* du roman noir pour effacer cette lignée sentimentale. Voir le « Compte rendu de *Régina*, par Mme Tullie Moneuse », signé L. D., *Le Constitutionnel*, 5 nov. 1837.

4 Pigoreau, *Petite Bibliographie biographico-romancière*, *op. cit.*, p. 214.

5 Balzac, *La Muse du département*, éd. B. Guyon, *op. cit.*, p. 120.

6 J'emprunte ce raccourci à April Alliston. Celle-ci observe deux variations possibles autour de ce scénario : le persécuteur viril dissimule parfois un homme de grande sensibilité ; il peut parfois s'incarner en une vieille femme vaniteuse qui tente de souffler la vedette à la jeune femme, bien que celle-ci soit infiniment plus désirable. Voir le chapitre « The Recess » dans *Virtues's Faults* pour une discussion passionnante sur les politiques genrées [*gender*] de la persécution gothique, autant que sur les liens entres le roman gothique et les romans de la sensibilité au XVIIIe siècle.

pastiche de Balzac renverse les stéréotypes de genre [*gender*] typiques du roman gothique. Dans *Olympia ou les Vengeances romaines*, Dinah reconnaît dans l'héroïne une « *femme de trente ans !* » qui pousse l'effronterie plus loin que n'importe quelle héroïne adultère d'un roman de Balzac situé dans la France postrévolutionnaire. Loin de se contenter d'emprisonner son mari dans une cage pour mieux profiter de ses ébats avec son jeune amant français, prénommé fort à propos Adolphe dans ce roman qui s'attaque à la sentimentalité, elle pimente encore sa liberté par un libertinage cruel. Comme le Duc l'explique à l'homme qui le sauve : « Le soir, enlevé par un contrepoids habilement ménagé, je traversai les planchers et vis dans les bras de son amant la duchesse qui me jeta un morceau de pain, ma pitance de tous les soirs. Voilà ma vie depuis trente mois ! » (p. 134). Si le fantasme balzacien de la féminité puissante et menaçante capable d'enfermer le mâle et maître sûr de son bon droit ne se retrouve nulle part dans le *roman noir**, ne peut-on y voir la réponse qu'il donne à la place prépondérante qu'occupent les femmes dans l'arène littéraire au moment où Balzac commence à écrire ? Alors même que le motif gothique de la femme emprisonnée et persécutée commence, à ma connaissance, avec le célèbre *Adèle et Théodore* de Genlis, en 1782[7].

Ce double mouvement de dénigrement et d'effacement de la domination des romans postrévolutionnaires est encore manifeste dans quelques commentaires balzaciens explicites quant à la forme sentimentale. Lorsqu'il parle en bons termes de sentimentalité, Balzac écrit que : « Le véritable roman se réduit à deux cents pages dans lesquelles il y a deux cents événements. Rien ne trahit plus l'impuissance d'un auteur que l'entassement des faits. Sans pousser jusqu'au système mon observation, je ferai remarquer combien il y a peu de faits chez les romanciers habiles (*Werther, Clarisse, Adolphe, Paul et Virginie*). Le talent éclate dans la peinture des causes qui engendrent les faits, dans les mystères du cœur humain dont les mouvements sont négligés par

7 Le roman contient en effet ce petit récit où une Duchesse vertueuse raconte comment son prude et jaloux mari l'a emprisonnée dans les fondations de son château pour une trahison qu'elle n'avait pas commise. Genlis fut en outre une des sources majeures d'Ann Radcliffe. Pour une vue d'ensemble sur les échanges littéraires franco-britanniques dans l'histoire du roman noir, voir Alice M. Killen, *Le Roman terrifiant.* Si le roman noir montre parfois des héroïnes qui font parade de leur sexualité débridée, Alliston montre bien dans *Virtue's Faults* qu'il s'agit généralement de veuves, rivales de plus jeunes filles dont elles sont parentes.

les historiens[8]. » Goethe, Richardson, Constant, Saint-Pierre : autant d'auteurs masculins qui lui permettent tout à la fois de taire la majeure partie des tenantes dans cette compétition romanesque, et d'être en mesure de se réclamer comme d'un ornement supplémentaire de l'héritage sentimental. Il faut pour masculiniser entièrement la filiation littéraire sentimentale se lancer dans une critique littéraire douteuse. Car si *Clarissa* inaugure bien le *double bind* sentimental entre bien-être collectif et liberté individuelle, on ne peut pas dire que le roman de Richardson se caractérise par une narration réduite à l'essentiel comme Balzac l'admirait tant dans le roman sentimental. *La Princesse de Clèves* lui fournirait un meilleur exemple de « deux cents pages, deux cents événements » et c'est généralement ce roman qui est invoqué comme commencement de la généalogie des romans du sentiment par les contemporains de Balzac.

Substituer *Clarissa* à *La Princesse de Clèves* n'est qu'une des façons pour Balzac de fonder une généalogie romanesque qui aille à contre-courant des lieux communs de son temps. Comme le montrent bien les comptes rendus que nous avons cités précédemment, c'est un *topos* des critiques de la première moitié du XIXe siècle d'accorder aux femmes une finesse d'analyse plus grande pour tout ce qui relève de la vie privée. Je ne retiendrai qu'un exemple qui rendra plus manifeste cette imbrication entre les intérêts de Balzac pour le roman sentimental et l'ambition de la *Comédie humaine* toute entière. Dans son *Avant-propos*, Balzac célèbre son mérite d'avoir été le seul à écrire « l'histoire oubliée par tant d'historiens, celles des mœurs[9]. » C'est à partir d'un tel projet qu'il peut s'approprier les *topoï* des louanges que la critique adresse habituellement au roman sentimental, comme elle le fait ici :

> On a dit que l'amour, simple épisode de l'existence des hommes, était l'existence toute entière des femmes. Le roman doit être dès lors pour elles ce que l'histoire est pour nous [...]. Cette branche de la littérature leur appartient ; elle n'existe que par elles et pour elles [...], car si l'histoire tient un registre fidèle de tous les événements de la vie publique, si elle a tâche de retracer les passions du Sénat et du Forum, la vie intérieure est dévolue au roman ; le foyer domestique constitue son domaine ; il en observe et en reproduit les orages ; il peint tous

8 Balzac, « Lettre sur la littérature, le théâtre et les arts » (*La Revue parisienne*, 15 juillet 1840), in *Écrits sur le roman. Anthologie*, *op. cit.*, p. 152.

9 Balzac, « Avant-Propos de la *Comédie humaine* » (1842), *Écrits sur le roman*, *op. cit.*, p. 287.

> les tourments, toutes les joies du cœur ; et quoique ces récits portent le nom de fables, c'est leur vérité qui en assure le succès[10].

Aussi, s'il est si important pour Balzac de dénigrer le roman sentimental, comme nous le verrons plus avant, ce n'est pas seulement pace que ce sous-genre domine la scène romanesque quand il commence à écrire, mais aussi parce qu'il prétend avoir des droits sur certaines des caractéristiques majeures de ce sous-genre.

Il serait bien difficile de croire que le roman sentimental pût mettre en jeu la représentation de l'histoire au vu des rares occurrences où Balzac mentionne par son nom l'un des romans sentimentaux majeurs du XIXe siècle. Dans ces quelques cas, Balzac utilise davantage une rhétorique de la « féminité » pour mieux rabaisser les romans sentimentaux à l'expression de l'imagination débridée de femmes sexuellement frustrées. *Corinne* inspire ainsi des bas-bleus prétentieux et vieillissants comme Madame de Bargeton qui séduit Lucien par la « contrefaçon des improvisations qui déparent [ce] roman » (*I.P.*, p. 107). De façon significative également, c'est *La Duchesse de la Vallière* de Genlis qui séduit les adolescentes naïves comme Louise de Chaulieu au début des *Mémoires de deux jeunes mariées*, pour compenser l'ennui mortel distillé par l'éducation des couvents :

> Être seule aux Carmélites, à Blois, en proie à la crainte d'y faire ma profession sans la préface de Mlle de La Vallière et de ma Renée ! mais c'était une maladie, une maladie mortelle[11].

ROMANS POUR FEMME DE CHAMBRE ET ROMANS DE SALON

Le roman sentimental du début du XIXe siècle autant que ses praticiennes ne valent pas beaucoup plus aux yeux de Stendhal. Comme

10 « *Vanina d'Ornano*, par Mme *** », s. n. *Le journal des débats*, 27 septembre 1825, p. 3.

11 Balzac, *Mémoires de deux jeunes mariées*, in *La Comédie humaine*, Paris, Gallimard, coll. « Bibliothèque de la Pléiade », t. I, 1976, p. 196. Les références suivantes apparaîtront dans le texte entre parenthèses.

Waller le note justement : « Alors que Stendhal rend un hommage implicite et explicite aux romancières des temps passés, son attitude à l'égard des romancières qui sont ses contemporaines et rivales est pour le moins problématique[12]. » Le « Projet d'article sur *Le Rouge et le noir* », où il exalte, en 1832, son œuvre en la mettant face à l'état du roman français tel qu'il le trouve, en est un bon exemple.

Dans ce projet, Stendhal caractérise les romans des premières décennies du XIXe siècle en centrant davantage son analyse sur son lectorat que sur sa construction, un peu à la manière de ce que fait Balzac dans *La Muse du département*. Pour Stendhal, les distinctions que l'on peut opérer entre ces romans sont essentiellement des distinctions de genre [*gender*]. « La grande occupation des femmes de province en France, c'est de lire des romans » : ainsi commence l'article projeté[13]. Et il continue sur le même ton, en abaissant les romans à l'ignorance, la vulgarité et la prétention des femmes.

Pour mieux dénigrer le lectorat féminin des romans parus avant *Le Rouge et le noir*, Stendhal emploie une stratégie au long cours qui vise avant tout la forme même des romans. Étant donnée la tendance de la critique à accorder une grande importance à ce projet, il faut tout de suite insister sur le caractère nettement polémique des assertions de Stendhal. Si pour lire il faut écrire, alors il est évident que l'importance des femmes dans l'histoire du roman au début du XIXe siècle ne saurait se réduire à les dépeindre en lectrices abêties, ni que ce point nécessite d'être défendu. Les lieux communs qui circulent dans la critique de l'époque s'opposent à la vision défendue par Stendhal selon laquelle les romans ne séduisent que les femmes en laissant complètement de côté les difficultés soulevées par le fait de ne s'intéresser qu'aux pratiques de lecture d'un moment donné. Cette vision représente cependant l'un des deux courants critiques pour caractériser l'audience massive du roman au début du XIXe siècle. Le deuxième courant, quant à lui, considère que les romans séduisent un lectorat des deux sexes par le même biais du *loisir*[14]. C'est cette seconde voie que suit Balzac dans *Le Contrat de*

12 Margaret Waller, *The Male Malady*, *op. cit.*, p. 115-116.

13 Stendhal, « Projet d'article sur *Le Rouge et le noir* » (1832), *Œuvres romanesques complètes*, t. I, éd. Y. Ansel et P. Berthier, Paris, Gallimard, Pléiade, 2005, p. 822.

14 Pour ne prendre qu'un exemple, Féletz commence ainsi son compte rendu d'*Eugène de Rothelin* de Souza : « Si, d'après les définitions d'un savant et d'un illustre prélat, les romans doivent être considérés comme l'*agréable amusement des honnêtes paresseux*, il faut avouer

mariage où Paul de Manerville est décrit comme complètement gâté par une éducation ancien régime qui consistait principalement à lire trop de romans, ou quand il fait le portrait de ce lecteur sans sexe au tout début du *Père Goriot* : « Ainsi ferez-vous, vous qui tenez ce livre d'une main blanche, vous qui vous enfoncez dans un moelleux fauteuil en vous disant : Peut-être ceci va-t-il m'amuser[15]. »

La féminisation du lectorat chez Stendhal n'a pas pour seul but de dénigrer la forme romanesque mais surtout de remplir une fonction polémique. Stendhal profite ainsi du glissement qui se met en place au XIXe siècle, lequel associe la sensibilité à la féminité pour mieux remettre en cause la puissance de l'empathie sentimentale. Dans son Projet au *Rouge et le noir*, les larmes versées par l'homme de sentiments de Diderot ne sont plus la preuve d'un sacrifice sublime mais plutôt d'une frivolité toute féminine : « Les petites bourgeoises de province ne demandent à l'auteur que des scènes extraordinaires qui les mettent

---

que jamais les *honnêtes paresseux* n'ont été plus heureux ni plus amusés : ils ont surtout des obligations infinies à plusieurs de nos dames, qui, douées d'une imagination féconde, d'un rare talent pour écrire, pour observer les mœurs et la société, pour peindre les sentiments et les passions, pour en démêler toute les subtiles et fugitives nuances et les exquises délicatesses, emploient avec un zèle infatigable ces dons de la nature si heureusement appropriés au genre du roman, à leur procurer d'agréables passe-temps qui se succèdent sans interruption, ou même se disputent à l'envi l'honneur de les amuser. » (Charles-Marie Féletz, *Mélange de Philosophie*, *op. cit.*, p. 138-139). Parent-Lardeur retrouve ce lieu commun qui associe la lecture à un plaisir dans les publicités pour les *cabinets de lecture** de la Restauration et de la Monarchie de Juillet, lesquelles proposent des romans qui devraient être en mesure de séduire tant « l'homme de loi sans client, l'actrice sans rôle, le célibataire sans emploi, le courtisan disgracié, l'épouse honnête et sensible, la courtisane luxurieuse et éhontée, le rentier sur son grabat, la fausse dévote en cachette, le marchand isolé dans son magasin, la fermière des environs lorsque son mari est à la campagne ». Parent-Lardeur, *Les Cabinets de lecture*, *op. cit.*, p. 125-126. Pour Girault aussi, les lecteurs sont des oisifs qui ne se réduisent pas aux seules femmes, comme il le montre dans la préface à sa *Revue des romans* (1839) qui s'adresse à « la mère de famille, au jeune mari, à la femme sérieuse, à quiconque, pour les heures de solitude, pour la veille d'une nuit, demande au roman des émotions, un monde imaginaire, enfin l'oubli de soi-même » in Pierre-Eusèbe Girault de Saint-Fargeau, *Revue des romans*, 1839, t. I, p. vii. Et quand Junot d'Abrantès dépeint les activités du très frivole comte André de Mesnevalles dans son roman sentimental social intitulé *La Duchesse de Valombray* (1838), elle confirme les observations de Girault : « Le Comte de Mesnevalles [...] lisait un roman en attendant l'heure de partir faire quelques visites. Il était dans un de ces jours de désœuvrement et d'ennui où tout lui paraissait aimable de ce qui était nouveau », in Laure Junot d'Abrantès, *La Duchesse de Valombray* (1838), Bruxelles, Société belge de librairie, Hauman et Compagnie, t. I, p. 269.

15 Balzac, *Le Père Goriot*, *La Comédie humaine*, t. IV, Paris, Le Club français du livre, 1966, p. 20. Les références suivantes se trouveront entre parenthèse dans le texte.

toutes en larmes[16] », grâce à quoi Stendhal ajoute encore au reproche d'être des femmes, la disgrâce régionale (la Province) et sociale (non pas la bourgeoise, mais la *petite* bourgeoisie).

En passant des lecteurs aux textes, Stendhal livre son analyse des sous-genres romanesques en vogue dans les premières années du XIXe siècle : « Toutes les femmes de France lisent des romans, exagère-t-il d'abord, mais toutes n'ont pas le même degré d'éducation, de là, la distinction qui s'est établie entre romans pour les *femmes de chambre* (je demande pardon de la crudité de ce mot inventé, je crois, par les libraires) et le roman des *salons*[17] ». Si l'on en croit Stendhal, le roman pour « femmes de chambre » se compose d'un « héros toujours parfait », de « femmes malheureuses, innocentes et persécutées », de « scènes extraordinaires qui mettent [leurs lectrices] toutes en larmes[18] ». Quant au roman de salon, il diffère essentiellement dans ses prétentions à la haute valeur littéraire et dans son insistance sur son caractère vraisemblable : « Les dames de Paris au contraire [...] sont sévères en diable pour les événements *extra-ordinaires*[19]. »

Cette distinction stendhalienne, si elle est ensuite devenue célèbre, sur quoi repose-t-elle au juste ? à quoi fait-elle référence ? Le roman des salons désigne-t-il le roman sentimental ? Mais dans ce cas, que sont ces « romans pour femmes de chambre[20] » ? Les « événements extra-ordinaires » qui se produisent dans ces derniers sont-ils du ressort du *roman noir** qui paraît au début du XIXe siècle ? Mais on connaît davantage ce sous-genre pour le frisson qu'il fait naître que pour les larmes qu'il fait couler[21]. Le baron de Lamothe-Lagnon, Paul de Kock

16 Stendhal, *Projet*, *op. cit.*, p. 825.

17 Stendhal, *Ibid.*, p. 824.

18 Sendhal, *Ibid.*, p. 825.

19 *Loc. cit.*

20 Cette catégorie des « romans pour femmes de chambre » appartient-telle même à la terminologie des libraires de la Restauration comme le prétend Stendhal ? Parent-Lardeur assure que oui, bien qu'elle n'en donne aucune preuve (p. 134). Il est pour le moins étonnant que si, comme le suggère Stendhal, le « roman pour femmes de chambre est en général imprimé sous format in-12 et chez M. Pigoreau » (p. 824), que Pigoreau ne mentionne jamais ce type de distinction dans sa *Petite Bibliographie*. Est-ce un clin d'œil que Stendhal adresse à ses lecteurs, leur donnant ainsi un indice quant à la façon dont il joue avec la construction d'une catégorie littéraire que les historiens de la littérature avaleront ensuite *telle quelle** : « je demande pardon de la crudité de ce mot inventé, *je crois*, par les libraires » (p. 824, c'est moi qui souligne).

21 Pour Stendhal, il n'y a peut-être pas tant de différence entre les deux formes de roman, puisque, ainsi que le remarque Waller, il n'y a sans doute pas tant de différence non plus entre leurs lectorats. Dans une lettre sur *Armance* il écrit ainsi : « La principale crainte que

ou Victor Ducange qui sont cités juste après par Stendhal sont en fait plus connus pour leurs romans comiques, même si un Lamothe-Lagnon écrivait aussi des romans noirs.

En mêlant les catégories génériques connues au début du XIXe siècle à ses classifications misogynes, Stendhal induit le désordre dans un sous-genre qui avait jusqu'à présent dominé le roman avec tant d'autorité[22]. Au sein de ce désordre, la polémique n'en ressort que plus vivement quand il s'agit pour le « Projet » de désigner les auteurs représentatifs des pratiques narratives qui décrivent la société avant *Le Rouge et le noir* : « Avant d'arriver à l'analyse de cet ouvrage, nous devons faire remarquer une autre conséquence des habitudes morales de la France, de ses *mœurs*, telles qu'elles se sont établies de 1806 à 1832 ; on peut dire qu'elles sont entièrement inconnues à l'étranger qui cherche encore des images de la société française dans les contes de Marmontel ou dans les romans de Mme de Genlis[23] ».

---

j'aie eue en écrivant un Roman, c'est d'être lu par les femmes de chambre, et *les marquises qui leur ressemblent* », cité par Waller, p. 134, c'est Waller qui souligne. D'après la notice de Philippe Berthier sur *Armance* dans la Pléiade, cette phrase se situe « au verso de la page de garde », on la retrouvera *in extenso* dans Stendhal, *Œuvres romanesques complètes*, *op. cit.*, t. I, p. 892, var. a.

22 Un compte rendu signé « J.J. » [pour Jules Janin, *ndt*] témoigne admirablement de la puissance de la sentimentalité à l'époque où *Le Rouge et le noir* a été publié, puisqu'il comprend le roman de Stendhal comme une variation autour de l'intrigue paradigmatique du roman sentimental, à savoir celle du conflit. En faisant de Julien un être pris dans une lutte à mort entre deux impératifs incompatibles, le compte rendu en vient à politiser ses impératifs plutôt qu'à les lire comme un conflit moral : « Ces deux hommes représentent deux principes » écrit-il ainsi. « Monsieur de Rênal est l'homme ministériel [...]. Monsieur Valenod est le jésuite de robe courte. L'auteur va poursuivre dans son livre cette idée féconde. Il va la rattacher à la vie d'un jeune homme qui grandira balloté entre ces deux principes ; tantôt libéral, tantôt Jésuite, également embarrassé çà et là, et finissant par mourir sur l'échafaud pour échapper à l'affreuse alternative d'être grand seigneur ou bourgeois [...]. Sous certains rapports, la position est atroce et vraie ; mais qu'il a fallu d'efforts pour le deviner » (*Journal des Débats*, 26 déc. 1830, p. 3 in Stendhal, *Œuvres romanesques complètes*, t. I, *op. cit.*, p. 812-813)

23 Stendhal, « Projet », *op. cit.*, p. 823. Dans cette condamnation générale de l'état du roman, Stendhal fait toutefois deux exceptions, et ce sont deux étrangers : « Walter Scott et M. Manzoni [...] ces grands poètes » (p. 825). L'intérêt réaliste pour ces deux grands « poètes » que sont Scott et Manzoni correspond bien à la théorie bourdieusienne selon laquelle les relations antagonistes entre écrivains proviennent d'une compétition pour gagner le même capital. Dans la France du XIXe siècle, le capital culturel se distribue d'abord au niveau d'institutions dans le champ littéraire national. En tant qu'étrangers, Scott et Manzoni n'entrent pas directement en compétition avec les écrivains français pour leur disputer le capital culturel, même s'ils leur disputent certainement le capital économique.

Genlis, Marmontel. Choisir de tels noms d'auteur, c'est évidemment procéder comme le faisait Balzac, en choisissant un état du roman périmé et ancien, et en réduisant le roman de l'Empire au seul *roman noir**[24]. Si Genlis peut certainement représenter les stratégies sentimentales qui visaient à représenter la société et furent louées dans les années qui ont précédé le réalisme, on ne saurait en dire autant de Marmontel qui dut sa célébrité à la parution de ses *Contes moraux* d'abord publiés dans le *Mercure* entre 1755 et 1759[25]. Le fait d'associer le nom de Marmontel à celui de Genlis permet également à Stendhal de considérablement réduire l'importance des romans de Genlis, et plus généralement de toute son œuvre. Car aussi célèbres que furent les *contes moraux* de Marmontel en leur temps et pendant la période qui a suivi la Révolution, ils n'ont jamais joui de la popularité et de la réputation qui firent le succès des romans de Genlis, Staël, Cottin, Souza, Krüdener ou Montolieu.

Le fait de jumeler Genlis à Marmontel quant à leur façon de peindre la société marque un autre point dans la polémique qu'instaure Stendhal. Pour Marmontel, ses contes sont l'illustration de préceptes moraux : « Le plus digne objet de la littérature, le seul même qui l'ennoblisse et qui l'honore, c'est son utilité morale[26] ». Si le roman sentimental n'est pas dépourvu d'aspirations morales, cette morale n'est qu'un des objets de la représentation sentimentale et reste indissociable de la prétention du

---

24 Victor Hugo emploie une stratégie rhétorique semblable pour ajointer les récits réalistes à la sentimentalité dans une œuvre aussi tardive que *Les Misérables*, écrite pendant la Monarchie de Juillet et le Second Empire (1845-1848 et 1860-1862) avant d'être publiée en 1862. Hugo, dans un même mouvement, élude l'importance du sous-genre sentimental dans le roman, y fait allusion, le traite comme d'une forme périmée pour finalement en dénigrer l'importance littéraire lorsqu'il décrit les lectures qui viennent compléter le tableau déjà sinistre de la femme de l'aubergiste brutal, Madame Thénardier, dans son chapitre sur 1817. Comme chez Balzac, c'est à Barthélemy-Hadot que revient le privilège de résumer l'état désolant du roman en cette époque révolue : « C'était l'époque où l'antique roman classique, [...] toujours noble mais de plus en plus vulgaire, tombé de mademoiselle de Scudéry à madame Barthélémy-Hadot, et de madame de La Fayette à madame Bournon-Malarme, incendiait l'âme aimante des portières de Paris et ravageait même un peu la banlieue. Madame Thénardier était juste assez intelligente pour lire ces espèces de livres. Elle s'en nourrissait. Elle y noyait ce qu'elle avait de cervelle » (Victor Hugo, *Les Misérables*, éd. M. Allem, Paris, Gallimard, Bibliothèque de la Pléiade, 1951, 1re partie, IV, I, p. 161-162)

25 Marmontel est mort en 1799. Ses *Dix-Sept Nouveaux Contes moraux* ont été publiés après sa mort, en 1801.

26 Jean-François Marmontel, *Essai sur les romans considérés du côté moral*, in *Œuvres complètes de Marmontel*, t. X, Paris, Chez Verdière, 1819, p. 287.

roman sentimental à une représentation fidèle de la société. Rappelons-nous ce que disait Genlis en écrivant au sujet de la Duchesse de la Vallière : « son historien n'avait besoin que de la stricte vérité » car « comment ne pourrait-il pas intéresser ni instruire, s'il est fidèle ? » Pendant toute la première moitié du XIXe siècle, la critique a considéré que les romancières sentimentales, et Genlis tout particulièrement, avaient plus que tenu leurs promesses : « Nul auteur ne fait mieux connaître les mœurs de son temps[27] » déclarait ainsi la Comtesse de Bradi à propos de Genlis, alors même que le réalisme avait déjà fait son entrée fracassante sur la scène littéraire depuis quelques années. Mettre l'accent sur la parenté supposée entre Genlis et Marmontel permet à Stendhal de minimiser cet aspect propre au roman sentimental et de voiler les affinités qui existent entre sa propre ambition de peindre les mœurs de son temps et l'ambition du roman sentimental : « personne encore avant M. de S. ne s'était hasardé à faire le portrait de ces mœurs si peu aimables[28] » proclame encore son Projet d'article. Que Stendhal ait choisi Genlis plus que toute autre romancière pour mieux voiler les parentés de son œuvre avec le projet sentimental s'éclaire si l'on songe que l'œuvre de Genlis est sans doute celle qui affirme avec le plus d'emphase la dimension proprement morale de ses romans. Il était d'autant plus facile pour Stendhal de s'en prendre à Genlis que son mérite littéraire était souvent contesté, même dans les années où elle jouissait d'une grande célébrité, au contraire de Staël, Cottin ou Souza[29].

La meilleure preuve de ce refus de la sentimentalité se trouve peut-être avant tout dans les pratiques d'écriture mêmes de Balzac et Stendhal. Depuis leurs débuts en écriture, tous deux ont forgé leurs propres codes réalistes en s'appropriant et en transformant les dogmes de la poétique sentimentale, comme le reste de ce chapitre le montrera.

---

27 Comtesse de Bradi, « Genlis », in Alfred de Montferrand (éd.), *Biographie des femmes auteurs contemporaines françaises*, Paris, Armand-Aubrée, 1836, p. 165. On trouve un jugement semblable dans la *Galerie des dames françaises distinguées dans les lettres et les arts*, Paris, chez Dussillon éditeur, rue Laffite n°40, 1843, planche 31 : « Mme de Genlis a publié depuis vingt ouvrages, dont plusieurs resteront [...] comme des modèles de vérité dans l'observation ».

28 Stendhal, « Projet... », *op. cit.*, p. 826.

29 Nicolas-Alexandre Pigoreau, dans sa *Petite Bibliographie bibliographico-romancière*, *op. cit.*, caractérise ainsi Mme la comtesse de Genlis : « Fécondité d'imagination, richesse de style, beauté de sentiment, telles sont ses qualités. Elle a cependant trouvé des censeurs et des juges un peu sévères; mais n'a-t-elle pas elle-même jugé les autres un peu sévèrement ! » (p. 204)

MALHEUR À QUI ACCEPTERA LE CONTRAT SOCIAL

Le premier roman de Balzac n'est ni un roman gothique avec ses châteaux hantés, ni un roman historique ressuscitant le pittoresque des temps passés. Le premier roman, inachevé, de Balzac, *Sténie* (1818-1820), est un roman épistolaire de l'adultère, où les amants luttent, en proie à notre *double bind* tragique bien connu entre la quête de liberté individuelle contre les obligations dues à la société[30]. « Quelle loi défend mon amour ? Suis-je criminelle ? [...] Oh Job, je suis à toi, je suis tes lois, on ne peut pas plus nous désunir que Dieu[31]. » déclare Sténie, femme mariée et héroïne, mettant en avant les lois du cœur. Lorsqu'elle écoute en tête à tête les « brûlantes prières » de son amant, elle n'hésite pas à mettre l'accent sur le poids des contraintes sociales : « Vous oubliez que je ne suis plus à moi ; vous savez à quel point je vous aime et vous avez la cruauté raffinée de venir appesantir mon malheur » (p. 129) Job, dans le fond, ne mérite pas véritablement ces reproches, quand on sait à quel point il est lui-même parfaitement conscient des contradictions de sa situation. En même temps qu'il retarde le moment de consommer son amour, il reconnaît que cet acte seul forcerait Sténie à violer tout ce qu'elle doit à la société, mais du coup aussi à saper toute sa valeur morale, qui a une part si importante à son charme : « Oh, ma douce amie, écoute bien, le soin de ta propre réputation dont je suis jaloux, exige que je ne te voie pas selon mes désirs » (p. 156).

Tout dans ce premier roman de Balzac répète la collusion entre le bien-être collectif et la liberté individuelle dans une tension sans cesse grandissante. Tout y est : les touches légères, le blason sentimental, l'image du cœur, l'analyse du cœur humain et le style néo-classique qui se mue en une rhétorique emphatique dans les moments où la tension morale est à son comble. Et pourtant, ce roman rend aussi plus explicite ce que Balzac reproche fondamentalement au roman sentimental dans la façon

---

30 Lorqu'il décrit les difficultés d'abord rencontrées par Balzac à trouver sa propre voie, Philarète Chasles rappelle ce premier roman de Balzac, dans le style de la romancière sentimentale Isabelle de Charrière. Voir « Romans de M. de Balzac, troisième article », *Journal des Débats*, 16 août 1838.

31 Balzac, *Sténie ou les Erreurs Philosophiques*, Paris, Librairie Georges Courville, 1936. Les références suivantes sont indiquées entre parenthèse dans le corps du texte.

dont il s'occupe d'un des personnages essentiels du roman sentimental : le confident. Dans le roman sentimental, le confident est celui qui taquine pour mieux valider les tourments du héros. C'est loin d'être la fonction de Vanehrs, l'ami de Job. Vanehrs presse ainsi de façon scandaleuse Job d'en finir et de mener à bien sa conquête : « Il est donc indiscutable que la possession de Sténie est le seul moyen de te conserver » ; « je ne m'inquiète pas de la voix qui crie, des préjugés, des lois, de la vertu ». Et il finit : « Parce qu'il est question de toi, de la vie d'un homme » (p. 133).

Le fait que Vanehrs se justifie rend manifeste combien Balzac s'empare de la sentimentalité comme d'une poétique autant que d'une idéologie et que le contenu de cette idéologie étaye sa franche hostilité à la forme : « Oui, je ne crains pas de le dire » ajoute Vanehrs, « la seule présence d'un état social est un grand et magnifique crime contre l'humanité [...]. Malheur à ceux qui consentent au contrat social, malheur à toi, malheur à moi ; à cet instant, l'homme n'est plus. Sa volonté expire, il perd ses droits et la société ne les lui rend que décomposés, comme la lumière passant par un prisme, est embellie de couleurs ignorées, mais ces dégradantes couleurs bizarrement placées ne valent pas la liberté noble, la force du rayon primitif qui les contient toutes » (p. 134). En dégradant le contrat social pour en faire une fiction de la domination, Vanehrs réécrit de fond en comble les termes du conflit sentimental afin d'en faire le reflet de sa propre vision des relations sociales entendues comme un jeu entre puissances. Job peu certes accepter l'existence réprimée que lui offre « le pacte social de la France. Obéis, rampe et meurs ! elle ne sera, et ne doit jamais être libre selon la nature » (p. 138). Mais il peut également en finir avec le vain respect du bien être privé public que de la liberté individuelle, pour ne plus suivre que ses intérêts privés et ses désirs, quand bien même leur accomplissement se heurterait à la loi. Comme Barbéris l'écrit d'une œuvre plus tardive de Balzac : « Tout ce qui relève de la tradition libérale ne cond[ui]t, selon lui, qu'à "une impuissante liberté". Sa liberté est et se veut pouvoir[32]. ».

Avec *Sténie*, Balzac n'a pas encore trouvé la poétique à même de s'attaquer au libéralisme ; cette attaque n'est qu'un vernis supplémentaire plaqué sur une intrigue sentimentale à sa façon. L'invention d'une poétique sera la grande affaire de toute la carrière à venir de Balzac ; mais dès l'ouverture de *Sténie*, on peut voir Balzac s'essayer à d'autres codes

32 Pierre Barbéris, *Mythes Balzaciens*, Paris, Gallimard, 1971, t. I, p. 129.

que ceux du roman sentimental. Et dès cette ouverture, cette tentative va de pair avec une déféminisation du roman.

« Quant aux femmes », déclare l'éditeur fictif de la correspondance de *Sténie*, ces lettres « ne les regardent nullement » (p. 3). Et pour bien s'assurer que les femmes ne s'empareront pas du roman, l'éditeur continue en précisant qu'il a décidé de faire débuter cette œuvre par « deux insipides lettres » qui agiront en « une manière d'antidote. Sur cent qui ouvriront le livre, quelques unes le renverront d'après ce nauséat et narcotique début. Si la centième lit l'ouvrage entier [...], je ne l'en féliciterai jamais, et je la blâmerai encore moins » (p. 3). Ce puissant antidote et soporifique consiste en deux lettres philosophiques mettant aux prises le matérialisme de Vanehrs avec le spiritualisme romantique que Job défend. Les méandres des deux personnages, leurs réflexions abstraites, tout se démarque de la narration sentimentale, qui va droit au but du *double bind*. Ces deux lettres comportent encore une longue description dispensant un savoir objectif sur le paysage, qui est bien loin des deux façons qu'a le roman sentimental de poser le décor, soit par une touche légère soit par l'image du cœur, où l'extérieur vient figurer l'intériorité[33].

Dès la troisième lettre, toute trace de transgression de la poétique sentimentale a disparu. Comme Job le dit bien juste après qu'il a rencontré Sténie : « Mon être tout entier est sentiment » (p. 45). Quoiqu'il en soit, ces deux lettres d'ouverture sont frappantes et font écho à l'une des stratégies les plus efficaces de Balzac pour détourner l'esthétique sentimentale, malgré son incapacité momentanée à maintenir longtemps cette stratégie. Qu'il s'agisse de la discussion philosophique ou de la description objective, toutes deux importent un discours scientifique alors considéré comme masculin au sein de cet intérêt romanesque tout féminin pour « la vie intérieure [...] le foyer domestique[34] ». C'est cette stratégie que Balzac poursuivra avec brio dans *La Comédie humaine*.

---

33 « Entre la Loire et le Cher est une large plaine, non pas aride et sèche, mais bien verdoyante et sans cesse arrosée par l'espèce d'amitié souterraine que les ondes du fleuve ont contracté avec les eaux de la rivière » : ainsi commence la description, qui continue ensuite des pages entières, et qui se propose de délimiter le même paysage que celui que l'on trouve au tout début de la description qui ouvre *Claire d'Albe*, que l'on pouvait prendre comme un modèle du genre de ce code sentimental de la description qu'elle appelle « une image du cœur ». La description de paysage que l'on trouve dans *Sténie* inclut au contraire tous les savoirs, l'histoire, l'architecture la géographie, la littérature, la philosophie et l'ethnographie.

34 « *Vanina d'Ornano* par Mme*** », art. cité, p. 3.

UN OBSTACLE, UN MOTIF, UN DEVOIR…

Stendhal rend également visible sa funeste liaison avec le roman sentimental dès son tout premier roman, *Armance*, en le présentant comme l'héritier en droite ligne de Tencin et La Fayette, et en cela bien supérieur aux romans sentimentaux à succès de son temps[35]. Stendhal prend tout particulièrement soin de différencier son roman d'un récent roman sentimental bien connu, quand il écrit dans la nécrologie de Madame de Duras que celle-ci « a peint les tableaux les plus touchants de l'amour en lutte contre les difficultés et les malheurs […] Le dernier ouvrage de cet auteur célèbre fut un roman intitulé *Olivier* ; elle l'a lu à quelques amis mais il ne sera jamais publié. La nature du sujet avait conduit l'auteur sur un terrain dangereux. M. de Stendhal a cependant entrepris de braver ce danger, et une seconde édition d'*Armance* est actuellement sous presse[36]. » Waller suggère avec justesse que Stendhal a commencé sa carrière romanesque contre Duras, en faisant profit de sa célébrité mondaine et littéraire. C'est donc en reconstituant cette relation à Duras dans l'horizon, depuis oublié, de la sentimentalité du XIXe siècle, que nous pourrons comprendre comment le geste de Stendhal constitue un jalon important dans l'histoire du genre.

Olivier porte toutes les caractéristiques du texte sentimental : écrit dans un style néoclassique, où l'on retrouve la touche légère, l'image du cœur et l'analyse du cœur humain, *Olivier* raconte l'histoire de deux cœurs enfantins, Olivier et Louise, qui renouent leur amour après la mort du premier époux de Louise. Et pourtant Olivier et Louise ne peuvent se marier parce qu'Olivier, à l'instar de Malek-Adhel ou Mathilde dans *Mathilde*, comme Oswald dans *Corinne* ou Eugène de Rothelin dans le roman du même nom, doit se soumettre à un impératif qui le leur interdit. Comme le dit bien Olivier à Louise : « "Vous êtes tout pour moi, la vie n'est rien sans vous, mais un obstacle… un motif… Un Devoir…"Il ne put continuer, son visage

35 Sur l'utilisation du motif du « mal du siècle » chez Stendhal en vue d'exprimer sa relation ambivalente quant à la lignée sentimentale, je renvoie une fois encore à *The Male Malady* de Waller.

36 Stendhal, « Paris, le 20 avril 1828 », *Le Courrier anglais*, *New Monthly Magazine*, éd. H. Martineau, Paris, Le Divan, 1935, p. 364-365.

devint d'une pâleur mortelle[37] ». N'était que le « devoir » auquel Olivier doit se soumettre n'est en rien le devoir qu'affrontent les personnages des romans sentimentaux et le lecteur ne sait jamais quel il est, car tout le long du roman, ce devoir reste un secret mystérieux, jamais nommé.

En transformant le devoir en secret, Duras modifie profondément le conflit qui est au cœur de l'intrigue sentimentale. La remise en cause du bonheur individuel trouve désormais sa seule source dans le personnage lui-même et n'est connu que de lui. S'agit-il d'un « obstacle » privé, d'un « motif » ? Ce « devoir » a-t-il encore à voir avec le terme dont se servent les personnages de romans sentimentaux pour désigner le bien-être collectif ? La question ne sera jamais résolue. De sorte que le « devoir » d'Olivier déplace l'accent et d'une éthique sentimentale on passe à des motifs personnels. Duras a encore encouragé cette inflexion en laissant entendre à la petite société choisie à qui elle lisait à haute voix les pages de son roman que le secret d'Olivier était l'impuissance, quand bien même rien dans le roman ne saurait le laisser présager. Par contre, les réécritures que lui imposèrent Latouche et Stendhal firent que l'impuissance devint l'obstacle en question pour le public littéraire de l'époque[38]. Denise Virieux explique cependant que certains détails du roman évoquent la vie d'Adolphe de Custine, que Duras ne pouvait pas ne pas connaître, et qui ferait alors de ce secret l'homosexualité[39].

Quoi qu'il en soit, en substituant au bien-être collectif du roman sentimental un secret intime, Duras bouleverse profondément la tension idéologique en jeu dans le *double bind* sentimental. Plutôt que de mener à son terme l'une des contradictions non pensées du libéralisme, *Olivier* insiste davantage sur un des grands impensés de l'opposition libérale entre liberté individuelle et bien-être collectif qui a fait voler en éclats la Révolution. À savoir, l'existence de « groupes sociaux et de leurs effets : de l'existence d'ordres, de classes sociales » ainsi qu'Althusser désigne le point aveugle du *Contrat social* de Rousseau, lequel aura été à l'origine de tant de contradictions dans son héritage libéral[40]. Le libéralisme français reste ainsi engoncé dans le conflit entre droits positifs et droits

---

37 Claire de Duras, *Olivier ou le Secret*, *op. cit.*, p. 257.

38 Voir Waller ainsi que l'introduction de Denise Virieux pour une présentation de la réception du roman de Duras.

39 James Creech fait écho à ce point quand il suggère que la structure d'*Armance* semble tourner autour du silence sur l'homosexualité dans *Closet Writing, Gay Reading.*

40 Louis Althusser, *Montesquieu, Rousseau, Marx*, *op. cit.*, p. 155.

négatifs parce qu'il est incapable de se demander « à qui ces droits ? », parce qu'il est trop réticent à reconnaître que la façon dont les sujets exercent leurs droits, qu'ils soient positifs ou négatifs, dépend pour beaucoup de la façon dont leurs identités collectives les positionnent dans le champ social. En lieu de quoi, le libéralisme fait comme si les individus étaient tous égaux de fait, sans prendre en considération les différences matérielles qui les distinguent.

Dans le roman sentimental, les personnages aussi sont égaux devant le conflit tragique de leurs droits. Mais ce n'est pas le cas dans les romans de Duras, qui sont structurés par « une idée de l'inégalité, soit de nature, soit de position sociale[41] » comme l'écrit Sainte-Beuve dans son jugement rétrospectif sur l'importance de Duras. Dans *Ourika* comme dans *Édouard*, la différence qui fissure l'échafaudage libéral d'une égalité abstraite est socialement bien délimitée : différence de race dans *Ourika*, de classe, dans *Édouard*. Dans *Olivier* par contre, l'inégalité relève de l'individu si elle n'est naturelle. C'est le secret d'Olivier qui en fait un être différent des autres individus – son égalité sociale compte pour rien et il expérimentera les souffrances provoquées par cette différence jusque dans la mort.

Ce déplacement du bien-être collectif dans *Olivier* ne fait pas que transformer la construction sentimentale du personnage mais aussi l'idéologie sentimentale elle-même. Dans le roman sentimental, le personnage exhibe sa subjectivité de façon absolument transparente dans les luttes morales et affectives qu'il mène pour résoudre l'impossible *double bind* libéral. En choisissant de façonner son personnage autour d'un secret personnel ambigu, le mouvement opéré par Duras consiste à quitter le sentiment pour se tourner vers la psychologie. Si, comme dans tout roman sentimental, *Olivier* met aux prises le personnage avec un conflit avec lui-même et représente le personnage comme le produit de ce qu'il ressent, dans le roman de Duras, pour autant, les dilemmes vécus par les personnages ne restent pas longtemps l'expression évidente de principes éthiques fondateurs et communs à tous les membres de la société. Ils sont au contraire tout empreints de pathologie, au lieu d'être les manifestations les plus hautes de la valeur morale ; jusqu'à ce que l'un de ces dilemmes en vienne à être caché et non plus montré[42].

41 Sainte-Beuve, « Madame de Duras », *Portraits de femmes*, *op. cit.*, p. 69.

42 Comme le montrent bien les analyses de Waller, Duras emprunte au « *mal du siècle** » romantique sa vision pathologique de la psyché.

Cette façon de déplacer les enjeux sentimentaux vers des enjeux psychologiques est une des façons qu'a le roman de remettre en cause l'idéologie à l'œuvre dans le roman sentimental. On se rappelle que le roman sentimental offre une consolation dans la reconstitution d'une communauté dont la relation empathique entre le personnage et son lecteur constitue l'archétype. Mais quand le roman en vient à demander au lecteur de déchiffrer la personnalité d'Olivier, il fait fi de l'empathie sentimentale au profit d'intérêts herméneutiques. Ou pour le dire autrement, ce glissement qui s'opère dans *Olivier*, du sentiment à la psychologie, est une autre façon pour le roman de remettre en cause l'idéologie du roman sentimental, puisqu'il est pour lui question ici d'un intérêt crucial pour la thématique romanesque de l'inégalité et de ses conséquences. Quand le roman montre un Olivier souffrant de ce qu'il n'est pas comme les autres, son arsenal démonstratif repose toutefois sur l'empathie que le lecteur va manifester à l'égard du personnage. Mais le pauvre Olivier est alors moins un idéal sentimental qu'un cas psychologique.

Malgré cette transformation profonde de l'empathie, *Olivier* n'abandonne toutefois jamais la répétition proprement sentimentale d'un conflit transparent, ni ne forge jamais une intrigue réaliste progressive qui irait du mystère à la révélation. Le mystère est à l'origine de la narration, il n'en est pas le but ; il est présenté fort clairement comme étant l'un des deux termes du *double bind*, quand bien même son contenu reste obscur. Comme Virieux l'a bien montré : « Le drame dans *Olivier* ne consiste pas comme dans *Sarrasine* en une machination retardant le dévoilement de l'énigme [...], c'est de l'énigme que Madame de Duras tire les malentendus entre ses personnages qui suscitent le drame[43] ». Cette dynamique intermédiaire et oscillante entre révélation et répétition est tout particulièrement visible dans le fait que Duras refuse jusqu'au bout de révéler la nature de l'énigme posée par son roman. En lieu de quoi, *Olivier* se conclut sur une impasse tragique : incapable de résoudre la tension entre devoir et bonheur, Olivier se suicide et Louise devient folle.

---

43 Voir Denise Virieux, « Introduction à *Olivier ou le secret* », in Claire de Duras, *Olivier ou le secret*, Paris, Librairie José Corti, 1971, p. 53.

UN *PETIT DEVOIR* ! UN DEVOIR DE PEU D'IMPORTANCE !

« Beaucoup d'esprit, une taille élevée, des manières nobles, de grands yeux noirs les plus beaux du monde » : c'est par ces mots que Stendhal introduit le héros de *Armance* en usant de toutes les caractéristiques du portrait sentimental et en utilisant la technique de la touche légère[44]. Mieux encore, Octave possède un incroyable sens du devoir, qui en fait un autre Malek-Adhel, Eugène de Rothelin ou encore Oswald : « Je ne puis te comprendre, tu es le devoir *incarné* » (p. 90) lui déclare ainsi son oncle, le Commandeur de Soubirane, qui semble pourtant lui aussi droit sorti d'un roman sentimental, en endossant toutes les pathologies morales de la haute société. « Que je serais heureux de ne jamais y manquer, dit Octave. Que je voudrais pouvoir rendre mon âme pure au Créateur comme je l'ai reçue ! » (p. 90)

On pourrait croire que Stendhal a choisi, lorsqu'il nous présente le conflit initial, de produire une variation de la représentation du *mal du siècle** sur un canevas sentimental. Souffrant de mélancolie, Octave considère la liberté individuelle jusqu'au cas limite du suicide : « Pourquoi ne pas en finir ? [...] J'ai beau faire les plans de conduite les plus raisonnables en apparence, ma vie n'est qu'une suite de malheurs et de sensations amères » (p. 102) se lamente Octave au tout début de son introspection. À l'opposé de cette manifestation extrême de liberté individuelle, Octave oppose le bien-être collectif tout à fait dans l'esprit du meilleur des romans sentimentaux, qu'il identifie à sa famille, qui se résume moins à sa mère, qui « se meurt de la poitrine » mais plutôt au « commandeur, [s]on père lui-même » (p. 102). N'était que voici ce qu'Octave fait de ce pôle contradictoire : « ils ne m'aiment pas, ils aiment le nom que je porte [...] C'est un bien petit devoir qui m'attache à eux... Ce mot *devoir* fut comme un coup de foudre pour Octave. Un *petit devoir* ! s'écria-t-il en s'arrêtant, un devoir de peu d'importance » (p. 102). C'est aussi un coup de foudre pour le lecteur de roman sentimental : alors même qu'Octave s'exprime dans la rhétorique emphatique de ce genre

44 Stendhal, *Armance ou Quelques scènes d'un salon de Paris en 1827*, in *Œuvres romanesques complètes*, t. I, *op. cit.*, p. 89. Les références suivantes apparaissent entre parenthèses dans le texte.

lorsqu'il est plongé dans les affres du dilemme moral, la substance même de ses réflexions est proprement impensable en termes sentimentaux. Le seul fait de qualifier le devoir avec des adjectifs comparatifs fait du bien-être collectif une donnée relative, et du même coup s'écrouler l'un des piliers de l'univers sentimental.

Si Stendhal érige son premier roman contre ceux de Duras, pour ainsi dire, c'est sans doute parce que son projet lui ressemble bien plus qu'il ne s'en distingue. Comme pour *Olivier*, il s'agit dans *Armance* de miner la sentimentalité de l'intérieur en démantelant le devoir dû à la moralité sentimentale soutenue par collectivité. *Armance* va même plus loin : dans *Olivier*, le bien-être collectif perd de son autorité, mais la notion de devoir est encore là ; dans *Armance*, les doutes d'Octave permettent d'emblée d'évacuer toute question d'autorité.

Et même si le héros stendhalien n'a que le mot « devoir » à la bouche, le concept est une cible de plus en plus mouvante au cours du roman. Octave met une première fois à nu son cœur devant son lecteur lorsqu'il analyse les mouvements de son cœur et apparaît comme déchiré entre la liberté comprise comme suicide et le devoir compris comme bien-être collectif. Mais c'est à partir de cet usage sentimental bien connu que le devoir prend chez Octave un autre sens et permet de désigner tout à la fois l'allégeance qu'Octave doit à un secret terrible, son obligation à l'égard d'Armance, autant que ses efforts quotidiens de contrôle de soi ou même d'élégance mondaine. Ainsi, quand Octave aperçoit une affiche de spectacle qui annonce *Otello* [sic], celui-ci lui rappelle une femme qu'il avait fréquentée : « Peut-être sera-t-elle venue à Paris pour *Otello* ; en ce cas, il est de mon devoir de lui parler encore une fois » (p. 185). À la fin du roman, tout de ce qui reste du devoir n'est plus qu'une obligation que l'on s'impose et qui est dénuée de toute autorité morale. En s'appliquant ainsi à transformer le devoir sentimental, Stendhal transforme dans le même temps l'impératif contre lequel le devoir sentimental se définit. Pour Octave, la liberté n'est plus qu'une pulsion incontrôlée, l'absence de tout contrôle sur soi, plutôt qu'un droit éthique fondamental.

Octave est soutenu dans son œuvre d'éloignement du devoir dans le roman par le personnage d'Armance qui l'accompagne dans ce conflit sentimental. Parent pauvre, amoureuse de son riche cousin socialement si bien établi, Armance pourrait apparaître comme le personnage sentimental typique en prise avec un dilemme rappelant les souffrances d'Édouard dans le roman de Duras. Armance désire son bonheur personnel tout en reconnaissant que son mariage avec Octave amoindrirait considérablement le statut social de ce dernier. Lorsqu'elle se résout à sacrifier son bonheur à Octave, voici comme elle conclut : « Qu'il est doux de faire son devoir ! si j'étais l'épouse d'Octave, moi, fille pauvre et sans famille, serais-je aussi contente ? » (p. 156). Louables sentiments. N'étaient qu'ils ne dépeignent pas fidèlement la situation dans laquelle se trouve Armance. Car son mariage est en fait déjà bien avancé, à la plus grande joie d'Armance. C'est plutôt qu'Armance se permet d'en appeler au devoir au moment même où Octave lui a assuré avec force que pour lui, son défaut de fortune n'était rien : « Armance était si heureuse, qu'elle ne se refusa l'examen d'aucune objection, quelque périlleuse qu'en fût la discussion » (p. 154) ajoute ainsi le narrateur quelques pages avant. Ainsi, lorsqu'elle se dépeint tiraillée entre devoir et bonheur, Armance n'est en rien en train d'examiner lucidement les difficultés de sa position ; elle ne fait au contraire que les écarter. Elle se sert du conflit sentimental pour contourner tout ce qui l'effraie dans la mélancolie d'Octave autant que dans ses propres désirs.

Dans le cas d'Armance, comme dans celui d'Octave, les attaques portées au devoir sentimental ne font que devancer la dissolution du conflit sentimental lui-même. Celui-ci prend davantage la forme d'une opposition entre contrôle de soi et pulsions pour Octave, et s'expose à la répression dans celui d'Armance. Le geste de Stendhal est idéologique autant que poétique, et il ressemble davantage à celui de Duras quand elle critique le libéralisme qu'à celui de Balzac dans *Sténie*. Tout au long d'*Armance*, Stendhal prend ses distances avec l'idéologie libérale en s'attachant aux souffrances produites par la société très inégalitaire de la Restauration. Mais comme on le voit bien à la façon qu'a Armance d'éluder le *double bind* fondé sur le rang social, le roman de Stendhal n'intègre pas cette problématique de l'inégalité dans le cœur même de son intrigue, et ne fait que l'effleurer en passant, quand il est par exemple question des déconvenues sociales de l'oncle d'Octave ou de son propre malaise à n'être reconnu de la bonne société qu'en raison de son titre et de sa fortune : « Mais dans ce salon, j'ai le malheur de ne pas être exactement comme un autre. Plût à Dieu que je pusse y trouver l'*égalité* dont ces messieurs font tant de bruit » (158).

Dans le même temps cependant, *Armance* fait bien, comme *Olivier*, se rejoindre la thématique de la condamnation de l'inégalité avec la rupture de l'empathie avec le lecteur, laquelle mine souterrainement la force de cette condamnation. C'est que l'un comme l'autre passent des sentiments à la psychologie. Ou pour être plus précise, dans le cas d'*Armance*, on devrait plutôt parler de transformation plutôt que de déplacement. Dans le roman de Duras, nous ne savons jamais si la difficulté rencontrée par Olivier est de l'ordre de « l'obstacle », « du motif », ou du « devoir », et l'amante d'Olivier, Louise, est un personnage modèle du roman sentimental. Tout est plus clair dans *Armance* : les personnages agissent clairement sous l'effet de pulsions irrationnelles, de peurs, de désirs et non pas de principes, et leur psychologie est structurée sur le modèle de la répression et de la profondeur[45]. Cette transformation du sentiment en psychologie chez Stendhal intensifie encore le déplacement qu'on avait déjà observé chez Duras dans la relation sentimentale entre le lecteur et le texte. Plus les personnages sont opaques à autrui et à eux-mêmes et plus le lecteur tente de les comprendre plutôt que d'être parfaitement empathique avec les conflits moraux qu'ils traversent[46].

La poétique réaliste au XIXe siècle repose sur les mystères des personnages et de l'intrigue. D'*Olivier* à *Armance*, on peut ainsi observer l'émergence de ces codes réalistes dans le passage de la construction sentimentale de la subjectivité via le *double bind* à celle de la psychologie. Balzac résume bien ce déplacement dans ses analyses de la sentimentalité quand il en fait le territoire des hommes : « Le talent éclate dans la peinture des causes qui engendrent les faits, dans les mystères du cœur humain dont les mouvements sont négligés par les historiens[47] ». En créditant les auteurs sentimentaux de la capacité à représenter puissamment

45 Lorsqu'il compare les deux romans, Michel Pierssens remarque que : « Là où les personnages de Mme de Duras *se disent* [...], ceux de Stendhal mettent toute leur énergie à ne jamais parler », ou plutôt à parler d'autre chose que ce qui les concerne vraiment. Dans cet article, Pierssens ajoute également que les personnages de Stendhal sont bien plutôt agis par leurs « passions » que par leurs « sentiments », in Michel Pierssens, « Armance : entre savoir et non-savoir », *Littérature*, n° 48 « Texte contre-texte », 1982, p. 24. Url : http://www.persee.fr/web/revues/home/prescript/article/litt_0047-4800_1982_num_48_4_2175 (Consulté le 4 juin 2014)

46 Gide, commentant le roman, indique que « L'intrigue ne se joue pas seulement entre les personnages, mais, surtout, entre l'auteur et le lecteur », voir préface de Gide à *Armance*, Paris, Honoré Champion, 1925, p. iii.

47 Balzac, « Lettre sur la littérature, le théâtre et les arts », art. cité, p. 152.

l'intériorité, Balzac dessine en même temps les contours du cœur humain compris en termes réalistes bien plutôt que sentimentaux, et dont les mystères et les causes doivent être découverts.

Dans *Armance*, Stendhal érige une relation typique du réalisme entre le lecteur et le personnage pour caractériser son héroïne. Dépourvue de tout contrôle sur sa vie intérieure, Armance devient un objet d'étude, et le lecteur analyse ses motivations de conserve avec l'auteur. C'est alors jusqu'aux propres commentaires que fait l'héroïne sur son comportement qui illustrent la façon dont les textes réalistes conservent la rhétorique sentimentale, qui se réduit à n'être plus que rhétorique. Le vocabulaire de la moralité la plus haute, typique du roman sentimental, tout comme l'analyse du cœur humain trahissent désormais les désillusions *romanesques** d'un personnage qui est le plus souvent, quoique ce ne soit pas exclusif, féminin, à l'instar de Madame Bovary[48].

Mais les contours du personnage d'Octave sont encore emprunts de l'autorité toujours présente de la poétique sentimentale. Stendhal construit son personnage autour d'un mystère qui intrigue le lecteur et rend son caractère suffisamment erratique (comme jeter un domestique par la fenêtre) pour n'accorder qu'une faible créance à son jugement[49]. Le roman ne délègue toutefois pas toute autorité au narrateur et au lecteur, puisque Octave échoue à leur transmettre son secret par sa fin. De sorte qu'*Armance*, à l'instar d'*Olivier* se conclut de façon sentimentale. À l'issue d'une machination orchestrée par l'intrigant Commandeur de Soubirane, Octave finit par croire qu'Armance ne l'épouse que par devoir, et non pas par amour. Il finit par concevoir que son ultime devoir est de redonner à Armance sa liberté sans la compromettre, s'opposant en cela à son propre bonheur. Prisonnier de cette version du *double bind* sentimental alors même que sa structure a perdu toute autorité, Octave épouse Armance, avant de se suicider. Le fait que le public lettré d'aujourd'hui sache que le mystère d'Octave résiderait dans son impuissance n'ôte en rien le

48 Ces personnages sont tout à fait capables de construire une intrigue imaginaire qui rabaisse les luttes morales de l'intrigue sentimentale, comme lorsque Armance se prend à rêver : « Il faut élever une barrière éternelle entre Octave et moi. Il faut me faire religieuse, je choisirai l'ordre qui laisse le plus de solitude, un couvent situé au milieu de montagnes élevées, avec une vue pittoresque » (129)

49 Certains critiques de l'époque ont considéré que les personnages du roman sortaient droit de l'asile psychiatrique de Charenton, comme le rappelle Martineau dans son introduction à *Armance*, Paris, Garnier, 1950, p. xxviii-xxix.

recours que fait le roman d'une résolution proprement sentimentale, puisque la clé du mystère dépend néanmoins d'un savoir partagé par une petite communauté de lecteurs, c'est-à-dire, précisément, sur une organisation sociale qui garantit l'empathie sentimentale.

L'USAGE DU MONDE[50]

Un narrateur à la première personne, un homme, qui décrit les souffrances de sa jeunesse. Une intrigue qui se tient dans un château et ses environs. Quelques personnages constitués par les membres d'une famille noble réduite au vieux mari, à la jeune et belle épouse, à leurs enfants, et à un intrus, le narrateur, se tenant au seuil de l'adultère. Il en résulte un triangle amoureux dans lequel étouffent les personnages, tiraillés entre le bien-être collectif et la liberté individuelle. Prête à sacrifier l'amour à la société, la jeune épouse, aidée par le vertueux jeune homme, va aller jusqu'à s'occuper de son époux avec un dévouement qui lui rendra la santé, alors même qu'il était frappé d'une maladie qui avait toutes les chances de le tuer. C'est dans ces soins que l'épouse se retrouvera paradoxalement unie à son amant selon une modalité qui lui permet, pour un court temps, de concilier les deux impératifs éthiques qui la déchiraient jusque là. Mais cette conciliation ne peut durer que le temps de la maladie. Dès que son mari est sorti d'affaire, le conflit revient avec plus de vigueur et ne finira qu'avec la mort de la jeune épouse.

Tous les ingrédients du roman sentimental sont réunis dans cette intrigue. Dans laquelle on aura reconnu, bien sûr, la première partie du *Lys dans la vallée* de Balzac. Quand les historiens de la littérature se mettent à chercher les sources du *Lys*, l'éventail des possibilités semble infini. Anne-Marie Meininger note ainsi que « Quant aux

50 Ce titre est un clin d'œil à celui que Moretti a donné à son étude du roman réaliste du XIXe siècle, *The Way of the World*, London, Verso, 1987. [Il était dès lors tentant de traduire « the way of the world » par le titre du récit de Nicolas Bouvier, l'ouvrage de Moretti n'ayant par ailleurs pas été traduit en français, *note de la traductrice*]. L'idée de Moretti selon laquelle le réalisme s'est fondé sur un compromis sous-tend toutes mes positions sur le conflit entre roman réaliste et roman sentimental.

"ressemblances", la critique les a traquées, accumulées. Trop[51] » : qu'il s'agisse de *La Nouvelle Héloïse*, de *Claire d'Albe* de Cottin, de *Volupté* de Sainte-Beuve ou encore du *Rouge et le Noir* de Stendhal. Seule la compréhension de l'enjeu majeur de ces luttes d'écrivains dans le genre romanesque sous la Monarchie de Juillet permet de résoudre l'énigme d'une telle prolifération. Tous les textes cités ici comme source possible par l'histoire littéraire traditionnelle sont en relation avec la sentimentalité. Tous appartiennent à un héritage sentimental connu, ou bien prennent explicitement position contre lui, comme c'est le cas du *Rouge et le noir* et plus encore du *Lys dans vallée*.

Le Rouge et le noir, considéré comme le premier roman réaliste moderne, permet de comprendre explicitement l'apport du roman sentimental à la poétique réaliste sous sa forme la plus développée[52]. Je me permets toutefois de faire la démonstration avec un roman de Balzac, parce que ce dernier a joué un rôle plus influent dans les luttes qui ont eu lieu sous la Monarchie de Juillet pour déterminer la façon dont le roman devait intervenir dans la vie publique. Bien plus lu et discuté que Stendhal à l'époque, c'est à Balzac que revenait, selon les écrivains et critiques de l'époque, d'avoir inventé le modèle réaliste de représentation des relations sociales[53]. Mais quelle que soit l'œuvre choisie, mon but est de toute façon le même, puisqu'il s'agit davantage pour moi de comprendre comment le paradigme réaliste est, tout au long du XIXe siècle, en constant dialogue avec les codes fondateurs du roman sentimental, plutôt que de m'attarder sur les pratiques d'un auteur précis. Dans ce cadre, il n'est pas forcément nécessaire de revenir en détail sur ce qui différencie Balzac et Stendhal, ni moins encore d'étudier les variantes du paradigme telles qu'elles apparaissent chez d'autres romanciers de la Monarchie de Juillet profondément influencés par l'œuvre de Balzac, comme Félix Davin ou Charles de Bernard[54].

---

51 Anne-Marie Meininger, postface au *Lys dans la vallée*, Paris, Folio, 1972, p. 336. Pour les allusions plus spécifiques de Balzac à *Claire d'Albe* dans le *Lys dans la vallée*, voir Moïse Le Yaouanc, « En relisant *Le Lys dans la vallée* », *L'Année balzacienne*, 1987, p. 248-249.

52 *Les scènes de la vie privée* de Balzac, bien que datant de la même année, contiennent des nouvelles et non des romans.

53 Weinberg montre bien combien la place éminente de Balzac pendant la Monarchie de Juillet contraste avec l'obscurité relative dans laquelle reste Stendhal, dans *French Realism : The Critical Reaction 1830-1870*.

54 On considérait par exemple Bernard comme « le jeune frère en littérature de monsieur de Balzac », selon le compte rendu des *Ailes d'Icare*.

Le Lys dans la vallée commence donc avec le *double-bind* fondateur de la tragédie sentimentale. Et dans le même temps, il indique précisément en quoi il se différencie de (voire s'attaque à) l'intrigue sentimentale, puisque justement, il *commence* avec. Car l'histoire de la relation non-consommée entre Madame de Mortsauf et Félix de Vandenesse n'est pas tout ce que le jeune homme a à confesser. Dans la troisième et dernière partie du roman, Félix décrit son ascension dans le monde, raconte combien il a trahi Madame de Mortsauf avec l'égotiste et passionnée Lady Dudley et comment Madame de Mortsauf en est morte, le cœur brisé de chagrin.

Dans *Claire d'Albe*, le mari de Claire se méprenait sur son compte en croyant que Frédéric avait trahi sa femme. Dans *Le Lys*, la trahison est effective. Augmentée du fait que l'attitude entière de Félix est pire que la trahison. Quand madame de Mortsauf reproche à Félix sa relation avec Lady Dudley, elle lui parle le langage sentimental du respect des principes moraux : « La vertu, Félix, la sainteté de la vie, l'amour maternel, ne sont donc pas des erreurs. [...] Bénissez-moi par un regard, par un mot sacré, je vous pardonnerai les maux que j'ai soufferts depuis deux mois[55] ». Plutôt que de sauter sur l'occasion, Félix trouble au contraire la clarté du conflit tragique pour faire de l'opposition un compromis : « mon âme n'a pas vacillé, mais je n'ai pas été maître de mes sens » (p. 1159), à quoi madame de Mortsauf répond : « Comme il raisonne, et combien de distinctions subtiles[56] ». Moretti a bien vu que le « "réalisme" balzacien est fondé sur le rejet des contrastes trop aigus [...]. En termes de structure, être réaliste, c'est refuser à des paradigmes stables et clairs d'exister[57] ».

Où Félix a-t-il pris ses leçons de réalisme ? Car, quand s'ouvre le récit, il ressemble plutôt à s'y méprendre au héros sentimental par excellence : « À mon âge aucun intérêt ne me distrayait le cœur, aucune ambition ne traversait le cours de ce sentiment déchaîné », « Pour bien comprendre mon récit, reportez-vous donc à ce bel âge [...] où l'esprit ne plie point au jésuitisme du monde » (respectivement, p. 1049 et p. 980). N'était

55 Balzac, *Le Lys dans la vallée*, in *La Comédie humaine*, t. IX, Gallimard, Pléiade, 1978, p. 1159. Les références suivantes apparaissent entre parenthèses dans le texte.

56 Quand Vautrin ouvre les yeux de Rastignac sur la façon dont va le monde (« *the way of the world* »), il s'écrie aussi : « la vertu, mon cher étudiant, ne se scinde pas : elle est ou n'est pas » (Balzac, *Le Père Goriot*, *op. cit.*, p. 139).

57 Moretti, *The Way of the World*, *op. cit.*, p. 153.

qu'associer la vertu sentimentale à un « âge » – en l'occurrence la jeunesse – indique combien les développements narratifs viendront mettre à bas la suprématie du conflit sentimental. Dans le réalisme, le conflit sentimental va de pair avec l'essence d'une vie morale comme étape dans l'apprentissage, le *bildung*, du personnage. Si vous n'êtes pas marxiste à vingt ans, vous êtes un sans cœur ; si vous l'êtes encore à trente, vous êtes un idiot : *mutadis mutandis*, cet adage conservateur rend bien compte de l'attitude du réalisme à l'égard du libéralisme sentimental[58].

Dans son expérience sentimentale de l'adultère platonique, Félix en vient à reconnaître la validité de la vision proposée par le roman sentimental de la vie sociale comme conflit : pour lui, comme pour tout personnage sentimental, la liberté individuelle et le bien-être collectif se livrent nécessairement une lutte implacable. Mais dans le même temps, et de façon contradictoire, il découvre combien il est erroné de transcrire ce conflit en termes moraux. Car en retraçant le temps passé par Félix dans le foyer des Mortsauf, Balzac met l'accent sur la tyrannie camouflée dans toute représentation sentimentale de la famille. Pour Balzac, le microcosme social du roman sentimental se convertit en « cet horrible concert d'infortunes » (p. 1076) plutôt qu'une union dédiée au bonheur de tous ; c'est une structure régie par une autorité répressive qui prend la forme autocentrée d'un tyran ingrat qui fait reposer sa puissance maladive sur l'égoïsme.

Pour Félix, cette révélation est un « premier pas dans la vie sociale » qui lui fait entrevoir l'« immense mesure à laquelle les autres scènes rapportées ne pouvaient être que plus petites » (p. 1076). C'est même un pas de géant puisqu'il permet à Felix d'envisager pour la première fois la vie sociale comme un moyen d'accomplissement personnel. En faisant du bien-être collectif matière à pouvoir plutôt qu'à droit, la liberté individuelle ne rencontre plus d'autre obstacle que la force de l'autorité en place, mais surtout, perd tout son socle moral. Dans la tradition libérale française, les droits négatifs à la vie, à la liberté et au bonheur ne pouvaient trouver leur garantie que dans la collectivité, conçue comme une force morale : « L'ordre social est un droit sacré qui

58 Félix Davin fait une observation comparable dans la préface qu'il donne à l'édition de 1835 des *Études de mœurs au* XIXe *siècle* de Balzac : « À vingt ans, les sentiments se produisent généreux ; à trente ans, déjà tout commence à se chiffrer, l'homme devient égoïste » (in Balzac, *Écrits sur le roman*, *op. cit.*, p. 96).

sert de base à tous les autres[59] » écrivait Rousseau. L'effondrement des droits positifs provoque celui des droits négatifs, en faisant revenir la liberté sociale à l'état de liberté naturelle, ce « droit illimité à tout ce qui le tente et qu'il peut atteindre[60] ».

La liberté naturelle est le règne de l'instinct, de l'abus de pouvoir et de l'avidité selon Rousseau. Alors que pour Vanehrs dans *Sténie*, elle est au contraire cette « liberté noble, la force du rayon primitif qui les contient toujours » (p. 134). Pour Félix, l'effondrement du contrat social se résout également en un relâchement positif qui prend toutefois la forme, non pas exactement de la liberté naturelle, mais plutôt d'une sorte de liberté naturelle adaptée à la seconde nature. « Puis tout à coup je rencontrai la femme qui devait aiguillonner sans cesse mes *ambitieux désirs* » (p. 983, c'est moi qui souligne). C'est ainsi que commence Félix lorsqu'il expose la signification de sa rencontre avec Madame de Mortsauf depuis son point de vue post-sentimental, en montrant d'emblée vers quels buts sociaux se dirigent ses désirs que l'on ne saurait réduire à un simple élan naturel.

De sorte que dans cette expérience sentimentale de l'adultère, Félix opère un déplacement du conflit sentimental qui ne s'apparente pas à son entière dissolution. Il reste pris dans l'opposition entre individuel et collectif, si ce n'est que l'opposition traditionnelle entre liberté individuelle et bien-être collectif se mue ici en opposition entre des individus poursuivant leur intérêt propre contre des figures autoritaires et répressives ; bref d'une lutte entre des principes, on est passé à une lutte entre des forces, des puissances contraires. En termes réalistes, cette dernière pourrait bien être la lutte « réelle », « matérielle », qui détermine les relations sociales, au contraire du conflit sentimental que les romans réalistes congédient pour idéalisme[61]. Cette lutte pour le pouvoir n'a que faire des absolus sans compromis de la tragédie ; ce qui importe désormais, ce ne sont plus des principes, mais comment chacun va

59 Rousseau, *Du Contrat social*, *op. cit.*, I, ch. 1, p. 41.

60 *Ibid.*, I, ch. 8, p. 186.

61 La critique qui s'oppose à Balzac dans les années 1830 et 1840 fait de ses intrigues sur le pouvoir et le compromis des intrigues proprement antisentimentales, en donnant au terme de « sentiment » un sens psychologique bien plutôt que littéraire. Ainsi Paul Gaschon de Molène remarque que « L'analyse de M. de Balzac corrompt et dégrade tous les sentiments auxquels elle s'attaque » (« Revue littéraire », *La Revue des deux Mondes*, 1842, 4e série, t. 29, p. 984).

pouvoir tirer au mieux son épingle du jeu. C'est ce que comprend bien Rastignac quand lui est révélé le « *jésuitisme du monde** » : « Être fidèle à la vertu, martyre sublime ! Bah ! tout le monde croit à la vertu ; mais qui est vertueux ? Les peuples ont la vertu pour idole ; mais où est sur la terre un peuple libre ? » (*Le Père Goriot*, p. 141).

Que Balzac puisse être tout à la fois royaliste et matérialiste, voilà qui a troublé la critique marxiste tout au long du XXe siècle[62]. Mais si l'on se place dans la perspective du sentimentalisme libéral, royalisme et matérialisme partagent un axiome important, commun également au réalisme : leurs paradigmes sont tous deux fondés sur la vie sociale comprise en termes de pouvoir, et non en termes de droit[63].

La transformation de la tragédie sentimentale opérée par Félix peut aussi se comprendre en termes narratologiques. En exposant le bien-être collectif en conflit avec la liberté individuelle sous la forme du désir luttant contre la répression de l'autorité, *Le Lys* thématise la genèse anti-sentimentale du conflit psychologique qui va structurer toute intrigue réaliste, selon les analyses formelles les plus récentes et les plus influentes[64]. Toutes ces analyses ont concouru à montrer que le conflit réaliste entre désir et loi offrait une structure narrative profondément anti-sentimentale en même temps qu'une idéologie elle aussi profondément anti-sentimentale. Dans la narration réaliste, le personnage est libéré du conflit entre les anciens absolus immuables pour entrer dans une lutte dirigée vers la seule poursuite de sa propre satisfaction.

Il n'y a sans doute pas de meilleur exemple de réécriture réaliste du conflit sentimental que dans la scène où Félix présente sa version du sacrifice sentimental. L'un des exemples classiques du sacrifice sentimental nous est offert par Frédéric lorsqu'il tente d'étouffer son amour pour

---

62 Et la réponse, de Lukács à Barbéris et Jameson fut toujours la même : l'homme avait des préjugés que le romancier ne connaissait pas.

63 « Aujourd'hui, Machiavel n'eût pas intitulé son livre : *le Prince*, mais *le Pouvoir*. Le Pouvoir, être moral, créature de raison, devant rester un et fort, est quelque chose de plus grand que le Prince étudié par le célèbre Florentin. Il y a progrès » écrit Balzac dans « Du Gouvernement moderne », *Le Catéchisme social, précédé de l'article* « Du Gouvernement moderne », textes établis et commentés par Bernard Guyon, Paris, La Renaissance du livre, 1933, p. 51. Disponible sur https://archive.org/stream/uninditdebalza00balz#page/4/mode/2up, consulté le 6 juin 2014.

64 Sur ce conflit, voir notamment *A Future for Astyanax* de Leo Barsani ; *S/Z* de Roland Barthes, *The Order of Mimesis* de Christopher Prendergast, *Reading for the Plot* de Peter Brooks, *L'Inconscient politique* de Fredric Jameson ainsi que *Breaking the Chain* de Naomi Schor.

Claire en vue du bien-être de tous dans *Claire d'Albe*. Lorsque Claire lui demande alors de ne pas accroître encore la situation conflictuelle dans laquelle elle se trouve en poussant leur relation vers une gratification d'ordre érotique, celui-ci lui répond : « N'oublie pas que le plus grand sacrifice dont la force humaine soit capable, tu viens de l'obtenir chez moi » (p. 89). Quand Madame de Mortsauf demande à Félix semblable sacrifice, que l'on pourrait croire du même ordre, sa réponse se gonfle d'un égoïsme d'un autre ordre. Car pour lui, la moralité de Madame de Mortsauf est un enjeu qu'il faut vaincre, non pas par la force brutale, mais par une stratégie dissimulée : « Il fallut la calmer, promettre de ne jamais lui causer une peine, et de l'aimer à vingt ans comme les vieillards aiment leur dernier enfant » (p. 1053)[65].

La stratégie de Félix ne sera jamais complètement payante. Elle connaît cependant un revirement mondain assez inattendu. Dans la reformulation balzacienne, le déni de soi sentimental se mue en un utile *dispositif** de construction de soi, permettant de mettre à l'épreuve la détermination de Félix et d'aiguiser ses capacités à nouer des relations avec autrui. Parti de l'apprentissage du sacrifice sentimental, Félix en vient donc à élaborer un désir sans cesse différé, en séduisant et manipulant les êtres afin de seconder ses vues, en lisant les interactions entre eux afin de les structurer à des fins personnelles et non pour leur seul contenu superficiel. Félix raconte à la hâte le triomphe social qui a fait de lui un homme brillant, « au sommet des affaires publiques » au tout début de son récit, ce dont nous n'avons nul besoin d'être convaincu parce que nous savons déjà quels sont ses talents pour ce qui est de la politique domestique, comme nous le voyons par exemple lorsqu'il s'attire les bonnes grâces de Monsieur de Mortsauf en jouant la passion pour le trictrac (p. 1106). Pour Félix, tout se résumera dans cette formule : « Plus tard, quand le rideau de la scène sociale se releva pour moi, combien de Mortsauf n'ai-je pas vus » (p. 1078-1079).

65 Prendergast observe ainsi que « Chez Balzac, la voie de la vertu est une affaire d' "investissement", de profit et de prix » (*The Order of Mimesis*, Cambridge, Cambridge University Press, 1986, p. 108). C'est aussi une affaire de pouvoir. Chez Stendhal, la vertu est également un « calcul de l'intérêt le plus personnel et le plus prosaïque » qui soit, ainsi qu'il l'écrit dans *De l'amour* (Paris, Bohaire, tome 2, 1833, Livre II, chapitre LVII, p. 154). Dans cette réécriture de la sentimentalité qu'est *De l'amour*, madame de Tourvel chez Laclos ne reste fidèle que « pour ne pas être brûlée en l'autre monde, dans une grande chaudière d'huile bouillante » (p. 155) ; ce qui ne vaut pas pour Julie qui est, elle, sauvée par Rousseau : « Combien Julie d'Étanges [...] n'est-elle pas plus touchante ? ».

De la tragédie sentimentale à l'éducation sentimentale : toute la critique matérialiste du « réalisme sérieux des temps modernes » au XXe siècle aura compris cette fracture insoluble entre l'individu et le collectif à la façon dont Stendhal et Balzac auront, en lançant leurs personnages dans le vaste monde, répondu à la Révolution française, elle qui avait démantelé toute une société d'ordres sans pour autant laisser dans son sillage un « substrat politiquement et socialement stable[66] ». « C'est alors seulement que le monde social qui l'environnait devint un problème pour lui[67] » : c'est ce qu'affirme Auerbach au sujet de Stendhal, affirmation que les critiques ultérieurs ont étendu à l'ensemble des personnages et des intrigues réalistes. Et pourtant, toute enquête archéologique sur le roman du tout début du XIXe siècle fait bien apparaître que le réalisme s'est approprié cette représentation du conflit, d'une part, en empruntant en ligne directe au roman sentimental bien plutôt qu'à la Révolution, pour transformer son dilemme éthique en un fait psychologique ; en empruntant d'autre part à la tragédie pour l'enrichir au besoin de situations brutales[68]. Mais, comme nous l'avons déjà vu, les chronologies politiques et littéraires ne se superposent pas si exactement et nettement qu'elles le font dans les reformulations des critiques qui prévalent. La fracture sentimentale entre l'individu et la société était d'abord apparue avec les « Lumières » libérales, qui ont elles-mêmes contribué à la Révolution, et ce n'est qu'ensuite que la Révolution a donné à cette fracture une nouvelle et plus profonde résonnance sociale.

66 Selon les termes mêmes d'Auerbach dans *Mimésis, La Représentation de la réalité dans la littérature occidentale* (1946), trad. C. Heim, Paris, Gallimard, coll. « Tel », 1968, p. 459.

67 *Ibid.*, p. 456.

68 Brooks témoigne par exemple de l'importance du conflit sentimental dans la configuration du réalisme quand il compare les intrigues réalistes du *Bildung* à l'éducation prodiguée dans les romans de la mondanité d'avant la Révolution. Pour Brooks, l'un des principaux effets littéraires de la Révolution est de transformer le monde en une zone de contradiction. Il écrit ainsi : « Est désormais requise une perception intelligente de ce que Marx appellera bientôt les contradictions de la société [...]. De telles contradictions n'existaient pas dans *le monde**, mais le système de la mondanité a été relégué dans des zones inconscientes – jusqu'à ce qu'elles ressurgissent avec plus de violence et dans toute leur réalité pendant la Révolution » (Peter Brooks, *The Novel of Worldliness*, *op. cit.*, p. 280). Comme tous les historiens de la littérature au XXe siècle, Brooks accorde à Balzac et Stendhal toute capacité à rendre littérairement compte des contradictions de la Révolution, établissant une généalogie de la mondanité qui saute littéralement de Laclos au réalisme, comme si entre temps et pendant quarante ans, il n'y avait pas eu un seul roman à même de rendre compte de la société émergeante.

La dette contractée par le réalisme à l'égard du conflit sentimental n'a pas pour seul effet de compliquer la *doxa* critique qui veut que le réalisme ait grandement émergé depuis la Révolution mais complique encore les conclusions critiques selon lesquelles le réalisme serait l'héritier littéraire direct de la Révolution. Si le réalisme peut être compris comme la réponse à une société « "ouverte", où tout est relatif et changeant[69] », cette situation est proprement postrévolutionnaire au sens où elle arrive bien *après* la Révolution. Le conflit réaliste entre désir et loi en vient davantage aux prises avec les conséquences de la Révolution qu'avec ce qu'elle se proposait et cela n'est possible qu'à la condition de trahir les idéaux révolutionnaires qui étaient restés intacts dans la tragédie sentimentale.

Dès lors que l'on découple le réalisme de la Révolution, il devient beaucoup plus facile de voir en quoi les poétiques réalistes répondent plus précisément aux changements sociaux qui s'opèrent sous la Monarchie de Juillet. Dans sa lutte pour la réussite, Félix fait l'expérience de l'ordre social sous un jour bien différent que ne le ferait un personnage sentimental. J'ai essayé de montrer combien dans le roman sentimental la position sociale du personnage était une donnée indiscutable ; ce qui importe, c'est comment le personnage conforte ou non les fondements moraux de la société. Dans *Le Lys*, au contraire, la position sociale est tout pour Félix ; sa trajectoire dans le roman raconte la métamorphose du jeune homme « pauvre, sans aucun avenir que mon courage et mes facultés » (1039) en l'un des plus proches de Louis XVIII. L'héroïsme éthique changé en ascension sociale permet à Balzac de faire porter l'attention du lecteur sur ce même point aveugle du libéralisme que nous avions déjà vu en jeu dans *Olivier* et dans *Armance* : les conséquences d'une division inégalitaire de la société.

Dans la politique du XIXe siècle, ce point aveugle ne le restera pas longtemps : le problème des classes sociales sera mis sur la scène politique par l'opposition libérale à la Restauration. Durant cette période, elle est d'abord comprise comme « la lutte du peuple contre les intérêts oppressifs des féodaux » avant de s'adoucir devant la promesse d'une solution avec le retour au projet de 1789[70]. Mais avec l'arrivée de Louis-Philippe au pouvoir, au contraire, la question de la division inégalitaire

69 Moretti, *The Way of the World*, *op. cit.*, p. 131.
70 François Furet, *Terminer la Révolution*, *op. cit.*, p. 84.

de la société vient se mêler de façon fâcheuse au débat politique et social et devient une question dont il est indubitable qu'elle est pour l'instant insoluble. Car la question est, après tout, une autre façon de nommer l'une des contradictions majeures de la Monarchie de Juillet, qui éclatera en de nombreux mouvements insurrectionnels avant de conduire à la fin du régime avec la Révolution de 1848 : celle qui tient en ce fossé monumental entre la légitimation symbolique par la Monarchie de Juillet des idéaux de la Révolution, et la réalité de ses structures politiques qui ont institutionnalisé un gouvernement par les privilèges de classes[71]. Cette contradiction sera encore exacerbée par l'expansion rapide du capitalisme industriel moderne durant les années 1830 et 1840, conjointe de l'essor spectaculaire de la classe émergeante des travailleurs et de son exploitation par le patronat, et qui mit sur le devant de la scène nationale le conflit entre les idéaux révolutionnaires et les pratiques sociales dans le domaine de la production économique[72].

71 Furet écrit que « Loin d'être une "glorieuse révolution" [...], Juillet 1830 ramène et approfondit tous les conflits nés en 1789 ; [...] il aggrave le caractère révolutionnaire de la culture politique française » en « associant à la liberté retrouvée la confiscation des droits politiques par les plus riches » (p. 146). Dans la vision néolibérale de Furet, cette contradiction fut fatale à la tradition démocratique française, puisqu'elle encourage « ce qu'elle a de moins libéral : un mixte de jacobin et de bonapartiste » en réponse au « spectacle de l'inégalité sociale » (146). Furet distingue la critique démocratique de la division sociale d'une « autre passion qui occupe à cette époque une place centrale dans les luttes civiles pour en durcir encore les traits : c'est celle qui tire sa substance [...] de l'idée de classe sociale » (146). Mais en nommant « une autre passion » le socialisme moderne qui émerge alors, Furet obscurcit le lien profond qu'elle entretient avec les versions historiques de la démocratie. Car les discours de la Monarchie de Juillet, qu'ils soient socialistes ou démocratiques, répondent en fait à la même contradiction spectaculaire entre les fondements symboliques du régime et son organisation sociale et économique réelle. Bien évidemment, le récit le plus influent en la matière pour comprendre l'émergence de classes sociales marquées par les conflits politiques de cette période, est celui que propose Marx dans sa théorie de l'histoire comme lutte des classes, qui doit tant aux tragédies politiques traversées par la France depuis 1789 et plus particulièrement au climat politique de « Paris, donc, cette vieille grande école de la philosophie [...] et cette nouvelle capitale du monde nouveau » durant les années 1830 et 1840, comme le dit cette lettre de 1843, Paris où Marx se prépare à partir, « parce que l'air d'ici rend nos esprits serfs et qu'en Allemagne, je ne vois absolument pas de champ pour une activité libre » (Karl Marx, Lettre à Arnold Ruge, Septembre 1843, disponible sur http://karlmarx.fr/documents/marx-1843-lettre-ruge.pdf page consultée le 12 juin 2014).

72 Selon Pierre Rosenvallon, « Le problème central des premières années de la Monarchie de Juillet est en effet celui de la séparation sociale. Les débuts de l'industrialisation ont aggravé les fractures du tissu social en même temps que la déception des espoirs réveillés par la Révolution de Juillet accroissait les tensions politique », Pierre Rosenvallon,

Mais pour un jeune homme plein d'ambition, cette contradiction entre les aspirations révolutionnaires et un régime de privilèges n'est pas nécessairement un problème, si on le résout vigoureusement. Bien que Félix soit né pour rester dans une obscurité sans fortune, ses aptitudes consommées lui ouvrent les portes d'un brillant avenir. En d'autres termes, l'intrigue réaliste du *Bildung* peut apparaître comme une réponse à la division sociale consistant à mettre de côté la revendication d'égalité prônée par le parti libéral et postulée comme le but de la politique progressiste de la Monarchie de Juillet, alors même que ses inégalités réelles sont dévoilées sous le masque de l'idéologie libérale. Dans une société conçue comme une « guerre des intérêts » (1092), le fort domine le faible, les carrières s'ouvrent aux talents, et la liberté est proportionnée bien plutôt qu'elle n'est accordée comme un droit humain fondamental.

VEUILLEZ DONC !

Cette expression de « guerre des intérêts » se trouve dans la bouche de Madame de Mortsauf, personnage a priori peu qualifié pour tenir un discours réaliste sur le monde comme il va. N'était que ce personnage, qui semble droit sorti d'un roman sentimental pour ce qui est de l'expression de son amour adultérin non consommé, nous raconte tout autre chose dès lors qu'il est question pour elle de faire comprendre les affaires du monde[73]. La première fois que Félix s'offre à devenir le précepteur de ses enfants, Madame de Mortsauf le met en garde contre ses impulsions sentimentales : « Votre cœur vous nuira. Je réclame, dès ce moment, le droit de vous apprendre certaines choses » (1067). Ces « choses », Madame de Mortsauf les distillera ensuite dans la lettre qu'elle écrit à Félix alors qu'il est sur le point de monter faire fortune à Paris, lettre qui devient pour lui un talisman dans sa réussite mondaine.

« La République du suffrage universel », in François Furet et Mona Ozouf, *Le Siècle de l'avènement républicain*, Paris, Gallimard, 1993, p. 371. Ce problème n'a fait qu'augmenter dans les années 1830-1840.

73 Rien ne semble devoir répondre mieux au paradigme sentimental que la définition de la vertu selon Madame de Mortsauf : « Si la vertu ne consiste pas à se sacrifier pour ses enfants et pour son mari, qu'est-ce donc que la vertu ? » (1163)

La lettre commence pourtant sur un mode sentimental, en refusant la théorie selon laquelle la société serait au service de l'intérêt individuel : « Expliquer la société par la théorie du bonheur individuel pris avec adresse aux dépens de tous, est une doctrine fatale » (1085). Au contraire, Madame de Mortsauf range le devoir au-dessus de tout : « la société ne s'expliquera donc à vos yeux que [...] par la théorie des devoirs » (p. 1086). Et pourtant, à la fin de sa lettre, madame de Mortsauf fait du respect du devoir la meilleure façon de se hisser tout en haut de la société contemporaine, celle de la Restauration. En glissant de l'opposition libérale entre le « bonheur individuel » et le « devoir » au mot d'ordre réaliste – à savoir le succès – elle finit par lui conseiller : « *Veuillez donc !* Votre avenir est maintenant dans ce seul mot, le mot des grands hommes » (p. 1096). Vautrin ne dirait pas mieux. Et il n'en voudrait pas à la comtesse pourtant royaliste de se saisir, de façon étonnante, de la figure de Napoléon comme d'un modèle en matière de domination sociale[74].

Comment comprendre ces apparentes contradictions entre les positions de Madame de Mortsauf à l'égard de la vie publique et sa soumission individuelle à l'éthique sentimentale ? Comment, à moins de se dire que Madame de Mortsauf n'est peut-être pas aussi sentimentale qu'elle ne le paraît ? Car l'héroïne sentimentale voit dans ces deux impératifs qui la déchirent des devoirs moralement et positivement établis. Ainsi Claire d'Albe ne saurait-elle trahir ses enfants parce qu'ils font partie des « devoirs sacrés » (99) auxquels elle se doit. Madame de Mortsauf, au contraire, dépeint à Félix le lien maternel sous les traits d'une passion toxique : « mon cœur est comme enivré de maternité » (1034). De même, jamais son devoir à l'égard de son mari n'est décrit en termes positifs, mais sous les espèces d'un saint martyre.

Madame de Mortsauf, quand il est question de son propre bonheur, ne le justifie pas non plus selon les termes d'un devoir moralement bien établi. Claire d'Albe avoue sans détour son amour, même quand elle insiste sur l'impossibilité de sa consommation. Madame de Mortsauf sublime au contraire son caractère érotique en mourant littéralement de jalousie. La manière qu'elle a de mourir en fait un personnage bien

---

74 « Vous savez combien Monsieur de Mortsauf haïssait Napoléon [...] ; eh bien, il l'admirait comme le plus hardi des capitaines, il m'en a souvent expliqué la tactique. Cette stratégie ne peut-elle donc s'appliquer dans la guerre des intérêts ? » (1092).

différent des héroïnes sentimentales : elle ne meurt pas, comme Claire, du choc produit par la collision des deux impératifs contradictoires, mais d'un refus des impératifs qui la tourmentent, refus qui prend la forme d'une anorexie.

Quels sont alors les motifs d'un personnage comme Madame de Mortsauf, s'ils ne sont ceux des « devoirs opposés » du roman sentimental ? Sur son lit de mort, débarrassée de « tous les déguisements sociaux » (p. 1202), son visage dévasté exprime « l'audace agressive du désir et des menaces réprimées » (p. 1200). Félix était déjà aussi explicite dans ce temps utopique où il aidait Madame de Mortsauf à prendre soin de son époux souffrant, et où celle-ci trouvait la situation gratifiante – nous raconte-t-il – parce qu'elle offrait : « un biais où se réunissaient la stricte observation *des lois* et le contentement de ses désirs inavoués » (p. 1131, c'est moi qui souligne). Ainsi, même l'héroïne la plus apparemment sentimentale qu'est Madame de Mortsauf se trouve être menée par ce qui fait l'essence du conflit réaliste ; il n'est alors plus si étonnant qu'elle soit à même de prodiguer de si bons conseils à Félix.

La tragédie de Madame de Mortsauf peut alors apparaître comme une polémique antisentimentale acerbe, du même acabit que celle qui délimite les contours des personnages féminins dans *Armance* de Stendhal. De la même façon, Madame de Mortsauf fait un usage massif du grand vocabulaire moral de la sentimentalité comme répression. Ses appels au devoir, à la vertu et au sacrifice viennent masquer son incapacité à se confronter au fait qu'elle soit partie prenante dans les conflits « réels » qui motivent tout comportement humain et que Balzac comme Stendhal comprennent en des termes psychologiques.

LE BUT DE TOUTES SES ACTIONS

Alors même que Félix poursuit ses « désirs d'ambition », Madame de Mortsauf, quant à elle, est paralysée par ses « désirs inavoués ». On pourrait être tenté de recourir à une explication genrée [*gender*] pour comprendre les relations diverses que Félix et madame de Mortsauf entretiennent à l'égard de leurs désirs, d'autant plus qu'il est certain que les romans réalistes ont tendance à privilégier les personnages féminins dans leur stratégie de dénigrement de la sentimentalité comme forme de répression. Mais dans le même temps, les romans de Balzac sont tout particulièrement emplis de personnages féminins qui ont perdu leurs illusions, si tant est qu'ils en aient jamais eues : les filles Goriot, Dinah de la Baudraye, Madame de Bargeton, la Comtesse Ferraud, la Duchesse de Langeais, Béatrix, la liste est loin d'être close. Les personnages masculins et féminins sont aussi capables les uns que les autres de se montrer fort habiles pour négocier avec « la culture d'un monde où les valeurs et les significations ne sont toujours que "relatives", puisqu'elles ne sont basées que sur les relations sociales de pouvoir et d'intimidation[75] » ainsi que le note Moretti. Le « genre » [*gender*] importe peu dans ce type de négociations : s'il affecte évidemment le type de carrière ouverte aux personnages féminins et masculins, il n'entre en rien dans leur capacité à s'engager dans la *Realpolitik* qui s'offre à eux.

Moretti est très éloquent quant à l'intrigue de la mobilité sociale qui vient tenter le héros ambitieux. Le monde comme il va offre pourtant des récompenses bien différentes aux personnages féminins. Alors qu'il ouvre « la possibilité de devenir "quelqu'un" » au jeune héros masculin, il enferme l'héroïne à l'intérieur du carcan de « la Famille et du Mariage », pour pasticher l'expression dont se sert Balzac dans l'un de ses roman de l'éducation sentimentale féminine, je veux parler ici de *La Muse du département*[76]. On diffère ici notablement du roman sentimental où il n'y a pas d'opposition genrée [*gender*] dans les carrières offertes aux personnages. Héros et héroïnes luttent de conserve contre les agonies de la subjectivité libérale dans l'univers clos de la romance sentimentale.

Balzac situe clairement la place de *La Muse du département* dans son opposition à la sentimentalité du début du XIXe siècle dans une lettre à madame Hanska où il explique que son roman est une réécriture d'*Adolphe*, mais « du côté du réel[77] ». Et l'intrigue réaliste de l'éducation sentimentale pourrait paraître encore plus « réaliste » que l'intrigue sentimentale du *double bind* en limitant les carrières ouvertes aux femmes à la famille, quand celle des hommes leur permet de se réaliser dans des

---

75 Franco Moretti, *The Way of the World*, *op. cit.*, p. 131.

76 Balzac, *La Muse du département*, *op. cit.*, p. 227.

77 *Lettres à Mme Hanska*, 19 mars 1843, éd. R. Pierrot, Paris, Les Éditions du Delta, 1968, t. II, p. 179, cité dans la Préface de Patrick Berthier à *La Muse*, *op. cit.*, p. 24.

carrières professionnelles, politiques. Par cette distinction, le réalisme révèlerait la profonde inégalité de conditions entre les hommes et les femmes, éludée de l'univers sentimental, et de la sorte, contribuerait à poursuivre la critique de la sentimentalité, si centrale pendant les débats de la Monarchie de Juillet concernant les modalités progressistes plutôt que conservatrices du roman.

Il y a du vrai là-dedans. Mais ce serait sans compter avec la misogynie de Balzac. Car pour lui, l'essence de l'ambition féminine tient dans la gratification romantique, que ce soit pour Dinah dans *La Muse du département* ou Madame de Mortsauf dans *le Lys* (et plus ponctuellement dans une version mêlée de la gratification romantique et de la position sociale élevée comme avec les filles Goriot)[78]. « Être aimée est le but de toutes ses actions ; exciter des désirs, celui de tous ses gestes » explique Balzac quand il définit la « Femme » dans sa *Physiologie du mariage*, où il discrédite, dans ce sous-genre alors populaire de l'ethnographie non-narrative, le paradigme sentimental des relations humaines dans ces années qui séparent *Sténie* de l'invention des codes réalistes (1824-1829)[79].

Que l'intrigue balzacienne soit celle d'une éducation sentimentale féminine considérée « du côté du réel » va de pair avec le fait que l'héroïne sentimentale « réelle » pour ne pas dire réaliste n'est autre que *la femme de trente ans**. Balzac n'a pas hésité à faire de cette figure l'une de ses grandes réalisations littéraires et la critique de son temps ne s'y est pas trompée. Sainte-Beuve a bien remarqué que « la théorie de la femme de trente ans, avec tous ses avantages, ses supériorités et

78 On pourrait trouver des contre-exemples – dont Renée de l'Estourade fait partie, puisqu'elle parvient à faire d'un mariage de convenance une étape vers le succès public – lesquels dialoguent avec cette vérité fondamentale concernant la féminité dans *La Comédie humaine*, de la même façon que Renée dialogue de son côté avec Louise, femme par excellence selon la définition qu'en donne Balzac dans *Mémoires de deux jeunes mariées*.

79 Honoré de Balzac, *Physiologie du mariage*, in *Comédie humaine*, t. XI, Gallimard, Bibliothèque de la Pléiade, p. 924. À cet égard, on peut considérer la *Physiologie du mariage* comme une sorte d'équivalent balzacien au *De l'Amour* de Stendhal. Dans sa *Physiologie*, Balzac commence par retrancher le nombre de femmes capables de susciter l'amour. Après avoir établi que la France devait compter environ quinze millions de femmes, il déclare : « Nous commencerons par retrancher de cette somme totale environ neuf millions de créatures qui, au premier abord, semblent avoir assez de ressemblance avec la femme, mais qu'un examen approfondi nous a contraint de rejeter ». Car « ces créatures [ont] les mains noires comme celles des singes, la peau tannée comme les vieux parchemins » (924). Or, la logique arithmétique de Balzac est basée sur une définition de la féminité où la femme est considérée selon son âge et sa classe ; aussi une femme « se reconnaît généralement à la blancheur, à la finesse, à la douceur de sa peau » et ainsi de suite (924).

ses perfections définitives, ne date que d'aujourd'hui. M. de Balzac en est l'inventeur, et c'est là une de ses découvertes les plus réelles dans l'ordre du roman intime[80] ». Pourtant, dans la perspective de la sentimentalité propre au XIXe siècle, la femme de trente ans se trouve être une héroïne sentimentale dénuée de toute grandeur morale. Elle particularise parfaitement l'universalisme sentimental, mais sa conception spécifiquement féminine du bonheur est aussi éloignée de l'expérience historique des femmes que l'est l'utilisation par le roman sentimental des femmes pour incarner les impasses de la subjectivité libérale, comme cela apparaît plus clairement quand nous considérons paradoxalement comme plus « réaliste » la représentation des vies des femmes que l'on trouve dans le roman sentimental social. Le mouvement réaliste qui consiste à spécifier la féminité en la réduisant à un désir d'être aimée a encore le défaut d'abaisser les souffrances du personnage féminin. Les romans réalistes en veulent ainsi souvent à leurs héroïnes de n'avoir pas beaucoup d'ambition quand les romans sentimentaux font des souffrances de leurs héroïnes un exemple destiné à la compassion et à l'admiration de leurs lecteurs.

CE QUE J'ENTENDS PAR [FAIRE] DES SACRIFICES

Ce mélange de compassion et d'admiration à l'égard du personnage est essentiel au lien empathique que la sentimentalité établit entre le lecteur et son texte. *Le Lys dans la vallée* envisage ce lien à sa façon dans sa prise à partie de la forme sentimentale : ce lien empathique est le maître mot de la structure narrative toute entière puisqu'elle nous

80 Sainte-Beuve, « M. de Balzac », *Causeries du lundi*, t. II, Paris, éd. Garnier Frères, s. d., p. 446. Il est étonnant de voir que Sainte-Beuve, comme Balzac, utilise ce terme de « réel » pour comparer l'intrigue balzacienne de l'éducation sentimentale des femmes à l'état antérieur « du roman intime ». Par ce qualificatif, l'un et l'autre des écrivains entérinent l'usage réaliste de ce terme de « réel » permettant de désigner la vie sociale en termes de pouvoir. Surtout, cet usage réalise l'équation réaliste de la réalité et de la sexualité féminine comme certains travaux féministes récents sur le XIXe siècle réaliste français l'ont bien montré. Voir par exemple Naomi Schor, *Breaking the Chain* ; Emily Apter, *Feminizing the Fetish* ; Dorothy Keller, *Fictional Genders*, Janet Beizer, *Ventriloquized Bodies* et enfin Jane Matlock, *Scenes of Seduction*.

présente l'éducation sentimentale de Félix, et surtout ses efforts pour conquérir la main de la femme qu'il aime en partageant avec elle tout son passé : « Aujourd'hui tu veux mon passé, le voici » (969) déclare Félix à Natalie de Manerville, la femme dont il est amoureux, avant d'ajouter : « J'ai d'imposants souvenirs ensevelis au fond de mon âme [...], ces anciennes émotions [...] me font tant de mal quand elles se réveillent trop soudainement » (970). En choisissant de faire de son passé douloureux un secret qu'il ne divulgue que pour accroître encore la confiance partagée avec sa future femme, Félix agit à la façon d'un personnage typique du roman sentimental. Il n'y aurait ainsi qu'à comparer sa façon de s'exprimer à la façon dont Edouard structure sa propre histoire dans le roman du même nom de Duras : « Tenez, [...] ma promesse est accomplie, vous ne vous plaindrez plus qu'il n'y a pas de *passé* dans notre amitié ; lisez ce cahier [...]. On croit ses souvenirs ineffaçables, et cependant quand on va les chercher au fond de son âme, on y réveille mille nouvelles douleurs[81] ».

En outre, Félix continue à solliciter l'empathie de Natalie au cœur même de son récit, en utilisant bien des codes sentimentaux, comme l'analyse du cœur humain ou encore les expressions de l'empathie dans les moments où les conflits moraux sont les plus tendus. Pour rendre son statut « intéressant », il en vient également à s'identifier aux héros sentimentaux aussi bien qu'aux héros romantiques dont le *mal du siècle** doit beaucoup à l'expression des souffrances sentimentales : « Génies éteints dans les larmes, cœurs méconnus, saintes Clarisse Harlowe ignorées [...] vous seuls pouvez connaître l'infini de la joie au moment où pour vous un cœur s'ouvre » (p. 1038)[82]. Seul problème dans cette demande de sympathie de la part de Félix, c'est son histoire bien antipathique en elle-même... Et ce problème, sa première lectrice Natalie est loin de l'ignorer : « Votre air de chevalier de la Triste Figure m'a toujours beaucoup intéressée [...] mais j'ignorais que vous eussiez tué la plus belle et la plus vertueuse des femmes à votre entrée dans le monde » (p. 1228), « vous avez eu pour votre début une adorable femme, une maîtresse parfaite [...] qui ne vous demandait que d'être fidèle, et vous l'avez fait

81 Claire de Duras, *Édouard*, in *Ourika, Édouard* et *Olivier ou le secret*, *op. cit.*, p. 104.

82 Comme dans le roman sentimental, le Romantisme met en jeu les apories libérales, ainsi que Waller l'a montré dans *The Male Malady*. Sur les relations entre le romantisme et le libéralisme dans un contexte britannique, voir Céleste Langan, *Romantic Vagrancy*.

mourir de chagrin ; mais je ne sais rien de plus monstrueux. [...] Pauvre femme ! elle a bien souffert, et quand vous avez fait quelques phrases sentimentales, vous vous croyez quitte avec son cercueil » (p. 1227-1228). Des sentiments aux « phrases sentimentales », Natalie montre assez combien Félix a converti les valeurs sentimentales en simple rhétorique, tout principe en une langue entièrement dévolue au pouvoir.

Mais si Félix échoue à susciter la sympathie, il offre pourtant des consolations d'un autre genre. Il a beau trahir la sentimentalité au point de tuer madame de Mortsauf, sa narration permet à Natalie d'être en mesure de ne pas commettre une erreur semblable à la sienne : « Voici sans doute le prix qui attend ma tendresse pour vous » (p. 1228) répond ainsi Natalie à l'histoire de Félix quand elle commence à comprendre le profit qu'elle peut en tirer, dans une conception plus économique que sentimentale des choses. On pourrait dire en cela que Natalie est une bonne lectrice, puisqu'elle prend au pied de la lettre le contrat de lecture imposé par Félix au tout début : « Je voudrais que ma confidence *redoublât* ta tendresse » (p. 970, c'est moi qui souligne). C'est bien de cela qu'il est question : s'il lui offre son passé, ce n'est pas par intérêt sentimental, mais bien plutôt à des fins d'enrichissement personnel : son histoire en l'échange de sa main[83]. La relation entre Natalie et Félix devient alors exemplaire du contrat narratif réaliste, comme la critique l'a magistralement montré depuis les analyses de Barthes. Le savoir que Natalie retire du récit de Félix vient ainsi compenser tous les marchés truqués de l'intrigue aussi bien que le marché que le personnage principal du récit lui propose[84].

---

83 Cette distance entre l'échange et le lien empathique se mesurera d'autant mieux si l'on compare la demande de Félix aux lignes d'*Édouard* de Duras où le personnage livre son histoire au lecteur : « Lisez ce cahier, mais ne me parlez pas de ce qu'il contient ; ne me cherchez même pas aujourd'hui, je veux rester seul » (104). En refusant brusquement toute empathie avec son lecteur, Édouard montre par là qu'il n'a aucun intérêt personnel en jeu dans le fait de « partager » son histoire, ce qui permet en retour d'accroître encore l'intérêt sentimental du lecteur pour son récit.

84 Prendergast remarque que lorsque les contrats entre personnes sont sujets à caution, le discours balzacien commande une « confiance complète de la part du public [...]. L' "expertise" balzacienne est impeccable, tout se trouve là où il doit être, selon le bilan pleinement responsable de la vérité ». Ce qui n'empêche pas pour autant Prendergast de montrer également qu'il est des moments où Balzac lui-même ne peut pas tenir en échec l'instabilité traîtresse des valeurs et de la signification dans la société capitaliste (*Mimesis*, *op. cit.* p. 102). Voir également *Discourse/Counter-Discourse* de Richard Terdiman, pour un discours nuancé sur le lien entre l'instabilité sémiotique des récits d'éducation balzaciens et l'essor contemporain du capitalisme moderne.

Autrement dit, par la forme même que prend le récit de l'éducation sentimentale de Félix, Balzac suggère que le contrat réaliste passé entre le lecteur et le texte s'opère dans une réappropriation et un déplacement du lien empathique propre à la sentimentalité. Cette réécriture permet à l'intrigue réaliste de naître dans une structure poétique qui se charge d'une signification politique profonde. Car le lien empathique, ainsi que nous l'avons vu, peut apparaître comme une consolation esthétique aux impasses du contrat social. Ce lien est comme le ciment qui forge la communauté esthétique, en transformant les difficultés posées par le contrat social en une négociation entre les droits positifs et négatifs issus de l'impasse politique, pour les comprendre en terme de plaisir esthétique. La transformation réaliste du lien empathique retravaille l'idée de consolation en en poursuivant le programme conservateur, en même temps qu'il fait la critique de la sentimentalité au niveau de l'intrigue. L'échange privé de savoir entre le texte et le lecteur est tout ce qui reste de la communauté sentimentale quand le contrat social n'obtient plus rien dans une société conçue comme une « guerre des intérêts[85] ». Plutôt que de chercher à transformer la situation, le contrat réaliste permet au lecteur de la dominer, depuis le confort de son fauteuil ; il s'agit là d'une structure littéraire fondée sur « l'interpénétration du *savoir* et du *pouvoir*[86] ». La grande consolation du contrat réaliste repose sur son honnêteté. Que les protagonistes échouent ou réussissent dans leurs luttes propres importe peu, pourvu que le savoir et la pénétration du lecteur puisse grossir à chaque page[87].

Il n'y pas en effet de relation sociale plus importante, selon la critique récente du réalisme, que la relation contractuelle. Celle-ci, pour théoriser l'idée de contrat réaliste, s'est plus particulièrement penchée sur deux

85 Selon Prendergarst, « la notion de contrat "[réaliste]" signifie exactement l'inverse de ce que l'on entend par "sociabilité" et des notions afférentes de confiance et de compréhension mutuelle » (*Mimesis*, *op. cit.*, p. 85). Prendergast note encore que Balzac maintient cette sociabilité vivante dans le salon de mademoiselle des Touches. Ce qui corrobore l'idée selon laquelle Balzac était bien conscient de cette relation antagoniste entre le contrat réaliste et la communauté sentimentale, puisque Félicité des Touches, aussi connue sous le pseudonyme de Camille Maupin, n'est autre que la transposition romanesque de George Sand dans *La Comédie humaine*. Ainsi que nous le verrons, cette communauté empathique reste essentielle à l'accomplissement de l'idéologie du roman sentimental social.

86 Terdiman, *Discourse/Counter-Discourse*, *op. cit.*, p. 83.

87 Pour une analyse en profondeur de la relation complexe qu'entretient le contrat narratif réaliste avec l'intrigue réaliste de l'éducation, voir Moretti (*The Way of the World*), Terdiman et Prendergast.

formes de contrat : le contrat linguistique hérité de Saussure d'une part, et les échanges irréguliers entre individus qui caractérisent le capitalisme dans sa forme la plus pure d'autre part. Mais ils ont oublié le dialogue que le contrat réaliste entretient avec le contrat social, entendu moins comme il a d'abord été étroitement défini par Rousseau, que tel que la Révolution s'en est servi pour donner forme à son projet d'instituer un gouvernement rationnel qui respectât à la fois les droits positifs et négatifs[88]. Oubli surprenant, si l'on se souvient de l'attention que Balzac lui-même accordait à ce dialogue dans le plupart des exemples les plus connus du *credo* réaliste, ou même dans *Le Lys*.

Rappelons-nous de ce que Vanehrs déclarait dans *Sténie* : « Malheur à ceux qui consentent au contrat social, malheur à toi, malheur à moi ; à cet instant l'homme n'est plus. Sa volonté expire, il perd ses droits et la société ne les lui rend que décomposés » (p. 134). Quinze ans plus tard, on retrouve le discours de Vanhers dans celui de cet autre grand rebelle, Vautrin : « Un forçat de la trempe de Collin, ici présent, est un homme moins lâche que les autres, et qui proteste contre les profondes déceptions du contrat social » (p. 234). La foi de Vautrin en une forme alternative de relation sociale est centrale dans son mouvement de contestation de l'ordre et c'est là où le contrat narratif réaliste peut se déployer. Car ce contrat consiste entre un échange privé, dépourvu de morale, entre individus exceptionnels à fin de dominer la société pour son propre profit, ainsi que le réalisme le présente à ses lecteurs, et Vautrin à Rastignac.

Le détail des propositions amorales de Vautrin à Rastignac sont bien connues : le premier conseille cyniquement au second de courtiser « une pauvre fille malheureuse et misérable » et de donner l'illusion qu'il sacrifie ses ambitions sociales par amour (p. 142). Vautrin se débrouillera ensuite pour rendre le couple richissime après avoir assassiné le frère de la jeune fille, seul obstacle entre celle-ci et la fortune paternelle, à condition bien sûr que Rastignac partage sa fortune avec Vautrin. Ce qu'on commente moins, c'est le fait que l'alternative au contrat

88 Prendergast fait ainsi complètement l'impasse sur la Révolution quand il assure que Balzac rejette « le Contrat Social et sa transformation ultérieure, le Code Napoléon » considérés comme des « fictions vides de sens » (*Mimesis*, *op. cit.* p. 96). Lorsqu'au contraire on parvient à comprendre le réalisme comme tout droit sorti du paradigme sentimental, la fiction du contrat social n'apparaît plus comme vide, mais au contraire comme un trop-plein, notamment chez Balzac.

social que propose Vautrin avec emphase se bâtit comme une négation complète des valeurs sentimentales. La proposition de Vautrin, après tout, repose sur le geste sentimental par excellence : le sacrifice, dont Vautrin détourne l'affirmation sublime de la communauté pour en faire une stratégie planifiée d'un égoïsme caché derrière la banalité de la vie de tous les jours : « Ce que j'entends par des sacrifices, c'est vendre un vieil habit afin d'aller au Cadran-Bleu manger ensemble des croûtes aux champignons » (p. 137). Le sacrifice n'est pour Vautrin comme pour Félix qu'une ruse, que Vautrin considère comme du simple « bon sens ». « Viennent des millions à cette jeune fille, elle vous les jettera aux pieds [...] "Prends mon bien-aimé ! Prends, Adolphe ! Alfred ! Prends, Eugène" dira-t-elle si Adolphe, Alfred ou Eugène ont eu le bon esprit de se sacrifier pour elle » (p. 136).

Ce scenario imaginaire illustre bien à quel point Balzac associe le contrat social à la sentimentalité, puisque Vautrin formule la réalisation de son contrat asocial en des termes qui parodient les codes sentimentaux. Et le tableau atteint des sommets quand l'héroïne inventée par Vautrin parle la langue emphatique du roman sentimental dans ce point culminant où tous les efforts moraux viennent finalement récompenser un héros dont le prénom à deux syllabes commence par une voyelle, comme c'est toujours le cas dans les romans sentimentaux, que l'on songe à Eugène de Rothelin, Adolphe ou Oswald. Mais dans le traître monde du réalisme, il n'y a plus aucune communauté à même de garantir la stabilité des signifiants : malgré son nom, Eugène de Rastignac n'est pas un nom substituable à un autre dans la liste des personnages vertueux. Bien qu'il réponde : « Silence, monsieur [...]. En ce moment le sentiment est toute ma science » (p. 140), on sait que sa réponse perdra bien de sa sentimentalité à la toute fin du roman.

Ce n'est par contre pas un hasard si Rastignac utilise ce mot de « science » qui nous indique la violation des codes sentimentaux à venir. Le réalisme charrie une connaissance professionnelle et scientifique de la société qui diffère aussi substantiellement de cette espèce de savoir social que l'on trouve dans les romans sentimentaux, que de la forme de contrat qu'elle délivre. Si les romans sentimentaux étaient fameux pour leurs peintures de la société, j'ai expliqué ce succès par le lien empathique qu'ils tissent avec leur lectorat. Les romans sentimentaux, comme je l'ai montré, dévoilent les contradictions éthiques qui sous-tendent la société libérale. Alors qu'au contraire, le savoir distillé par le contrat réaliste est encyclopédique, comme l'ont montré, chacun à sa façon, Barthes, Hamon, D. A. Miller et Prendergarst. On pourrait citer ce dernier : « À la façon des archives de la police décrites dans *Splendeurs et Misères des courtisanes*, les romans de Balzac inaugurent et remplissent les archives de la vie moderne, couvrant et enregistrant tout ce qui dans l'*Avant-propos* se nommait le "sens caché" de la réalité[89] ». Comme la comparaison foucaldienne de Prendergast le révèle bien, le savoir encyclopédique est d'abord un moyen de domination. Le contrat réaliste prolonge ainsi la compréhension réaliste de la société en tant qu'elle est fondée sur les relations de pouvoir dans la forme même du savoir qu'elle délivre aussi bien que dans la façon dont elle structure les compensations que le lecteur y trouve.

J'ÉCRIS POUR LES HOMMES ET NON POUR LES JEUNES FILLES

Pendant les années 1830 et 1840, critiques aussi bien qu'écrivains ont associé le roman réaliste à un point de vue masculin. Cette manière genrée [*gendering*] de considérer le genre littéraire peut s'expliquer par le fait que l'approche encyclopédique dont se réclame le réalisme pour sa représentation de la société se caractérise essentiellement par des renvois à des professions exercées presque exclusivement par des hommes. L'*Avant-Propos* s'ouvre ainsi par une comparaison entre les méthodes de *La Comédie humaine* et les investigations des plus grands savants des dernières décennies. De sorte que l'*Avant-Propos* parvient à annexer au roman les savoirs de l'historien, de l'archéologue, du philosophe, du bureaucrate autant que du théoricien politique.

Ce glissement de *genre* [*gender*] à genre particulièrement visible quand on s'intéresse aux métiers invoqués l'est encore plus si l'on recontextualise les revendications balzaciennes dans le contexte des lieux communs littéraires où elles émergent. Pendant la première moitié du XIXe siècle, la critique a associé les codes sentimentaux à une peinture de l'intimité,

89 Prendergarst, *Mimesis*, *op. cit.*, p. 102.

une observation attentive de la vie privée où les femmes excellaient. Le compte rendu déjà cité de *Vanina d'Ornano* vient témoigner de ce lieu commun : « On a dit que l'amour, simple épisode de l'existence des hommes, était l'existence toute entière des femmes. Le roman doit être dès lors pour elles ce que l'histoire est pour nous [...]. Cette branche de la littérature leur appartient elle n'existe que par elles et pour elles [...]. Si l'histoire tient un registre fidèle de tous les événements de la vie publique [...], la vie intérieure est dévolue au roman, le foyer domestique constitue son domaine[90] ». Aussi, quand l'*Avant-Propos* se propose d'écrire « l'histoire oubliée par tant d'historiens, celles des mœurs » (287), il déplace la capacité à représenter la vie intérieure d'un discours typiquement féminin à une expertise spécifiquement masculine[91]. Ce qui laisse alors ouverte la voie pour contester au roman sentimental la suprématie des femmes en la matière.

La longue description faisant figure d'autorité est sans doute la forme la plus importante de cette transmission réaliste du savoir encyclopédique[92], d'autant plus quand elle associe de façon polémique savoir social et masculinité. Pour poser la scène qui ouvre *Le Rouge et le noir* avec toute l'autorité descriptive nécessaire, Stendhal construit un narrateur à

90 « *Vanina d'Ornano*, par Mme *** », s. n., *Le journal des débats*, 27 septembre 1825, p. 3.

91 Victor Hugo ne fait pas autre chose du savoir encyclopédique considéré comme le partage des hommes quand, dans *Notre-Dame de Paris*, il exclut les lectrices des chapitres du roman consacrés à l'architecture et à l'histoire. Son célèbre chapitre sur la cathédrale et le livre commence ainsi : « Nos lectrices nous pardonneront de nous arrêter un moment pour chercher quelle pouvait être la pensée qui se dérobait sous ces paroles énigmatiques de l'archidiacre : *Ceci tuera cela. Le livre tuera l'édifice.* » (Victor Hugo, *Notre-Dame de Paris*, vol. IV, *Œuvres complètes*, Paris, Le Club français du livre, 1967, livre V, chap. III, p. 136. On retrouve encore cette position chez les commentateurs de Hugo, pour qui : « Les femmes comprendront les fines analyses, la passion et la rêverie [...] Nous ne croyons pas qu'il y en ait une qui, en lisant *Notre-Dame de Paris*, n'ait passé les chapitres d'architecture. » (A. Vaquerie, « Par qui la critique devrait être faite », *La France littéraire*, s. n., 1840, p. 67.) Le roman historique fut un autre des sous-genres à tenter de rivaliser avec le savoir encyclopédique, mais il perdit la bataille pour dominer le genre romanesque au milieu des années 1830. Cependant, quand Hugo exclut ses lectrices de certains chapitres de son roman, il indique peut-être aussi une raison du manque de succès du roman historique à cette période : car le sous-genre hésite entre une intrigue gothique ou sentimentale et de larges chapitres au savoir encyclopédique, mais sans jamais parvenir à fondre ces deux tendances en une poétique homogène et cohérente. Une telle hésitation l'éloigne davantage encore du réalisme où la découverte d'un savoir soutient la construction de l'intrigue même.

92 Sur les prétentions encyclopédiques de la description réaliste, voir la remarquable *Introduction à l'analyse du descriptif* de Philippe Hamon.

la psychologie singulière : c'est l'homme du monde blasé[93]. Balzac use d'un stratagème similaire lorsqu'il prend un Parisien mondain comme lecteur rêvé à qui adresser ses descriptions qui font autorité : « Ces observations, incompréhensibles au-delà de Paris, seront sans doute saisies par ces hommes d'étude et de poésie qui savent en récolter, en flânant dans Paris, la masse des jouissances flottantes, à toute heure, entre ses murailles[94] ».

C'est généralement sur la description qu'insiste la critique contemporaine quand elle représente le projet réaliste encyclopédique en des termes masculins. Si, pour citer Bernard Weinberg, Balzac est généralement considéré en son temps comme un « anatomiste disséquant à l'aide du microscope et du scalpel, [parce que] l'analogie avec les sciences médicales est constante », les descriptions occupent une place de choix dans cette pratique balzacienne de la dissection[95]. Parfois même ces descriptions sont créditées d'une expertise professionnelle absolue dont Balzac se réclame. Ainsi, dix ans avant l'*Avant-Propos*, le critique Édouard Charton pouvait-il écrire : « Face à un paysage, il décrit comme un géologue, un astronome, un physicien les irrégularités du terrain, la luminosité du ciel, les caprices des nuages et du vent. Devant une maison, il contemple, en architecte, en sculpteur ou en plâtrier, la forme du toit, les contours des portes et des fenêtres [...] Il est Protée. Il possède toujours le terme technique, le geste analytique[96] ». La description est donc bien associée à des professions masculines jusque dans la rhétorique des critiques, même quand ils lui reprochent son attention excessive au détail et de n'être qu'un « commissaire-priseur » qui prépare son « inventaire[97] ».

---

93 Au contraire de Balzac cependant, Stendhal emploie parfois la méthode de la « touche légère » qu'il admire. Voir par exemple « Walter Scott et la Princesse de Clèves » de Stendhal, pour qui ces deux auteurs, Scott et La Fayette, indiquent : « les deux extrêmes en fait de roman. Faut-il décrire les habits des personnages, le paysage au milieu duquel ils se trouvent, les formes de leur visage ? ou bien fera-t-on mieux de peindre les passions et les divers sentiments qui agitent leurs âmes ? Mes réflexions seront mal accueillies. Une immense troupe de littérateurs est intéressée à porter aux nues Walter Scott et sa manière. » (Stendhal, *Mélanges de littérature*, vol. III, éd. H. Martineau, Paris, le Divan, 1933, p. 305-306.)

94 Honoré de Balzac, *Ferragus*, in *La Comédie humaine*, t. II, Paris, le Club Français du livre, 1966, p. 388.

95 Bernard Weinberg, *French Realism*, *op. cit.*, p. 42.

96 Édouard Charton, compte rendu des *Cent contes drolatiques*, dans *La Revue encyclopédique*, mars 1832, cité par Bernard Weinberg, *French Realism*, *op. cit.*, p. 36.

97 Bernard Weinberg, *French Realism*, *op. cit.*, p. 39.

Par ailleurs, la critique présuppose également, lorsqu'elle commente des romans écrits par des femmes où la description est absente, que celle-ci charrie des connotations masculines. Dans ces comptes rendus, l'absence de description réaliste est signe que l'auteur est une femme : « Les romans écrits des femmes sont plus clairs ; ils ont ce mérite que s'ils ne font pas toujours bien connaître ou le temps ou le pays qu'ils veulent retracer, ils font toujours connaître l'auteur », écrit un critique qui fait la recension du roman historique en 1835[98]. Même si pour ce critique, l'absence de description réaliste fait essentiellement écho à la personnalité féminine de l'auteur, cette absence est aussi cohérente poétiquement parlant, puisque la « touche légère » est un code sentimental clé. Et le fait que les femmes aient dominé le roman sentimental dans la période précédant le réalisme renforce encore le soupçon de féminité dans des textes d'où la description réaliste est absente. Une telle confusion entre genre [*gender*] et sous-genre facilite de fait la masculinisation des textes où apparaît une description réaliste. Ainsi, quand Girault de Saint-Fargeau distingue les romans écrits par des femmes et emplis par les « sentiments, la sensibilité, même le vague de l'expression [qui] ont été pour elles des moyens de succès », des romans écrits par des hommes et qui contiennent « les sciences mêmes dans leurs détails les plus minutieux », il ne fait que relayer l'idée que la poétique sentimentale a récemment été dominée par les femmes, et que le réalisme est censé charrier un savoir encyclopédique associé aux hommes[99].

Et dans les faits, Balzac n'hésite parfois pas à pratiquer la description réaliste dans des termes parfaitement antisentimentaux. Pour ne prendre qu'un exemple, il suffit de considérer le très long blason de Madame de Mortsauf dans *Le Lys dans la vallée* qui court sur des pages et des pages. Comme dans le roman sentimental, le blason se situe dans l'intrigue au moment où l'héroïne devient objet du désir du héros. Mais ici le blason vient inverser complètement le mouvement sentimental qui part du physique pour s'élever dans l'idéal, en démontrant de manière outrée que le physique et tout particulièrement le détail visuel détient seul la clé de l'appartenance sociale et de la vérité du désir. Cette inversion

---

98 Compte rendu de « *Corisande de Mauléon*, ou *le Béarn au* XV*e siècle* ; par l'auteur de *Natalie* », *Journal des Débats*, 9 oct. 1835, p. 3.

99 Girault de Saint-Fargeau, *Revue des romans*, *op. cit.* vol. I, p. vi. Disponible sur https://archive.org/stream/revuedesromansr00fargoog#page/n11/mode/2up, page consultée le 3 juillet 2014.

atteint son point culminant quand Félix transforme le lieu commun sentimental selon lequel la vue ne saurait rendre justice à la beauté de l'âme. Alors qu'un Frédéric s'élève contre le portrait qui est fait de Claire : « Non, non, des traits sans vie ne rendront jamais Claire ; et là où je ne vois point d'âme, je ne puis la reconnaître » (59), Félix, tout au contraire, fait grand cas de l'apparence visuelle de madame de Mortsauf comme d'un aspect irrésistible de sa personne excédant toute représentation imaginable : « Ses qualités visibles ne peuvent d'ailleurs s'exprimer que par des comparaisons » (997)[100].

Balzac assigne dans une visée polémique une place à la description comparable à celle qu'il accorde notamment dans une « Note » à la première édition des *Scènes de la vie privée*, aux « détails », terme qui est alors fréquemment employé pour désigner la description, et dont il fait sa grande innovation littéraire et l'avenir du roman en tant que forme : « La marque distinctive du talent est sans doute l'invention. Mais, aujourd'hui que toutes les combinaisons possibles paraissent épuisées [...], les détails seuls constitueront désormais le mérite des ouvrages improprement appelés *Romans*[101] ». Cette « Note » vient ajouter des précisions à la « Préface » qui proclamait que les *Scènes de la vie privée* entendaient livrer une bataille à mort contre le sous-genre sentimental : « Cet ouvrage a donc été composé en haine des sots livres que des esprits mesquins ont présentés aux femmes jusqu'à ce jour. Que l'auteur ait satisfait aux exigences du moment ou de son entreprise... c'est un problème qu'il ne lui appartient pas de résoudre. Peut-être retournera-t-on contre lui l'épithète qu'il décerne à ses devanciers. Il sait qu'en littérature, ne pas réussir, c'est périr ; et c'est principalement aux artistes que le public est en droit de dire : VAE VICTIS[102] ! ». Pointer du doigt les prédécesseurs qui ont écrit pour un public féminin, c'est tacitement les identifier aux romanciers sentimentaux, quand bien même le sous-genre n'est

100 Le blason commence ainsi : « Mes yeux furent tout à coup frappés par de blanches épaules rebondies sur lesquelles j'aurais voulu pouvoir me rouler » (984). Les contemporains de Balzac ont surtout noté le parti pris de Balzac dans cette description en insistant sur son caractère incompréhensible plutôt que sur le savoir ainsi transmis. « C'est le plus ébouriffant échantillon de style inintelligible et guindé qui manque aux *Précieuses ridicules* de Molière » selon un critique signant « Un ermite », en 1843, cité par René Guise, « Balzac et le *Bulletin de censure* », *L'Année balzacienne*, 1983, p. 279.

101 Honoré de Balzac, « Note de la première édition », art. cité, p. 1175.

102 Honoré de Balzac, « Préface de la première édition », *La Comédie humaine*, vol. I, Paris, Bibliothèque de la Pléiade, 1976, p. 1173.

pas explicitement mentionné. Tout au long de son histoire, le roman sentimental s'est vu reconnaître une affinité toute particulière avec un public féminin ; ainsi Rousseau pouvait-il écrire dans sa préface à *La Nouvelle Héloïse* que « Ce recueil avec son gothique ton convient mieux aux femmes que les livres de philosophie » (p. 4) ; et cette opinion vaut encore comme lieu commun dans les années 1830 : « Son imagination romanesque, les détails raffinés, les pensées originales de son roman séduiront les lecteurs les plus exigeants ; la profonde sentimentalité abondamment répandue tout au long des pages de *Régina* charmera les lectrices les plus intraitables » écrit encore celui qui fait la recension d'un des romans sentimentaux sociaux de Madame Tullie Moneuse en 1837[103].

La représentation d'une société immorale est l'autre caractéristique distinctive par laquelle les écrivains et critiques des années 1830 et 1840 associent le roman réaliste à un point de vue masculin : « J'écris pour les hommes et non pour les jeunes filles[104] ! », voilà ce que répond Balzac à ceux qui lui reprochent de mettre en scène des personnages dépravés dans ses romans. De même répond-il aux critiques d'une de ses lectrices dans sa correspondance privée : « Il est peut-être malheureux pour l'auteur que vous n'ayez pas résisté à ce premier sentiment qui saisit tout être innocent à l'audition de son crime, à la peinture de tout malheur [...]. Mais comment vous reprocher une répugnance qui fait votre éloge ? Comment vous en vouloir d'être de votre sexe[105] ? ». Il est évidemment quelque peu bizarre que Balzac associe la féminité à l'innocence, au vu des intrigues de la *Comédie humaine*, sauf à en faire une marque de galanterie. L'association permet toutefois de mieux comprendre le glissement qui va s'opérer entre genre [*gender*] et genre littéraire. On pourrait aligner cette série d'équivalences : lectrices = romancières et romans sentimentaux = intérêt pour la morale, que Balzac oppose à cette autre série : réalisme = immoralité = contraire du sentimentalisme = contraire des romancières et des femmes = domaine des hommes.

Sand corrobore encore cette opinion de Balzac quand elle avoue s'y rendre dans *Histoire de ma vie*. Selon Sand, Balzac aurait déclaré : « Vous cherchez l'homme tel qu'il devrait être ; moi, je le prends tel qu'il est.

---

103 Compte rendu signé L. D. de *Régina*, *Le National*, 7 nov. 1837, p. 2.

104 L'expression est rapportée par Laure de Surville dans son *Balzac, sa vie et ses œuvres d'après sa correspondance*, Paris, Librairie Nouvelle, 1858, p. 179.

105 Lettre à Mme C., une amie de Laure de Surville qu'elle cite dans *Balzac, sa vie et ses œuvres*, *op. cit.*, p. 164.

Croyez-moi, nous avons raison tous deux. [...] J'aime aussi les êtres exceptionnels [...]. Je les grandis, je les idéalise, en sens inverse, dans leur laideur ou leur bêtise [...] Idéalisez dans le joli et dans le beau, c'est un ouvrage de femme[106] ». Quoique Balzac semble ici mépriser la pratique sandienne considérée comme « ouvrage de femme », la généalogie littéraire de ses commentaires raconte une toute autre histoire. Quand ce Balzac selon Sand proclame que le roman est l'héritier de la tragédie, il/elle emploie un lieu commun qui permet de retraverser tout le classicisme français jusqu'à revenir à la *Poétique*, où Aristote cite Sophocle quand il dit tout ce qui le différencie d'Euripide[107]. En mettant sur un même plan les partis pris esthétiques de Sand et de Sophocle, notre Balzac selon Sand attribue généreusement à sa rivale le rôle de l'auteur dont les œuvres sont aujourd'hui synonymes du genre tragique tout entier, depuis les analyses d'*Œdipe* par Aristote jusqu'à celles d'Hegel sur Antigone[108].

Stendhal associe lui aussi le réalisme à un point de vue masculin lorsqu'il évoque l'attention portée par *Le Rouge et le noir* à la corruption. L'Appendice du *Rouge et le Noir* proclame ouvertement que la « morale » du *Rouge et le noir* paraîtra « horrible aux yeux des belles[109] ». Les lectrices ne pourront en effet trouver que répugnante cette morale qui dévoile sans fard le comportement des femmes quand elles sont amoureuses, et plus généralement le côté noir de la vie postrévolutionnaire qui avait été idéalisée dans ces romans postrévolutionnaires qui plaisent tant aux femmes. La déféminisation de son roman et sa masculinisation est encore plus palpable dans le fait que Stendhal adresse son « Appendice » explicatif au comte Salvagnoli plutôt qu'au sexe à qui il attribue la

106 George Sand, *Histoire de ma vie*, Paris, Calmann-Lévy, 1876, t. 3, p. 136.

107 « En outre, si l'on objecte qu'une chose n'est pas vraie, il se peut que par ailleurs elle soit comme elle doit être – c'est ainsi que Sophocle disait qu'il faisait quant à lui les hommes tels qu'ils doivent être, et Euripide tels qu'ils sont » écrit Aristote dans sa *Poétique*, 1460b32, éd. et trad. R. Dupont-Roc et J. Lallot, Paris, Seuil, coll. « Poétique », 1980, p. 131.

108 Idée et idéal sont les termes qui caractérisaient l'esthétique sentimentale de la condensation et de la purification dans la critique de l'époque. Le chapitre suivant discutera de la signification et de l'emploi de ces termes d'idée et d'idéal dans les débats sur le roman dans les années 1830 et 1840. Contentons-nous pour le moment de la façon dont Sainte-Beuve utilise ces termes dans son appréciation de la généalogie sentimentale dans son article déjà cité consacré à Madame de Souza : « Heureux celui qui, puisant en lui-même ou autour de lui, et grâce à l'idéal ou grâce au souvenir, enfantera un être digne de la compagnie de ceux que j'ai nommés » (Sainte-Beuve, « Madame de Souza », *La Revue des deux mondes*, art. cité, p. 699, repris dans *Portraits de femmes*, Paris, Garnier frères, 1870, p. 48.)

109 Stendhal, « Appendice », *op. cit.*, p. 826.

grande consommation des romans. Et au milieu de son article, Stendhal étend ce public masculin limité au seul Salvagnoli à tous les nouveaux candidats à une éducation sentimentale, à tous ces « Jeunes hommes qui voulez être aimés dans une civilisation où la vanité est devenue sinon de la passion, du moins le sentiment de tous les instants[110] ». Que Stendhal utilise une rhétorique de la masculinité pour faire l'éloge du *Rouge et le Noir* rend plus clair le jugement de valeur en jeu dans la masculinisation du roman selon Balzac. C'est sans se déconcerter que Stendhal considère que le gros des romans féminisés offre un portrait absolument irréaliste de la société postrévolutionnaire en totale contradiction avec le portrait acéré de cette société immorale que dresse *Le Rouge et le Noir* et qui s'adresse à un public masculin, dans une perspective qui établit les normes littéraires d'un nouveau genre.

L'efficacité de ces connotations masculines jointes à la définition du projet réaliste sont telles qu'un Émile Souvestre en viendra à personnifier le roman lui-même en homme quand il établit une équivalence entre ce genre littéraire et le savoir social distillé par le réalisme, dans son important essai consacré à la nouvelle importance culturelle du roman depuis la Révolution de Juillet. Selon lui, la demande croissante de prestige par le roman s'explique par sa capacité à dresser un tableau panoramique de la société moderne, à la fois distancié et précis dans ses détails. Pour lui le roman « tend chaque jour davantage à se simplifier et à se faire la chambre obscure de la société. [...] Plus il sera fidèle, en décalquant le monde, [...] plus nous nous abandonnerons à son autorité [...]. Il nous fera la propre histoire de notre âme, comme le médecin celle de notre corps[111] ». Souvestre personnifie le roman non seulement comme un médecin, mais aussi comme le personnage réaliste par excellence, seul à même de voir la société telle qu'elle est. Pour le critique prompt à établir un pont entre le brillant avenir promis au roman et les ambitions encyclopédiques du réalisme, « le roman [...] est un jeune homme de belle espérance [...] qui fait son entrée dans le monde[112] ».

110 *Ibid.*, p. 826.

111 Émile Souvestre, « Du roman », *La Revue de Paris*, 1836, n° 34, p. 124-125.

112 *Ibid.*, p. 126. La rhétorique de Souvestre est d'autant plus parlante qu'il en fait usage malgré lui. Caractérisant le projet romanesque de réaliste, il fait en même temps l'éloge du roman sentimental social, en mettant Sand et Balzac au même plan, tout en haut de la hiérarchie romanesque. Théorie et pratique n'ont pas, qui plus est, à coïncider, puisque Souvestre a fait de ce texte la préface à son propre roman sentimental social intitulé *Riche et pauvre.*

LE CŒUR ET LE CODE

George Sand et le roman sentimental social

QU'EST-CE QUI COMMANDERA LE ROMAN ?

Pendant les deux décennies où Balzac a rédigé *La Comédie humaine*, les femmes ont continué de compter parmi les plus importants contributeurs à la production littéraire, et ce, dans tout le spectre des genres, même si les plus fameuses et nombreuses de leurs œuvres relèvent du roman. Pour Narcisse-Achille de Salvandy, politicien et homme de lettres, le poids tout nouveau pris par les femmes dans la littérature en général et dans le roman en particulier permettrait même de faire du champ littéraire contemporain un espace de réalisation du rêve saint-simonien d'égalité entre les sexes [*gender equality*] : « Notre temps, notre pays surtout est payé pour avoir foi aux œuvres des femmes [...] À aucun âge des sociétés [...] elles n'avaient pris une si égale part des palmes du talent [...] ; le vœu des Saint-Simoniens est exaucé dans la République des lettres[1] ». L'enthousiasme de Salvandy devant la prééminence des femmes dans le monde littéraire n'est toutefois pas partagé par l'ensemble de ses contemporains. Armand Bussière incarne bien la réaction antiféministe à ce que la critique va nommer « romans de femmes » dans son article pour *La Revue de Paris* de 1843 : « Ces dames (je me garderai bien de les nommer) feront tant et si bien qu'elles finiront par rendre les maris

1 N. A. de Salvandy, « Avant-propos », in Mme Charles de Montpezat, *Natalie*, t. 1, Paris, Librairie Gustave Barba, 1833, p. 14. Il se peut que ce « vœu des saint-simoniens » fasse également allusion à la quête saint-simonienne d'un Messie féminin qui pourrait sauver l'humanité avec son message d'amour. Les Saint-Simoniens confirment encore l'importance prise par les femmes comme écrivains lorsqu'ils se demandent qui pourrait le mieux remplir ce rôle, au début des années 1830. Après avoir considéré que ce « Messie féminin » pourrait être déjà arrivé et s'être incarné en la personne de Staël, ils se demanderont ensuite s'il ne pourrait pas s'agir de Sand. Laquelle déclinera cet honneur.

intéressants. Sans doute le mariage est une tyrannie, et il faut abattre le tyran. C'est le plus sacré des devoirs. Mais à force d'abattis de ce genre, les cœurs honnêtes, les esprits délicats et doux en viendront à se lasser de voir le triste chef de la ci-devant famille éternellement traîné en lanterne par les niveleuses de communauté[2] ».

Cette prééminence incontestée des femmes dans le roman des années 1830 et 1840 rend d'autant plus significative leur absence totale du paradigme générique qui va devenir synonyme de l'innovation romanesque la plus prestigieuse de ce temps. Comme Balzac et Stendhal, les femmes prétendaient aux honneurs dans le roman et elles ont aussi misé sur des œuvres qui ont prolongé la puissance nouvellement acquise par le roman dans la vie publique. À ceci près que pour asseoir cette puissance, les consœurs de Balzac et Stendhal se sont détournées des codes réalistes, leur préférant un sous-genre pratiqué également par des écrivains masculins qui reprenaient sans hostilité, mais avec bienveillance certains motifs sentimentaux[3].

---

2 Auguste Bussière, « Les romans de femmes », *La Revue de Paris*, oct. 1843, 4e Série, t. 22, p. 349. On trouvera une posture intermédiaire entre la position de Salvandy et celle de Bussière dans le compte rendu de deux romans sentimentaux sociaux écrits par des femmes et datant de 1835 (*Courrier français*, 9 juillet 1835, s. p., E.G., compte rendu de *Savinie* et *Valida*.) : « L'opinion de la critique et celle de la société ont beau s'évertuer contre les femmes auteurs, chaque jour leur nombre en devient plus considérable » déclare le journaliste, affirmant, non sans prendre quelques pincettes, l'importance incontestable des femmes dans le roman contemporain. Et il poursuit en leur accordant une pleine égalité avec leurs confrères masculins à condition qu'on reconnaisse que les œuvres des uns comme des autres laissaient beaucoup à désirer : « Elles ont fourni à l'appui de leurs prétentions des titres égaux à ceux des hommes de lettres, et la critique a dû convenir qu'il n'y avait pas vraiment de différences entre leurs ouvrages et ceux des praticiens ordinaires du roman. »

3 À ma connaissance, Delphine de Girardin est la seule romancière dont les intrigues se revendiquent explicitement du réalisme, comme certains de ses titres l'attestent assez, témoin *Le Lorgnon* (1831) ou *La Canne de M. Balzac* (1836). L'usage du code réaliste le plus dominant chez Girardin apparaît dans ses descriptions détaillées. Ainsi, dans *Le Lorgnon*, l'objet éponyme devient-il le moyen pour le narrateur d'entrer dans les moindres détails, puisque le lorgnon lui-même était « si parfaitement harmonisé aux rayons visuels, qui reproduisait si fidèlement les moindres expressions de la physionomie, qui montrait d'une manière si merveilleuses ces détails imperceptibles » qu'il permet d'entrer dans les secrets les plus intimes de tout un chacun (Delphine de Girardin, *Le Lorgnon*, t. 1, Paris, Librairie Charles Gosselin, 1832, p. 19). Ce lorgnon a été inventé par un savant fou allemand qui ressemble plus à Balzac qu'au Coppelius d'E. T. A. Hoffmann : « à la fois physicien, médecin, mécanicien, opticien, il était tout, excepté Bohémien » (p. 18). Et cependant Girardin atteste encore malgré elle la puissance ininterrompue de la sentimentalité quand elle précise les secrets des personnages en termes moraux bien

Ce sous-genre a pris nom de « roman social » dans les rares histoires littéraires qui en ont maintenu le souvenir, en l'identifiant non sans justesse avec la première littérature d'avant-garde en France[4]. Pour ma part, je lui donnerai nom de « roman sentimental social » pour mieux spécifier sa place singulière au sein d'une lignée qui inclut des romans aux poétiques aussi diverses que celles de Sand et de Zola, ou de ce qui deviendra, au XXe siècle, le *roman à thèse**[5]. C'est dans les deux années qui vont suivre la Révolution de 1830 que le roman sentimental social va devenir une pratique générique bien établie, même si l'on peut faire remonter ses origines aux *Dernier Jour d'un condamné* de Hugo, voire même à *Édouard* et *Ourika* de Duras ou à *Delphine* de Staël. Quoiqu'il en soit, le genre sera florissant dans les années 1830 et 1840, mais perdra de son prestige à mesure qu'émergera le concept de littérature socialement engagée, tout particulièrement après la Révolution de 1848[6].

plutôt que sociaux, puisqu'il s'agira de découvrir la « physionomie de vos véritables sentiments » (20). Balzac préférait à ce roman qu'il jugeait frivole son *Monsieur le marquis de Pontanges* (1835), dont l'identification générique serait plus hybride. Quoique son roman représentât le conflit insoluble entre le devoir social et le bonheur individuel, Girardin prend toutefois ses distances avec son lectorat en adoptant une voix narrative satirique qui relève davantage du *roman gai**. Les écrits réalistes les plus importants de Girardin sont toutefois sans doute à rechercher dans ses articles sur la vie parisienne publiés dans *La Presse* comme le montre notamment Margaret Waller dans son livre à venir, *Napoleon's Closet. The Emperor, the Priest and the Fashion Press.*

4 Voir à ce sujet les déjà cités *Literarische-politische avant-garde in Frankreich* de K. Biermann et *Le Roman social sous la Monarchie de Juillet* de David Owen Evan.

5 Sur le roman à thèse au XXe siècle, voir *Authoritarian Fictions* de Susan Suleiman.

6 On trouvera une première définition du roman sentimental social dans mon article « In Lieu of a Chapter on Some French Women Realist Novelists » dans *Spectacles of Realism*, dirigé par C. Prendergast et M. Cohen. À ce moment-là, je lui donnais pour nom celui de « roman social féminin » parce que je n'avais pas encore aperçu à quel point le glissement fait entre féminité et roman sentimental s'infiltrait dans tout le discours littéraire de l'époque. À l'exception de ceux de George Sand, voici quelques uns des titres représentatifs des romans sentimentaux sociaux alors écrits par des femmes : *La Fille Mère* (1830) et *Les Étudiants, épisode de le Révolution* (1831) de Louise Maignaud ; *La Cour d'Assises* (1832), *Savinie* (1835) et *Élise et Marie* (1838) de Camille Bodin ; *Histoire de la Sœur Inès* (1832) et *Les Lionnes de Paris* (1845) de la Comtesse Merlin ; *L'Échafaud* (1832) de Anne Bignan ; *Natalie* (1833) de Montpezat ; *Une Victime, esquisse littéraire* (1834) et *Deux originaux* (1835) de B. Monborne ; *Valida ou la Réputation d'une femme* (1835) de Sophie d'Épinay Saint-Luc ; *Madame de Tercy ou l'Amour d'une femme* (1836) de Charlotte de Sor ; *Caroline ou le confesseur* (1833), *Le Pair de France ou le Divorce* (1835) et *La Femme du progrès, ou l'Émancipation* (1838) de la Baronne Aloïse de Carlowitz ; *L'Indienne* (1833) et *Settimia* (1836) de Hortense Allart ; *Trois Ans après* (1836) et *Régina* (1838) de Tullie Moneuse ; *Mystère* [signé par une femme mais sans qu'il me soit possible de rétablir l'identité de l'auteur] (1837) de la Baronne de T*** ; *La Duchesse de Valombray* (1838) de Junot d'Abrantès ; *Méphis ou le prolétaire* (1838) de Flora

Le roman sentimental social fut la principale pratique romanesque à rivaliser avec le réalisme pour obtenir les honneurs et se retrouver en haut de l'échelle littéraire tout au long des années 1830 et 1840. Dans la polémique de l'époque et les fréquents glissements de sens, on l'associe souvent à une série d'autres termes, notamment à la littérature d'idées[7], au roman philosophique[8] et au roman social[9]. D'autres critiques l'appellent encore *roman intime**[10] ou *roman de mœurs**[11], qui sont les désignations par lesquelles on a longtemps désigné le roman sentimental selon une

Tristan; *Mézelie* (1839) de Madame Charles Reybaud; *Gabrielle* (1839) et *Émerance* (1842) de Virginie Ancelot; *Les Trois Aristocraties* (1843) et *L'Homme sans nom* (1844) de Hermance Lesguillon; *La Comtesse de Servy* (1838), *Clémence* (1841) et *Coralie l'inconstante* (1843) de Angélique Arnaud; *L'Athée* (1835) et *Un Secret dans le mariage* (1844) de Sophie Pannier; *Roseline, ou de la Nécessité de la religion dans l'éducation des femmes* (1835) et *Zoé ou la Femme légère* (1845) de Michelle-Catherine-Joséphine Tarbé des Sablons; *René l'ouvrier* (1841) de Clémence Robert; *Ange de Spola, études de femmes* (1842) et une *Fausse Position* (1844) de Caroline Marbouty; et enfin *Nélida* (1846) de Daniel Stern. On pourra donner également quelques titres représentatifs du roman sentimental social écrits par des hommes : *Le Dernier Jour d'un condamné* (1829) de Hugo, *Riche et Pauvre* (1836) d'Émile Souvestre; *Un Enfant* (1833) et *Les Femmes vengées* (1834) d'Ernest Desprez; *Pitié pour elle* (1837) de Louis Couialhac; *Le Cœur et le code* (1839) d'Armand-Ambroise Rochoux; *Un Droit de mari* (1834) d'Étiennez; *Vierge et martyre* (1839) de Michel Masson; *Le Conseiller d'État* (1835) de Frédéric Soulié; *Priez pour elles* (1835) d'Alphonse Brot, et enfin *Frère et sœur* (1838) d'Auguste Luchet. Comme cela apparaîtra plus clairement, *Claude Gueux* (1834) emprunte certains de ses codes au roman sentimental social, mais sous une forme condensée à l'extrême.

7 Girault de Saint-Fargeau donne un exemple de la conception propre à la Monarchie de Juillet de la « littérature d'idées » dans la Préface à sa *Revue des romans* : « Les écrivains sont séparés en deux camps, marchent sous deux bannières : ici, on regarde la littérature comme un moyen de distraction, là comme un moyen de direction ; ceux-ci ne se préoccupent d'aucun but; ceux-là, sous l'influence d'une idée, marchent à preuve » (Girault de Saint-Fargeau, « De la Nécessité de cet ouvrage », *op. cit.*, p. vi.)

8 Une publicité annonçant les romans à venir dans *Le Siècle* qualifie ainsi le roman social sentimental d'Ancelot, intitulé *Emerance*, d'« œuvre philosophique, peinture vraie des manières d'aujourd'hui, déguisée en roman ».

9 Aussi un compte rendu signé W.W. du *Compagnon du Tour de France* de Sand, paru dans *Le Constitutionnel*, décrit-il le sous-genre préféré de Sand en ces termes : « le roman philosophique, le roman social » (*Le Constitutionnel*, 21 janv. 1841, p. 2). Dans *Literarische-politische avant-garde in Frankreich*, Biermann affirme que « l'appellation “roman social” est apparue pour la première fois en 1838, dans le sous-titre au roman de Flora Tristan, *Méphis ou le prolétaire.* » (*Avant-Garde*, *op. cit.*, p. 81). Le sous-titre n'était pas présent dans l'édition de 1838 que j'ai consultée à la Bibliothèque Nationale.

10 Lorsqu'il fait le compte rendu des romans sentimentaux sociaux de Tullie Moneuse, le critique anonyme du *Charivari* fait le commentaire suivant : « *Régina* est comme *Trois ans après* un roman intime », *Le Charivari*, s. n., « Compte rendu de *Régina* et de *Trois ans après* », 14 déc. 1837.

11 Dans le même quotidien, le compte rendu de *Pascaline* de Camille Bodin, par exemple, montre ce qui sépare ce nouveau roman de ses romans sentimentaux sociaux antérieurs

nomenclature toujours en vigueur dans les années 1830 et 1840. Mais surtout, cette critique utilise les expressions de roman intime et de roman de mœurs pour désigner des romans réalistes, témoignant par là leur profonde incertitude quant à savoir quelle poétique est l'héritière des dépouilles littéraires de la sentimentalité[12].

Étant donné le triomphe des codes réalistes, il pourra sembler difficile d'imaginer que le public du dix-neuvième siècle ait pu préférer d'autres formes littéraires pour dépeindre la société. Et pourtant, la question « quel sera le roi du roman ? » reste une question entièrement ouverte avant la Révolution de 1848, comme la réputation extraordinaire de l'un de ses praticiens les plus éminents le dit assez[13]. Les historiens de la littérature ont ainsi longtemps écrit l'histoire de la carrière de George Sand selon la logique de l'exception : exception au sein de l'invisibilité des femmes dans la République des lettres du XIXe siècle ; exception encore au cœur du triomphe du réalisme auquel les femmes ne participèrent étonnamment pas. Et pourtant, pendant la Monarchie de Juillet, George Sand était l'auteur la plus célèbre de toutes les romancières, et même le plus célèbre de tous les romanciers : « Singulière chose que le talent le plus viril de notre génération soit celui d'une femme ! Il est clair à nos yeux [...] qu'aucune plume actuelle n'a plus de vigueur que la sienne » déclarait un critique de 1838, tout à fait dans la lignée de ses contemporains[14]. C'est le roman sentimental social qui constitue ainsi l'horizon générique dominant et qui structure la plupart des romans les plus

---

en assurant que « *Pascaline* n'appartient pas aussi spécialement [...] au genre du roman de mœurs », Compte rendu signé F.T.C., *Le Charivari*, 6 janv. 1835, p. 2.

12 Dans sa « Lettre à un ami de la province sur quelques livres nouveaux », Ad. Guéroult associe Balzac aux « romans intimes » quand il écrit : « Homère avait découvert il y a trois mille ans le roman intime et le drame adultère, et M. de Balzac et M. Alexandre Dumas ne sont que deux bâtards du vieux ménétrier aveugle de l'Ionie. », *Revue de Paris*, N.S., t. 20, 20 août 1835, p. 179. Un compte rendu du *Siècle* attire l'attention sur l'imprécision générique de l'expression « roman de mœurs » et critique le fait que ce terme soit surtout utilisé comme un argument de vente : « Les devantures des cabinets de lecture sont encombrées de romans plus ou moins ennuyeux, qui se pavanent fièrement sous le titre de *Romans de mœurs.* » Pour le critique, cette expression devrait être réservée à la seule poursuite de la mimesis telle que le réalisme l'envisage, pour être « le miroir de toute cette grande société du dix-neuvième siècle, qui offre à l'œil de l'observateur tant de détails riches et pittoresques », in « *Madeleine la repentie*, roman de mœurs, par E. Guérin », signé G., *Le Siècle*, 8 déc. 1836, p. 3.

13 Gustave Planche, « Les Royautés littéraires. Lettre à M. Hugo », *La Revue des deux mondes*, 1re Série, t. 3, 1834, p. 533.

14 Compte rendu signé H.L. de « *La Dernière Aldini – Les Maître Mosaïstes* par George Sand », *Le Charivari*, 18 mai 1838, p. 1.

importants de Sand dans cette période des années 1830 et 1840, lesquelles vont de *Indiana, Valentine, Lélia* et *Jacques* jusqu'au *Compagnon du Tour de France, Le Meunier d'Angibault* et *Le Péché de Monsieur Antoine*[15]. Depuis son tout premier roman, Sand a contribué à l'émergence d'un sous-genre distinct du roman sentimental et opposé au réalisme.

En toute bonne logique, le rôle crucial de Sand dans l'histoire du roman sentimental social devrait faire qu'on puisse déduire de son œuvre seule les codes dominants du genre. Et pourtant, malgré sa pertinence, un tel recentrement de l'étude ne servirait en rien pour montrer que Sand n'a fait que contribuer à un genre déjà bien constitué, qu'*Indiana* est loin d'être le tout premier roman sentimental social, et que d'autres romancières sentimentales sociales furent au moins aussi importantes et influentes en leur temps. C'est pourquoi, pour tenter de cerner le roman sentimental social, je m'appuierai autant sur des œuvres aujourd'hui oubliées que sur deux romans de Sand, lesquels se trouvent aux bornes de ses années de grande vitalité littéraire, avec son premier roman, *Indiana* (1831), et *Le Meunier d'Angibault* (1845).

À relire ainsi Sand contre l'horizon d'un héritage sentimental (incluant tout autant le roman sentimental que le roman sentimental social), nous serons mieux en mesure de comprendre ce qu'elle partageait avec ses contemporain.e.s, mais aussi quels sont les aspects absolument propres à sa pratique romanesque et qui en font une œuvre à part. Reparcourir l'œuvre de Sand permettra de voir tout à la fois en quoi elle a amené à leur perfection les codes du roman sentimental social, comment elle les a brisés et comment elle a finalement exploité leurs contradictions esthétiques dans une forme mordante et élégante tout à la fois. Quand bien même il ne s'agira en rien d'une lecture totale de l'œuvre de Sand, ce travail archéologique devrait permettre – du moins je l'espère – d'offrir une nouvelle grille d'interprétation à même de réévaluer son intérêt littéraire. Peut-être que l'un des moments les plus poignants de la tentative de réhabilitation de George Sand par Naomi Schor réside-t-il dans cette fois où Schor admet que de façon fondamentale, l'œuvre de Sand lui semble toujours aussi illisible[16]. Tout cela provient de notre longue

---

15 *Consuelo* constitue dans ce panorama une exception notable, puisqu'il prend le roman historique comme horizon générique principal.

16 On lit ainsi dans *Sand and Idealism* : « Mon problème avec l'œuvre de Sand, [...] c'est qu'il s'agit là d'un objet conceptuel fort honorable, mais qui est bien plus difficile à lire

préférence poétique pour le réalisme, qui est le fait de cent cinquante ans d'histoire du roman et d'affirmation de la puissance du réalisme sur tous les autres genres et supports. Ce que Schor rend évident lorsqu'elle déclare que « la lecture de la fiction idéaliste ne peut se faire qu'au prix du renoncement au plaisir pervers que nous prenons aux détails et à l'illusion de plénitude référentielle qu'ils nous procurent[17] ». Si ce n'est que cette absence de détails est un puissant code de la sentimentalité qui précède le réalisme, plutôt qu'il ne doive apparaître comme une « correction du réalisme », ainsi que les contemporains de Sand l'ont bien compris[18]. Ainsi, pour un critique aussi respectable que Philarète Chasles, la description réaliste : « produit une fouille interminable qui conduit à l'ennui. M. de Balzac s'est constitué le grand ministre et le promoteur de ce besoin fatal[19] ». Et ce sont les louanges qu'il adresse à un roman sentimental social dont l'esthétique repose sur « la touche légère », à un livre empli d'un « mérite de grâce et de fraîcheur, aujourd'hui rare[20] », qui sont l'occasion de telles attaques.

Je procèderai donc de la même façon que je l'ai fait pour l'archéologie de la sentimentalité : j'utiliserai des exemples représentatifs de la poétique du sous-genre en son entier, sans me concentrer sur un texte en particulier. Car il faut d'abord envisager de nombreux romans, dans leur variété, pour illustrer ne serait-ce qu'un code propre à la forme sentimentale sociale. Si le code produira nécessairement une vision un peu caricaturale des phénomènes sociaux alors en jeu, les opinions distillées par les œuvres prises individuellement permettront de parcourir tout le spectre des positions politiques. Le fait que je m'appuie sur une grande variété de textes est aussi un prélude à la compréhension de l'absence de femmes à la genèse du réalisme, autant qu'une façon de montrer combien les femmes ont écrit de romans dans la société postrévolutionnaire au

---

ou à relire qu'à théoriser. » (N. Schor, *George Sand and Idealism*, New York, Columbia University Pres, 1993, p. 216)

17 Naomi Schor, *George Sand and Idealism*, *op. cit.* p. 46.

18 *Ibid.* De la même façon, Schor remarque deux autres codes essentiels à l'esthétique sentimentale, mais ne leur rend pas justice quand elle observe que le roman idéaliste « refuse le code d'une herméneutique séduisante, qui propulse le texte réaliste classique en avant [code que j'avais nommé "tout doit être clair"], quitte à défaire toutes les conventions de caractérisation [selon le code de l'idéalisation] » (p. 46)

19 Philarète Chasles, « *Gabrielle*, roman par Mme Ancelot », *Journal des débats*, 15 février 1839, p. 1.

20 *Ibid.*

temps de Balzac et de Stendhal. C'est pourquoi je tirerai la plupart de mes exemples d'œuvres écrites par des femmes, quand bien même cette esthétique est également pratiquée par des femmes et par des hommes. La condition des femmes à cette époque constituera l'enjeu social le plus important de ma description, d'autant qu'une écrasante majorité des romans sentimentaux sociaux écrits par des femmes porte sur ce point. Enfin, comme dans les chapitres précédents, je repartirai d'un grand nombre d'exemples et d'œuvres individuelles qui permettront de mettre en forme un paradigme fondé sur les ressemblances.

LE CŒUR ET LE CODE

Salvandy développe plus particulièrement les raisons de son enthousiasme pour les romans de femmes dans la longue préface qu'il donne au roman sentimental social de madame de Montpezat intitulé *Natalie* (1833). Il y présente la place éminente que les femmes occupent dans le roman comme faisant suite à leur extraordinaire distinction dans les décennies qui ont suivi la révolution : « Quelle époque que celle où, sans répéter tous ces noms célèbres, l'auteur d'*Adèle de Sénange* [Souza] et le chantre de Malek Adhel [Cottin] brillent au milieu d'une foule d'autres renommées rivales[21] ! ». Et dans toute cette cohorte, il s'arrêtera plus précisément sur Staël, Genlis et Montolieu.

Dès son ouverture, *Natalie* corrobore la généalogie littéraire établie par Salvandy. Après une courte introduction sous forme de récit, le roman épistolaire de Montpezat commence *in medias res*, par l'analyse du cœur du personnage principal, esquissée dans une lettre à sa confidente. Et dès ses tous premiers mots, ce personnage principal, Natalie, expose sa situation selon les concepts sentimentaux classiques de la liberté individuelle et du bien-être collectif : « Les voilà brisés ces nœuds que je détestais ! Elle est rompue cette chaîne froide et pesante qui glaçait ma jeunesse ! Je suis libre, ma chère Aglaé ! La loi compatissante me rend à la société, au bonheur, à moi-même[22] ». À ceci près qu'alors que dans le

21 Salvandy, « Préface à *Natalie* », *op. cit.*, p. 58.
22 Madame de Montpezat, *Natalie*, *op. cit.*, p. 107-108.

roman sentimental, la liberté individuelle et le bien-être collectif entrent inévitablement en conflit, ils trouvent dans *Natalie* une forme de cohabitation harmonieuse. Pour Nathalie, il existe une « loi compatissante », une forme de participation collective qui permette de réaliser l'idéal sentimental d'une communauté toute fondée sur la compassion. Et cette loi, c'est le divorce institué à l'ère napoléonienne. Puisqu'il permet de libérer une femme des liens coûteux qui l'attachaient à un mari mal aimé que sa mère lui avait choisi, le divorce permet tout d'un coup de la rendre « à la société, au bonheur, à [elle]-même », semblant du coup mettre en œuvre de façon satisfaisante le contrat social. Doit-on en conclure pour autant que Natalie a résolu le *double bind* sentimental ? Et que Claire d'Albe et toute une cohorte de personnages féminins sentimentaux auraient été sauvées si seulement elles avaient pu avoir accès à une telle possibilité, laquelle avait déjà été promue par la loi au moment où le roman sentimental était le plus florissant ?

Le roman sentimental n'a pourtant jamais considéré que le divorce fût une possibilité, à l'intersection de la poétique et du politique. D'un point de vue sentimental, le divorce délaie la pureté du conflit tragique entre la liberté individuelle et le bien-être collectif, lequel est essentiel à ce sous-genre s'il veut résoudre l'impasse politique révolutionnaire. Alors que si le divorce ne se révèle finalement pas une solution dans *Natalie*, ce n'est que pour des raisons sociales qui sont propres à l'intrigue. Après qu'elle a postulé qu'elle avait heureusement résolu toutes les contradictions entre le cœur et les obligations sociales, Nathalie se met en effet à entendre les calomnies qu'on colporte à son sujet. Et malgré toute la légalité du divorce, celui-ci en fait de fait une « femme sans principe », « à mesure que l'ordre se rétablissait dans la société, que les idées de morale et de religion reprenaient leur pouvoir » (165). C'est à la mère de Natalie qu'il revient de souligner les effets blessants de la calomnie lorsqu'elle se met à lui raconter sa propre histoire, laquelle laisse entrevoir que Natalie pourrait ne pas trouver le bonheur auquel elle prétend. Ainsi que le découvre le lecteur, la mère de Natalie a elle aussi divorcé, pendant la Révolution, et n'a jamais pu surmonter l'ostracisme social qui en a découlé. « Ne dois-je pas aussi bénir mon père de m'avoir choisi un si digne époux ? » (25) se demandait Claire d'Albe au tout début du roman, et posant ainsi le dilemme en des termes positifs. Le roman de Montpezat, avec les premiers mots de Natalie, posait également le conflit sur un mode positif, que les événements à venir dans l'intrigue ne feront que répéter mais dans des suites toujours plus douloureuses.

Le conflit entre liberté individuelle et normes sociales éclate alors et se mue en impasse tragique à partir du moment où Natalie rencontre puis tombe amoureuse de l'admirable comte Ernest de Léoville. Il l'aime aussi, voudrait l'épouser, mais en est empêché par sa mère, une aristocrate pétrie de préjugés et qui redoute les rumeurs scandaleuses qui entourent celle qu'il aime. Incapable de trahir l'honneur familial, poussé par un intrigant proche de Natalie à croire à la réalité de ces rumeurs, Ernest finit par accepter, la mort dans l'âme, le mariage souhaité par sa mère avec une femme socialement impeccable, Blanche de Saint-Réal. À la fin du roman, il comprend, mais trop tard, qu'il a accordé trop vite du crédit à l'opinion de tous, et Natalie lui pardonne généreusement, en le poussant dans une scène poignante à accepter l'idée que la faute est autant celle de la société que la sienne. Il ne reste plus alors aux deux amants que la mort. Tandis que Natalie meurt de langueur, Ernest défie finalement sa mère, qui l'a également empêché de tenir un rôle dans la vie publique postrévolutionnaire : il sera tué en faisant montre d'héroïsme et de courage au sein de l'armée napoléonienne.

La structure de l'intrigue de *Natalie* est ainsi exemplaire : comme pour le roman sentimental, l'intrigue du roman sentimental social dérive d'un conflit initial entre obligation collective et liberté. De même, comme dans le roman sentimental, les différents temps de l'intrigue répètent le conflit avec une force sans cesse croissante, qui généralement conduit au désastre, pour ne pas dire à la mort. « Apprends, ma Gabrielle, que la vie d'une femme est une longue souffrance » : ce sont les mots qu'adresse une mère à sa fille pour la préparer à son entrée dans le monde dans *Roseline, ou la Nécessité de la religion dans l'éducation des femmes*[23]. Et l'on pourrait en dire autant de la plupart des destins de femmes dans les romans sentimentaux sociaux.

Le roman sentimental social fait encore usage de ce principe de structuration de l'intrigue sentimentale selon lequel « tout doit être clair ». Rappelons-nous les mots de Diderot : « Je ne plaindrai qu'un instant celui qui sera frappé et accablé dans un instant. Mais que deviens-je si le coup se fait attendre, si je vois l'orage se former sur ma tête ou sur

23 Michelle-Catherine-Joséphine Tarbé des Sablons, *Roseline, ou de la Nécessité de la religion dans l'éducation des femmes*, 2 vol., Paris, A. Jeanthon, 1835, vol. 2, p. 235.

celle d'un autre, et y demeurer longtemps suspendu[24] ? ». Il en va de même dans les romans sentimentaux sociaux : les lecteurs voient venir le désastre depuis bien longtemps, et en sont prévenus dès le sous-titres de la plupart des romans (*Le Pair de France, ou le Divorce; Caroline, ou le Confesseur; Roseline, ou de la Nécessité de la religion dans l'éducation des femmes*) et par-dessus tout par le narrateur et les personnages secondaires. Le personnage secondaire qui joue les Cassandre est très souvent un parent qui a déjà commis l'erreur que s'apprête à commettre le personnage principal, comme c'est le cas avec la mère de Natalie, qui met en garde sa fille de ce que le divorce la discréditera de façon irrémédiable aux yeux du monde, si l'on en croit sa propre expérience : « Depuis le jour fatal où je formai de nouveaux liens, je n'ai pas eu un instant de plaisir ou de repos. À mesure que l'ordre se rétablissait dans la société, que les idées de morale et de religion reprenaient leur pouvoir, je me sentais triste, honteuse, oppressée… Enfin, je me séparai de M. d'Anglars [l'homme qu'elle avait épousé] : j'ai cru que ce sacrifice ramènerait la paix dans mon âme; mais pour y parvenir, il eût fallu perdre le souvenir du passé […]. J'ai beau faire, la terrible sentence est prononcée contre moi ! Je suis l'épouse remariée, *la femme sans principes !* le monde est inflexible, sans pitié, sans pardon ! » (165-166) ainsi que Natalie sera amenée à le découvrir plus tard[25].

Chez George Sand, la continuité avec la logique narrative sentimentale est explicitement revendiquée lorsqu'elle prévient le lecteur qu'il aura à y faire dans l'introduction de *Lucrezia Floriani*. Parfaitement consciente de la signification de cette convention littéraire, Sand associe le principe du « tout doit être clair » à une longue et prestigieuse pratique romanesque française, à la différence de la vogue récente du suspens : « Ainsi, lecteur, pour procéder à la française, comme nos bons aïeux, je te préviens que je retrancherai du récit que je vais avoir l'honneur de te présenter, l'élément principal, l'épice la plus forte qui ait cours sur la place : c'est-à-dire l'imprévu, la surprise. […] Je te mènerai pas à pas par

24 Denis Diderot, *De la Poésie dramatique*, *op. cit.*, p. 1306.

25 Cependant, nous verrons que le roman sentimental social transforme l'équation sentimentale entre société et élite sociale, que les deux sous-genres nomment « *le monde** », en une équation de la société en tant qu'elle est composée de classes sociales, et que le roman sentimental social seul nomme « *la société** ». En anglais, cela obligeait l'auteur à traduire *le monde* comme *la société* par le seul terme de « *society* » qui comprend les deux acceptions.

un petit chemin tout droit, en te faisant regarder devant toi, derrière toi [...]. Si, par hasard, il se présente un ravin, je te dirai : "Prends garde, il y a ici un ravin" ; si c'est un torrent, je t'aiderai à passer ce torrent, je ne t'y pousserai pas la tête la première, pour le donner le plaisir de dire aux autres : "Voilà un lecteur bien attrapé"[26]. ». Sand a beau mettre en garde son lecteur, la valeur poétique ne pourra émerger que lorsque l'aspect de nouveauté se sera dissipé : « Toute mode est bonne tant qu'elle dure et qu'elle est bien portée ; il n'est possible de la juger que quand son règne est fini. » (p. 13)

Bien que *Natalie* utilise également une construction proprement sentimentale, le conflit qui la fonde déplace singulièrement les codes du roman sentimental. Rappelons-nous les tous premiers mots du roman : « Les voilà brisés ces nœuds que je détestais ! Elle est rompue cette chaîne froide et pesante qui glaçait ma jeunesse ! Je suis libre, ma chère Aglaé ! » Comme Claire et Frédéric, Natalie est en quête d'une liberté qui puisse équivaloir la liberté du cœur. Mais alors même que Claire reconnaît que le bien-être collectif est un devoir tout aussi sacré, Natalie considère que le mariage n'est rien d'autre qu'une « chaîne froide et pesante ». Au cours de ses amours contrariées pour Ernest, Natalie découvrira que se rendre à la société, c'est nécessairement s'enchaîner à des liens de convention aussi solides que ceux du mariage, duquel son rêve de « loi compatissante » est exclu. Natalie s'exagère encore cette découverte quand elle applique cette métaphore de la chaîne qui la liait à son premier mari, à ses relations, à la société en général. Voici comme Natalie se lamente lorsqu'elle apprend que la mère d'Ernest ne la laissera jamais l'épouser, du fait de sa seule réputation : « Comme un anneau isolé au milieu de la chaîne générale, je ne suis liée au sort de personne, et pourtant, je ne suis pas libre ! [...] J'ai cru pouvoir m'élancer vers le bonheur ; mais au moment de le saisir, je me suis sentie douloureusement enchaînée. » (vol. 2, p. 136). Dans le roman sentimental social, comme dans le roman sentimental, le mariage reste pris dans un microcosme social, à ceci près que le personnage du roman sentimental social fait l'expérience de l'oppression communément exercée par le mariage autant que par la société, sans que ni l'un ni l'autre ne constituent plus une obligation morale positivement constituée.

---

26 George Sand, *Lucrezia Floriani* (1846), Paris, Éditions de la sphère, p. 12. Édition gratuite en ligne, disponible sur http://beq.ebooksgratuits.com/vents/Sand-Floriani.pdf, p. 17-18. Page consultée le 16 juillet 2014.

Le cadre oppressif dont le roman sentimental social affuble le bien-être collectif est encore renforcé par l'intérêt du sous-genre pour la calomnie, mal dont souffrent fréquemment les protagonistes et qui prolonge un topos essentiel du roman sentimental, puisque les personnages y sont souvent attaqués par une microsociété hypocrite dès lors qu'ils tentent de vivre en suivant la loi du cœur, comme on le voit par exemple dans le modèle littéraire de *Natalie*, pour qui la perte d'Ernest de Léoville vient répéter celle de Léonce de Mondoville par Delphine. À ceci près qu'il ne s'agit pas de la même espèce de calomnie dans *Natalie* et dans *Delphine* et que cette différence rend patent l'écart irrémédiable entre les conflits qui structurent chacun des deux sous-genres. Dans *Natalie*, la calomnie vient montrer combien les codes répressifs implacables de la société empiètent sur les lois du cœur. Alors que dans *Delphine*, si la calomnie peut se lire comme une forme de dévoiement du bien-être public, elle n'en invalide pas moins l'importance de ce dernier, ni l'inévitable conflit qui doit s'en suivre avec la liberté individuelle. Car ce conflit n'a pas besoin d'attendre qu'il y ait calomnie pour se mettre en place. C'est Delphine elle-même qui l'initie lorsqu'elle fait ce geste inaugural de donner à Mathilde de l'argent pour faciliter le mariage de cette dernière avec Léonce, geste d'engagement qui empêchera ensuite Delphine d'accepter pleinement l'amour de Léonce sans avoir la bénédiction de la famille Vernon. Bien loin de révéler le caractère oppressif du bien-être public, l'apparition de la calomnie dans le roman sentimental sert plutôt à montrer la différence entre bien-être public et opinion publique, qui permet dès lors de mettre l'accent sur le fait que la moralité est une pratique dans laquelle chaque individu doit s'engager[27].

La calomnie qui détruit Natalie permet encore de révéler un autre déplacement négatif que le roman sentimental social opère quant à la représentation du bien-être public : celle-ci ne fait que servir les intérêts particuliers du plus fort, et non pas le bonheur de tous. Il suffit de comparer le déplacement significatif à l'œuvre dans la représentation des personnages censés incarner ce bien-être collectif. Dans *Claire d'Albe*, M. d'Albe, ce « si digne époux » (25), n'est-il pas « le centre et la cause

27 D'où l'accusation portée par Delphine face à la trahison de Léonce : « Mais Léonce ! juste ciel ! Léonce devait-il avoir besoin *qu'on me défendît* ! La vérité ne lui suffisait-elle pas ? » (Germaine de Staël, *Delphine* (1802), Paris, Éditions des femmes, 1981, t. 1, p. 175, c. m. q. s.)

de tout le bien qui se fait à dix lieues à la ronde » (28) ? Et jusqu'à la fin du roman, lorsqu'il trahit le bien-être de tous, encore ne le fait-il que parce qu'il entend conserver intact le microcosme social qu'il a édifié. Dans *Natalie*, au contraire, le personnage qui vient incarner la tyrannie des codes sociaux n'a rien d'autre en tête que ses intérêts égoïstes. L'intrigante et hypocrite madame d'Artville ne propulse d'abord la belle, jeune, riche et intelligente Natalie dans le monde que pour soutenir sa position de maîtresse du bon goût ; après quoi les fausses rumeurs qu'elle fait circuler sur le compte de Natalie n'ont d'autre but que de forcer cette dernière à épouser un insipide mondain, le protégé de madame d'Artville.

C'est sans doute dans *Caroline, ou le Confesseur* (1833) d'Aloïse de Carlowitz que l'on trouvera dépeinte sous ses traits les plus noirs le personnage qui assène le dernier coup à l'héroïne, rappelant combien les intérêts particuliers gouvernent les devoirs à l'égard de tous. Ce roman nous montre la façon dont les codes légaux et mondains persécutent Caroline, une jeune fille riche et surtout naïve, séduite par un prêtre. Mise à l'écart de la société parce qu'elle a donné naissance à un enfant hors mariage autant que parce qu'elle se refuse honorablement à donner à l'enfant le nom du père, Caroline voit son amour maternel rejeté par la société, qui ne lui donnera aucun moyen d'assurer sa subsistance. Elle sombre petit à petit dans la pauvreté et la faim ; après quoi, impuissante à nourrir son enfant affamé, elle perd la raison et le tue. Là encore, la société restera inflexible, et le magistrat qui la condamne à mort s'endurcit encore dans son inflexibilité lorsqu'il comprendra que le prêtre responsable de la chute de Caroline n'est autre que son propre fils. Poussé par des « sentiments de convention, de préjugés [...] moins durables que ceux que la nature a gravés dans nos cœurs », mais « plus violents », le juge condamne néanmoins Caroline à mort et maudit ensuite le fils qui était réapparu pour tenter de sauver la femme dont il avait causé la ruine[28].

C'est donc bien par cette expression, « *Le Cœur et le code** », que nous pourrions nommer le conflit qui oppose les contraintes exercées par la société à la liberté individuelle, tel qu'il sous-tend l'intrigue des romans sentimentaux sociaux. Laquelle expression reprend en fait le titre d'un roman sentimental social écrit par Armand Rochoux, qui le glose en

---

28 Aloïse de Carlowitz, *Caroline ou le Confesseur*, *op. cit.*, t. 2, p. 182.

empruntant son épigraphe à James Fenimore Cooper : « Nos usages vénérés, nos édits solennels, les règlements de nos cités, la fermeté de notre gouvernement qui produit de si heureux effets tout cela n'est donc rien ? – C'est beaucoup, car je crains qu'ils ne l'emportent sur le *bon droit**, qu'ils ne durent encore quand les larmes de l'opprimée seront épuisées, quand ils seront oubliés, eux et leurs malheurs[29]. »

Rochoux n'est qu'un parmi tant d'autres des romanciers et critiques contemporains à attirer l'attention sur les termes mêmes du conflit fondateur du roman sentimental social. Ainsi, quand Sophie d'Épinay Saint-Luc explique le sujet de *Valida, ou la Réputation d'une femme* (1835) dans sa préface, voici ce qu'elle écrit : « Il existe sans nulle doute une contradiction dans le caractère que [le monde] a fait à la femme. Qu'exige-t-on d'elle ? qu'elle cède à l'homme son père, devant lequel tout plie, à l'homme son frère, qui, souvent son inférieur en âge, ne se targue pas moins de la suprématie de son sexe, à l'homme, son époux, dont l'argument irrésistible et fort de sa brièveté résume tout en ces deux mots : *je veux* [...]. Mais si dans cette habituelle soumission elle a écouté l'homme [...] qui supplie, qui ne fait pas valoir ses droits, mais son amour [...], elle est coupable, perdue, déshonorée[30] ». De la même façon, Sand, lorsqu'elle s'offre à « expliquer tout dans ce livre » dans sa préface de 1832, écrit : « Indiana [...], c'est la femme, l'être faible chargé de représenter les *passions* comprimées, ou, si vous l'aimez mieux, supprimées par *les lois* ; [...] c'est l'amour heurtant son front aveugle à tous les obstacles de la civilisation. Mais [...] les forces de l'âme s'épuisent à vouloir lutter contre le positif de la vie[31]. » Aussi, lorsqu'un compte

29 Armand Rochoux, *Le Cœur et le code*, Paris, Pougin Legrand, 1839, s. p. Dans sa préface, Rochoux explique qu'il avait d'abord envisagé intituler son roman *Loi contre loi*, parce qu'il s'agissait d'« un ouvrage où je mets en présence deux textes de la même loi, l'un écrit par la nature au cœur de l'être intelligent, l'autre écrit dans un livre par l'égoïsme et la corruption » (p. x-xi). S'il a finalement choisi *Le Cœur et le code*, c'est, explique-t-il, sous la pression de son éditeur, qui lui rappelle qu'il entre en concurrence avec d'autres auteurs et d'autres formes romanesques. Selon ce dernier, *Loi contre loi* sonne trop comme un traité juridique et ne sera qu'une maigre « recommandation pour des gaillards qui préfèrent sans contredit *M. de Balzac* à Duranton [auteur d'un *Cours de droit civil suivant le code civil* en 1836, *ndt*] et *M. Paul de Coq* [sic] à de Portets [titulaire de la chaire de droit de la nature et des gens au collège de France jusqu'en 1854, *ndt*] » (p. xiii).

30 Sophie d'Épinay Saint-Luc, *Valida ou la Réputation d'une femme*, Paris, Alphonse Levavasseur, 1835, t. 1, p. viii-ix.

31 George Sand, « Préface de 1832 », *Indiana*, éd. Béatrice Didier, Paris, Gallimard, coll. « Folio classique », 1984, p. 40.

rendu discutant simultanément d'*Indiana* et de *Valentine* s'accordera à ce propos, ce sera pour articuler la transformation du roman sentimental social avec celle du *double bind* sentimental : « Dans l'ancienne poétique du roman, et nous disons ancienne parce que tout vieillit rapidement, les obstacles qui se rencontraient sur le chemin de l'amoureux et de l'amoureuse [...] provenaient de la volonté contraire de parents difficiles à fléchir [...]. Aujourd'hui, [...] c'est au mariage comme institution que [le roman] s'attaque, c'est à la société qu'il s'en prend[32]. »

LES LARMES DE L'OPPRIMÉE

Rochoux isole un troisième concept primordial pour l'intrigue du roman sentimental social lorsqu'il ajoute au cœur et au code l'épigraphe de Cooper qui associe les « malheurs », non seulement aux larmes, mais surtout à l'opprimé.e. Ce troisième concept, c'est celui du groupe social en tant que la différence sociale s'exprime en terme de pouvoir. Le personnage du roman sentimental social souffre de ce qu'il ou elle occupe une position sociale dominée, ce que les préfaces citées rendent parfaitement évident. Lorsqu'elle condamne l'infériorité sociale des femmes, Sand lie ainsi la condition féminine à celle de l'esclave dans sa préface à *Indiana* de 1842 : « le malheur de la femme entraîne celui de l'homme comme celui de l'esclave entraîne celui du maître, et j'ai cherché à le montrer dans *Indiana* » (46). Angélique Arnaud ajoute dans sa préface à *Clémence* (1843) : « Le romancier se doit moins aux classes privilégiées qu'aux existences menacées[33] ». Et quand Salvandy décrit l'intérêt du romancier sentimental social pour les positions sociales dominées dans sa préface à *Natalie*, il invoque aussitôt un modèle chrétien pour les maux de la société : « C'est un progrès de la sœur grise. Autrefois, elle n'écrivait pas ; maintenant, elle étend la main sur les plaies que le sort plaça le plus loin de sa portée ; elle verse le baume de sa parole sur les blessures de tous ses frères[34]. »

32 « *Valentine*, par G. Sand, auteur d'*Indiana* », signé C---r., *Journal des Débats*, 11 juillet 1833, p. 3.

33 Angélique Arnaud, *Clémence*, Bruxelles et Leipzig, Méline, Cans et Compagnie, 1841, t. 1, p. viii. Les références suivantes seront indiquées entre parenthèses dans le texte.

34 Salvandy « Préface à *Natalie* », *op. cit.*, p. 69.

Les romans sentimentaux sociaux ne partagent pas pour autant le point de vue réaliste selon lequel c'est le pouvoir qui est le moteur de toute relation sociale, alors même que ces deux sous-genres font de l'intérêt général un devoir contraignant. Les romans sentimentaux sociaux contestent au contraire la glorification réaliste de la lutte pour accéder au sommet de l'échelle, en insistant sur des personnages qui ne profitent pas de toutes les carrières ouvertes aux talents dans une société toute entière dirigée par « le respect de la force, la glorification du succès[35] ». Cette différence de représentation de la vie sociale dans le roman réaliste et le roman sentimental se lit tout particulièrement dans le traitement réservé au topos des illusions perdues. Si, à l'instar du personnage réaliste, le personnage du roman sentimental social, se rend compte, dans la lutte entre le cœur et le code, que les idéaux sentimentaux sont dans les faits rendus impossibles par une société en pleine déroute morale, ces illusions perdues, qui font la clé du succès du réalisme, sont au contraire destructrices pour le personnage du roman sentimental social, lequel reste entièrement dévoué à ses idéaux contre la *Machtpolitik* du monde. Lousteau avertit bien Lucien que « sous toutes ces belles choses rêvées, s'agitent des hommes, des passions et des nécessités » (*IP*, p. 263), et c'est ainsi qu'il le lance dans sa lutte pour la reconnaissance sociale. Le résumé rétrospectif des souffrances de Natalie aux débuts de son entrée dans le monde est bien différent : « Six mois seulement se sont écoulés, et mes rêves brillants sont détruits. Six mois ont dévoré mon existence. Et le passé, le présent, et l'avenir, tout est sanglant ! Ma vie a eu la durée de ces insectes fragiles qui naissent au printemps et meurent à l'automne. » (t. 2, p. 234)

Or, c'est la position des femmes, par-delà les classes sociales, qui incarne le plus souvent la position socialement dominée responsable de tant de souffrances, comme le montrent à peu près tous les romans écrits par des femmes et environ la moitié des romans écrits par des hommes, qu'il s'agisse de femmes qui souffrent de « l'injustice et de la barbarie des lois qui régissent encore l'existence des femmes dans le mariage, dans la famille et la société » (p. 46-47), comme l'affirme Sand dans sa Préface de 1842 à *Indiana*, ou qu'il s'agisse, comme Natalie, de

35 Claire Brunne [Caroline Marbouty], *Ange de Spola, études de femmes*, Paris, Victor Magen, 1842, t. 1, p. xliii. Les références suivantes seront indiquées entre parenthèses dans le texte.

femmes opprimées par les codes de bonne conduite. L'autre catégorie socialement dominée et qui occupe une place de choix dans le roman sentimental social est composée d'hommes qui se trouvent dans les classes inférieures, petits-bourgeois ou ouvriers, exclus de la notabilité qui dirige la société de la Monarchie de Juillet[36]. Ainsi, dans *Riche et pauvre*, Émile Souvestre compare la carrière d'Arthur Boissard, louche et médiocre personnage mais bien placé, à celle du bien plus méritant Antoine Larry, issu de cette « classe sociale qui sépare le prolétaire de la bourgeoisie[37] », lesquels ont tous deux reçu une éducation du même ordre. C'est encore l'inégalité de condition sociale qui est en jeu dans le conflit entre le cœur et le code qui donne sa structure au *Meunier d'Angibault* de George Sand. Dans ce roman, hommes et femmes souffrent d'un amour « *dérangé* », pour reprendre les mots qu'on applique à la folle du roman, la Bricoline, qui a perdu la raison après que ses parents lui ont interdit d'épouser celui qu'elle aimait parce qu'il se trouvait juste en-dessous de sa position sociale.

Certains romans entremêlent les conflits entre le cœur et le code résultant de la différence des sexes à ceux qui résultent des différences sociales, ce qui leur permet alors de mettre l'accent non seulement sur ce qui rapproche, mais aussi ce qui distingue les positions sociales dominées de l'homme de condition sociale inférieure et de la femme à travers les différentes classes. Le personnage de Tristan dans *Méphis ou le prolétaire* (1838) nous raconte ainsi l'amour malheureux d'une chanteuse exceptionnelle, Maréquita, qui tente de vivre sa vie d'artiste indépendamment de la subordination à un homme dans le mariage, et d'un peintre prolétaire également exceptionnel, Méphis, qui peint des allégories destinées à promouvoir « l'indépendance individuelle, l'égalité des droits[38] ». Maréquita ne sera toutefois pas en mesure d'occuper la place d'inspiratrice que Méphis lui assigne dans sa lutte contre l'inégalité, parce qu'elle subira toujours sur un plan légal et moral l'oppression patriarcale. Quand Marbouty compare, dans *Une fausse position* (1844) la position socialement dominée des ouvriers et celle des femmes, elle trouve également la seconde infiniment plus problématique : « Et

36 Sur l'hybridité des classes et identités sociales sous la Monarchie de Juillet, voir André-Jean Tudesq et André Jardin, *La France des notables*.

37 Émile Souvestre, *Riche et pauvre* (1836), Paris, Michel Lévy frères, 1873, p. 39.

38 Flora Tristan, *Méphis ou le prolétaire* (1838), rééd. sous le titre de *Maréquita l'Epagnole. Méphis*, Paris, L. de Potter, Librairie-Éditeur s. d., p. 319.

moi aussi, – se disait-elle, – je vais travailler, – et comme eux j'aurai, puisqu'il le faut, le courage de ma position[39] ». C'est ce que déclare son héroïne, Camille, après qu'elle a quitté son mari pour un amant qui l'abandonnera à son tour. Mais au cours d'une carrière mouvementée, après s'être commise en femme de lettres ou en nonne débutante, Camille se rendra compte qu'il est bien plus difficile pour une femme de gagner sa vie que pour un homme.

Ce n'est que rarement que le roman s'attache au conflit entre le cœur et le code lorsqu'il structure d'autres types de positions socialement dominées. Quoique Carlowitz mette au centre de *Caroline* le conflit entre l'amour maternel et les codes moraux répressifs qui condamnent toute maternité hors mariage, sa préface insiste davantage sur les souffrances endurées par les prêtres. Selon elle, le célibat auquel sont contraints les prêtres les prive de leurs droits sacrés au bonheur individuel. Les prêtres « continuent de tenir nos femmes et nos filles loin de nous », ainsi que l'explique le narrateur de Carlowitz dans sa préface, « parce que vous leur défendez d'avoir des femmes et des filles à eux. Cependant Dieu et les Écritures le permettent, et la morale le veut aussi, pourquoi donc ne le voulez-vous pas ? » (p. xxxi). Clémence Robert aborde le même thème dans *L'Abbé Olivier* (1839). Quant au *Dernier Jour d'un condamné* (1829) de Hugo et à *L'Échafaud* d'Anne Bignan, ils se concentrent sur un dernier groupe social souffrant, celui des criminels condamnés à mort, et retranchés de tout humanité par l'injuste rigueur du code pénal.

Les exemples les plus anciens de cette forme permettent de mieux mettre en lumière ce qui la relie au moment de l'histoire littéraire qui précède, et en cela, le roman de Hugo est éclairant. Il fait du conflit entre le cœur et le code une variation du conflit sentimental entre des formes de droits contradictoires. Lorsqu'il fait le portrait des souffrances morales endurées par le condamné, dans une œuvre qui peut se lire comme une longue analyse du cœur humain, Hugo oppose : « le grand point de droit de l'humanité allégué et plaidé à toute voix devant la société » au « code pénal[40] ». L'opposition ne saurait être exactement celle qui est en jeu dans le roman sentimental puisqu'un de ses termes seulement préserve

39 Caroline Marbouty, *Une fausse position* (1844), Paris, Librairie Malassis, 1862, p. 242. Les références suivantes apparaîtront entre parenthèses dans le texte.

40 Victor Hugo, *Préface* au Dernier Jour d'un condamné (1832), *Œuvres complètes*, t. IV, Paris, Club Français du livre, 1967, p. 480.

les droits humains. La narration hugolienne met en prise le « droit de l'humanité » avec les abus de l'intérêt général à l'œuvre dans la peine capitale, qui fait injustement du criminel un « misérable qui a perdu, par l'homicide, le droit d'être compté parmi les hommes[41] ».

La façon dont Hugo rend compte du discours sentimental sur les droits est tout à fait caractéristique : le roman sentimental social peut se lire comme le prolongement de l'intérêt du roman sentimental pour le conflit entre « *le droit social** » et « *le droit humain** », pour reprendre les mots de Sand dans sa préface générale de 1842. Ce qui n'induit pas pour autant que le sous-genre traduise le conflit de façon équilibrée au niveau même de l'intrigue. Car ces romans mettent bien plutôt en prise le « droit humain » avec le code, lequel outrepasse « le droit social », intronisant « l'inégalité de droits et des moyens de développement » comme « le dernier mot de la forme sociale et de la sagesse des lois », pour citer une fois encore la préface de 1842[42]. Aussitôt que le roman sentimental social utilise le vocabulaire du droit pour représenter le code, il en fait une question non plus de droit mais de possibilité, de « droit du plus fort ». Ainsi, lorsque Ralph s'écrie en voyant la marque de la botte empreinte sur le front d'Indiana : « Indiana ! [...] qui vous a blessée ainsi ? », cette dernière peut-elle répondre dans un sourire amer : « quel autre que *votre ami* en a le *droit* et la volonté ? » (p. 270, c'est G. Sand qui souligne).

À confondre ainsi l'autorité morale avec le cœur contre le code, le roman sentimental social dissout le conflit insoluble qui donnait à l'intrigue sentimentale toute sa grandeur. Plutôt que d'être écartelé entre deux choix également justes, le personnage ne fait que résister au code au nom du cœur : peu importe combien de temps il saura résister, le code

41 N. [attribué à C. Nodier], « Sur *Le Dernier jour d'un condamné* », *Journal des débats*, 26 février 1829, in *Œuvres complètes de Victor Hugo*, *op. cit.*, t. III, p. 1381. Anne Bignan construit son roman sentimental social orienté contre la peine capitale autour d'une transformation semblable du *double bind* sentimental. « Le corps social n'a pas plus le droit de retrancher avec le glaive des lois un de ses membres, qu'un individu n'a le droit de porter la main sur ses propres jours : une exécution à mort et un suicide sont un crime égal aux yeux du créateur ; car les existences individuelles importent à la vie collective des peuples. Brisez les anneaux, que deviendra la chaîne ? » écrit-elle ainsi dans sa préface, réactivant ici l'image de la société comme une chaîne, typique dans le roman sentimental social pour décrire la façon dont l'humanité se lie à l'individu plutôt que la façon dont les codes les oppressent. (Anne Bignan, *L'Échafaud*, Paris, Madame Charles Béchet, 1832, p. 55).

42 George Sand, « Préface générale » (1842), in *Questions d'art et de littérature*, Paris, Calmann Lévy, 1878, p. 3.

finit toujours par être victorieux. Les récriminations de Natalie contre les puissantes exigences mondaines quand elle entre pour la première fois dans la société contiennent à échelle réduite toute l'expérience des personnages de roman sentimental social : « Madame d'Artville semble un tourbillon qui m'entraîne. Elle est toujours là pour m'arracher à ma mère, à la lecture, à ma harpe. Je suis contrariée, lorsqu'on vient troubler mes études ou nos tête-à-tête chéris ; mais nos liens lui donnent une sorte d'empire qui ne me permet pas de lui résister. » (p. 156-157)

On pourrait également considérer cette perte poétique du roman sentimental social vis-à-vis de la tragédie sentimentale comme une forme de tournant quant aux tensions politiques qui fondent les différentes formes littéraires. Que le roman sentimental social transforme le conflit entre les « devoirs opposés » en une lutte du cœur contre le code montre bien que ce n'est plus la tragédie révolutionnaire qui est en jeu ici, mais la même contradiction sociale de son temps que celle que l'on retrouve dans l'intrigue réaliste du *Bildung*. Autrement dit, cette contradiction entre les fondations symboliques que la Monarchie de Juillet tire des idéaux révolutionnaires, et son organisation politique et économique qui vient asseoir les privilèges de classes, contradiction que j'ai synthétisée dans le problème d'une division inégalitaire de la société. Les romans sentimentaux sociaux soulignent bien ce problème de la division sociale lorsqu'ils représentent des personnages abusés par le code pour cela même qu'ils appartiennent à une catégorie sociale opprimée. La Natalie de Montpezat est incapable de jouir de sa liberté individuelle parce que le roman montre bien que le code moral est plus rigoureux pour les femmes que les hommes, comme c'est également le cas pour la Clémence d'Arnaud. *Méphis* de Tristan, *Indiana* de Sand ou *Une Fausse position* de Marbouty, viennent quant à eux montrer des héroïnes incapables d'accéder à la vie, à la liberté et au bonheur, du seul fait que la subordination légale et économique des femmes se double de normes morales.

L'IDÉE POLITIQUE, L'IDÉE SOCIALE

Les souffrances des individus en position sociale de domination représentent ces « *idées** » qui ont conduit les contemporains à considérer le roman sentimental social comme une littérature d'idées. Le terme ainsi utilisé vient affirmer une attitude politique et sociale relativement ouverte[43] : Hugo écrivait ainsi dans sa préface de 1832 au *Dernier jour d'un Condamné* que « L'auteur aujourd'hui peut démasquer l'idée politique, l'idée sociale, qu'il avait voulu populariser sous cette innocente et candide forme littéraire », manifestant par là qu'il peut désormais révéler le contenu politique de son roman à présent qu'il n'a plus à craindre la censure qui a suivi la Révolution de 1830. Et il poursuit : « Il déclare donc, ou plutôt il avoue hautement que *le Dernier jour d'un Condamné* n'est autre chose qu'un plaidoyer, direct ou indirect, comme on voudra, pour l'abolition de la peine de mort » (480). Treize ans plus tard, ce sera ce même mot d'« idées » compris dans la même acception politique du terme, que Sand reprendra quand elle rappellera comment, pour des motifs politiques, son éditeur refusa de publier *Le Meunier d'Angibault* : « Monsieur Véron me reproche de lui avoir promis un roman de mœurs et de lui avoir livré un roman d'idées[44]. »

L'usage politique du terme d'*idée** dans les années 1830 et 1840 peut s'étendre à celui d'idéal auquel on l'associe souvent. Comme Schor le note justement, la notion d'idéal a historiquement deux sens très différents, pouvant dénoter tout à la fois un retrait par rapport au réel et le but auquel celui-ci devrait tendre[45]. Ainsi, quand le discours critique de la Monarchie de Juillet associe idéal à roman, c'est dans cette deuxième acception. On en retrouve une occurrence dans le compte rendu – cité par Schor – qu'Eugène Pelletan donne du *Meunier d'Angibault*, où il dit du roman qu'il offre « un idéal qui nous guide au travers des montagnes et des rivières jusqu'au berceau de la vérité naissante[46] ». Cette image de

43 Schor manque cette acception quand elle définit l'idéalisme sandien en ne se référant qu'au discours philosophique du XIXe siècle.

44 George Sand, *Correspondance*, Paris, Garnier Frères, t. VI, 1970, p. 646 et p. 656-657. Sand continue encore : « Je ne peux et ne pourrai jamais comprendre la distinction », faisant ainsi tourner à son avantage ce glissement de sens fréquent à son époque.

45 Naomi Schor, *Sand and Idealism*, *op. cit.*, p. 84.

46 Cité et traduit par Schor, *Sand and Idealism*, *op. cit.*, p. 108-109.

l'idéal comme guide est un topos de l'époque, que l'on retrouve encore dans la préface que Salvandy donne à *Natalie*, quand il veut décrire l'écrivain en train de poursuivre son idéal de transformation sociale : « C'est la mission, c'est le devoir de tous ceux qui ont reçu du ciel des dons à l'aide desquels ils peuvent influer sur les hommes : ils doivent marcher comme le pilote, qui a les yeux sur le firmament, qui cherche sa route là-haut, et non pas autour de soi, à ses pieds, sur cet Océan, où ses regards incertains l'égareraient bientôt[47]. »

Le roman sentimental social explicite souvent l'idée qui le fonde (ou les idées, puisqu'il peut en avoir plus d'une) par le truchement des commentaires du narrateur, des personnages ou de la figure de l'auteur, et ces commentaires mettent en lumière l'une des transformations majeures de la sentimentalité par ce sous-genre. L'explicitation des prises de positions sociales et politiques du roman sentimental social dirige l'attention du lecteur sur la sphère publique alors même que c'était sur la sphère privée que les histoires d'amour du roman sentimental insistaient[48]. Et cette insistance est encore marquée par le choix d'intrigues fondées sur la représentation de l'injustice sociale.

---

47 Salvandy, « Préface à *Natalie* », *op. cit.*, p. 66.

48 Les romanciers sentimentaux sociaux donnent une belle illustration de leur inflexion politique par rapport au roman sentimental quand ils montrent comment ils comprennent un de leurs éminents prédécesseurs sentimentaux, à savoir Staël. Pour ces romanciers attentifs à la condition féminine, les romans de Staël offrent avant tout le portrait de femmes opprimées par des codes moraux ou légaux injustes, et ils apprécient souvent le féminisme de Staël. Ainsi, Dupin place bon nombre des chapitres de son roman sur le divorce, *Marguerite*, sous le patronage de Staël dont proviennent les textes en épigraphe des chapitres, comme le montre par exemple, au chapitre XVIII, cette citation : « La nature a voulu que tous les dons des femmes fussent destinés au bonheur des autres et de peu d'usage pour elles-mêmes » (Antoinette Dupin, *Marguerite*, Paris, Moutardier, 1836, t. I, p. 137) ; Hortense Allart écrit dans la préface de son roman sentimental social *Settimia* : « Madame de Staël a peint des femmes mourant pour des préjugés ; notre époque, plus avancée, peint des femmes qui bravent les préjugés » (Paris, Arthus Bertrand, 1836, t. 1, p. IX, les références suivantes apparaîtront entre parenthèses dans le texte). *La Femme du Progrès* de Carlowitz est l'un des rares exemples de roman sentimental social à faire une mauvaise part à Staël et, comme cela est courant dans les attaques antiféministes, la cible réside bien plus souvent dans la personne de Staël elle-même que dans son œuvre. Carlowitz montre dans ce texte l'incompatibilité des deux mondes, en dressant le portrait d'une héroïne sentimentale opprimée par une *femme du progrès*, une femme dont le féminisme, supposément bâti sur des principes humanitaires, sert en fait des intérêts proprement égoïstes. Ces personnages de féministes mondaines qui font l'apologie des droits des femmes à seule fin de gloire personnelle prennent Staël et son personnage de Corinne comme modèle dans l'œuvre de Carlowitz.

Les romans sentimentaux sociaux donnent à entendre toutes les idées qui traversent le champ politique. Pour ne s'en tenir qu'à ceux qui sont plus particulièrement dédiés à la condition féminine, leurs idées vont de ceux qui promeuvent une féminité pieuse et domestique à ceux qui réclament une parfaite égalité des sexes [*gender*]. Ainsi, *La Duchesse de Valombray* (1838) est un roman sentimental social entièrement bâti autour d'une schéma conservateur, qui nous raconte les souffrances d'une femme « *sensible** » et droite, Suzanne, qui languit dans le mariage, obligée de vivre dans un monde égoïste où chacun ne songe qu'à son propre plaisir. L'idée qui domine le roman est la suivante : la femme, opprimée par une société matérialiste, trouvera avantage à résister en pratiquant ses devoirs féminins et privés et en les soumettant à ses exercices de dévotion. Pour Abrantès, la femme est cet « être si faible, si grand et si tendre », étant données sa fragilité naturelle et sa subordination sociale : « Esclave de tous les changements, éternel jouet des variations les plus opposées, qui l'aidera, si Dieu ne l'aide pas ? Sauvez-la, sainte religion, dégagez-la du monde et d'elle-même[49] ».

C'est encore le pouvoir rédempteur de la religion qui structure *Madame de Tercy* de Charlotte de Sor, dans lequel sont dépeintes les vies de plusieurs femmes de qualité qui sont tour à tour « le jouet ou l'esclave » au sein de mariages auxquels elles ont été sacrifiées au nom « [de] la fortune ou [de] la vanité[50] ». « Mais ce qui m'appartient, écrit Sor dans sa préface, c'est la pensée de jeter quelques consolations à de vives souffrances du cœur [...]. Je dirai à nous autres faibles femmes : Ayons une croyance pour supporter la trahison, la déception de nos généreuses chimères ; pour subir les injustices et les exigences de la société qui nous a faites si malheureuses [...] À nous, déshéritées de joies et de prospérités, il nous faut croire en Dieu pour sortir doucement de la vie » (1 : viii-ix). Les deux romans de Sor et d'Abrantès nous montrent bien des romans sentimentaux sociaux qui donnent voix à des idées conservatrices qui

49 Laure Junot d'Abrantès, *La Duchesse de Valombray* (Paris, Levavasseur, 1838), Bruxelles, Société Belge de librairie, Hauman & Cie, 1839, vol. 1, p. 110. Les références suivantes apparaîtront entre parenthèse dans le texte.

50 Charlotte de Sor, *Madame de Tercy, ou l'Amour d'une femme*, Paris, Charles Lachapelle, 1836, t. 1, p. 51 et 47. Les références suivantes apparaîtront entre parenthèses dans le texte. On aurait pu encore citer, dans la catégorie des romans sentimentaux sociaux fondés sur des idées conservatrices *Roseline, ou la Nécessité de la religion dans l'éducation des femmes* et *Zoé, ou la Femme légère*, tous deux de Tarbé des Sablons.

sont en conflit avec elles-mêmes, puisqu'elles constituent à la fois une mise en accusation de la société en même temps qu'elles ne proposent en rien de transformer le *statu quo*. Un épisode de *La Duchesse de Valombray* suffira à montrer comment opère le conflit : le narrateur y suggère que la femme souffre plus intensément des trahisons de l'amour du fait de son confinement dans la sphère privée, que le roman ne cesse pour autant de promouvoir : « Un homme est libre d'aller trouver la femme qui ne vient pas, un homme est libre de faire une folie. Une femme n'ose même pas y arrêter sa pensée. Elle doit demeurer seule, agitée, livrée à ses angoisses, car sa place est au sein de sa famille, et dans le secret de sa maison. » (I, p. 233)

Loin de ces portraits convenus de femmes dominées par leur statut social, *Indiana* de Sand, *Clémence* d'Arnaud, *Méphis* de Tristan, *Ange de Spola* et *Une Fausse position* de Marbouty insistent sur l'idée qu'il faut à la société une transformation des lois et des mœurs pour remédier à l'inégalité flagrante à laquelle les femmes sont soumises. Sand s'attaque ainsi, dans sa préface de 1842 à *Indiana*, à « l'injustice et la barbarie des lois qui régissent encore l'existence de la femme dans le mariage, dans la famille et la société » (p. 46). Dans le même ordre d'idées, Marbouty en appelle à une transformation de la condition féminine dans sa préface à *Ange de Spola* : « Nous l'avons dit tout à l'heure, l'éducation des femmes tend trop souvent à les déguiser, à les tromper [...]. Cette mutilation morale de la femme, sans doute obligée à des époques sociales antérieures, ne doit-elle pas cesser avec le progrès ? – Et la législation actuelle ne saurait-elle et ne pourrait-elle remédier à des institutions si cruelles et si contraire au bonheur de tous ? » (p. 8-9)

Une partie des romans sentimentaux sociaux se situe en fait entre ces deux bornes, conservatrice et radicale. Conformément au renouveau des idéaux révolutionnaires pendant la Révolution de Juillet, il y eut de nouveau des débats publics enflammés concernant le rétablissement du divorce, lequel – et l'idée était largement partagée – ouvrirait la porte à l'émancipation des femmes[51]. Il est assez courant que le roman sentimental social ait pris position en faveur du divorce, selon une identification entre femme et sphère privée, tout en suggérant que la vie privée pourrait protéger le bonheur individuel plutôt que de soumettre

51 Sur les débats concernant la Révolution pendant la Monarchie de Juillet, voir Francis Ronsin, *Les Divorçaires*.

les femmes à la tyrannie. Le caractère modéré de cette idée apparaît ainsi dans *Une Victime*, lorsque Monborne associe son exigence de divorce à une demande restreinte bien plutôt qu'à un appel à une liberté sans limite : « Je ne demande point le divorce tel qu'il était en 93 ; ses fréquents abus en rendaient la loi immorale. Je n'admets même pas l'incompatibilité d'humeur [...]. Mais là où sont l'infamie, le déshonneur, l'inconduite, l'abandon ; je demande le Divorce[52]. ». Dans *Le Pair de France, ou le Divorce*, Carlowitz exalte le divorce dans la perspective d'un féminisme très tempéré, puisqu'il donne toute sa valeur aux fondements mêmes du bonheur domestique. « Près du cercueil de Francesca, près du cercueil du Duc, j'ai maudit l'obstination fanatique qui a refusé de sanctionner le rétablissement du divorce. Vous me forcez à la maudire de nouveau : elle est bien plus coupable que vous ! » déclare l'un des porte-paroles de ce roman qui soutient qu'une femme n'a que l'adultère pour échapper à ce qu'il nomme *un mariage mal assorti**. « Que d'existences déjà ont été brisées par elle ! Combien d'êtres qui auraient pu devenir des époux vertueux se sont trouvés entraînés au crime[53] ! ». À ce titre, *Natalie* de Montpezat est l'un des romans les plus ambigus quant au divorce, puisqu'il ne prend jamais clairement position à son sujet. Est-ce même un roman contre le divorce ? La mère de Natalie, sa confidente, font du divorce une « faute », et le roman fait de celui-ci ce qui va précipiter les souffrances des femmes du point de vue des codes de la bonne moralité. Et dans le même temps, *Natalie* condamne ces codes jugés hypocrites et se plaît à souligner tous les mérites de Natalie et de sa mère divorcée, en insistant sur les efforts de Natalie pour obtenir « l'estime du public et la paix de son cœur » (p. 116-117).

Quelles que soient leurs options politiques quant à la différence des sexes, les romans sentimentaux sociaux portant sur la condition féminine sont unis par une même idée, parfois associée à celle de l'oppression des femmes et parfois développée pour elle-même. Celle-ci incrimine le matérialisme, jugé « le plus grand mal de l'époque, et qui risque de l'avaler toute entière » pour citer la préface de Marbouty à *Ange de Spola* (I, xliii). Ce que ces romans condamnent sous ce terme de

52 Mme B. Monborne, *Une Victime ; esquisse littéraire*, Paris, H. Mouillefarine, 1834, p. 5-6.

53 Aloïse de Carlowitz, *Le Pair de France, ou le Divorce*, Paris, Charles Lachapelle, 1835, t. 3, p. 366. Les références suivantes seront indiquées entre parenthèses dans le texte. On pourrait encore citer, dans la catégorie des romans qui promeuvent le divorce, *Marguerite* de Dupin, *Settimia* d'Allart, *Mézélie* de Reybaud et *Trois ans après* de Tullie Moneuse.

« matérialisme », c'est une société où les individus ne recherchent que l'intérêt personnel, et où toute relation sociale est fondée sur le pouvoir et l'argent. Le diagnostique de Marbouty est à ce titre exemplaire : « L'argent résumera tout, la société, envahie et viciée par ce qu'il y a de plus bas en ce monde, le respect de la force, la glorification du succès, cherchera vainement un remède » (I : xlii-xliii). Autre point d'accord entre les romans sentimentaux sociaux : si les femmes souffrent plus encore que les hommes de ce matérialisme, c'est qu'elles sont dans une position de domination plus forte et à ce titre irrémédiablement perdues hors un succès qui récompense la moralité et la force. Les romans plus radicaux mettent davantage l'accent sur le fait que les femmes n'ont aucune chance de fuir cette domination étant donné que tout accès aux fondements de l'ordre social contemporain leur a été refusé, « le législateur ayant séparé les femmes de tout intérêt positif, ayant remis leurs droits à leurs maris », ainsi que l'écrit encore Marbouty dans sa préface à *Ange de Spola* (I : xxi).

Cette critique du matérialisme ne se manifeste pas seulement dans les idées défendues par les romans sentimentaux sociaux, mais encore dans la façon dont ils dessinent leurs personnages. Le magistrat qui condamne Caroline à mort dans *Caroline*, Madame d'Artville dans *Natalie*, ainsi que l'époux autocentré de Suzanne dans *La Duchesse de Valombray* sont autant de ces « gens égoïstes » qui peuplent nos romans. Raymon de la Ramière incarne ainsi l'une des méthodes privilégiées par le roman sentimental social pour représenter le matérialisme, à la manière du jeune homme aux belles espérances, héros du roman réaliste. Si l'on s'en tient au point de vue du roman sentimental social, un tel héros est un séducteur sans principe, hypocrite et content de lui, prompt à soumettre l'héroïne à des souffrances intenses quand ce n'est pas à la destruction. Dans *La Cour d'Assises* (1832), Camille Bodin rappelle que la source de ce type du roman sentimental social est réaliste : son personnage, qui assassinera finalement l'héroïne après une passion dévorante, est un nouveau Julien, le fils adoptif de Beaumarchais, qui avait commencé comme aide-de-camp de Napoléon avant d'entrer dans la politique sous la Restauration et de s'élever au pinacle de la société et du pouvoir jusqu'à son ennoblissement en Comte de Berville[54].

54 On rencontrera d'autres versions de ce même type dans le personnage de Paul du *Pair de France* de Carlowitz ou dans Auguste Bervil d'*Une Victime* de Monborne. On pourrait

VICTIME D'UNE LOI INJUSTE

À l'instar du roman sentimental, c'est une réaction empathique du lecteur que l'intrigue du roman sentimental social, avec ses personnages pleins d'honneur mais pris dans des conflits insolubles, sollicite. N'était que la transformation du *double bind* sentimental dans le roman sentimental social modifie sensiblement la façon dont les personnages requièrent notre intérêt. Dans les intrigues sentimentales, nous admirons et sympathisons avec des personnages qui sont en plein désarroi moral, puisqu'ils luttent pour respecter des impératifs contradictoires qu'ils ne parviennent jamais à résoudre. Dans le roman sentimental social, nous sympathisons avec des personnages qui sont les victimes d'une injustice : « c'est une victime qu'une loi injuste vient de frapper[55] ! » déclare l'un des personnages du roman *Les Étudiants* de Louise Maignaud, au sujet d'un des leurs qui vient d'être condamné à une lourde peine pour un crime qu'il n'a pas commis, comme pourrait le déclarer n'importe quel personnage pris dans une intrigue de roman sentimental social.

La parenté du roman sentimental social avec le mélodrame est ainsi visible dans la transformation du personnage, non plus modèle de moralité, mais victime, ainsi que dans la façon dont l'intrigue tourne autour d'une opposition tranchée entre le bien et le mal. Cette fascination pour l'excès mélodramatique est également patente dans le roman réaliste. Si ce n'est que ce dernier loue cet excès quand le roman sentimental social l'associe clairement à l'injustice sociale[56]. Ces conflits manichéens mettent plus particulièrement aux prises « *le bon droit* », comme l'écrivait Rochoux citant Cooper, avec une « loi injuste ». Ou, pour citer la préface de Bignan à *L'Échafaud* : « De ce conflit dramatique entre nos bons et nos mauvais principes, résulteront des tableaux instructifs qui nous inspireront l'amour et l'estime des uns, la haine et le mépris des autres. »

---

se demander si le fait que la première expérience sexuelle de Lamiel se fasse auprès d'un Jean Berville qu'elle paie ensuite froidement n'est pas une façon d'attaquer le roman sentimental social pour un type de personnage dont Julien Sorel est le premier avatar.

55 Louise Maignaud, *Les Étudians* [sic], *Épisode de la révolution de 1830*, Paris, Levavasseur, 1831, t. IV, p. 67.

56 Sur l'immersion réaliste dans le mélodrame, voir *The Melodramatic Imagination* de Peter Brooks.

(24) Le roman sentimental social s'éloigne cependant du mélodrame en donnant au « conflit dramatique » une issue tragique proche du roman sentimental, comme l'a bien souligné Sand dans sa préface de 1832 à *Indiana* : « Ensuite vous direz que l'on ne vous a pas montré la vertu récompensée d'une façon assez éclatante. Hélas ! on vous répondra que le triomphe de la vertu ne se voit plus qu'aux théâtres de boulevard. L'auteur vous dira qu'il ne s'est pas engagé à vous montrer la société vertueuse, mais nécessaire, et que l'honneur est devenu difficile comme l'héroïsme, dans ces jours de décadence morale. » (41)

Le fait que Sand montre bien l'écart qui réside entre le dénouement de son roman et celui des mélodrames permet d'attirer notre attention sur une autre différence fondamentale entre le roman sentimental social et, non seulement le mélodrame, mais aussi le roman sentimental : la vertu n'y est plus le premier attribut héroïque du personnage[57]. Nous avions vu que pour Claire d'Albe, la vertu, « c'est la force » (86), et dans le roman sentimental social, c'est aussi la force que le personnage exhibe devant ceux qui le jugent. Par contre, dans ces mêmes romans cette force est bien plus souvent décrite comme du « courage », une forme de persévérance contre l'oppression, plutôt que comme une « vertu », une rectitude morale[58]. Indiana n'a ainsi aucun scrupule à attendre Raymon jusque tard dans la nuit, quand bien même son geste outrepasse toute bienséance. Et quand Raymon lui reproche sa « folie », Indiana rétorque : « Moi, j'aurais dit *courage* » (216). Dans *Le Meunier d'Angibault*, le narrateur sandien en vient à louer une héroïne aussi « tendre et courageuse [que] Marcelle », qui nargue toutes les conventions sociales[59]. Le personnage d'*Une Fausse position* de Marbouty défend elle aussi « le courage de [s]a position » (242) dans sa lutte pour se faire respecter, contre la censure de la société. C'est encore le cas dans *Valida* d'Épinay Saint-Luc qui défend son héroïne, Éléonore, alors même qu'elle s'est donnée à l'homme qu'elle aimait sans en être l'épouse et qu'elle en a eu un enfant auquel

57 Nous avons déjà vu que le terme de vertu ne recouvrait pas les mêmes réalités dans le mélodrame ou dans le roman sentimental. Alors que le mélodrame l'oppose au vice persécuteur, le roman sentimental édifie une vertu qui valide le combat moral auquel le personnage est en prise.

58 Les romans sentimentaux sociaux plus conservateurs ont toutefois davantage tendance à s'inscrire dans la lignée sentimentale qui promeut la vertu.

59 Sand, *Le Meunier d'Angibault*, Paris, Desessart, 1845, t. 1, p. 25. Les références suivantes apparaîtront entre parenthèses dans le texte.

elle se dévoue corps et âme, au point que la préface voit en Éléonore un « courage jusqu'à l'héroïsme » (I, x), bien éloignée de la « facile vertu » de ces femmes qui n'ont jamais été éprouvées par la souffrance (I, xi) ou de la « vertu de convention » d'une société hypocrite (I, 122). L'utilisation de ce terme de « courage » comme presque synonyme d'héroïsme correspond bien au conflit qu'il décrit : le courage est une force qui vient du cœur et qui rend manifeste la subjectivité à l'œuvre dans le roman sentimental social autant que dans le roman sentimental.

Comme les personnages d'Indiana et d'Éléonore le montrent bien, le courage trouve à se déployer dans la transgression des règles morales, et prend alors le nom de « faute », qui correspond en fait à la consommation sexuelle hors mariage. Si cette consommation peut également se produire dans le roman sentimental, elle ne se charge pas du tout de la même signification dans l'un et l'autre sous-genre. Pour les personnages sentimentaux, la consommation sexuelle hors mariage viole absolument le *double bind* sentimental, déstabilise l'ordre social tout entier, plus encore si l'on est dans une situation d'adultère. On est alors au dénouement, comme c'est le cas dans *Claire d'Albe*, même si l'intrigue peut encore se poursuivre, comme dans la *Julie* de Rousseau, où l'adultère joue les deux rôles. Pour les personnages sentimentaux sociaux, la consommation sexuelle hors mariage témoigne d'une volonté de satisfaire le cœur contre le code ; la faute commise par l'héroïne n'est qu'un incident de parcours dans sa longue trajectoire d'opprimée. La rudesse de son parcours peut même exacerber encore la gravité des transgressions : dans *Caroline ou le Confesseur*, l'héroïne tue son enfant né hors mariage après qu'elle a été rejetée de toute la société. Dans *La Cour d'Assise* de Bodin, une héroïne du genre de Corinne poignarde le personnage de Lucile, promise à l'homme qu'elle aimait, lui-même avatar d'Oswald, dans un scène où elle avait également prémédité de se suicider, après avoir éprouvé combien les conventions sociales abrutissantes n'avaient donné aucune autre échappatoire à son imagination.

Qu'on l'appelle faute ou crime, la transgression du personnage de roman sentimental social sert surtout à amplifier son statut « intéressant » de victime de lois injustes. La préface à *Valida* en est un bon exemple, qui défend les femmes qui « se précipitant hors du cercle de leurs devoirs coutumiers, poussent cet écart jusqu'à braver les traits les plus acérés de la médisance. Lecteurs, si vous en connaissez qui aient eu cette triste énergie, ne vous hâtez pas trop pour les blâmer, plaignez-les plutôt. C'est de la compassion qui leur revient [...]. Qui sait si ce n'est point une vertu qui les égare ? » (I, xii). Pour le narrateur de *La Cour d'Assises* de Bodin, son héroïne si semblable à Corinne « était placée dans la classe des femmes les plus à plaindre[60] ». Et quand Hugo choisit pour héros un meurtrier dans *Le Dernier Jour d'un condamné*, c'est pour affirmer qu'il plaide pour « tous les accusés présents et à venir » (480), rappelant par là que « tout homme mérite pitié, quelle que soit sa faute ».

Hortense Allart écrit dans la préface à son roman sentimental social *Settimia* : « Madame de Staël a peint des femmes mourant pour des préjugés ; notre époque, plus avancée, peint des femmes qui bravent les préjugés[61] ». Il est difficile d'être si optimiste quand on regarde de près le roman sentimental social : les personnages succombent aux mêmes conflits fondamentaux que leurs comparses des romans sentimentaux. Mais l'assertion d'Allart a toutefois le mérite de souligner que le sous-genre se fait toujours l'avocat de ces personnages qui défient la société. Ce avec quoi la critique contemporaine n'était pas forcément très en accord. Dans un compte rendu de 1839 sur un roman de Jules Sandeau intitulé *Mariana*, le journaliste s'élève « contre ces romans d'une certaine école de littérature féminine » et vient censurer cette « école » pour ce qu'elle fait le récit de révoltes de femmes : « Pour une de ces héroïnes, de ces *Lélias*, qui, appuyée sur une force exceptionnelle, peut se mettre en guerre avec les mœurs et se placer au-dessus des jugements ordinaires, combien ne rencontreront que la honte et la solitude, plutôt que la célébrité et la liberté[62] ! »

Le fait que le roman sentimental social se détourne finalement de la vertu est à lier à la transformation du *double bind* sentimental. Si les lois sont injustes, peut-on alors parler de celui qui soutient qu'elles sont vertueuses ? Et, dans le même temps, est-il vertueux de défier les obligations sociales, surtout quand les lois que l'on brise n'appartiennent pas seulement à un arsenal répressif, mais constituent les bases judéo-chrétiennes les plus fondamentales, comme avec le « tu ne tueras point » ?

60 Camille Bodin [publié d'abord sous le nom de Jenny Bastide], *La Cour d'assises* (1832), Paris, Arnauld de Vresse, 1860, p. 67.

61 Hortense Allart, *Settimia*, *op. cit.*, p. ix.

62 Compte rendu signé H.L., du roman *Mariana* de Jules Sandeau, *Le Charivari* 28 mars 1839.

En ne faisant plus de la vertu son centre, notre sous-genre accentue la confusion avec les autres abstractions héritées des Lumières et privilégiées dans l'univers moral du roman sentimental, qu'il s'agisse des notions de devoir, ou de sacrifice.

Il n'en reste pas moins qu'il est un aspect de la société dépeinte dans le roman sentimental social qui ruine l'idée que la notion de vertu serait inévitablement liée au sous-genre : « Libre ! grande parole qui contient en effet toute dignité humaine : nulle vertu sans la liberté[63] », écrit ainsi Michelet dans *Le Peuple* quand il veut établir l'un de piliers de la théorie politique républicaine. Au point nodal du roman sentimental social nulle trace d'une telle liberté, mais au contraire, la position sociale dominée du sujet, ainsi qu'Arnaud le rappelle dans la préface de *Clémence* : « Il faut de l'indépendance pour s'élever jusqu'à la vertu » (p. ix).

JE SUIS L'ESCLAVE ET VOUS LE SEIGNEUR

Pour intéresser son lecteur, le roman sentimental social dispose encore d'autres moyens que ceux d'une intrigue basée sur un personnage pris dans les rets d'un conflit sans solution. L'usage de ces autres conventions par le sous-genre vient encore marquer davantage la transformation du *double-bind* sentimental en son sein : comme leurs ancêtres sentimentaux, les héros des romans sentimentaux sociaux analysent leur cœur pour mieux souligner combien ils souffrent. Et pourtant, leurs analyses n'accentuent en rien le dilemme moral des personnages mais bien plutôt leur désir de liberté s'opposant à la tyrannie des codes.

Ainsi Claire pouvait dire à Frédéric, dans une lettre où elle montre combien la contradiction entre la liberté individuelle et l'intérêt général accentue son désarroi, que « Les objets qui me sont le plus chers sont ceux que je repousse avec le plus d'effroi… Toi-même, Frédéric, c'est parce que je t'adore que tu m'es odieux : c'est parce que je n'ai plus de forces pour te résister que ta présence me fait mourir ; et mon amour ne me paraît un crime que parce que je brûle de m'y livrer. » (p. 140) Natalie donne la version du roman sentimental social de cette analyse

63 Jules Michelet, *Le Peuple*, *op. cit.*, p. 39.

quand elle comprend que la mère d'Ernest s'oppose à leur amour : « Il me semble que je ne puis plus être heureuse. Madame de Léoville serait toujours là pour me disputer son fils. Et dans le monde, quel sentiment pourrais-je avouer pour Ernest ? il ne me serait jamais permis de dire combien il m'est cher. Je ne pourrais jamais me faire gloire de son amour, et pourtant l'amour d'Ernest est un motif d'orgueil. [...] J'envie la destinée de toutes les autres femmes. Comme un anneau isolé au milieu de la chaîne générale, je ne suis liée au sort de personne ; et pourtant je ne suis pas libre ! » (vol. 2, p. 135-136)

C'est également l'usage du tableau qui est changé dans la transformation du *double bind* sentimental opéré par le roman sentimental social. Dans le roman sentimental, on se souvient que le tableau apparaissait au moment où les deux impératifs moraux en conflit s'affrontaient de toute leur force dans l'âme du personnage. Alors le langage devenait impuissant, le personnage mettait en scène cette confrontation dans ses gestes et exigeait la sympathie d'autrui, par l'intensité de sa réaction, mais surtout en sacrifiant son bonheur individuel au profit du bien-être de tous. Dans le roman sentimental social, le tableau apparaît au moment où les codes oppressent si violemment le cœur qu'ils font voir dans toute leur splendeur à quel point ils exercent une domination brutale. Si cette oppression peut survenir dans l'âme du personnage, comme dans le roman sentimental, elle peut aussi s'incarner dans l'affrontement de deux personnages dont l'un représente le cœur et l'autre le code. Le plus souvent, la victoire du code sur le cœur se lit dans les gestes, après que le langage s'est révélé impuissant. De tels tableaux excitent alors la sympathie du lecteur en représentant le personnage non pas en tant qu'il se sacrifie, mais en tant qu'il est sacrifié.

Rappelons-nous de Claire faisant éclater le conflit entre son bonheur et ses devoirs alors même qu'elle se trouve dans une position intenable : « Oui, je t'aime avec ardeur, avec violence ; et dans ce moment même, où j'oublie pour te le dire les plus sacrés devoirs, je jouis de l'excès d'une faiblesse qui te prouve celui de mon amour. » (p. 88). Quand Frédéric l'embrasse ensuite, elle tombe à ses pieds en l'implorant de respecter le bien-être de tous et de ne pas abuser de sa faiblesse. Le tableau qu'on va reproduire ici en est l'équivalent dans *Indiana* ; lorsque Delmare ordonne à Indiana de quitter avec lui l'Île Bourbon après qu'elle a passé la nuit chez Raymon, celle-ci lui répond : « Je sais que je suis l'esclave et vous le seigneur. La loi de ce pays vous a fait mon maître. Vous pouvez lier mon corps, garrotter mes mains, gouverner mes actions. Vous avez le droit du plus fort, et la société vous le confirme ; mais sur ma volonté, monsieur, vous ne pouvez rien, Dieu seul peut la courber et la réduire » (p. 232). Delmare lui répond alors : « Taisez-vous, sotte et impertinente créature ; vos phrases de roman nous ennuient », faisant du roman ce qui s'éloigne du réel, quand bien même Delmare est lui-même personnage de ce qui est loin d'être un roman d'évasion. Ses tentatives de réduire Indiana au silence ayant échoué, il ne reste plus à Delmare qu'à faire usage de la force physique « en lui meurtrissant la main entre son index et son pouce » (p. 232). Sand répètera ce tableau en augmentant encore la violence de Delmare qui écrasera le front d'Indiana de sa botte.

Cette transformation du *double bind* sentimental n'est pas non plus sans affecter le statut du narrateur pour attirer l'attention sur l'intérêt du personnage principal. Dans le roman sentimental social on a le plus souvent affaire à un narrateur omniscient à la troisième personne qui reproduit ce style néoclassique et économe de ses moyens qu'est le style du roman sentimental. De même que dans le roman sentimental, le narrateur peut faire preuve d'empathie dans les moments de crise, ainsi que l'atteste notamment le passage au présent pour intensifier les émotions, auquel se joignent le plus souvent maximes générales ou adresses directes au lecteur[64]. Si ce n'est que dans le roman sentimental, le narrateur fait preuve d'empathie au moment de l'impasse morale, alors que dans le roman sentimental social, au contraire, il le fait au moment où l'oppression extrême du code vient s'opposer aux efforts de résistance les plus intenses du cœur.

La matière même des commentaires empathiques du narrateur vient souligner combien la sphère privée sentimentale est politisée dans le roman sentimental social. Ainsi, même lorsque le narrateur en appelle à la pitié à l'égard de son personnage pris dans les affres du conflit, il ou elle transforme les maximes psychologiques ou sociales du roman

---

64 La tendance déjà perceptible dans le roman sentimental à privilégier la narration à la troisième personne à l'écriture privée s'accroît encore dans le roman sentimental social. On compte ainsi quelques rares romans sentimentaux sociaux qui prennent la forme d'un roman épistolaire, comme *Natalie*, *Settimia* d'Allart, *Les Femmes vengées* de Desprez et *Jacques* de Sand. Et encore : les deux derniers romans soulignent volontiers le caractère démodé du roman épistolaire et justifient l'usage d'une telle structure narrative en se réclamant de l'héritage sentimental.

sentimental en idées politiques ou sociales[65]. Dans *Valida*, le narrateur produit un parangon de maxime au moment où le personnage d'Éléonore fait scandale en étalant avec fierté son statut tout nouveau de fille-mère. Interrompant la narration, le narrateur vient expliquer que le comportement d'Éléonore est le résultat de la relégation des femmes dans la sphère privée : « l'homme a pour assouvir ses passions une vaste arène ouverte à tous les débordements, à tous les hasards, à tous les périls et à toutes les gloires. Mais une âme ardente de femme, sur quel objet reportera-t-elle sa surabondante énergie, quand il n'est pas jusqu'à l'amour dont on lui fasse un crime ! » (I, p. 256). On trouve une accusation du même ordre dans *Méphis* lorsque le héros éponyme du roman de Tristan propose à Maréquita d'être son amant à la condition qu'elle répondra librement à son amour. Même si Maréquita sait quel bonheur elle retirerait de cette union, il lui est impossible d'accepter l'offre que lui fait Méphis, parce que la pression des convenances est trop forte. Le narrateur suspend sa narration pour offrir le commentaire suivant : « Hélas ! la pauvre Maréquita était bien loin de pouvoir sentir tout ce qu'il y a de supériorité et de vraiment religieux dans l'acte de la femme qui choisit son amant et se donne à lui au lieu de se laisser *prendre* ! [...] Oh ! c'est que, pour se donner, il faut que la femme se sente bien forte ! En se laissant prendre [...] elle se réserve une excuse envers le monde » (t. 2, p. 144-145). Et Tristan de rêver d'une époque où la femme « s'affranchira de l'approbation d'autrui » (p. 145).

---

65 Cette politisation de la sphère privée dans le roman sentimental social se manifeste encore dans les transformations opérées dans les titres des romans sentimentaux. Les titres des romans de Genlis montrent bien l'usage propre aux titres sentimentaux de la conjonction « ou » qui permet de lier un nom propre ou une description dramatique à un concept qui relève de la vie privée : *Adèle et Théodore ou Lettres sur l'éducation* ; *Alphonsine, ou la Tendresse maternelle* ; *Les Mères rivales, ou la Calomnie*. Dans le roman sentimental social, la conjonction « ou » vient bien plutôt introduire un concept qui renvoie à une idée politique et sociale, comme dans *Le Pair de France, ou le Divorce* de Carlowitz, ou encore *Méphis ou le prolétaire* de Tristan.

LE CŒUR QUI DIRIGE SA CONDUITE

Le roman sentimental social suit encore le roman sentimental dans la façon qu'il a de minimiser les détails matériels au profit de la réaction empathique du lecteur à l'égard du personnage souffrant : lui aussi va préférer la touche légère, les descriptions physiques – qu'il s'agisse de personnages ou de lieux – reposant sur un petit nombre d'adjectifs afin de ne pas distraire l'attention du lecteur des âmes des personnages[66]. On nous présente Natalie comme « la plus charmante des femmes » (2), parée de « beauté » et d'une « jeunesse extrême » (4). Tout ce que nous savons de Suzanne, l'héroïne de la *Duchesse de Valombray*, c'est qu'« à dix-huit ans, [elle] offrait un des types de femme les plus gracieux et les plus séduisants » (t. I, p. 9). Quand Arnaud nous présente Clémence pour la première fois, nous n'apprenons rien de son physique. Quant à Marcelle, l'héroïne du *Meunier d'Angibault* de Sand, nous savons juste que « la blonde Marcelle » avait de « beaux cheveux dorés », des « mains d'albâtre » et un « pied chaussé de satin » (4).

Le roman sentimental social partage encore avec le roman sentimental un autre code permettant d'accroître les effets de l'empathie : le blason, qui dérive de la technique de la touche légère. On n'en trouverait pas d'exemple dans *Natalie* dont le héros ne peut se permettre une telle technique à l'égard de l'héroïne, elle qui se dit lasse de toute description physique après une brève expérience de la société : « Je suis ennuyée des louanges qu'on ressasse. Quand ils ont dit : Elle a de beaux yeux ! ils ont tout dit. Savent-ils seulement quels sentiments leurs paroles expriment ? Ont-ils cherché une âme dans les regards ? » (t. 1, p. 187). Mais il est d'autres romans sentimentaux sociaux qui usent du blason pour faire le même constat. Clémence apparaît ainsi dans le roman éponyme lorsqu'elle fait ses débuts dans le salon de l'Hôtel du Lac, un havre de paix pour parler librement sous la Restauration. Après qu'elle a quitté

66 On trouve chez Abrantès la figure outrée de cette focalisation sentimentale sur l'âme dans *La Duchesse de Valombray* où figure une réplique de la célèbre formule stendhalienne concernant le roman comme un miroir que l'on promène sur les chemins. Dans la réécriture d'Abrantès, c'est l'âme, bien plutôt que le roman, qui se fait reflet de l'expérience : « Notre âme est un miroir sur lequel toutes les perturbations les plus diverses passent, chacune ternissant la glace à son tour ».

l'assemblée, Arnaud peint son héroïne en un blason qui résume la somme des jugements de tous ceux qui l'ont trouvée désirable : « Ce fut une explosion de louanges : Qu'elle est belle ! Quelle taille svelte, élégante et souple ! Quelle finesse de coloris ! Que ses yeux sont pénétrants ! Que sa voix est sonore ! Que ses cheveux châtains sont ravissants » (I, p. 29). Mais c'est à l'hôtesse du salon, la protectrice de Clémence, qu'il revient de donner la valeur morale de ce blason : « Eh bien ! messieurs, vous croyez connaître ma Clémence, pour l'avoir vue passer là, charmante et radieuse, et vous demeurez stupéfaits d'admiration ! Que serait-ce donc si vous aviez pu apprécier comme moi ses grâces infinies, les milles nuances de son esprit, les divins caprices de son cœur ? » (p. 30).

Quand elle en vient enfin au portrait physique de l'héroïne du *Meunier d'Angibault*, Sand met l'accent sur l'appartenance à une classe au sein du microcosme social qu'elle a bâti pour en corriger certains détails matériels. Pour ce, elle soustrait le portrait au point de vue de l'homme qui la désire pour l'assigner à une jeune bourgeoise, Rose, gâtée par ses parents parvenus qui se sont noyés dans les « eaux glacées du calcul égoïste ». Rose commence ainsi à observer en détail le corps de Marcelle selon le prisme tout capitaliste de la compétition, « se demandant si cette beauté parisienne éclipserait la sienne à la fête de village » (t. 2, p. 63). Mais Rose est assez vertueuse pour que l'allure de Marcelle soit en mesure de la conduire à s'appliquer à elle-même la morale sentimentale. Impressionnée par l'« animation intérieure » de Marcelle, Rose conclut : « Elle n'est pourtant pas si belle que je croyais [...], d'où vient donc que je voudrais lui ressembler ? » (t. 2, p. 67). Rose va commencer son éducation morale et sociale grâce à cette puissance d'attraction de Marcelle, et l'aristocrate socialiste utopiste l'aidera à développer sa « nature étouffée par les circonstances extérieures » (p. 68).

La description de Marcelle dévoile ainsi la virtuosité de Sand à manipuler les codes de toute la tradition romanesque française. Il ne serait pas exact de parler ici d'une rupture avec la touche légère et le blason sentimental, mais bien plutôt de montrer comment Sand esquisse la description de Marcelle en utilisant tous les codes du « portrait moral » comme elle le dit assez quand elle intitule son chapitre « Portrait ». À l'instar du *portrait moral**, les caractéristiques physiques se mêlent aux qualités spirituelles pour ne faire qu'un, bien loin du blason qui lui, parcellise la beauté de l'héroïne en caractéristiques physiques bien choisies, en se focalisant essentiellement sur tout ce qui va pouvoir attirer l'œil.

Substituer au blason le *portrait moral**, c'est pour Sand rendre plus sensible la signification sociale du fait qu'elle fasse exception dans l'esthétique de la touche légère. Comme Brooks l'a fort bien remarqué, le *portrait moral** permet de mettre en place une description qui s'appuie sur « l'exactitude, l'élégance et la généralité de la langue de l'analyse psychologique et morale » de façon à refléter « la constitution, la fermeture et l'ordre d'une société qui seule a su créer un tel langage et lui donner une telle signification[67] ». Cet ordre émane de la société en tant que c'est la classe dirigeante qui la constitue, qu'il s'agisse de l'élite de la cour de Louis XIV ou de la cour et des salons du XVIIIe siècle. Le fait de décrire Marcelle par le biais d'un *portrait moral** permet alors à Sand de poser la question des valeurs sociales hégémoniques tout en infléchissant la signification du *portrait moral** dans la tradition mondaine. Car aux mains de Sand, celui-ci vient exposer les imperfections de la construction hégémonique de la société plutôt que de la célébrer. Si le *portrait moral** de Sand demeure un topos pédagogique comme il l'est dans la tradition mondaine, il conduit le lecteur qui suit Rose à passer de la société telle qu'elle est aujourd'hui à la société telle qu'elle devrait être.

La jeune et belle personne trop attachée aux seules apparences matérielles, qui peut ne pas faire partie de la bourgeoisie, est l'un des personnages types du roman sentimental social. Ce n'est pas à ce type qu'appartient le personnage de Rose, ni d'un point de vue moral ni non plus si l'on considère que ces personnages sans âmes perdent leur temps dans des plaisirs mondains et sans consistance. C'est par contre ce que l'on retrouvera dans *La Duchesse de Valombray*, où l'héroïne tombe amoureuse d'un beau comte, dont « l'aspect extérieur était entièrement contredit par le caractère. Son visage sombre et sévère lui donnait l'apparence d'un homme livré à de sombres et sérieuses pensées, alors qu'il n'était occupé que des plus légères » (I, p. 66-67). De même, l'héroïne de *Roseline, ou de la Nécessité de la religion dans l'éducation des femmes* de Tarbé des

67 Peter Brooks, *The Novel of Worldliness*, *op. cit.*, 1969, p. 92. Brooks insiste sur le fait qu'une telle description, qui commence par une « totalité éthique donnée », diffère de la description réaliste qui, quant à elle, procède d'un savoir social encyclopédique au moyen de « fragments et de détails arrachés au réel » (p. 92).

Sablons donne une leçon du même ordre quand elle apprend à refuser le code pour suivre son propre cœur : « Roseline semblait n'être belle que pour prouver de nouveau que la régularité des traits et de la taille ne sont rien, si la grâce ne leur donne la vie. Le premier coup d'œil enchantait, le second causait presque du dépit : on n'aime pas à revenir sur son admiration ; semblable en cela à un lapidaire qui est tout confus d'avoir pris un stras pour une pierre fine. » (I, 33). C'est au moyen de semblables portraits que le roman sentimental social réitère ses mises en garde contre toute attention excessive aux impressions matérielles.

Les romans sentimentaux sociaux usent également pour tourner l'attention du lecteur des apparences extérieures vers l'intériorité de ce code sentimental que j'ai appelé « l'image du cœur ». Celui-ci se met en place lorsque le narrateur rompt avec l'esthétique de la touche légère quand il s'agit de faire d'un coucher de soleil ou d'une nature changeante l'allégorie de l'intériorité. J'emprunte cette image à la description que fait Carlowitz dans *Caroline ou le Confesseur* au début de la scène où Caroline, rendue folle par les abus de la société, va jeter son enfant mourant de faim dans un lac :

> Tenant sur ses bras son fils endormi, elle descend lentement, arrive près d'un lac, s'arrête et fixe en silence une longue colonne de feu qui semble sortir de l'eau à la place où tombe en ce moment les derniers rayons du soleil couchant.
>
> Bientôt cependant ce phénomène s'évanouit ; [...] et une lueur douce, mélancolique, éclaire maintenant toute la contrée ; les nuances bizarrement variées des forêts de sapins, et des bois de bouleaux, des rochers stériles et des prairies émaillées, se heurtent sans se confondre et semblent vouloir offrir l'image du cœur humain qui, lui aussi, réunit les contrastes les plus opposés, car dans cet abîme que la philosophie de tant de siècles n'a pu sonder encore, le crime touche de près à la vertu, la folie à la raison, le fanatisme à la douce confiance en la bonté divine. (p. 103-104)

Le roman corrige ainsi les mauvais traitements qui ont détruit Caroline en faisant que le lecteur prête attention à un extérieur qui se tourne vers l'intérieur, de façon à susciter sa sympathie. Pour cela, Carlowitz a dépeint une société outrageusement attachée aux marques extérieures de la moralité et qui conduit ses membres à négliger l'âme fondamentalement vertueuse de son héroïne.

La critique du matérialisme contemporain par les romans sentimentaux sociaux prend parfois une dimension proprement littéraire, lorsque celle-ci s'adresse à la description réaliste, qui est le code romanesque contemporain le plus prisé pour ce qui est de la valorisation des choses matérielles. Ainsi, dans sa préface à *Roseline, ou de la Nécessité de la religion dans l'éducation des femmes*, Tarbé des Sablons condamne les « monstruosités littéraires qui pervertissent jusqu'au bon sens, qui anéantissent jusqu'à la sensibilité » (p. viii), visant ici l'excès matérialiste de la société post-révolutionnaire. C'est avant tout autour de Balzac que la critique va se cristalliser pour l'accuser de monstruosité en cette année 1835 où Tarbé publie son roman et où paraît également *Le Père Goriot*, ainsi que Weinberg l'explique bien[68]. Tarbé poursuit en montrant que la monstruosité littéraire va de pair avec la description, qu'elle distingue de son propre projet : « si nous nous sommes permis des réflexions utiles, nous faisons grâce à nos lecteurs des descriptions » parce que c'est avant tout « l'âme » qui a attiré « notre attention ; cette âme, pauvre et délaissée » (p. xv)[69].

Sand s'attaque également à la description réaliste dans le chapitre du *Meunier d'Angibault* où figure sa réinterprétation du *portrait moral**. La *persona* auctoriale sandienne, au moment où elle introduit le portrait de Marcelle en remettant la description au centre du débat esthétique, en vient à critiquer « les conteurs de notre temps » qui ont « abusé de la mode des portraits dans leurs narrations » à force de « décrire minutieusement les traits et le costume des gens que l'on met en scène dans un roman » (t. 2, p. 61). La narratrice poursuit en expliquant qu'elle n'a pourtant pas la force de s'écarter de la « route battue », pour finalement capituler et se rendre aux attentes des lecteurs contemporains incarnés par « l'avis de Rose », la jeune bourgeoise (t. 2, p. 62 et 63). Sand ne se rend pas à Rose et à ses semblables sans hésitation et imagine un temps où la description réaliste ne sera plus nécessaire, quand « les maîtres futurs, condamnant nos minuties, esquisseront leurs figures en traits plus larges et plus nets », même si elle ne relie pas explicitement cette

68 Bernard Weinberg, *French Realism*, *op. cit.*, p. 43-44. Ainsi le critique Hains déclare-t-il : « Je cherche l'homme derrière son œuvre et je ne trouve qu'une nature épuisée ou des tares étranges. Ce sont des monstres à leur espèce » (p. 43-44). De la même façon, *Le Père Goriot* est pour Jacques Chaudes-Aigues « une de ces monstruosités morales qu'on doit laisser dans l'ombre » (p. 44).

69 Tarbé maintient toutefois l'ambiguïté puisque les descriptions qu'elle évoque empruntent bien plus au vocabulaire romantique (« la description de la lune, des bois, des *ruines* » (p. xv) qu'aux visées sociales encyclopédiques d'un Balzac par exemple.

prise de distance à l'égard des attentes esthétiques de la bourgeoisie à l'avènement d'une société égalitaire post-bourgeoise qu'elle appelle pourtant de ses vœux dans son roman (t. 2, p. 61-62).

En s'attaquant à la description réaliste, les romanciers sentimentaux sociaux condamnent une des « inventions » esthétiques les plus célèbres du dix-neuvième siècle et qui connaîtra une longue et riche carrière. Mais il faut se rappeler, pour contrebalancer l'attrait apparemment manifeste de la description réaliste, que l'approche sentimentale des réalités matérielles était douée d'un grand prestige sous la Monarchie de Juillet, nonobstant l'apparition du réalisme. Ainsi, quand *La Revue des Deux Mondes* rend compte de *Mézélie*, roman sentimental social de Madame Charles Reybaud, on admire chez cette dernière d'avoir su évoquer le cadre de son roman sans succomber à un excès de détails : « Les personnages qu'on a rencontrés et qu'on a laissés derrière, les paysages qu'on a traversés et qui ont été décrits en passant, ont paru tout naturels et tout simples. Madame Reybaud ne s'appesantit pas trop au détail, bien qu'elle fasse voir les choses suffisamment[70] ». Non seulement Philarète Chasles est-il un admirateur de la « touche légère » mais encore l'oppose-t-il à Balzac et à sa « fouille interminable qui conduit à l'ennui » comme il l'écrit dans le compte rendu de *Gabrielle*, roman sentimental social d'Ancelot[71]. Si l'on s'en tient à Gustave Planche, qui fit du roman sentimental du début du dix-neuvième siècle son idéal littéraire, *Gabrielle* s'approche parfois dangereusement trop près de la description réaliste : « Il est regrettable que Madame Ancelot, lorsqu'elle dépeint Gabrielle [...] se soit cru obligée d'exagérer tous les détails visibles de son modèle [...], ces détails, qui me charment dans un peinture, auxquels je trouve du plaisir dans une miniature anglaise, n'ont que peu d'intérêt pour moi dans un récit. On ne devrait pas décrire une très belle femme comme on décrit un pur-sang. [...] Madame Ancelot [...] a péché par excès de réalisme. Nous en savons trop sur la personne de Gabrielle, nous en savons trop peu sur le cœur qui dirige ses actions[72]. »

---

70 Y., compte rendu de *Mézélie*, *La Revue des deux mondes*, 4e série, t. 20, p. 419.

71 Philarète Chasles, compte rendu de *Gabrielle* de Virginie Ancelot, *Journal des débats*, 15 février 1839.

72 Gustave Planche, compte rendu de *Gabrielle*, *La Revue des deux mondes*, 4e série, t. 20, 1839, p. 834. Si Planche associe *Gabrielle* à une convention réaliste, c'est sans doute parce qu'il trouve à redire à l'un des rares romans sentimentaux sociaux à résoudre le conflit entre le code et le cœur par un compromis typique de la morale réaliste.

D'ÉNORMES MONCEAUX DE FUMIER

La critique de Planche quant à l'excès de description dont serait affligé *Gabrielle* rend bien compte d'une des principales différences entre le roman sentimental du début de siècle et le roman sentimental social, à savoir l'inclusion par ce dernier d'un grand nombre de détails, lesquels vont de la touche légère un peu plus charnue à des descriptions ponctuelles des types sociaux et historiques en insistant sur des considérations plus matérielles. Si ces descriptions pourraient sembler courtes au regard des standards réalistes, elles sont bien plus étendues que ne l'étaient celles de la poétique sentimentale caractérisée par son extrême restriction descriptive[73].

Néanmoins, ces descriptions des types sociaux peuvent encore servir le roman sentimental, en dévaluant les apparences matérielles au moment même où elles sont évoquées. Ainsi, *Coralie l'inconstante* d'Arnaud présente une exception à la touche légère proprement sentimentale lorsqu'il est question du portrait d'Adine Genevois, une bourgeoise oisive, lequel est écrit selon les codes réalistes. Adine est en effet une « femme de vingt-huit ans, belle et bien faite, mais dont la taille commençait à prendre l'embonpoint qui naît d'une vie confortable et paresseuse, et dont les joues, comme les fleurs venues en serre-chaudes, manquaient de vie et de fraîcheur ; mais ce teint, un peu plombé, et nuancé de veines bleues, allait bien à sa physionomie fatiguée et faisait vivement ressortir l'éclat de ses beaux yeux ; elle se tenait à demi penchée sur le dossier d'une causeuse, vis-à-vis d'une glace, et passait ses doigts avec lenteur dans les boucles de ses fins cheveux noirs, tout en jetant sur sa gracieuse image un regard languissant et satisfait[74]. » Alors qu'elle insiste sur des points physiques pour décrire le surinvestissement matériel d'Adine, Arnaud donne à sa description une morale sentimentale qui fait ressembler l'évocation sentimentale à des codes descriptifs non sentimentaux. Même si Arnaud fait explicitement appel à une attention typiquement réaliste

73 Cet intérêt que le roman sentimental social partage avec le réalisme pour les types sociaux se retrouve encore dans les genres non fictionnels de l'ethnographie populaire tels les panoramas et les physiognomonies.

74 Angélique Arnaud, *Coralie l'inconstante*, Paris, Berquet et Pétion éd., t. 1, p. 40. Les références suivantes apparaîtront entre parenthèses dans le corps du texte.

aux détails matériels, cette attention est le moyen de dévoiler une forme de vanité narcissique spécifiquement bourgeoise plutôt qu'elle ne sert à dévoiler une vérité sociale.

Le roman sentimental social se sert pourtant parfois de la description réaliste sans restriction. Arnaud, une fois encore, nous donne l'un des plus longs exemples d'une de ces descriptions empruntées au réalisme lorsqu'il lui faut faire le portrait d'une des irrésistibles habituées de l'Hôtel du Lac dans *Clémence*. La Marquise de Mont Brun, autrement connue sous le nom de Madame Palmer, est cet « oracle du goût et des convenances » qui trône à l'hôtel, une aristocrate de l'ancien régime, qui s'est ralliée à Napoléon, et qui, au début du roman, a perdu toute sa fortune (I, 17). Quelques lignes auraient pu suffire à décrire réalistement la Marquise, mais la description s'étendra sur plusieurs pages : « La marquise avait de l'embonpoint. Sur sa figure, pleine et colorée, les traces de la petite vérole dissimulaient celles de l'âge ; ses cheveux étaient soyeux et d'un beau gris argenté ; elle les portait courts et bouclés. Sa tête, ordinairement nue, était remarquable par la beauté de la forme et de la flexibilité des poses ; sa main n'avait pas plus de trente ans, et ses dents, bien rangées et complètes, n'avaient rien perdu de leur blancheur » (I, 19). Carlowitz recourt également aux détails physiques pour faire le portrait de ces types historiques qui peuplent *Le Pair de France, ou le Divorce*, même si ses descriptions n'ont pas l'ampleur de celle de la Marquise de Mont-Brun chez Arnaud. Parmi ces personnages types, on retrouve un pair de France, un cocher, « le type de la femme du monde », celui de la grisette, ainsi que celui d'un « jeune avocat dupe de la Révolution de Juillet » (I, 28). Lorsque Sand justifie son choix de la description dans *Le Meunier d'Angibault*, elle ne fait pas seulement référence au portrait moral, mais elle précise sa méthode romanesque pour esquisser de grands types sociaux, à l'instar de Louis, le paysan enrichi, ou Bricolin, le récent parvenu. Pour décrire de telles figures, Sand use de nombreux détails visuels et matériels concernant personnages et paysages, descendant jusqu'aux « énormes monceaux de fumier enfoncés dans leurs fosses carrées en pierres de taille, s'élevant encore à dix ou douze pieds de hauteur, laiss[ant] échapper des ruisseaux immondes qu'on faisait écouler à dessein en toute liberté vers les terrains inférieurs pour réchauffer les légumes du potager » (I, p. 133)

Rien ne saurait être plus antisentimental que le fumier, mais quand Sand rompt avec l'horizon générique dominant de son roman, elle va son chemin. Ses monceaux de fumier ne font pas qu'apporter une information, ils manifestent également la défiance de Sand à l'encontre de la poétique sentimentale en attirant l'attention du lecteur du contenu de la description à sa signification littéraire. Une telle notation réaliste, en grossissant le trait, fait écho aux commentaires critiques de Sand sur la description dans son chapitre « Portrait ». Dans les deux cas, Sand évoque ce code crucial du réalisme, sans pour autant l'intégrer de la même manière dans son travail.

Chez un auteur si attentif aux significations des conventions, une telle ambivalence est intéressante ; d'abord parce qu'elle met en lumière les grands adversaires poétiques que rencontre le sous genre du roman sentimental social. Les fondements littéraires du roman sentimental social résident, on l'a vu, dans l'esthétique tragique dépouillée du roman sentimental, où tous les détails accessoires sont subordonnés aux progrès de l'intrigue, laquelle est inséparable des mouvements de l'âme. Et comme nous l'avons déjà dit, ces détails accessoires comprennent également la représentation des spécificités sociales. Le dépouillement sentimental entre néanmoins en conflit avec la volonté qu'a le roman sentimental social de représenter les différences entre les groupes sociaux comme l'un des aspects de son projet politique visant à dépeindre la division inégalitaire de la société. Recourir à la description réaliste est une façon pour Sand, comme pour d'autres romancières et romanciers sentimentaux sociaux, de satisfaire à cette volonté. Et cette représentation des différences sociales est encore en jeu lorsque le roman sentimental social se fait l'héritier de la touche légère, à laquelle il ajoute des détails plus concrets.

Toutefois, l'effet sentimental pâtit de l'introduction de ce jeu des différences sociales lorsque le roman sentimental social en vient à la description réaliste. L'attention aiguë portée aux aspects visibles transgresse la subordination sentimentale de la matière à l'âme et creuse le fossé entre le lecteur et l'intrigue, nuisant ainsi à l'empathie sentimentale. Le roman sentimental social trouve une solution analogue quand il s'agit de représenter les différences sociales en incluant des motifs discursifs différenciés pour caractériser chaque groupe social. L'hétéroglossie vient rompre avec la diction néoclassique du roman sentimental, qui permet de ne plus être distrait sans raison par cet affrontement insoluble qui conduit l'intrigue sentimentale.

L'ambivalence de Sand à l'égard de la description réaliste peut se lire depuis son premier roman, *Indiana*, qui commence par une vue d'ensemble des personnages et des lieux, plus que détaillée, encyclopédique, et centrée sur ses aspects visibles. Mais l'autorité des codes de la description y est minée de deux façons. La première consiste à détruire la crédibilité de son narrateur réaliste. Alors que celui-ci comprend avec finesse le personnage de Raymon, il se révèle incapable de prendre toute la mesure du courage d'Indiana, parce qu'il est gangréné par le sexisme ; ainsi, pour ce qui est des femmes, ses observations présumées pénétrantes ne se réduisent plus qu'à des généralités comme « La femme est imbécile par nature. » (p. 251). En étant incapable de rendre justice à son héroïne, le narrateur échoue à remplir le contrat réaliste qui consiste à servir de guide digne de confiance, et le lecteur doit passer outre ses préjugés pour saisir la signification profonde du roman. En second lieu, Sand coupe l'herbe sous le pied à l'autorité de la description réaliste en s'éloignant de ce code au cours de son intrigue jusqu'à ce qu'elle supprime totalement cet observateur réaliste pour donner le dernier mot à un voyageur s'exprimant à la première personne pour décrire personnages et lieux dans l'esthétique de la touche légère et de l'image du cœur.

LES FORMES DIVERSES ET CONTRADICTOIRES DE LA BEAUTÉ PHYSIQUE ET MORALE

L'attention du roman sentimental social aux spécificités historiques des types sociaux modifie au moins autant les codes sentimentaux dévolus à la constitution des personnages que la description sentimentale. Alors que l'intrigue des romans sentimentaux se situe pour l'essentiel dans la noblesse, en faisant quelques incursions dans le monde bourgeois, les personnages du roman sentimental social nous font ainsi parcourir tout le spectre de la société française. Cette diversité, on la retrouve notamment dans *Le Meunier d'Angibault* de Sand, où héros et héroïnes sont des représentants de chaque classe de la société française contemporaine, depuis Marcelle, la noble, et Rose la bourgeoisie jusqu'à Henri le prolétaire et Louis, le paysan. De même, dans *Le Pair de France* de Carlowitz, on étudie les effets de la loi interdisant le divorce sur une femme des classes moyennes mariée à un cocher, aussi bien que sur un duc et une duchesse, une grisette ou un avocat.

Dans le réalisme, la diversité sociale des personnages permet d'approfondir son projet de savoir encyclopédique. Dans le roman sentimental social au contraire, l'éventail des personnages permet bien plutôt de continuer et de compliquer tout à la fois la fonction de l'identité sociale au sein du paradigme sentimental. En ayant lieu au sein d'une seule et unique classe sociale, le roman sentimental faisait abstraction des différences sociales pour des raisons politiques, ainsi que je l'ai déjà montré : en évitant de porter attention à la division sociale, le roman suggère que tous les protagonistes sont égaux devant le conflit tragique de leurs droits. Le très large panorama social du roman sentimental social expose quant à lui une fois pour toutes le caractère illusoire de l'égalité sentimentale et lui substitue une autre forme de nivellement. La diversité sociale des personnages permet en effet au sous-genre de montrer que le conflit du cœur et du code peut apparaître à l'importe quel étage de la hiérarchie sociale. Et il souligne également que le courage se retrouve partout dans le spectre social. Arnaud écrit ainsi sa conclusion en des termes moraux quand elle explique pourquoi *Coralie l'inconstante* comprend deux héroïnes si différentes physiquement, de caractère et dans leur identité sociale[75] : « En se montrant également chastes et gracieuses, intéressantes pour l'âme et pour les yeux, mais si diversement charmantes, ces jeunes femmes semblaient avoir mission de prouver que la beauté physique et la beauté morale, se produisent sous des formes diverses et contrastées, et que les hommes ont parcimonieusement interprété la pensée divine, toute les fois qu'ils ont voulu circonscrire dans un seul type, le bon qui est immense, du beau qui a des aspects infinis. » (t. 2, p. 218)

Cette façon de choisir divers types sociaux afin de revendiquer « les formes diverses et contrastées de la beauté morale » permet ainsi de comprendre pourquoi il y a si peu de variation chez les personnages

75 Alors que la grande, plantureuse et droite Hélène, très bien éduquée et travaillant durement, est la mélancolique fille d'une mère veuve qu'elle aide à tenir sa bibliothèque de prêt, sa cousine Coralie, petite brune maigrichonne est la fille unique d'un aristocrate qui, sur un caprice, a épousé la sœur de la mère d'Hélène. Malgré son éducation de jeune fille comme il faut, Coralie va elle aussi connaître le manque d'argent quand son père mourra ruiné.

secondaires qui représentent le code, à l'opposé de ceux qui incarnent le cœur et des caractères nobles dont ils sont dotés. Les détenteurs du code se répartissent en trois branches : la société d'hommes et de femmes hypocrites, égotistes et matérialistes, comme l'est Madame d'Artville dans *Natalie* ; les arrivistes sans principes, souvent de jeunes hommes qui veulent « *parvenir** », comme Julien de Berville dans *La Cour d'Assises* de Bodin ; et enfin les agents de la loi, cruels, pour ne pas dire véreux, comme l'est le magistrat dans *Caroline ou le Confesseur*.

Si un tel panorama de personnages permet de donner une dimension politique au sous-genre du roman sentimental social, une telle diversité n'est pourtant pas sans lui faire courir un risque poétique. Dans le roman sentimental, comme nous l'avons vu, l'homogénéité sociale a une fonction poétique autant que politique puisqu'elle permet de taire tous les détails accidentels qui pourraient la distraire de la représentation du conflit éthique qui sous-tend l'intrigue sentimentale. Ce code de représentation des personnages permet encore de renforcer l'unité de lieu, autre stratégie tragique permettant de concentrer toute l'attention sur le conflit fondateur. Provenant de tous horizons, les personnages du roman sentimental social lui font alors courir le risque de rompre avec la concentration tragique, à force de charrier dans leur sillage des détails sociaux qui relèvent plus ou moins du conflit structurel entre le code et le cœur. Plus encore, parce que ces personnages vivent souvent en des lieux très distincts, ils menacent l'unité de lieu de l'intrigue. Les dangers poétiques que fait courir cette diversité sociale est manifeste dans *Le Pair de France* de Carlowitz où les personnages s'éparpillent au quatre coins de Paris. C'est au prix de coïncidences spatiales, bien plus que du fait du progrès inéluctable du cœur contre le code que les personnages se rencontrent, de sorte que le long roman à épisodes de Carlowitz est au plus loin de la suppression tragique des « actions diversement épisodiques et des personnages secondaires » (*Esthétique*, t. 2, p. 631), autrement dit de la loi qui voudrait que les personnages ne soient pas « avili[s] dans le hasard des événements », ainsi que l'écrit Sand quand elle explique « la théorie [...] qu'[elle] a généralement suivie » pour écrire ses romans[76].

La plupart des romans sentimentaux sociaux échappent avec succès à ce danger lorsqu'ils reprennent la pratique sentimentale de l'intrigue resserrée à l'échelle d'une famille. Sand réussit tout particulièrement

76 George Sand, *Histoire de ma vie*, t. XVII, Paris, Victor Lecou éditeur, 1855, p. 67-68.

à faire de la famille une unité où se retrouve toute la diversité sociale, trouvant par là le moyen de représenter les différences sociales tout en respectant la condensation tragique. Ainsi, dans *Indiana*, l'héroïne est dotée d'une *sœur de lait**, Noun, servante sans doute métissée[77], venant des couches inférieures de la société. En plongeant les deux sœurs dans la souffrance d'aimer le même homme hypocrite, Sand fait naître le conflit romanesque entre le code et le cœur, au sein d'un nombre limité de personnages et de situations, tout en parvenant à montrer la subordination sociale des femmes quelque soit leur rang dans la société.

Dans *Le Meunier d'Angibault*, Sand reprend le schéma sentimental de la famille afin de concentrer son action parmi des personnages de provenances sociales diverses, la famille faisant alors office d'unité de lieu. Tous les événements romanesques se situent sur les terres de la famille aristocratique, qui reconstitue la topographie sentimentale classique. Dans cette œuvre, la diversité sociale n'est pas l'origine de l'intrigue mais sa finalité. En liant tout ensemble aristocrates, bourgeois, paysans et prolétaires dans une communauté idéale dévouée à l'éducation des générations futures, *Le Meunier d'Angibault* remplace le caractère aristocratico-bourgeois répressif d'une famille bâtie sur les liens du sang et de l'argent par une communauté construite sur les liens librement consentis de l'affection, à mesure que les personnages transforment le domaine laissé à l'abandon des Blanchemont, encombré des « monceaux de fumier » des Bricolin, en une « jolie maisonnette rustique » (t. 3, p. 133).

Sand n'est pas la seule romancière sentimentale sociale à avoir respecté la condensation tragique en représentant la diversité sociale par le biais de la concentration de l'intrigue dans la famille. Ainsi, dans *Coralie l'inconstante*, Arnaud supprime tous les détails sociaux secondaires et l'éparpillement spatial en faisant de ses héroïnes, une petite bourgeoise et une noble, deux cousines forcées de vivre ensemble quand la famille aristocratique est tombée dans la pauvreté. Et comme dans *Indiana*, le roman d'Arnaud limite encore les intrigues secondaires et le hasard des événements en se structurant autour du conflit entre le code et le cœur, puisque les deux cousines aiment le même homme.

---

77 Noun est, comme Indiana, *créole**. Au XIXe siècle, *créole* désigne tout autant le colon blanc des colonies que le sujet colonial métissé. Sand suggère l'étrangeté raciale de Noun quand son narrateur décrit le physique de Noun en comparant sa beauté, « pleine de sang créole ardent » à celle « pâle et frêle de madame Delmare » (p. 60) et en précisant que ses bras sont « frais et bruns » (p. 104).

LE ROMANCIER EST LE VÉRITABLE AVOCAT DES ÊTRES ABSTRAITS

En rompant avec l'esthétique sentimentale, le roman sentimental social menace sa capacité à résoudre les conflits sociaux et politiques contemporains. Le réalisme, nous l'avons dit, oppose à la division inégalitaire de la société le contrat d'une intrigue privée qui donne au lecteur un savoir à même de dominer les luttes sociales. Le roman sentimental social lutte en revanche contre le spectacle de la division sociale par celui d'une communauté empathique.

Dans leurs préfaces, les romancières et romanciers sentimentaux sociaux mettent en avant leur volonté de susciter chez leurs lecteurs et lectrices de l'empathie pour ces récits de la souffrance. Le début de *Valida* d'Épinay Saint-Luc, que nous avions déjà cité, est typique de cet appel au nom de ses héroïnes : « Lecteurs, [...] ne vous hâtez pas trop de les blâmer : plaignez-les plutôt, c'est de la compassion qui leur revient » (I, p. xii). En cherchant à prolonger la réponse sentimentale par les codes proprement sentimentaux comme la touche légère, l'intrigue du conflit insoluble, le blason sentimental ou encore le narrateur empathique, les romans sentimentaux sociaux parviennent à établir une relation du lecteur au texte qui s'apparente à une forme de sympathie désintéressée, loin des égoïstes relations de pouvoir qui règnent dans les intrigues des romans sentimentaux sociaux autant que dans la société.

C'est ainsi que Diderot invitait les futurs lecteurs de Richardson : « Venez, nous pleurerons ensemble sur les personnages malheureux de ses fictions. » (p. 7) Le roman sentimental social envisage également son lectorat comme une communauté sympathique, qu'il représente très nettement sur un mode tout autre que ne le fait le texte réaliste. Le contraste est brutal entre le lecteur oisif surpris dans le confort de son intérieur au début du *Père Goriot*, « vous qui tenez ce livre d'une main blanche, vous qui vous enfoncez dans un moelleux fauteuil en vous disant : Peut-être ceci va-t-il m'amuser » (p. 20) et le lecteur tel qu'il est décrit en creux dans *Indiana*, tout à la fois personnage souffrant et juge, convoqué dans la salle d'audience du roman pour écouter le cas exposé par la romancière (p. 50) : « Penché sur les victimes, et mêlant ses larmes aux leurs, se faisant leur interprète auprès de ses lecteurs, mais comme un défenseur prudent, ne cherchant point trop à pallier la faute de ses clients, et s'adressant bien plus à la clémence des juges qu'à leur austérité, le romancier est le véritable avocat des êtres abstraits qui représentent nos passions et nos souffrances devant le tribunal de la force et le jury de l'opinion. » (p. 44)

Avec la communauté sympathique idéalisée du roman sentimental social, c'est toute les divisions et inégalités sociales qui disparaissent. La compassion ne connaît ni le rang, ni le sexe [*gender*] ; tous les lecteurs sont égaux devant les souffrances contées et devant la possibilité d'être eux-mêmes l'objet possible d'une telle compassion. Les romans sentimentaux sociaux mentionnent ainsi parfois cette communauté idéale surpassant les inégalités en invoquant directement la sympathie du lecteur. Sand inclut ainsi les sujets dominants aussi bien que dominés dans sa préface de 1842 à *Indiana* quand elle décrit l'implication de ses lecteurs dans la « cause » que soutient le roman : « C'est celle de la moitié du genre humain, c'est celle du genre humain tout entier ; car le malheur de la femme entraîne celui de l'homme, comme celui de l'esclave entraîne celui du maître [...]. Assez de cris de douleur et de sympathie ont répondu au mien pour que je sache maintenant à quoi m'en tenir sur la suprême félicité d'autrui. » (p. 46) Il arrive cependant que le roman sentimental social exclue les classes dominantes au motif qu'elles ne sauraient offrir une réponse sympathique. Ainsi, dans sa préface à *Madame de Tercy*, Sor donne son idée de la religion « aux jeunes gens, [...] à nous autres faibles femmes, [...] à tous ceux qui souffrent », mais laisse de côté « les hommes du siècle » : « qu'ont-ils besoin d'espérer un autre avenir ? » (I, p. viii-ix).

Cette aspiration à une communauté sympathique contrant la division inégalitaire de la société ne tient pas compte du positionnement politique du roman sentimental social. Au contraire, en apportant aux critiques si diverses de l'inégalité sociale une réponse fondée sur la communauté sympathique, le roman sentimental social rassemble les théories politiques et sociales de son époque. Furet observe ainsi que pendant la Monarchie de Juillet : « L'*idée* de refaire une communauté par-delà les intérêts des individus et la division des classes [...] se trouve un peu partout à l'époque et sera commune à deux astres aussi éloignés que Tocqueville ou Marx[78]. »

78 François Furet, *Terminer la Révolution*, p. 149. C'est moi qui souligne pour souligner la façon dont Furet comprend l'usage propre au XIXe siècle de la notion d'*idée*.

S'instaure en outre un dialogue direct entre les romanciers sentimentaux sociaux et les théoriciens politiques qui en appellent à une communauté par-delà les divisions sociales, comme la conclusion que Marx donne à *Misère de la philosophie* en 1847 le rend plus manifeste : « Ce n'est que dans un ordre des choses où il n'y aura plus de classes et d'antagonisme de classes, que les *évolutions sociales* cesseront d'être des *révolutions politiques*. Jusque-là, [...] le dernier mot de la science sociale sera toujours : "Le combat ou la mort : la lutte sanguinaire ou le néant. C'est ainsi que la question est invinciblement posée"[79] ». Ce dernier mot de la science sociale selon Marx est de George Sand ; il témoigne de façon éloquente de l'importance politique d'alors de la représentation sentimentale sociale de la lutte des classes, nonobstant son éloignement de toute mimésis réaliste. Marx emprunte cette citation à *Jean Ziska* (1843), que Sand décrit comme « l'histoire au point de vue du sentiment[80] ». Et pour Sand, cette histoire du point de vue du sentiment est avant tout la narration d'événements historiques selon les conventions sentimentales sociales, tout particulièrement en ce qui concerne l'intrigue centrée sur des personnages socialement dominés. Dans *Jean Ziska*, l'intrigue qui conduit l'histoire est celle de « la lutte de l'égalité, qui veut s'établir, contre l'inégalité, qui veut se maintenir ; lutte du pauvre contre le riche, du candide contre le fourbe, de l'opprimé contre l'oppresseur, de la femme contre l'homme [...] ; de l'ouvrier contre le maître, du travailleur contre l'exploiteur, du libre-penseur contre le prêtre[81] » et la liste n'est pas close. « Femme, c'est toujours votre lutte du sentiment contre l'autorité[82] » poursuit Sand, réduisant l'essence de l'histoire à la lutte du cœur contre le code.

Si Marx en appelle aux intrigues de Sand, c'est conformément à son projet esthétique. Sand adresse ses romans sentimentaux sociaux à un

79 Karl Marx, *Misère de la philosophie*, in *Œuvres de Karl Marx. Économie*, éd. de M. Rubel, t. I, Paris, Bibliothèque de la Pléiade, 1965, p. 136.

80 George Sand, *Jean Ziska*, in *Œuvres de George Sand*, t. IV, Bruxelles, Société Belge de Librairie, Hauman et Cie, 1843, p. 435. Sand explique qu'elle adresse tout particulièrement son texte à un lectorat féminin, parce que les femmes sont les dépossédées de l'histoire contemporaine : « Voilà pourquoi l'histoire de l'hérésie doit vous intéresser et vous toucher particulièrement, car vous êtes les filles de l'hérésie, vous êtes toutes des hérétiques ; toutes vous protestez dans votre cœurs, toutes vous protestez sans succès. [...] Vous êtes toutes *pauvres* à la manière des éternels disciples du paupérisme évangélique ; car, suivant la loi du mariage et de la famille, vous ne possédez [rien]. » (p. 434-435)

81 *Ibid.*, p. 435.

82 *Ibid.*, p. 436.

public socialement conscient, ce qui est une des caractéristiques du sous-genre. Ce public socialement conscient propre au roman sentimental social constitue en effet l'un des moyens de se substituer aux consolations apportées par la communauté empathique. Le roman sentimental résout les tensions politiques de loin. Version idéalisée de la sphère publique libérale, la communauté sentimentale permet aux lecteurs d'envisager la difficile réconciliation entre droits positifs et négatifs comme s'il s'agissait d'une affaire de goût. Dans le roman sentimental social au contraire, la transformation de la division inégalitaire de la société est une première étape, mais en aucun cas une solution en soi. Partout dans ces romans, narrateurs ou instances auctoriales mobilisent une communauté sympathique en pressant les lecteurs d'intervenir directement dans les changements sociaux et mêmes politiques.

Dans les romans conservateurs, cette intervention sociale prend alors la forme d'une transformation morale cantonnée à l'individu. Dans *Madame de Tercy*, Sor conseille par exemple que « nous, déshéritées des joies et des prospérités », nous trouvions du réconfort dans « l'espoir d'une vie meilleure, [...] la croyance au ciel » (I, ix). Les romans plus modérés ou progressistes exhortent quant à eux leurs lecteurs et lectrices à réformer les mœurs, quand ce n'est pas les lois. Dans sa préface de 1842 à *Indiana*, Sand espère que l'empathie conduira ses lecteurs à changer d'avis, puisque c'est « l'opinion [qui] retarde ou prépare les améliorations sociales » (p. 47). Hugo déclare quant à lui qu'il croira avoir atteint son but dans *Le Dernier jour d'un condamné* si « sans autre outil que sa pensée, il [a] fouillé assez avant pour faire saigner un cœur sous l'*oes triplex* du magistrat ! heureux s'il a rendu pitoyables ceux qui se croient justes ! » (p. 480). Et dans sa préface à *Ange de Spola*, nous avions vu que Marbouty conduisait son lecteur à se montrer attentif au changement du code légal : « Cette mutilation morale de la femme, sans doute obligée à des époques sociales antérieures, ne doit-elle pas cesser avec le progrès ? » (p. ix). Pour mobiliser encore d'avantage la communauté empathique, le roman sentimental social inclut parfois des versions idéalisées de telles communautés dans son intrigue. C'est tout particulièrement le cas chez Sand, qui en fait le tableau dans des romans au dénouement heureux, comme *Indiana*, où Indiana et Ralph luttent pour l'abolition de l'esclavage, ou dans *Le Meunier d'Angibault*, où un paysan, un ouvrier, une bourgeoise et une marquise vont travailler de conserve à l'éducation des générations futures.

L'un des grands pouvoirs de séduction de ce public libéral idéalisé par le roman sentimental tient dans la liberté d'interprétation qui est laissée au lecteur : « J'ai vu de la diversité des jugements naître des haines secrètes, des mépris cachés, en un mot, les mêmes divisions entre des personnes unies, que s'il eût été question de l'affaire la plus sérieuse » (p. 9) déclare Diderot, et j'avais alors montré qu'un tel désaccord entre lecteurs était crucial dans le dispositif sentimental destiné à tenir à une distance esthétique le conflit entre le destin individuel et le bien-être collectif. Le roman sentimental social au contraire pourrait paraître réduire cette liberté d'interprétation par sa condamnation empathique du code. Mais dans les faits, celui-ci accorde une place à ce désaccord quant à la « conduite des personnages » (*ibid.*) qui est au centre de la réponse sentimentale selon Diderot. Si le conflit entre le code et le cœur peut sembler manichéen dans le roman sentimental social, ses personnages ne sont pas pour autant sans reproche : ils commettent des fautes qui méritent la censure, pour ne pas dire des crimes, comme Sand le met bien en avant lorsqu'elle compare le romancier à l'avocat de la défense : « ne cherchant pas trop à pallier la faute de ses clients » (p. 44).

Si la division quant aux personnages reste un problème constant depuis le roman sentimental jusqu'au roman sentimental social, sa signification prend un autre tour dans la mobilisation de la communauté sentimentale par le roman sentimental social. Carlowitz explique l'essence de cette dispute dans le roman sentimental social lorsqu'elle introduit *Le Pair de France*. Sa préface prend la forme d'un dialogue entre la figure d'une autrice et monsieur Niçaise, bienveillant homme du monde. Selon lui, le roman souffre d'« un défaut majeur, irréparable », puisque « aucun individu que vous mettez en scène n'a complètement raison » (I, 25). Et il poursuit en énumérant tous ceux à qui *Le Pair de France* déplaira. Alors que les royalistes lui objecteront de ne pas glorifier Charles X, leurs adversaires lui reprocheront de n'avoir pas « peint ce même roi comme une bête féroce [...]. Les Républicains vous reprocheront de ne pas leur avoir prêté toutes les vertus, toutes les perfections. Les juste-milieu ne vous pardonneront jamais votre second volume, et surtout, votre conclusion » (I, 30). À quoi l'auteure Carlowitz répond : « Je suis charmée de cette critique » car « tous mes personnages, mêmes les Républicains, ne demandent le triomphe de leurs opinions que par la voie de la discussion » (respectivement I, 26 et I, 31). Plutôt que de débattre de la construction poétique de son roman et de la moralité de ses personnages, comme le faisaient les lecteurs de Diderot, ceux de Carlowitz pénètrent au cœur même du débat politique et social contemporain.

En introduisant son lecteur dans la sphère libérale alors en action, le roman sentimental social exhibe combien il est héritier de la Révolution de Juillet. Il prend acte de ce que écrivains et lecteurs ont le pouvoir de transformer la société et cette prétention produit, tout en même temps qu'elle en dépend, l'abolition de la censure par la Monarchie de Juillet. Cette attention accordée à 1830 est encore renforcée par le fait que les scènes où le conflit entre le code et le cœur devient plus intense se déroulent sur cette toile de fond. Quand enfin Indiana parvient à s'enfuir loin de Delmare après avoir contesté son autorité, « quels furent sa surprise et son effroi, en débarquant, de voir le drapeau tricolore flotter sur les murs de Bordeaux ! » (p. 290). Clémence, dans le roman d'Arnaud, après s'être languie et consumée d'amour pour un révolutionnaire tout entier dévoué à sa cause, trouve la mort sur les barricades en faisant de son corps un bouclier qui épargne son amant de la balle qui lui était destinée. Quant à l'adultère entre la petite bourgeoise mal mariée et son pair de France dans le roman de Carlowitz, il atteint son paroxysme pendant la Révolution de 1830 où le Duc, entièrement consumé d'amour, « néglige [...] les devoirs que sa dignité de pair lui impose envers sa patrie. » (I, p. 276)

Mais il n'est sans doute pas de textes qui mieux que les deux préfaces du *Dernier jour d'un condamné*, écrite l'une avant, et l'autre après 1830, rendent plus visible à quel point le roman sentimental social trouve son origine dans la Révolution de Juillet. Au moment de la première édition en 1829, Hugo n'exhorte en rien ses lecteurs à l'action sociale. Au contraire, dans « Une comédie à propos d'une tragédie », son œuvre est soumise à un groupe de lecteurs frivoles, réunis dans un salon, et qui n'y comprennent rien. Quand Hugo réédite *Le Dernier Jour d'un condamné* en 1832, il y inclut la « Comédie » de 1829 en lui ajoutant cette note apologétique : « Il faut se rappeler, en la lisant, au milieu de quelles objections politiques, morales et littéraires les premières éditions de ce livre furent publiées » (t. 3, p. 643). Mais surtout il lui joint une nouvelle préface où il « démasqu[e] l'idée politique, l'idée sociale, qu'il avait voulu populariser sous cette innocente et candide forme littéraire » (t. 4, p. 480), ce qui lui permet de replacer son intrigue comme son lecteur dans le débat contemporain sur l'abolition de la peine de mort.

Cette participation active du roman sentimental social à la sphère publique libérale aide à mieux comprendre pourquoi les *personae* auctoriales éprouvent fréquemment le besoin de défendre leurs romans des attaques que le public lui adresse. Nous avons vu comment dans la préface du *Pair de France* Carlowitz représentaient les différents groupes politiques qui pourraient se sentir offensés de son roman. Lorsque dans sa préface de 1842 Sand défend *Indiana*, elle prend en compte les attaques portées par certains comptes rendus écrits par des publicistes professionnels, qu'il s'agisse de « certains journalistes qui s'érigent de nos jours en représentants et en gardiens de la morale publique » (p. 43), de « conservateurs » ou encore de « novateurs » (p. 45) émettant des « critiques injustes ou malveillantes » (p. 47). Et pourtant, au moment de conclure sa préface, Sand explique que persuader ses critiques a moins d'importance que la pure et simple existence de cette controverse. Aussi sa conclusion ne s'achève-t-elle pas en réitérant son idée centrale, mais par un vibrant éloge de la liberté d'opinion, qui pourrait sembler surprenante si l'on n'avait à l'esprit que c'est cette liberté qui est pour Sand la condition de possibilité de la promotion d'un progrès social par la littérature :

> Qu'on ne voie pas dans les reproches que [...] je viens d'adresser à la plupart des journalistes de mon temps, une protestation quelconque contre le droit de contrôle dont la moralité publique investit la presse française. [...] Liberté de pensée, liberté d'écrire et de parler, sainte conquête de l'esprit humain ! que sont les petites souffrances et les soucis éphémères engendrés par tes erreurs ou tes abus, au prix des bienfaits infinis que tu prépares au monde ? (p. 47)

Le roman sentimental social est ainsi sans doute la forme la plus influente parmi toutes les productions littéraires et visuelles de la Monarchie de Juillet à prendre position dans le débat public politique et social. Tous ces arts forment la première avant-garde moderne[83]. Comme d'autres formes avant-gardistes contemporaines, le roman sentimental social décrit son intervention dans la participation à la marche – pour ne pas dire la bataille – pour le progrès[84]. Auguste Luchet, romancier sentimental social

---

83 Sur l'invention française de la notion d'avant-garde durant les années trente, voir tout particulièrement Karlheinrich Biermann, *Avant-Garde*, *op. cit.*

84 À ma connaissance, on doit à Olinde Rodrigues la première formulation moderne de la notion d'avant-garde, dans son dialogue saint-simonien, « L'Artiste, le Savant, l'Industriel » (1825). L'artiste y déclare ainsi : « C'est nous, artistes, qui vous servirons d'avant-garde : la puissance des arts est en effet la plus immédiate et la plus rapide. » (p. 341). Celui-ci

estimé, amplifie la rhétorique de la bataille dans sa préface au roman sentimental social d'Élisa Billotey intitulé *L'Agent de change* (1837) : « Il reste à l'écrivain une tâche, un seul devoir, c'est de combattre [...] l'horrible dieu de notre temps, l'égoïsme, c'est d'aller hardiment l'attaquer et le frapper partout [...]. Le roman n'a plus de joyeux ébats à prendre, les mœurs déchirées l'appellent, les maladies sociales le supplient [...]. Il ne s'agit plus là de nous distraire, mais de nous guérir, de nous sauver[85]. » De façon analogue, Allart compare les écrivains progressistes à des soldats dans les premières lignes de sa préface à *Settimia* : « Dans une époque de reconstruction politique et morale, nos livres traitent tous de religion, de mœurs ou d'État : nos romans sont des protestations, et se rattachent, le plus souvent sans l'avoir voulu, aux questions générales. Courage ! ne nous lassons pas ; que la France glorieuse et toujours active porte dans ses nouvelles recherches ce génie qu'elle a montré par ses conquêtes en tous genres [...] ; tandis que quatre cent milles soldats en armes assurent le calme chez cette nation remuante, [...] c'est aux femmes surtout qu'il appartient de réclamer la réforme morale, et leurs travaux et leurs romans seront des cris lancés vers ce but désiré. » (t. I, p. i-ii). Salvandy donne également à la femme un rôle majeur pour la réforme morale lorsqu'il fait participer le roman à la marche vers le progrès, quand bien même sa préface à *Natalie* représente des figures féminines qui sont d'avantage celles de conseillères que d'avant-gardistes : « On doit s'attendre, dans toutes les carrières, que si le génie des peuples marche en avant, ouvrant des routes nouvelles et ajoutant des progrès à des progrès, le génie [des femmes], comme un conseiller prudent et timide [...] avertira des écueils [...]. Les anciens avaient fait mieux, en personnifiant sous les traits d'[une femme] l'alliance du génie et de sa sagesse. » (p. 83)

Pour mieux souligner cette ambition avant-gardiste, le roman sentimental social recourt parfois à l'inclusion de personnages d'artistes

---

poursuit en décrivant sa fonction, usant de l'image du progrès en marche, image commune aux déclarations d'avant-garde dans les années 1830-1840. Une fois que les artistes auront compris leur importance en promouvant le progrès social, l'Artiste déclare : « Nous les verrons alors marcher avec leur temps et ressaisir l'importance qu'ils ont toujours eue, quand ils ont travaillé, non pour quelques hommes, mais pour les masses, quand ils ont été le guide et l'expression morale des sociétés » (p. 357, in Saint-Simon, Olinde Rodrigues, le docteur Bailly et Léon Halévy, *Opinions littéraires, philosophiques et industrielles*, Paris, Galerie de Bossange Père, Librairie, 1825).

85 Auguste Luchet, préface à *L'Agent de change* d'Élisa Billotey, p. i-ii (*L'Agent de change, esquisse de mœurs*, Dieppe, Delevoye-Barrier, 1837).

avant-gardistes en son sein. Peintre romantique, la Clémence d'Arnaud s'inspire ensuite de l'art social sous l'effet du sombre révolutionnaire dont elle est amoureuse : « son esprit, jusque-là nourri d'enthousiasme poétique, s'éleva jusqu'aux nobles conceptions de l'apostolat social » (t. 1, p. 188). Elle s'enflamme alors : « Moi aussi je vivrai pour une idée ! moi aussi je me demanderai pourquoi le peuple souffre, pourquoi il y a des classes d'hommes condamnés à l'ilotisme, et des classes parasites qui n'apportent rien à la masse [...]. Moi aussi, j'étudierai la sagesse et la justice, après avoir étudié la grâce et la beauté. » (t. 1, p. 189) Dans *Méphis* de Tristan, les deux personnages, celui de la chanteuse, Maréquita, comme celui du peintre, Méphis, voient tous deux l'artiste comme celui qui protège le faible du fort, et rêvent d'une société idéale où ce seront les artistes qui s'occuperont de la politique sociale. On pourrait citer Maréquita : « Il serait peut-être imprudent aujourd'hui de les nommer ministres ou préfets ; mais, si la société était organisée comme elle devrait l'être, les artistes seraient ses chefs et ses guides, – car il faut être passionné pour le beau, avoir le sentiment de l'harmonie, pour être capable de concevoir tout ce qui est grand et utile aux peuples » (t. I, p. 33).

Depuis Baudelaire, il n'est pas d'esthétique aussi contraire à l'avant-garde que la sentimentalité. Démentant l'histoire de l'avant-garde proprement dite, le roman sentimental social montre pourtant combien cette notion pivotale de l'histoire de l'art moderne doit à la relation sentimentale entre l'art et la politique, si on lui retire la séparation propre à la sentimentalité des Lumières entre l'« art » d'un côté et la « vie » de l'autre, pour reprendre les termes qu'utilise Peter Bürger pour décrire le geste avant-gardiste. Cette version propre à la Monarchie de Juillet où l'avant-garde baigne dans la sentimentalité sera discréditée pendant la Révolution de 1848, où Sand comme Hugo deviendront des « ministres ou préfets » comme l'imaginait Tristan, et trébucheront dans cet abîme entre l'esthétique et le politique. Dans la réponse réaliste que Flaubert donne à 1848, cet échec de la première avant-garde française porte un nom : c'est l'éducation sentimentale.

UNE FAUSSE POSITION

Le réalisme français et la *Femme auteur**

DIT-IL, DIT-ELLE

En 1836, Balzac fait un voyage jusqu'à Turin pour aider un ami mêlé à une affaire de procès. Son contact, comte et avocat, s'intéresse encore plus au secrétaire de Balzac, Marcel. Peu de temps avant le retour de l'écrivain à Paris, le comte Sclopis lui écrit : « Je vous prie de ne point m'oublier auprès de votre charmant compagnon de voyage. Notre sexe n'oserait sérieusement le revendiquer, de crainte de le perdre dans l'autre. Dites-lui qu'il nous éclaircisse ce mystère [...] Si vous ne dédaignez pas cette attention, nous aurons le mot de l'énigme[1]. »

Balzac lui répond : « Vous êtes une belle et noble âme. [...] Vous ne vous étonnerez pas de me voir vous souhaiter un bon voyage et tous les plaisirs que vous désirez. J'aimerais, dans ces cas-là, avoir la puissance de Dieu pour réaliser les rêves de ceux que j'aime. Quant à mon compagnon de voyage, [...] ce n'est certainement pas ce que vous croyez qu'il est [...] Je vous dirai (donc) de ne jamais le reconnaître, car c'est une charmante, spirituelle et vertueuse femme, qui, n'ayant jamais (eu) la chance de respirer de sa vie l'air de l'Italie, et pouvant filouter vingt jours sur les ennemis du ménage, s'est reposée sur mon âme pour un inviolable secret et une retenue scipionesque [...]. Appuyée là-dessus, elle s'est amusée, pour la première et unique fois de sa vie, à mener la vie de garçon [...]. Voilà le roman à son dernier chapitre. Le terme de vingt jours est celui de la pantoufle verte [sic] de Cendrillon. Il faut que Marcel remette son diadème de femme et quitte sa cravache d'étudiant[2] ! »

---

1 Lettre de Frédéric Sclopis de Salerano à Balzac, Turin, le 9 août 1836, cité par Henry Prior dans « Balzac à Turin », *La Revue de Paris*, janv.-fév. 1924, p. 383.

2 Lettre de Balzac à Sclopis, Turin, le 9 août 1836, *ibid.*, p. 383-384.

« Marcel », alias Caroline Marbouty, a donné sa propre version de l'aventure. « Turin, le 2 août 1836. L'entête de cette lettre va t'étonner, chère mère. Tu es loin de me croire en Italie, à deux cents lieues de mon gîte ordinaire [...] Je te dirai donc que, grâce à Jules [Sandeau], Balzac m'a invitée ainsi que Nona à dîner chez lui. J'avais mis dans mes projets [...] de le séduire [...]. Bref, on est resté trois nuits sans dormir, [...] on est venu me proposer de m'emmener à Turin, de là, à Gênes peut-être, à Florence. J'ai beaucoup balancé mais j'ai cédé [...]. Je suis seule avec Balzac, sans domestique. Il m'a fait habiller en homme, et ce costume, qui me va très bien, m'enchante. Il m'empêche d'être reconnue et me donne une infinité de libertés charmantes et nouvelles [...]. À Turin, je passe pour son secrétaire [...]. Balzac est comme tous les gens supérieurs, très occupé de ses idées et peu aimable. Mais il y a tant de force et de puissance intellectuelle chez lui, il y a tant de supériorité dans tout son être, qu'il me plaît [...]. Il me trouve beaucoup de moyens [...] et veut essayer de me faire travailler afin de gagner 20 mille livres de rentes. Mais il est bon de te dire qu'il est l'homme aux projets et qu'il ne faut rien tabler qu'au présent avec lui. J'y compte donc fort peu. Il s'agirait de travailler ensemble à des pièces de théâtre [...]. À Paris, je ne sais ce que deviendra cette connaissance. Je me suis réservé le droit de la liberté. [...] J'ai besoin de santé, de bonheur, d'action, je n'ai pas de préjugé, je me laisse aller au courant[3]. »

Le voyage en Italie selon Balzac ? Ou comment un homme du monde, viril et en pleine possession de ses moyens, s'amuse d'indiscrétions avec une charmante *femme comme il faut**, travestie en étudiant fuyant la maison, mais qui est admirable et vertueuse, en dépit des apparences. Tel serait le dernier « chapitre » d'un « roman » réaliste, où un narrateur masculin et omniscient, pour ne pas dire un dieu, clarifie ce que son lecteur masculin avait pressenti de cette « énigme » afin d'en réaliser les désirs et ainsi cimenter leur lien d'affection. Comme Sclopis l'avait deviné, le « il » était en fait un « elle », quand bien même Balzac a maintenu l'attrait de l'affaire en ne révélant pas qu'il avait eu une aventure avec sa compagne de voyage qu'il présente comme hautement désirable sans jamais rien trouver à redire à son comportement.

Le voyage en Italie selon Marbouty ? Une apprentie écrivaine prête à l'aventure pour échapper aux devoirs domestiques. Déguisée en ce

3 Lettre de Caroline Marbouty à sa mère, Turin, le 2 août 1836, *ibid.*, p. 376-377.

héros ambitieux typique de la narration réaliste de l'ascension, elle joue le rôle du jeune secrétaire d'un homme plus âgé, domptant la profession dans laquelle elle souhaite entrer, en le séduisant avec une camaraderie érotiquement ambiguë mais déjà professionnelle. Bref, un roman sentimental social, dans lequel les personnages hésitent d'abord, avant de se révolter contre les codes qui entravent les femmes, au nom de la « liberté ». En faisant la confidence de ses transgressions, elle en appelle à la sympathie de sa lectrice afin qu'elle comprenne l'oppression matérielle et émotionnelle qui les a motivées.

Balzac et Marbouty n'ont jamais confronté leurs deux versions de ce voyage. Mais leurs récits contiennent le modèle réduit du conflit plus général du genre [*gender*] et du genre romanesque dont ils firent une expérience suffisamment amère pour qu'elle mette un terme à cette amitié qui s'était nouée dans une escapade amoureuse. Qu'on nous permette de faire de ces deux récits une image de la conclusion de ce livre quant à notre hypothèse concernant l'absence de femmes françaises réalistes au temps où cette poétique dominante était en plein essor. Ces deux acteurs, plongés dans la lutte romanesque de leur temps, par ce qu'ils ont à dire chacun de leur situation, nous offrent des perspectives nouvelles pour comprendre pourquoi les romancières françaises ont renoncé aux codes réalistes.

LA MUSE DE LIMOGES

De retour à Paris, Balzac et Marbouty ont mis fin à l'intimité de leur périple, mais ont continué à se fréquenter avec cordialité, auprès des mêmes littérateurs parisiens, comme Jules Sandeau, qui avait collaboré au premier roman de Sand, ou encore Gustave Planche et Charles-Augustin Sainte-Beuve[4]. Sainte-Beuve a tout particulièrement aidé Marbouty à

4 Dans son introduction très documentée à *La Muse du département*, Bernard Guyon remarque qu'« Après l'escapade italienne, des liens d'amitié confiante [entre Balzac et Marbouty] subsistèrent longtemps. En 1838, Caroline vint visiter les Jardies ; en 1840, elle assistait à la première de *Vautrin* ». (Balzac, *La Muse du département*, éd. B. Guyon, Paris, Garnier Frères, 1970, p. 108). Pour plus de détails sur les relations entre Balzac et Marbouty, on se reportera également à l'ouvrage nettement plus misogyne de M. Serval, *Une amie de*

accéder aux êtres et aux institutions qui contrôlent les flux du capital symbolique en lui donnant accès aux revues prestigieuses où il publiait lui-même, ainsi qu'en la présentant à Gustave Planche. Typique en cela de bien des écrivains contemporains, Marbouty a persévéré dans la carrière des lettres autant par ambition que par besoin financier. Dans son cas, ce besoin s'est accru lorsqu'elle s'est séparée de son époux en 1831 et a dû élever ses deux filles avec la maigre pension qui lui était allouée.

Contrairement à Sainte-Beuve, Balzac n'a joué qu'un petit rôle pour favoriser la carrière littéraire de Marbouty. Dans le fonds Lovenjoul, les lettres qu'ils s'adressent mentionnent surtout le travail de Balzac et son perpétuel besoin d'argent, thème qui est présent dès le début de leur relation, ainsi que Marbouty l'explique déjà à sa mère : « Balzac n'a plus le sol [...] il est criblé de dettes[5] », et c'est avec les cinq cent francs qu'elle apporte que leur voyage en Italie est payé. Quand exceptionnellement Balzac fera allusion à la place de Marbouty dans le paysage littéraire, ce sera dans une dédicace ajoutée à l'édition de 1842 de *La Grenadière* : « À Caroline – À la poésie des voyages, le voyageur reconnaissant[6] ». À la manière des poètes qui invoquent leur muse, Balzac ne mentionne Marbouty que par son prénom et l'assigne au rôle traditionnel des femmes comme « médium de la parole divine ou poétique[7] » qui inspire le grand artiste.

Pendant que Balzac faisait de Marbouty une muse, celle-ci aiguisait ses propres armes. Entre 1836 et 1842, elle ébaucha plusieurs pièces qui ne furent pas jouées et fut co-auteur d'une pièce écrite en collaboration avec Émile Souvestre qui put voir le jour et être jouée ; elle collabora encore avec

---

Balzac ainsi qu'aux matériaux sur et de Marbouty dans les archives Lovenjoul conservés à la Bibliothèque de l'Institut de France qui sont les principales sources sur lesquelles s'appuient B. Guyon, M. Serval ainsi que Prior. Marbouty a également fréquenté certaines figures de l'élite culturelle contemporaine aussi importantes que la dramaturge et romancière Virginie Ancelot, la romancière Antoinette Dupin ou encore la peintre Élisabeth Vigée-Lebrun.

5 Marbouty, lettre à sa mère, cité par Prior, « Balzac à Turin », p. 376. Dans une pièce posthume intitulée, « Portrait de Balzac », Marbouty présente le besoin d'argent de Balzac comme une part non négligeable de leur relation, selon ce qu'elle appelle « son principe de ne jamais avancer par lui-même de l'argent ». Le portrait a été publié dans la *Gazette anecdotique* du 9 octobre 1891 que Serval mentionne.

6 Anne-Marie Meininger commente cette dédicace dans ses notes à l'édition de la Pléiade de *La Grenadière* (*La Comédie humaine*, t. 2, p. 1379) et remarque que Balzac a supprimé cette dédicace après que ses relations avec Marbouty se sont détériorées.

7 Christine Planté, *La Petite sœur de Balzac*, Paris, Éd. du Seuil, 1989, p. 247.

Scribe, l'un des auteurs dramatiques les plus en vue[8]. Elle a également écrit pour les journaux, ainsi qu'un recueil de nouvelles pour enfants, *Les Jolis Contes vrais*, signés de son nom de plume, Claire Brunne. L'année où Balzac ajoutait sa dédicace à *La Grenadière*, ses efforts se trouvèrent couronnés de succès par la publication de trois courts romans sentimentaux sociaux, publiés ensemble sous le titre de *Ange de Spola, études de femmes* (1842).

Bien qu'il l'ait représentée dans sa dédicace comme une source passive d'inspiration, il est évident que Balzac était parfaitement au courant de l'activité littéraire de Marbouty, comme on pourra le voir dans *La Muse du département* qui paraît l'année suivante, en 1843. Seule œuvre de la *Comédie humaine* à représenter les luttes d'une femme pour devenir écrivain (Camille Maupin apparaît sur la scène romanesque alors qu'elle a déjà réussi dans la carrière), le roman emploie toutefois le terme de « muse », tel qu'il pouvait alors être utilisé de manière satirique pour désigner des femmes qui étaient de trop dans la contribution féminine aux arts, puisqu'elles voulaient être poètes au lieu d'être le poème. Et de se faire appeler « dixième muse », quand ce n'est pas « bas-bleu » ou « femme supérieure ». Toutes ces désignations apparaissent dans *La Muse du département* au côté d'un terme médical inventé par Balzac, le « sandisme » : « Cette lèpre sentimentale a gâté beaucoup de femmes qui, sans leurs prétentions au génie, eussent été charmantes » (p. 32). Le modèle de cette fiction de la femme atteinte d'un mal si corrosif est à chercher dans la vie de la « Muse de Limoges », terme inventé par Balzac pour qualifier Marbouty au moment de leur escapade italienne[9].

Comme Bernard Guyon l'a bien montré, la Dinah de Balzac est, à l'instar de Marbouty, une provinciale d'origine protestante, mais « tant d'autres traits rapprochent les deux femmes[10] ! » Comme Marbouty,

8 Selon Marbouty, celle-ci aurait collaboré avec Scribe à *Une Chaîne* et *La Calomnie* (voir Prior, « Balzac à Turin », p. 371). La pièce écrite avec Souvestre s'intitulait *La Protectrice* (1841). Elle fit l'objet d'un jugement défavorable de Jules Janin dans le *Journal des Débats* du 24 mai 1841. Souvestre est également l'auteur d'une œuvre importante portant sur le roman contemporain et intitulée : « Du Roman » (1836) dont je me suis servie pour donner le titre de mon chapitre 2. Comme je l'avais mentionné à la fin de ce chapitre, « Du Roman » servit de préface à son roman sentimental social, par ailleurs bien accueilli, et intitulé *Riche et pauvre* (1836).

9 Cette appellation a donné le titre à un article cancanier sur Marbouty et Balzac publié dans le journal satirique *Le Vert-Vert*. Voir Prior, « Balzac à Turin », p. 377.

10 Voir Bernard Guyon, introduction à *La Muse*, art. cité, p. 108. Je dois à cette introduction de Bernard Guyon de m'avoir suggéré toutes ces caractéristiques communes.

Dinah s'est mariée, jeune à un homme plus âgé, sans attrait, venant d'une famille de propriétaires terriens, même si dans le cas de Marbouty, son mari n'était pas un arriviste intrigant, mais bien plutôt un petit avoué sans ambition. Comme Marbouty encore, Dinah reste fidèle à son époux les premières années de son mariage avant de finalement rompre avec lui à l'âge de vingt-huit ans. Pendant l'été de ses vingt-huit ans, Marbouty a eu une histoire avec un enfant du pays qui avait réussi à Paris et qui était revenu à Limoges pour une charge qu'il n'obtiendra finalement pas. Cet homme, c'était Guillaume Dupuytren, l'un des plus célèbres chirurgiens chefs de l'Hôtel Dieu. Marbouty suivit Dupuytren à Paris, et quand leur histoire prit fin, elle devint l'amie, peut-être même la maîtresse, de Jules Sandeau, un autre enfant du pays à avoir réussi.

Dans *La Muse du département*, qui sont les deux Parisiens conquérants qui reviennent sur leur terre natale l'été des vingt-huit ans de Dinah et qui vont transformer sa vie ? Bianchon, « déjà premier médecin d'un hôpital, officier de la Légion-d'Honneur et membre de l'Académie des sciences » (p. 32), et le journaliste arriviste Étienne Lousteau, dont les similitudes avec Sandeau vont des sonorités de son nom jusqu'à sa calvitie et ses tenues élégantes.

Marbouty était-elle aussi prétentieuse, pédante et centrée sur elle-même que l'est Dinah au début du roman ? Intelligente et attirante, certes, mais sans le charme, l'élégance et la sensibilité suffisants pour que toutes ces qualités en fassent un personnage exaltant. Fort heureusement pour elle, Dinah avait Balzac pour écrire son histoire. La rencontre de Marbouty avec Dupuytren et Sandeau eut pour résultat de lui faire quitter son mari, et accessoirement sa province, pour s'essayer à la carrière littéraire à Paris. Au contraire, dans *La Muse du département*, Dinah quitte ses prétentions littéraires quand elle suit Lousteau à Paris. Dans ce centre de la civilisation, elle apprend à se défaire de ses ambitions intellectuelles et de ses manières provinciales, découvre quelle place doit tenir une femme qui écrit, celle de prête-plume d'un amant pris dans les tourmentes d'argent, élève les enfants que son impuissant de mari est trop content de reconnaître comme ses héritiers, et enfin, retourne dans sa famille lorsque Lousteau s'est lassé d'elle, métamorphosée, de *bas-bleu* ennuyeux qu'elle était, en charmante *femme de trente ans**. La différence de vêtement que porte Dinah lors de sa première et de sa dernière rencontre avec Lousteau dit tout. La *femme supérieure* de province portait au début : « une robe en léger casimir noir, à guimpe, semblable à une amazone sans queue » et un « béret de velours noir à la Raphaël » mettant en relief « de beaux yeux, de belles paupières presque flétries par les ennuis de la vie » (p. 76). Quel contraste entre ces « prétentions énormes dans cette excessive simplicité » et le dernier portrait de Dinah en Comtesse de la Baudraye : « Elle avait mis une délicieuse robe en soie brochée à raies alternativement mates et pleines de fleurs, d'un jaune paille. Ses gants garnis et à glands laissaient voir ses beaux bras blancs [...]. Sa coiffure à la Sévigné lui donnait un air fin » (p. 224). De Raphaël à Sévigné : plus question d'être la grotesque copie de l'artiste masculin ; Dinah ressemble à présent à l'auteur féminin par excellence, à cette mère qui écrit dans un genre privé pour l'intimité des siens ; et c'est alors sans surprise que le roman s'achève avec « La Muse de Sancerre [qui revient] tout bonnement à la Famille et au Mariage » (p. 227).

Il n'est pas rare que certains types balzaciens s'inspirent de figures ayant réellement existé, comme l'attestent les similitudes entre Lousteau et Sandeau, ou Bianchon et Dupuytren. Mais le fait que bien des aspects de Dinah empruntent à Marbouty fait plus que d'attester d'une authenticité historique puisque ici la biographie donne chair et os à l'idéologie. Comme Christine Planté le montre bien dans *La Petite Sœur de Balzac*,, la *femme auteur** est devenue l'incarnation frappante de ce débat du XIXe siècle relatif à la construction bourgeoise de la société, puisque par sa profession, elle transgresse des valeurs de l'idéologie bourgeoise aussi fondamentales que les oppositions genrées [*gendered*] public/privé et production/reproduction. Geneviève Fraisse corrobore ce point lorsqu'elle analyse les débats devenus récurrents sur l'éducation des femmes au moment même où les notions républicaines de la bourgeoisie ont émergé pour devenir dominantes pendant et après la révolution. Dans ces débats, ainsi que G. Fraisse le souligne, la question de l'accès des femmes à la lecture et à l'écriture est inséparable de la question de leur participation publique à la production intellectuelle et artistique[11].

---

11 Nul texte mieux que le *Projet d'une loi portant défense d'apprendre à lire aux femmes* (1801) de Sylvain Maréchal ne saurait illustrer ce point, comme le montre Geneviève Fraisse au début de son essai. Dans cette œuvre ambiguë, écrite dans un registre qui oscille entre ironie et polémique, Sylvain Maréchal considère « Combien la lecture est contagieuse : sitôt qu'une femme ouvre un livre, elle se croit en état d'en faire. » (G. Fraisse, *Muse de la raison*, Paris, Gallimard, coll. « Folio histoire », 1995, p. 35).

Cette controverse autour de la femme auteur est particulièrement vive dans les années 1830-1840, pour une raison que Balzac met également en avant quand il s'attaque à cette figure dans *La Muse du département*. Il attribue en effet l'essor de ce type à la « Révolution de 1830 », qui répandit « d'étranges doctrines [...] sur le rôle que les femmes devaient jouer dans la société » (p. 68), en d'autres termes, un premier féminisme moderne. Comme je l'ai déjà dit, la Révolution de Juillet a relégitimé les idéaux de 1789 et on débattit notamment de savoir si la doctrine de la séparation des sphères pouvait rendre justice aux droits révolutionnaires naissants de liberté, d'égalité et de fraternité pour les femmes. Qu'on soit pour ou contre l'exclusion des femmes de la vie publique, la *femme auteur** devenait centrale en tant que figure transgressant de façon si évidente les dogmes de l'idéologie domestique.

Cette relégitimation des idéaux révolutionnaires étendit la catégorie de la *femme auteur* à d'autres citoyens de seconde zone tous désireux se faire une place au soleil de Juillet. Joan Scott a bien montré comment la théorie genrée [*gendered*] de la séparation des sphères est venue étayer la subordination des travailleurs autant que des femmes. Scott observe ainsi que les oppositions accréditant la ligne de partage production/reproduction, public/privé, etc., si instables fussent-elles idéologiquement, étaient centrales pour refuser toute forme d'exploitation du travailleur. Ainsi, quand les socialistes affirmaient que « la mise sur le marché de la force de travail n'était pas différente de celle du corps des femmes et que l'exploitation économique et sexuelle ne fait qu'une », les économistes politiques répondaient en insistant sur la séparation entre « travail et sexe, productivité et gaspillage [ou reproduction], masculin et féminin[12] ». Scott suggère encore que l'idéologie domestique a permis de criminaliser les structures sociales de la classe ouvrière dans laquelle les femmes n'étaient pas reléguées à la seule vie privée et pouvaient contribuer à justifier l'oppression de la classe ouvrière sur la base de son infériorité. C'est en observant comment l'opinion publique commence dans les années 1840 à s'intéresser tout particulièrement à la femme ouvrière, autre type trop visible de la transgression de la séparation genrée [*gendered*] des sphères, que

12 Joan Scott, *Gender and the Politics of History*, New York, Columbia University Press, 1988, p. 146.

Scott en vient à de telles analyses[13]. La femme auteur préoccupe tout autant au même moment, puisque ses transgressions viennent elles aussi refléter la situation sociale des femmes.

Dans son portrait de Dinah de la Baudraye, Balzac élève au rang de type les représentations de la femme auteur dans un discours qui promeut l'idéologie domestique. Comme C. Planté et G. Fraisse l'ont montré, le portait du bas-bleu en monstruosité pédante et repoussante qui s'est mépris sur la destinée et le bonheur des femmes, se retrouve partout : dans des écrits médicaux et pédagogiques, dans des écrits politiques, dans des ethnographies non romancées ou encore dans les descriptions satiriques de la société française moderne, dans la littérature, la critique littéraire ou encore la caricature. Pour bien voir à quel point le portrait de la femme auteur par Balzac est un lieu commun que l'on retrouve dans et hors la littérature, il n'y a qu'à comparer point par point Dinah aux représentations contemporaines les plus connues de la *femme auteur** que l'on trouve dans la série des « Bas-bleus » de Daumier, qui fut d'abord publiée dans *Le Charivari* en 1844.

La carrière de Dinah est en effet à l'aune de toutes ces femmes auteurs qui, dotées des « moindres talents féminins » se sont « détournées d'une vie paisible pour un semblant de gloire » (p. 68). On retrouve chez Daumier exactement le même topos transcrit visuellement, lorsqu'il dépeint dans « La mère est dans le feu de la composition, l'enfant est dans l'eau de la baignoire ! » une femme écrivain en train de barbouiller le papier qui cause sans l'avoir voulu un terrible accident domestique sous prétexte qu'elle est prise dans le feu de l'imagination. Tout comme Balzac également, Daumier représente l'ascension du bas-bleu en insistant sur sa dégradation physique. Toute la féminité de Dinah s'éclipse, et « maigrie », elle paraît un « squelette habillé » qui imite « sans s'en apercevoir les manières masculines » (p. 60 et 61) à force de ne fréquenter que des hommes. Chez Daumier, c'est la même chose, la *femme auteur** n'a pas de sexe, flétrie, elle est une aberration de la nature dont le corps serait bien incapable d'exercer les fonctions féminines de reproduction : « C'est singulier comme ce miroir m'applatit [sic] la

13 Au même moment et sans connaître les travaux de l'une et de l'autre, Joan Scott et Christine Planté en viennent au même mot : « désordre » pour qualifier la menace que représentent respectivement l'ouvrière et la femme auteur. Voir J. Scott, *Gender, op. cit.*, p. 141 et C. Planté, *La Petite Sœur, op. cit.*, p. 41.

taille et me maigrit la poitrine ; que m'importe ? Mme de Staël et M. de Buffon l'ont proclamé… le génie n'a point de sexe. » Balzac reproche le lamentable exemple offert par George Sand aux femmes françaises ; Daumier fait de même : deux laides et orgueilleuses *femmes auteurs* dont on peut imaginer qu'elles n'ont aucun talent se chamaillent : « Ah vous trouvez que mon dernier roman n'est pas tout à fait à la hauteur de ceux de George Sand… ! Adélaïde, je ne vous reverrai de la vie ! »

Malgré toutes ces disgrâces physiques, il arrive que les *femmes auteurs** se servent de la littérature pour faire entrer l'adultère chez elles et faire éclater la sphère domestique. La mutuelle séduction via la littérature de Lousteau et de Dinah trouve son pendant dans l'une des activités favorites de la *femme auteur** chez Daumier : « Ma bonne amie, puis-je entrer ?… as-tu fini de collaborer avec monsieur ? » Et pour Daumier comme pour Balzac, quand enfin les femmes se livrent à leur seule grande affaire, l'amour passionné, rajeunies, elles abandonnent toute prétention intellectuelle en même temps que tout idéal sentimental de vertu. On pourrait comparer la métamorphose de Dinah de femme supérieure en *femme de trente ans** à celle de la femme grassouillette, peut-être même enceinte, s'admirant, comme un pendant au squelette précédent, dans son miroir : « C'est singulier… il ne me vient plus d'idées maintenant que lorsque je suis au Bois de Boulogne et que je trotte avec M. Édouard !… – Quelles idées peuvent donc venir à ma femme, quand elle trotte avec M. Édouard ?… ceci m'intrigue… je suis fâché de voir qu'elle s'est faite amazone… j'aurais mieux aimé qu'elle restât simplement à cheval sur la vertu ».

La série des « Bas-Bleu » se compose de quarante images qui ont été publiées dans *Le Charivari* en l'espace de six mois. Qu'un journal aussi influent sur la scène culturelle se soit concentré à un tel point sur un seul type social montre bien l'extraordinaire fascination de l'époque pour la figure de la *femme auteur**[14]. Si celle-ci est à ce point incontournable,

14 C. Planté a tout à fait raison de voir dans les années qui entourent la publication de *La Muse du département* des années où explose le nombre de représentations négatives de la *femme auteur**, même si elle exagère le phénomène lorsqu'elle se concentre sur ces représentations du début des années 1840 alors que la *femme auteur* fut un idéologème contesté tout le long de la Monarchie de Juillet. C. Planté émet l'hypothèse selon laquelle le début des années 1840 fut marqué par une réaction en contrecoup à « l'effervescence qui domine les premières années du régime » (*La Petite Sœur de Balzac*, *op. cit.*, p. 44). L'effervescence n'a pourtant pas décru en ce qui concerne les femmes qui écrivaient

ce n'est pas seulement parce que son activité entrait en résonnance avec le débat social et politique mais aussi parce qu'il y avait un nombre impressionnant de femmes qui écrivaient et que ces femmes ainsi que leurs productions étaient extrêmement visibles. Peu importe les chiffres, c'est un lieu commun des critiques et des écrivains de 1830 que de dire que jamais on n'a publié autant de femmes[15]. « Le nombre de femmes auteurs était encore assez rare en 1828 ; on les comptait, calcul qui serait aujourd'hui long et presque difficile à faire » déclare la romancière de renom Mélanie Waldor en 1836[16]. On trouve une reconnaissance,

effectivement. Comme la suite de ce chapitre le montrera, les femmes sont restées des actrices éminentes et puissantes sur la scène littéraire tout le long et jusqu'à la fin de la Monarchie de Juillet, et la prolifération des représentations négatives de la *femme auteur** pourrait bien indiquer toute l'influence culturelle et véritablement littéraire des femmes écrivains. C. Planté exagère encore l'autorité de ces attaques en négligeant le fait que celles-ci étaient vigoureusement contestées au sein du champ littéraire autant que dans le discours culturel émergeant sur la constitution de la société. « La marquise de Lambert » de Louise Colet témoigne ainsi de la contestation au sein de la production littéraire des représentations négatives de la *femme auteur**. Elle commence par rappeler que « depuis Molière, un esprit de dénigrement systématique a toujours poursuivi les femmes auteurs », Colet met ensuite en scène un dialogue entre des femmes écrivains du XVIIe siècle récusant les divers arguments habituellement énoncés à l'encontre de toute participation des femmes au monde des lettres (*cf.* Louise Colet, « La marquise de Lambert », *Le Constitutionnel*, 19 déc. 1842, p. 5). Quant à *L'Éducation pratique des femmes* de Nathalie de La Jolais, il constitue un exemple extralittéraire de réfutation de tous les arguments hostiles aux femmes qui écrivent, ainsi qu'un extrait de son texte paru dans un compte rendu favorable du *Constitutionnel* le montre bien. Dans un chapitre où elle s'attaque à la longue tradition dénigrant l'imagination des femmes, elle vante au contraire les mérites de l'inspiration, propre à éduquer si elle est sagement tempérée par la raison, arguant de son utilité sur le développement, tout particulièrement, du style des femmes écrivains et de leur « sens poétique ». (*Le Constitutionnel*, 17 juillet 1842, p. 6). Enfin, la parution dans *L'Illustration* en 1844 de ces médaillons néoclassiques qui élèvent à une dignité sans sexe les plus importantes *Femmes de lettres contemporaines françaises* offre une forme de contrepartie visuelle aux arguments qui défendent aux femmes d'écrire. Voir à ce sujet l'ouvrage de Janis Bergman-Carton, *The Woman of Ideas in French Art 1830-1848* où elle passe en revue les représentations tant positives que négatives de la *femme auteur* dans la culture visuelle de son temps.

15 Selon C. Planté, « La révolution de 1830 [...] constitue une véritable coupure » en inaugurant une nouvelle ère de prééminence littéraire des femmes (*La Petite sœur*, p. 43). Celle-ci poursuit : « Les raisons en sont nombreuses, et d'ordre divers : développement de l'éducation des filles, même si c'est avec un retard important sur celle des garçons, place centrale de la question féminine dans les débats de nombreux courants politiques, en particulier fouriéristes et saint-simoniens ; naissance du premier mouvement collectif d'affranchissement des femmes [...], influence des idéaux romantiques, célébrité difficilement contournable de George Sand » (p. 44)

16 Mélanie Waldor, *Pages de la vie intime*, Paris, Dumont, 1836, t. 2, p. 301.

quoique faite à contrecœur, du même phénomène dès 1835 lorsqu'un publiciste écrit que « l'opinion de la critique et celle de la société ont beau s'évertuer contre les femmes auteurs, chaque jour leur nombre en devient plus considérable[17] ». Balzac approuve ce jugement, même si c'est d'un ton désapprobateur, quand il explique que l'on vit « après la révolution de 1830 [...] beaucoup de Dixièmes Muses en France, jeunes filles ou femmes détournées d'une vie paisible par un semblant de gloire ! » (p. 68)

---

17 Compte rendu signé E. G. de *Savinie* de Camille Bodin et *Valida* de Sophie d'Épinay Saint-Luc, *Le Courrier français*, 9 juillet 1835. Dans un commentaire bien moins favorable, un autre recenseur de *Savinie* compte « cent vingt-cinq femmes auteurs en vie et bien portantes en cet an de disgrâce de 1835 » (*Le Corsaire*, 3 août 1835, p. 1). Le seul reproche que je ferai à cette idée selon laquelle ce serait pendant la Révolution de Juillet que le nombre de femmes écrivains aurait explosé est que l'on trouve régulièrement l'opinion selon laquelle cette explosion daterait de la Révolution de 1789. C'est par exemple ce qu'en croit Salvandy dans sa « Préface » à *Natalie* : « À aucun âge des sociétés, elles n'avaient fourni aux arts de la pensée tant de disciples à la fois ; jamais non plus, elles n'avaient pris une si égale part des palmes du talent. » Salvandy montre ainsi le poids de 1789 dans cette part croissante du nombre des femmes dans la vie culturelle : « Ce caractère nouveau de la civilisation méritait d'être remarqué sans doute. Comment méconnaître qu'il se lie étroitement à la grande révolution, accomplie depuis quarante ans, dans les intérêts, dans les opinions, dans les mœurs ? » (Salvandy, *Préface*, *op. cit.*, t. 1, p. 14-15). Là où l'on trouve un plus grand écart d'opinion concerne moins la prolifération de leurs œuvres que le jugement sur la valeur de leurs travaux. Un compte rendu du *Charivari* portant sur une anthologie d'écrits de femmes prend une posture respectueuse quant à la prolifération des *femmes auteurs** : « Ce sera pour notre époque une distinction que d'avoir possédé en même temps assez de femmes spirituelles pour suffire à une publication de cette étendue. Plus de 25 noms y figurent, sans compter les renommées qui sont restées en dehors. » (Compte rendu anonyme des *Heures du soir*, dans *Le Charivari*, 29 octobre 1833). Mais un autre compte rendu du même ouvrage dans le même journal, paru quelques mois plus tôt, minimise l'importance de la contribution des femmes à la littérature contemporaine en les comparant à des enfants : « Aujourd'hui, [...] la littérature s'est sécularisée comme une profession industrielle, tout en conservant la moralité de son but [...] ; elle y a suffisamment élargi ses voies pour que tout le monde puisse y entrer, même les femmes, mêmes les enfants, sans produire ni presse, ni trouble, ni sensation. » (Compte rendu anonyme des *Heures du Soir*, dans *Le Charivari*, 28 mai 1833). Et Sainte-Beuve approuve ce point, malgré tout son enthousiasme pour les individualités des romancières : « Il faut bien se résigner [...] à l'invasion de la démocratie littéraire, comme à l'avènement de toutes les autres démocraties [...] Avec nos mœurs électorales, industrielles, tout le monde, une fois au moins dans sa vie, aura eu sa page, son discours, son prospectus, son *toast*, sera *auteur*. [...] On a une famille, on s'est marié par amour, la femme sous un pseudonyme écrira aussi » (Sainte-Beuve, « De la littérature industrielle », *La Revue des deux mondes*, 14 sept. 1839, p. 681). Évidemment, on pourra trouver quelque peu déconcertant que ces « mœurs électorales » aient tant fait pour inciter les femmes à écrire, quand ces dernières ont été absolument exclues de toute participation à la vie politique de leur temps.

Hormis leur visibilité, les critiques qui leur sont favorables estiment que les femmes écrivains sont influentes, quand les critiques qui leur sont hostiles insistent au contraire sur les menaces que ces dixièmes muses font peser sur l'idéologie domestique. Émile Deschamps est un bon exemple des premiers lorsqu'il revient sur l'influence culturelle et littéraire des femmes dans sa contribution à la *Biographie des femmes auteurs contemporaines françaises* : « Les femmes ont-elles le génie des arts et de la poésie ? Les femmes doivent-elles se livrer aux études littéraires ? Sied-il bien aux femmes de tenter les hasards de la gloire et les périls de la publicité ? » À toutes ces questions, « questions ridicules maintenant, ou plutôt questions qui n'en sont pas », Deschamps répond : « Tandis que les hommes du métier discutaient gravement ou se querellaient avec aigreur les droits et les prétentions des femmes auteurs ou artistes, [...] celles-ci se sont emparées de milles trônes dans la république des lettres ; excellente république où tous les citoyens sont des rois[18] ! » Ainsi, l'animosité de Balzac à l'encontre de la *femme auteur** pourrait s'expliquer autant par le pouvoir qu'elle prend dans la République des lettres, que par le fait qu'elle se met alors à violer l'idéologie domestique, ainsi que le dialogue entre *La Muse du département* et la biographie de Marbouty va nous le montrer plus précisément.

18 Émile Deschamps, « Mme B. d'Altenheym », in *Biographie des femmes auteurs contemporaines françaises avec portraits dessinés d'après nature par M. Jules Boilly*, sous la direction de A. de Montferrand, Paris, Armand-Aubrée, 1836, p. 339. Dans le même temps, un article du *Charivari*, comparait les femmes auteurs contemporaines aux Saint-Simoniens en quête d'un Messie Femme, empli d'un même enthousiasme pour leur influence littéraire. « Voyez Madame George Sand, madame Camille Bodin, Madame d'Abrantès, Mademoiselle Gay [Delphine de Girardin], Madame Desbordes-Valmore, Madame Tastu [...] Pour faire savoir au monde qu'elles entreprenaient la Réhabilitation de la Femme, [...] elles ont laissé de côté toute théorie, toute discussion, et elles ont écrit [...]. Cette méthode ne vaut pas celle de notre Père Enfantin ? [...] En vérité, je vous le dis, et cela n'est rien moins que rassurant : le siècle est aux femmes : il y a de la gloire féminine dans l'air, nous nous tournons à l'amazone. Il ne s'agit plus ici de la suprématie de l'homme, tâchons de nous maintenir au pair, si nous pouvons » (Compte rendu de *Savinie*, signé Ed. L., *Le Charivari*, 19 juin 1835).

« PLUTÔT MOURIR » ; « PLUTÔT VIVRE »

Quand Balzac écrit la *La Muse du département*, ce n'est pas seulement pour renvoyer les femmes auteurs à leur foyer, mais c'est encore pour lui une façon non seulement de réécrire la vie de Marbouty, mais aussi une de ses œuvres. Les souffrances de la *femme auteur** de Balzac font écho à l'intrigue de *Cora* de Marbouty, un court roman sentimental social publié dans son recueil *Ange de Spola* en 1842[19]. Comme *La Muse du département*, *Cora* fait le récit d'une ambitieuse *femme supérieure* de province qui rêve de « dangers… de l'exaltation… des jouissances infinies… des revers… puis un succès enivrant… de la gloire, peut-être[20] ! » quand au même moment la Dinah de Balzac se convertit au catholicisme « uniquement par ambition » (p. 36). Toutes deux épousent un homme qui ne pense qu'à l'argent, suivant en cela les conseils de leurs mères, et toutes deux se retrouvent prises dans un conflit entre le cœur et le code, conséquence de leur soumission aux exigences sociales.

Comme la Cora de Marbouty, occupée d'abord seulement à « une organisation d'intérieur », la Muse de Balzac cherche d'abord une issue au vide sentimental laissé par son mariage en réaménageant entièrement le château ; après quoi toutes deux se réfugient dans l'étude et l'écriture (t. II, p. 70). Quoiqu'il en soit, toutes deux continuent de souffrir, sans enfants, sans buts, jusqu'à ce qu'elles entrevoient la possibilité d'une liaison. Dans les deux cas, le séducteur est un Parisien corrompu, cultivé et adulé. Dans *Cora*, c'est le courtois homme politique M. de Mervanne, « homme du siècle » (II, p. 85), « fin, souple et adroit » (II, p. 88), « maître de lui, n'ayant que son intérêt pour guide » (II, p. 86). Mervanne, comme Lousteau chez Balzac, apprécie tout particulièrement l'hospitalité de l'héroïne et lui fait la cour au cours de longues conversations sur la littérature et la société : « Mais alors, que devienne donc ici les femmes comme vous, Madame ? » demande Mervanne « en se plaçant en face d'elle, un coude gracieusement appuyé sur la cheminée,

19 C'est à ma connaissance à l'introduction de la *Muse du département* de B. Guyon que nous devons la première mention de cette liaison entre les deux textes.

20 Claire Brunne [Caroline Marbouty], *Ange de Spola*, *op. cit.*, t. 2, p. 43. Les références suivantes apparaîtront entre parenthèses dans le corps du texte.

et son regard posé sur le sien » (II, p. 113). Lousteau répète ce geste de Mervanne sur un mode encore plus explicite : « Comment une femme aussi belle que vous l'êtes et qui paraît si supérieure, a-t-elle pu rester en province ? Comment faites-vous pour résister à cette vie ? » (p. 77) Et les deux femmes ont la même réponse. Cora répond tristement qu'« Il n'est que deux routes, se soumettre ou se briser » (II, p. 116) et Dinah ne fait pas autrement : « On n'y résiste pas. Un profond désespoir ou une stupide résignation, ou l'un ou l'autre, il n'y a pas de choix » (p. 77)

C'est sur ce dernier commentaire que Balzac cesse de faire écho à *Cora* et que sa réécriture antagoniste du roman peut commencer. Pour l'héroïne sentimentale sociale de Marbouty, l'adultère n'est en rien une réponse au conflit entre le cœur et le code ; il n'en est qu'une forme réduite. Quand Cora explique pourquoi elle ne peut se résoudre à « se soumettre », à se résigner aux normes sociales, ni à « se briser », c'est-à-dire à transgresser ces mêmes normes en quête de liberté pour finir par être détruite, elle impute aux inégalités de la société vis-à-vis des femmes ce morne destin. À force d'études et de travail au début de son mariage, « elle arriva enfin à des connaissances assez générales pour juger la position des femmes, pour penser les lois qui la constituent, pour apprécier les préjugés qui la maintiennent et la nécessité de se soumettre. Cora sentit après une longue méditation tout espoir s'enfuir de son âme » (II, p. 81) et son histoire s'achèvera par la mort. On pourrait croire que Dinah en viendrait aux mêmes conclusions lorsqu'elle évoque ce « profond désert ou [cette] stupide résignation, ou l'un ou l'autre, il n'y a pas de choix ». Sauf que cette phrase est le moyen pour Dinah de commencer une amère satire des femmes de province, qui désarme et charme Lousteau tout à la fois « stupéfait de la brillante manœuvre par laquelle Dinah livrait la province » (p. 78) alors même qu'il s'était préparé à accabler Dinah de ses sarcasmes.

De la tragédie à la stratégie (selon le vocabulaire militaire de Balzac) : cette transformation voulue par Dinah n'est que le premier pas dans la transformation du conflit sentimental en une éducation sentimentale qui finira de façon tragicomique plutôt que par la mort. Au cours de cette éducation sentimentale, Dinah aura appris à ruser avec le conflit entre le cœur et le code de façon à servir ses propres intérêts, que Balzac identifie comme un composé de raffinement parisien, de sexe, d'amour et d'enfants. Si Dinah parvient à échapper à l'affrontement tragique du cœur et du code, c'est parce que Balzac réduit tout ensemble le politique et le poétique à l'individu. Dinah n'a aucun mal à abandonner l'intrigue sentimentale sociale de *Cora* et ses idéaux féministes, une fois qu'elle comprend qu'ils entravent son propre bonheur.

Dinah apprend à aiguiser comme il se doit ses armes dans les relations de manipulation qui la lie à Lousteau, fournissant à Balzac l'occasion d'une leçon sur le compromis que l'on retrouve dans toute son œuvre. Lorsque Lousteau décrivait à Lucien qu'il était nécessaire de flatter des idiots pour survivre dans la jungle littéraire parisienne, Lucien s'exclamait : « Plutôt mourir ». « Plutôt vivre » lui répondit Lousteau (*Illusions perdues*, p. 297). Dinah aussi apprend à vivre, au contraire de la Cora de Marbouty, et la première oppose à la tragédie sentimentale de la seconde une leçon de vie réaliste, avant même d'avoir commencé son éducation sentimentale, quand elle retrouve Anne Grossetête, l'amie de ses années de pensionnat, transformée en la charmante baronne de Fontaine évoluant dans la haute société parisienne et l'adultère : « Anna apprenait à vivre pendant que j'apprenais à souffrir » (p. 62). Derrière ce soupir, il faut bien entendre comment Dinah évoque son existence poussiéreuse de Province en utilisant ce verbe propre à décrire le conflit de l'individu du roman sentimental autant que du roman sentimental social.

En réécrivant non seulement la vie de Marbouty, mais aussi l'une de ses œuvres, Balzac prend clairement position dans ce grand affrontement esthétique qui tout au long de la Monarchie de Juillet interroge le réalisme quant à la façon dont le roman devrait s'engager dans la vie publique. Le critique Molènes entendait bien le ton polémique de *La Muse du département* qu'on peut expliquer comme une réaction épidermique de Balzac à l'accueil souvent mitigé réservé à ses œuvres voire même aux comptes rendus parfois hostiles. *La Muse du département* est ainsi emplie « d'un fiel dont on se lasse. L'amour-propre de M. de Balzac a été tellement meurtri, qu'il a maintenant acquis un gonflement excessif et une sensibilité douloureuse[21] ». Que Molènes perçoive la dimension polémique du portrait de Dinah est d'autant plus parlant que Molènes n'était par ailleurs pas tendre à l'égard de la *femme auteur*[22].

21 P. Gaschon de Molènes, compte rendu de *La Muse du département*, *La Revue des Deux-Mondes*, 15 juin 1843, Nouvelle Série t. 2, p. 997.

22 Voir par exemple du même auteur, « Les femmes poètes », *La Revue des Deux-Mondes*, 1er juillet 1842.

Balzac n'est cependant pas seul à viser la poétique du roman sentimental social en s'appuyant sur un portrait tout négatif de la *Femme auteur** ; un tel glissement de l'un à l'autre était monnaie courante. Nous avons déjà vu comment Bussière faisait la recollection de toutes les menaces que les femmes émancipées faisaient peser sur les fondements de la famille en dénonçant la prolifération des « romans de femmes » dans un essai qui fut écrit – il est important de l'indiquer ici – au moment de faire le compte rendu de *Cora* et des autres textes publiés sous le même titre d'*Ange de Spola*. De la même façon, l'article intitulé « La femme libre » lui reproche d'avoir détruit toute l'autorité maritale en s'engageant dans un féminisme ridicule et en écrivant des romans où les femmes sont les éternelles victimes : « En général, la femme libre est auteur. Elle fait des romans où l'héroïne est toujours un ange orné de toutes les vertus, et le héros un gredin dont le bagne même ne voudrait pas », en d'autres termes, le héros est un personnage réaliste mais qui apparaît sous les traits avantageux du roman sentimental social[23]. Tous ces exemples montrent bien que les détracteurs du roman sentimental social réduisent ce sous-genre aux seules œuvres qui promouvraient la pleine égalité de droits pour les femmes, quand on sait combien plus variées étaient les positions politiques au sein du roman sentimental social.

Dans un compte rendu de *Mariana* de Sandeau, un journaliste anonyme montre combien les femmes autant que la famille souffrent de la menace que représentent ces romans de femmes pour la séparation de deux sphères, et il inclut George Sand dans sa visée polémique : « Jules Sandeau s'est effrayé de cette inconstance de cœur, de cette effervescence du cerveau, de ces vertiges qui s'emparent de tant de femmes, les jettent hors du toit conjugal, et font flétrir sur les chemins de jeunes âmes que leur souffle a un moment caressées. Pour une de ces héroïnes, de ces *Lélias* qui, appuyée sur une force exceptionnelle, peut se mettre en guerre avec les mœurs, et se placer au-dessus des jugements ordinaires, combien ne rencontreront que honte et isolement, au lieu de la célébrité et de la liberté[24] ! ». Mais en évoquant ainsi les héroïnes de Sand et en faisant implicitement allusion à sa vie privée pour accroître les extravagances de ces femmes qui outrepassaient les limites de la féminité domestique, le compte rendu court toutefois le risque de discréditer ses

23 « La femme libre », signé L. Cc., *Le Siècle*, 28 janvier 1838.
24 Compte rendu de *Mariana*, signé H. L., *Le Charivari*, 28 mars 1839.

positions, puisqu'il va à rebrousse-poil de l'opinion courante qui veut que Sand soit la plus grande romancière, pour ne pas dire le plus grand écrivain à avoir émergé de la Révolution de 1830, quelle que soient par ailleurs les singularités de sa vie privée. Ainsi pour Sainte-Beuve en 1840, George Sand est-elle « la plus manifeste, la plus originale et la plus glorieuse apparition individuelle qui se soit dessinée depuis dix ans[25] », et on retrouverait bien des jugements du même acabit dans la critique littéraire de son temps.

Il n'était pas évident que Balzac se hissât à de telles hauteurs que Sand : dans les périodiques culturels les plus importants de l'époque, à savoir *La Revue des Deux Mondes, L'Artiste* ou encore *Le Charivari*, les romans de Balzac reçoivent des comptes rendus bien moins favorables. Ainsi Paulin Limayrac place en premier « M. Sand, et à un moindre degré M. de Balzac » parmi « ceux de nos romanciers qui possédaient le mieux le sentiment de l'art[26] » dans *La Revue des Deux Mondes* en 1845. Il résume ainsi le point de vue qui est en train de se mettre en place, non seulement dans les revues, mais aussi dans les essais écrits par les critiques littéraires les plus éminents, comme Planche, Sainte-Beuve, Jules Janin ou encore Jacques Chaudes-Aigues. Les critiques louaient plus particulièrement la prééminence de Sand, contribuant à décrier les productions masculines d'alors, ce qui n'était pas sans exacerber pour Balzac la menace genrée que Sand représentait. Puisque parfois même Sand était déclarée être « le talent le plus viril de notre époque[27] », rendant manifeste l'infériorité de « tant de stupidités *viriles* [qui] sont la honte de notre littérature[28] ».

25 Sainte-Beuve, « Dix ans après en littérature », *La Revue des Deux-Mondes*, 4e série, tome 20, 1840, p. 695.

26 Paulin de Limayrac, « Du roman actuel et de nos romanciers », *La Revue des Deux Mondes*, 5e série, t. 11, 1845, p. 957. Si l'on veut même être plus précis, notons que Chaudes-Aigues exclut Balzac de son palmarès des grands romanciers contemporains, comme le firent d'autres critiques favorables à la tradition du roman sentimental. Pour un compte rendu paru dans *Le Charivari* en 1837, les succès de George Sand et de Madame Charles Reybaud sont « assurément les plus éclatants que notre littérature ait à présenter depuis 1830. Définitivement la révolution de juillet a précipité l'émancipation des femmes. » (Compte rendu anonyme du *Château de Saint-Germain, Le Charivari*, 12 janvier 1837.

27 Compte rendu signé H. L. de *La Dernière Aldini – Les Maîtres Mosaïstes, Le Charivari*, 18 mai 1838, p. 1.

28 Le contexte précis de cette citation est le suivant : « Madame Dudevant tient le premier rang parmi nos écrivains [quand] tant de stupidités viriles sont la honte de notre littérature », Compte rendu de *Régina* signé E. S., *Le National*, 7 nov. 1837, p. 1.

Dénigrer la pratique romanesque privilégiée par Sand en même temps que les pratiques scripturaires des femmes comme le fait Balzac dans *La Muse du département*, c'est aussi s'attaquer à l'auteur qui conteste le plus l'autorité de Balzac sur le roman de son époque. Et le fait que toutes ces conclusions soient impliquées dans le fait qu'il vise explicitement la vie et l'œuvre de Marbouy permet à Balzac de trouver une stratégie beaucoup plus efficace pour dénoncer la menace que Sand représenterait que de l'attaquer de front comme le faisait Sandeau. Par ce geste, Balzac parvient tout à la fois à réduire l'ensemble de l'esthétique sentimentale sociale à une seule œuvre qui est bien moins complexe que la plupart des romans de Sand, et à une femme auteur mineure qui réclame bien moins d'égards que sa prestigieuse consœur. Il lui est alors facile de nier l'importance du sous-genre sentimental social et de mobiliser toutes les craintes à l'encontre de la *femme auteur** sans avoir même à mentionner le fameux contrexemple qui montrerait la ténuité de sa critique esthétique autant qu'elle dévoilerait la politique genrée indûment mêlée à l'évaluation de l'importance d'une œuvre littéraire.

Balzac va encore plus loin pour se défendre de toute attaque polémique contre Sand en suggérant que cette dernière est précisément le contre-exemple de ce qu'il décrit. En rendant hommage à « la gloire de George Sand » (p. 68), Balzac l'élève au rang de mythe et génie littéraire, ce qui permet de la soustraire tout à la fois à son identité sociale et à l'esthétique qu'on la loue d'avoir forgée. En célébrant cette extraordinaire exception que Sand représente, Balzac nous prouve que l'infériorité littéraire des femmes est la règle et plus implicitement, il démontre l'impossibilité de son existence même. Plus encore, Balzac en profite pour reprocher à Sand d'avoir encouragé la prolifération néfaste des *femmes auteurs**, « tant il est vrai que, moralement parlant, le bien est presque toujours doublé d'un mal » (p. 32), puisque l'exemple inimitable de Sand a laissé croire aux femmes qu'il leur serait possible de sortir des limites imparties à leur sexe[29].

29 Balzac avait déjà pris position contre Sand en usant d'une stratégie comparable dans les *Mémoires de deux jeunes mariées* paru l'année précédente. Le roman s'ouvre avec une dédicace à Sand et à sa célébrité. Et dans le même temps, toute l'intrigue de son roman est celle d'une éducation sentimentale féminine que Balzac a construite pour s'opposer à deux nouvelles sentimentales sociales de la célèbre romancière Camille Bodin, qui y représentait les souffrances domestiques des femmes. Ces romans, *Élise* et *Marie*, ont été ensuite publiés conjointement sous le titre de *Élise et Marie* (1838). Une fois que l'on a

En choisissant Marbouty pour attaquer la poétique où Sand domine, Balzac a choisi une figure qui avait dans son imagination des liens étroits avec Sand : dans une de ses lettres, il va jusqu'à dire que Marbouty « fit le voyage avec moi, sous le nom de George Sand[30] ». Avoir rencontré Marbouty via Sandeau, vêtir l'apprenti écrivain comme un homme (du moins selon la lettre de Marbouty à sa mère l'idée du déguisement semble-t-elle venir de Balzac), l'emmener en voyage en Italie, lieu privilégié de la géographie romantique de Sand, n'était-ce pas pour Balzac une façon de rêver et d'écrire son « roman », comme il l'écrivit dans sa lettre au comte Sclopis, avec une George Sand taillée à sa mesure ?

Toujours est-il que Marbouty, elle, n'a jamais accepté que les confins de l'imagination balzacienne deviennent publiques, et qu'elle a répliqué

---

bien en tête la distance entre la dédicace des *Mémoires de deux jeunes mariées* et l'esthétique romanesque, comment ne pas entendre l'équivoque de son hyperbole : « Ceci, cher George, ne saurait rien ajouter à l'éclat de votre nom » (p. 195) quand bien même Balzac n'explique pas pourquoi ce pourrait être le cas. La prééminence de Sand est-elle si grande que rien ne peut y être ajouté, ou serait-ce plutôt que l'œuvre balzacienne ne saurait rien ajouter à la célébrité de Sand puisqu'elle attaque les fondements de sa poétique romanesque autant que ses vues féministes ? « Je désire attester ainsi l'amitié vraie qui s'est continuée entre nous », et Balzac ajoute notamment « malgré nos travaux » (p. 195). Comment cette belle amitié entre écrivains pourrait-elle être menacée par leurs travaux ? Serait-ce que leurs carrières empièteraient sur le temps qu'ils pourraient passer ensemble, ou le problème ne serait-il pas plutôt relatif à ce qu'ils écrivent ? Il n'est pas une ligne de cette dédicace qui ne recèle une ambiguïté, comme encore cette allusion si vague que fait Balzac aux « reproches encourus par ma menaçante fécondité » (p. 195). Ces reproches viennent-ils des critiques ? Ou Balzac anticipe-t-il par là la réponse de Sand au fait qu'il se soit accaparé la métaphore féminine de la créativité que Sand aime à utiliser si souvent dans son œuvre ? Chaudes-Aigues mentionnait par exemple la « plume féconde » de Sand quand il louait son œuvre pour sa variété dans son essai sur « George Sand – Alexandre Dumas », *L'Artiste*, 2de série, t. 1, 1839, p. 43. De même Gustave Planche écrit dans sa « Revue littéraire », *L'Artiste*, 2de Série, t. 2, 1839, p. 220 : « Comment fait George Sand, pour concevoir à la fois des œuvres si essentiellement diverses ? Comment ce cerveau puissant, loin de se fatiguer, semble-t-il au contraire plus fécond et plus inépuisable, pour ainsi dire, à mesure qu'il travaille et qu'il donne ? ». La riposte de Sand à la dédicace de Balzac a su être irritante à souhait : « J'admire celle qui procrée, mais *j'adore* celle qui meurt d'amour. Voilà tout ce que vous avez prouvé et c'est *plus* que vous n'avez voulu » (George Sand, cité par Roger Pierrot dans son « Introduction » aux *Mémoires de deux jeunes mariées*, *op. cit.*, p. 191). En légitimant l'héroïne qui meurt d'amour dans le conflit entre le code et le code, Sand fait dire au roman de Balzac ce qui va contre ses intentions. Rose Fortassier a étudié les ressemblances entre *Élise et Marie* de Bodin et *Les Mémoires de deux jeunes mariées* dans « Balzac et le roman par lettres », *Cahier de l'Association Internationale des Études françaises*, n° 29, 1977.

30 Balzac, lettre à Madame Hanska, 24 décembre 1846, cité dans l'introduction de B. Guyon à *La Muse du département*, *op. cit.*, p. 110 ; *Lettres à Mme Hanska*, t. 3, p 565.

à *La Muse du département* en offrant sa propre représentation de la *femme auteur*. C'est toutefois depuis la réaction de Balzac à cette représentation que j'ai mentionné l'association de Marbouty et de Sand. Pour remettre cette comparaison dans son contexte précis, il faut rappeler que la lettre de Balzac à Madame Hanska faisait de Marbouty « un atroce bas-bleu qui fit le fameux voyage avec moi, sous le nom de George Sand, et qui écrit des livres contre moi[31] ». Ces livres, ou plutôt ce livre, c'est le roman sentimental social de Marbouty intitulé *Une Fausse Position* (1844) et qui raconte les luttes de Camille Dormont, une écrivaine au talent remarquable, lorsqu'elle tente de percer dans le champ littéraire contemporain[32]. *Une Fausse Position* fut un pavé dans la mare éditoriale lors de sa parution, et fit l'objet, notamment, d'un fameux compte rendu sur douze colonnes de Jules Janin dans *Le Journal des Débats* : « Je ne crois pas que l'on ait publié depuis longtemps un livre qui mérite davantage qu'on s'en occupe. C'est un récit tout rempli de vérités et de mensonges, mais j'ai bien peur que la vérité ne l'emporte sur la fiction[33]. »

*UNE FAUSSE POSITION**

Une Fausse Position est bien plus explicitement « contre » Balzac que *La Muse du département* n'était contre Marbouty. Avec ses allusions qui dénigrent l'homme Balzac, Marbouty fait sienne la tactique du romancier qui consiste à modeler des types sociaux distincts en s'appuyant sur des figures réelles ; ici, Balzac apparaît dans le panorama que Marbouty dresse de la scène littéraire de la Monarchie de Juillet sous les traits d'Ulric, romancier brillant qui a réussi grâce à ses grands talents autant qu'à « la

31 *Ibid.*, p. 110 et *Lettres à Mme Hanska*, *op. cit.*, p. 564-565.

32 En prénommant son héroïne Camille, Marbouty rend plus explicite son engagement pour s'opposer à la polémique balzacienne visant le roman sentimental social et les femmes écrivains. Camille est aussi le prénom du parangon de George Sand dans *La Comédie humaine*, à savoir Camille Maupin. Laquelle apparaît tout particulièrement dans le roman *Béatrix*, un autre des romans de Balzac à s'attaquer aux prétentions intellectuelles des femmes autant à qu'à l'héritage sentimental.

33 Jules Janin, compte rendu de *Une Fausse position*, *Le Journal des Débats*, 22 juillet 1844.

force excessive de [sa] volonté[34] », mais que cette lutte a complètement ruiné. Ulric est ainsi absolument matérialiste : « Ulric marchait avec son siècle ; il comprenait tout par l'or, avec l'or, et venant de l'or ; seulement il avait la naïveté de l'avouer, de le reconnaître, d'en faire un principe, une vertu. » (p. 102). Et il est aussi absolument égoïste : « Cette lutte forcée avait gâté l'harmonie de sa belle nature, et donné à son esprit le pas sur son caractère, si bien que celui-ci dirigeait seul ses actions, uniquement et sans autres règles que celles de son intérêt personnel. Populaire et recherché, il s'était enivré de ses succès tardifs, à tel point qu'il ne savait comment les porter, et que ses rêves, ses projets, ses espérances devenaient gigantesques, comme l'était l'opinion qu'il avait de lui-même. Cette vanité finissait par avoir son ridicule et sa monomanie » (p. 101). Le seul intérêt que présente à ses yeux Camille, l'héroïne du roman de Marbouty, ne tient que dans ce que leur relation peut lui apporter, mais « en l'étudiant, il s'aperçut que son caractère nuirait à ses succès. Elle mettait les sentiments avant les besoins, la pensée avant le fait, la poésie avant l'analyse, le devoir avant le désir. – Ils ne devaient s'entendre sur rien, il lui était donc impossible de l'exploiter, soit à son unique profit, soit dans l'intérêt commun » (p. 103).

Les besoins avant les sentiments, les faits avant les pensées, le désir avant le devoir. Toutes ces oppositions le disent assez : *Une Fausse Position* vise bien *La Muse du département* et les innovations littéraires de Balzac, autant que Balzac lui-même, le grand homme de lettres. Même lorsque Marbouty se remémorera l'écriture d'*Une Fausse Position* dans son grand âge et peut-être atteinte d'un peu de désordre mental, elle restera lucide quant au parti pris poétique de son roman : « C'est un roman de mœurs, philosophique, qui n'est plus en rapport avec ceux de cette époque [...] de l'école de Staindal [sic][35] ».

Une Fausse Position se tient à distance de l'école de Balzac et Stendhal tout le long de son portrait d'Ulric. Dans un catalogue qui subvertit

34 Claire Brunne [*alias* Caroline Marbouty], *Une Fausse position*, *op. cit.*, p. 101. Les références suivantes seront ensuite indiquées dans le corps même du texte.

35 Caroline Marbouty, lettre à Ch. Spoelberch de Lovenjoul (1885), cité par H. Prior, « Balzac à Turin », *article cité*, p. 370. Prior et Serval assurent tous deux que Marbouty finit par être démente, mais leurs jugements mériteraient une plus longue investigation, tant ils sont manifestement entachés de misogynie. Comme preuve de sa folie, Serval avance un tract qu'elle a publié pendant le Second Empire intitulé, « *De l'unité du pouvoir, concordat politique*, préfaçant la pièce *Le Mariage* ». Voir M. Serval, *Une amie de Balzac*, Paris, Éditions Émile-Paul Frères, 1925, p. 76.

avec bonheur la traditionnelle réduction de l'œuvre d'une femme à sa vie, le narrateur de Marbouty en vient à mettre les failles du code réaliste sur le compte de la faiblesse individuelle de son créateur : « Il poussait l'esprit d'observation des choses matérielles à un degré inconnu encore. Nul n'était allé aussi loin que lui dans les détails intimes des vices extérieurs. Si cette intelligence si déliée eût un point de départ plus élevé, celui de la pensée ou celui de l'analyse des sentiments de l'âme, il eût été à la fois le plus grand poète et le plus grand métaphysicien de son temps et de tous les temps. Mais le besoin de satisfactions vaniteuses ou sensuelles le détournait sans cesse des nobles voies auxquelles la supériorité de ses moyens l'appelait. » (p. 102-103) Voici comment l'intérêt égoïste d'Ulric pour les plaisirs matériels et la satisfaction immédiate en vient à dégrader l'idée, l'âme et l'analyse des sentiments par une surestimation des aspects extérieurs qui fondent la description réaliste et qui prennent le nom emphatique de « vices » chez bien des contemporains et que Marbouty nomme « fausseté ».

Une Fausse position vise encore l'esthétique réaliste en attaquant l'intrigue réaliste du *Bildung* féminin, que Marbouty récrit, faisant régresser l'éducation sentimentale vers la tragédie sentimentale. Le roman de Marbouty commence alors que Camille, son héroïne, après avoir été sacrifiée par son père à « un mariage riche » (p. 30), a été abandonnée de son amant qui l'avait consolée de son triste sort après qu'elle l'avait suivi à Paris. Lorsqu'elle regarde le choix qui s'offre à elle, Camille tempère la capitulation de Dinah selon une *Realpolitik* qui s'adapte à son idéologie domestique, en se préparant à une « vie d'intrigue, de ruses [...] [et à ses] mille rouages, milles détours, ses infinis détails » (p. 17). « Ne puis-je pas rentrer dans mon ménage, flatter l'homme qui m'y blessait, jusqu'à ce qu'avec de l'hypocrisie et de l'astuce je me sois fait dans le monde un parti contre lui pour l'en accabler ? – Ne puis-je pas, derrière un rigorisme de principes qui ne me coûtera que quelques réputations de femmes adroitement sacrifiées, – que quelques paroles et pratiques d'une apparence menteuse, me gagner l'opinion et me faire une garde d'honneur des hommes que je choisirai pour amants ? » (p. 15-16) et la liste n'est pas close. À quoi elle répond : « Oui ! – ce rôle est grand, il est juste, car *ils* ne m'ont laissé que cela » (p. 17, *c'est moi qui souligne*), avant de regretter d'être obligée de réduire la morale et le sentiment à l'opportunisme et l'égoïsme qui lui permettent d'accepter son destin :

« Mais l'âme [...] – mais le cœur, qui les remplira ? » (p. 17). En décidant de préserver son âme autant que sa liberté, Camille va alors décider de persévérer dans la voie qui lui permettra de gagner sa vie en devenant une *femme auteur**.

Au cours de cette trajectoire faite d'efforts souvent contrariés pour arriver à placer où il le faut sa production, Camille découvre que tout ceci n'est pas une mince affaire, quelque considérable que soit son talent. Qu'elle frappe à la porte des journaux ou des maisons d'édition, des théâtres ou des salons, tous les efforts de Camille sont sous-tendus par une version sentimentale sociale du conflit que Marbouty présente comme propre aux femmes qui cherchent à être reconnues en dehors de la sphère domestique. Très régulièrement les œuvres de Camille sont jugées absolument indépendamment de leur mérite intrinsèque mais selon la conformité de son caractère avec le code de bonne conduite en vigueur. Dans les mots de Marbouty, cela donne : « La femme est jugée par l'opinion, l'homme par ses actes » (I, 95). Et puisque le code de bonne conduite promeut la vie domestique des femmes, celle qui cherche une reconnaissance publique ne peut que défier ouvertement ces codes, quels que soit sa moralité ou son talent. Marbouty insiste encore sur ce point lorsqu'elle montre la promptitude du public à prendre pour argent comptant les ragots diffamatoires qui circulent sur le compte de Camille sans autre preuve que, par son choix même de carrière, celle-ci était déjà suspecte à leurs yeux.

C'est cette violation de l'idéologie domestique propre au statut même de *femme auteur** qui donne son titre et son expression de *Fausse Position* au roman de Marbouty. À l'époque, cette expression désignait une situation sociale ambiguë, transgressant les règles de bonne conduite en vigueur, voire même les lois, mais tolérée. Dans la reformulation de Marbouty, la *fausse position* décrit bien plutôt l'ambiguë politique des sexes en matière de bonne conduite, qui punissait toute femme enfreignant son autorité. Ainsi, quand Marbouty formule le double standard sexiste qui va définir les demandes des hommes et des femmes pour accéder à un certain rang dans la société, elle continue ce qu'elle avait déjà commencé de dire plus haut : « C'est ce qui donne aux hommes une si grande puissance, et ce qui au rebours entrave la position des femmes lorsqu'elles sortent fatalement de la loi ordinaire. Condamnées par les préjugés, arrêtées par tous les usages, leur vie se passe en escalades où la victoire n'est qu'un relais qui mène à un autre combat, jusqu'à ce que leurs charmes perdus, leur jeunesse effacée, les replongent où les autres femmes sont restées : dans l'oubli général » (I, p. 96). Que ce soit cette *Fausse Position* qui donne au roman son titre montre bien la spécificité sexuelle [*gender-specific*] des obstacles qui entravent les femmes en un siècle qui promettait que les carrières s'ouvriraient à tous les talents. Et cela permet de montrer combien il est bien plus difficile pour une Camille, quand bien même elle serait douée des mêmes qualités et capacités qu'eux, à devenir un Lucien de Rubempré ou un Lousteau, sans parler d'un Rastignac ou d'un Julien Sorel, pour la seule raison qu'elle est femme.

Dans son travail sur la situation des femmes qui écrivent au temps de Balzac, C. Planté se range à l'avis de Marbouty quant au fait que les femmes écrivains se trouvaient structurellement dans une *fausse position** parce que leurs activités violaient les valeurs dominantes de la féminité. Comme C. Planté le note bien, la « position » des femmes auteurs, « souvent enviées par d'autres femmes, est une position intenable » parce que les femmes auteurs se trouvent prises dans une contradiction entre « le *code social* des vertus voulues féminines, et *leur comportement individuel* », contradiction que doit affronter « la femme qui écrit [face] aux principes moraux de son temps[36] ». Toutefois, comme cette dernière citation de C. Planté sur la « position intenable » le dit bien, Marbouty ne fut pas la seule femme écrivain de son temps à diagnostiquer la *fausse position** inhérente à la condition de *femme auteur**. « C'est donc toute une vie de souffrances qu'embrasse la femme qui se dévoue aux lettres ou bien aux arts, et ces souffrances seront plus grandes, plus constantes pour elle que pour l'homme, pour la simple raison qu'elle est femme » déclarait l'auteur S. U. Dudrezène, alias Ulliac Trémadeure, dans son texte non fictionnel intitulé « Les femmes auteurs » qui paraît dans *Le Conseiller des Femmes* (1834)[37]. « Comme femme, elle se retrouve condamnée par

36 Christine Planté, *La Petite Sœur*, *op. cit.*, p. 173. L'ajout des italiques permet de mettre l'accent sur ce que Planté appelle la dislocation sociale de la femme auteur, en utilisant là les termes mêmes du conflit sentimental social.

37 S. U. Dudrezène, « Des femmes dans les diverses conditions de la vie. 1. Les femmes auteurs », cité par Christine Planté, *La Petite Sœur*, *op. cit.*, p. 173. C. Planté se sert de cette fausse position des femmes auteurs pour expliquer les contradictions flagrantes qui règnent dans leurs autoportraits. Alors même qu'il est évident que ces femmes mènent une vie publique, elles justifient souvent leurs activités au nom de l'idéologie domestique. Les écrits de Marbouty ne font pas montre de cette contradiction, pas plus que les

les lois sociales, par les préjugés, par les devoirs eux–mêmes, à rencontrer à chaque pas des obstacles inconnus de l'homme. Il faut le dire, parce que cela est : l'existence pour la femme de lettres et pour l'artiste, est une lutte continuelle contre elle-même, contre la protection familière ou insolente du plus fort, contre l'envie et contre la perversité[38] ».

Lorsqu'elle détaille le parcours de Camille, Marbouty met l'accent sur l'exorbitante domination masculine dans les institutions qui contrôlent l'accès des écrivains à la reconnaissance publique comme un second facteur propre à accroître les difficultés pour une femme écrivain à faire reconnaître son talent. Pétris de sexisme, les hommes qui travaillent dans les journaux, les maisons d'édition et les théâtres voient dans la *femme auteur** autant la femme que l'auteur ; voire même avant tout la femme, et à peine l'auteur. Une fois qu'ils ont décidé que son travail se vendra, ils n'y prêtent plus aucune attention, préférant spéculer sur son attrait et sa disponibilité sexuelle. Dans la représentation qu'en donne Marbouty, l'attention des hommes au sexe [*gender*] de la *femme auteur** les empêche de considérer comme il se doit ses écrits, parce que structurellement, celle-ci se trouve dans une *fausse position** qui la dépouille de toute respectabilité et encourage leurs avances. Quand Lucien écrit dans une tornade son premier brillant compte rendu pour une pièce de théâtre qui sera accepté dans le journal, ses nouveaux collègues le reçoivent pour son mérite, quand bien même ils envisagent tout de suite comment en tirer financièrement profit : « "Il n'y a plus d'enfants, dit Blondet […], je suis obligé de vous dire tout simplement que vous êtes un homme d'esprit, de cœur et de style. – Monsieur est du journal, dit Finot, en remerciant Étienne [Lousteau] et en lui jetant le fin regard de l'exploiteur » (*Illusions perdues*, p. 316). C'est tout autre quand Camille

romanciers sentimentaux sociaux les plus radicaux ; mais on la retrouve dans les romans sentimentaux sociaux dont le féminisme est plus modéré. C'est ce qu'a bien compris un des recenseurs du roman de Carlowitz, *La Femme du progrès*, roman qui prend pour cible une *femme supérieure** sûre de sa supériorité politique et intellectuelle. Le recenseur écrit : « Madame de Carlowitz […] représente le bas-bleu, avec tous ses ridicules et ses singularités de langage et de conduite, *la femme de trente ans* enfin, telle que l'imagination de monsieur de Balzac l'a enfantée. Il y a quelque habileté, de la part d'une femme qui écrit, à faire le procès aux femmes pédantes que l'on confond trop souvent avec les femmes auteurs. C'est établir nettement la ligne de démarcation et se débarrasser d'une fâcheuse solidarité. », Compte rendu anonyme de *La Femme du Progrès* par Aloïse de Carlowitz, *Le Charivari*, 23 juin 1838.

38 Dudrezène, citée par C. Planté, *La Petite Sœur*, *op. cit.*, p. 173.

parvient pour la première fois à placer l'un de ses écrits dans le journal dirigé par un certain Vermot, pas si différent du Finot de Balzac, par l'intermédiaire de Henri, personnage inspiré de Sandeau, comme le Lousteau de Balzac. Dès que les journalistes ont reconnu son mérite, ils passent à un sujet beaucoup plus passionnant, à savoir si elle est ou non désirable :

> – Elle a surpassé son maître du premier coup – dit un des ennemis d'Henri.
> Henri rougit.
> – Ulric s'approcha de lui – Est-elle réellement charmante ?
> – Qui ? dit Henri préoccupé.
> – La muse – madame Dormont.
> – Je n'en sais rien, répondit Henri avec impatience.
> – C'est-à-dire que vous ne savez plus !… Heureux mortel – dit Vermot ; le directeur – Maurice l'a vue autrefois, et il m'en a fait un délicieux portrait.
> – Il veut la cacher – dit Ulric ?
> – Quoique bas-bleu, si elle est jolie, je l'aiderai, – dit Vermot…
> – Vous me présenterez à elle, Henri, dit un jeune fat.
> – Moi, j'irai la voir – dit Ulric.
> – Madame Dormont ne veut voir personne – dit Henri avec humeur. (I, 86)

Une Fausse Position revient ici sur le stéréotype négatif de la *femme auteur** sexuellement disponible. Sauf que plutôt que d'attribuer cette immoralité à la *femme auteur**, Marbouty montre qu'elle est plutôt le fait d'un fantasme masculin grossier, qui tente de s'appuyer sur cette *fausse position**. Chaque personnage masculin qui propose à Camille de l'aider à la publier lui demandera ainsi une contrepartie sexuelle et ce, même si le terme de harcèlement sexuel fait défaut à Marbouty. Jusque dans les salons, pourtant seule institution de production littéraire où les femmes dominent en partie selon la représentation qu'en donne Marbouty, on voit les femmes qui donnent le ton en matière de goût ne pas hésiter à faire trafic du statut sexuel de la *femme auteur** auprès des hommes littérairement influents.

Les femmes de la bonne société se sentent d'autant plus tranquilles quand elles manigancent autour de Camille qu'elles adhèrent à ce que Marbouty nomme « la route ordinaire » (I, p. 96) de la vie féminine domestique. Le désaccord flagrant entre leur comportement visible et leur vie privée permet en outre à Marbouty de faire entendre son titre d'une seconde façon, en s'attachant cette fois aux personnages féminins secondaires qui entourent son héroïne. Ces femmes semblent bien suivre « la route ordinaire », mais elles sont bien incapables de glorifier l'idéalisation domestique des femmes parce qu'elles-mêmes souffrent de l'inégalité avec les hommes. C'est ce que l'on voit dans le personnage de la traîtresse amie de Camille, Caroline Delmarre, qui s'engage dans l'adultère pour compenser sa position d'infériorité dans le mariage et qui aboutit pour elle à « une position fausse et dépendante qui l'avait conduite aux vices de l'esclave » (II, p. 5-6)

Mais une femme qui réagirait strictement à l'inverse de Caroline, en essayant d'incarner l'idéal féminin de vie domestique alors même que son mari la brutaliserait, trouvera le mariage tout aussi inhospitalier. C'est le cas de cette ouvrière, épouse d'un homme qui l'abandonne durant sa quatrième grossesse, alors même qu'elle a suivi scrupuleusement et le code de bonne conduite et la loi. Ainsi qu'elle l'explique à Camille, « j'ai rempli tous mes devoirs, voyez-vous ; je me suis soumise à tout ce que le monde a exigé de moi et comme il l'a commandé [...] j'ai tout donné, tout, Madame ! Et je n'ai rien [...] Je demande un appui, et tout le monde me dit : Il n'y a rien à faire. » (I, p. 297-298). Ce personnage féminin rend manifestement compte de ce que les souffrances des femmes proviennent pour bonne partie de leur inégalité devant la loi, qui n'est nulle part plus criante que dans le mariage. Alors que son mari devrait « assurer une protection nécessaire à la femme, ma vie durant... le maire l'a écrit, nous l'a fait jurer, le lui a dit à lui-même. – Eh bien, Madame, aujourd'hui il a pris possession de tout, il m'a quittée !... Je n'ai pas de protecteur, je n'ai pas d'appui, mon contrat est nul, la loi n'a rien pour moi. Je n'ai plus de droit, et j'ai encore les charges ! Oh ! madame, la souffrance apprend bien des choses aux femmes. Je ne suis qu'une malheureuse qui ne sait rien, mais j'ai tant souffert depuis quatre ans, que je me demande ce que c'est qu'on appelle la loi, si elle a été créée pour nous aider ou pour nous tromper, nous pauvres femmes qui n'y connaissons rien. » (I, p. 296-297)

C'est avec de tels personnages que Marbouty développe une idée (dans le sens que lui donne la Monarchie de Juillet) qu'elle avait déjà esquissée dans sa préface à *Ange de Spola*. Là, elle définissait la *fausse position** comme l'écart entre l'inégalité de la position sociale des femmes et l'importance de la Femme comme propagatrice de l'idéologie. Dans les mots de Marbouty, cela donne que les femmes souffrent de la « bizarrerie de l'homme, qui place dans la position la plus difficile de la société l'être qu'il ne veut pas même reconnaître son égal. À cet être-là, les charges, les privations, les difficultés, les souffrances, les misères ; à lui les *positions fausses*, difficiles, inextricables. Véritable capharnaüm social où l'on dépose tout ce qui n'a pas de place reconnue dans ce monde, la femme doit suffire aux nécessités les plus opposées, aux caractères les plus divers. – Faut-il, dans l'intérêt de la société, que la famille subsiste ? – C'est la femme qui la perpétue en se sacrifiant pour elle. – Faut-il des mœurs ? – C'est de la femme qu'on les exige. – Faut-il qu'une seule volonté maintienne et dirige l'ordre dans les familles ? – C'est la femme qu'on dépouille de la sienne. » (t. 1, p. xxxvi-xxxvii, *cmqs*). Il n'est sans doute pas de texte qui confirme mieux la vérité des affirmations de Marbouty que la réplique que Balzac donna à son roman quand il parut. Si *La Muse du département* reprend *Cora* pour en contrer la politique féministe et arracher la féminité domestique à la menace de la *femme auteur**, le mariage malheureux de Dinah n'en montre pas moins le vide de l'idéal domestique même, puisqu'elle ne se lance dans son éducation sentimentale que pour faire contrepoids au lien indissoluble qui la lie à son tyrannique époux.

Comme bien des romans sentimentaux sociaux, *Une Fausse Position* n'offre aucune issue, que ce soit à ses personnages secondaires, à son héroïne, ou à leur fausse position. Alors que Camille résiste d'abord au code de bonne conduite au nom de sa liberté, elle n'a bientôt plus d'autre choix que de se « soumettre », comme Cora l'avait fait, vers les deux tiers du livre (t. 2, p. 116). Sans ressources, malade, au bord du suicide, Camille accepte finalement de jouer le jeu de sa position ambiguë si elle veut avoir du succès en littérature. Elle décide de se confier aux soins du vieux docteur Ubert, lui laissant vaguement entrevoir une compensation sexuelle qu'il tente de rendre plus concrète à mesure que sa santé s'améliore. Elle accepte finalement aussi de coucher avec l'auteur dramatique Brices à la condition qu'il fera jouer ses propres pièces, en différant sa récompense au soir de la première.

Si cette stratégie lui apporte le succès matériel, elle a néanmoins un prix. Après la première, Camille participe à un dîner donné en son honneur jusqu'à ce qu'approche l'heure où elle devra donner satisfaction à Brices, le dîner finissant. Incapable de deviner comment ne pas succomber aux codes oppressants avec lesquels elle a joué, Camille diffère le sacrifice de sa liberté de quelques minutes en prononçant une longue diatribe sur la corruption de ce siècle, qui est comme un double de l'éthique réaliste : « qui a fait de l'*égoïsme* une morale, de l'*intérêt* une loi, de l'*intrigue* une force !... » (t. 2, p. 304) Mais cette diatribe glisse vers la folie au moment où Brices, occupé seulement à détailler ses charmes sans rien écouter à ce qu'elle dit, revient lui demander avec insistance sa récompense. « À ce moment, la pendule sonna deux heures. Camille les compta et tressaillit. Brices lui prit la main, la lui baisa tendrement. – Camille, lui dit-il, il est bien tard, venez. » (t. 2, p. 309). Mais on ne peut plus faire taire Camille : « "Ah, ah, ah ! c'est une comédie que nous jouons [...] Moi, Messieurs, je poserai pour vous tous, je serai la victime. Ah, ah, ah, ah, ah, ah ! la victime ! reprit-elle en riant, buvons à la victime !" Les convives se regardèrent effrayés. – La victime sera vertueuse, reprit-elle, après avoir vidé son verre, la victime est toujours vertueuse » (t. 2, p. 310-311). Et le narrateur conclut : « Camille était folle » (t. 2, p. 312).

LA FEMME, C'EST LE STYLE

Pourquoi n'y eut-il pas de romancières réalistes en France ? Le Lousteau de Balzac aurait été le premier à conseiller aux écrivains d'user de stratégies littéraires leur promettant le meilleur retour sur investissement. Et quand Bourdieu systématise la description que donne Balzac du champ littéraire français au dix-neuvième siècle, il est tout à fait d'accord avec son personnage, ajoutant simplement que ce rendement peut être autant financier que symbolique, ou, en termes bourdieusiens : « le champ des prises de position possibles s'offre au *sens du placement* (au double sens), sous la forme d'une certaine structure de probabilité, de profits ou de pertes probables, tant sur le plan matériel que sur le plan symbolique[39] ». C'est surtout ce capital symbolique qui est en jeu dans les batailles de la Monarchie de Juillet autour de l'usage que l'on doit faire du nouveau pouvoir qu'a le roman de s'immiscer dans les affaires publiques. Et les luttes littéraires qui refont surface dans le dialogue hostile entre Balzac

39 Pierre Bourdieu, *Les Règles de l'art. Genèse et structure du champ littéraire* (1992), Paris, Seuil, coll. « Points », 1998, p. 392.

et Marbouty vient rendre plus visible pourquoi le réalisme a pu sembler n'offrir aux romancières qu'un trop faible rendement symbolique.

Comme *Une Fausse Position* l'a bien montré, la question du sexe [*gender*] est l'une des questions incontournables de l'identité d'une femme auteur en tant que producteur littéraire, et ce, indépendamment des autres paramètres sociaux qui pourraient déterminer sa position de sujet. En montrant comment une femme écrivain ne peut échapper à son sexe [*gender*], Marbouty s'intéresse par-dessus tout au fait que ce soit les hommes qui dominent toutes les institutions structurant le champ littéraire. En même temps qu'ils sont parmi les principaux facteurs qui renforcent l'inévitable féminisation de toute romancière en *femme auteur**. Carla Hesse a bien montré que la relation des femmes écrivains à leur production littéraire était spécifique à leur sexe, de même que pour d'autres formes de propriété et ce, pendant toute la première moitié du dix-neuvième siècle, puisque la loi définissait leur droit à la propriété selon leurs relations aux hommes. De sorte que les femmes écrivains ne pouvaient jouir d'une « signature auctoriale » qui fût « la base légale par laquelle déterminer les origines, les revendications, les limites, la signification et le destin d'un texte[40] », au contraire de leurs confrères masculins. Pour les femmes mariées en particulier, le « rapport légal à leur texte était entièrement dépendant de la nationalité de leur époux et de l'autorisation qu'il voudrait bien leur accorder[41] ».

La définition de l'identité de la femme écrivain en termes genrés est encore renforcée dans la réception critique de ses œuvres : « On aime à reconnaître les femmes en tout et partout, et principalement dans leur style[42] » est ainsi l'axiome que l'on retrouve dans tous les comptes rendus d'écrits de femmes que j'ai pu lire jusqu'à maintenant, alors même que

40 Carla Hesse, « Reading Signatures : Female Authorship and Revolutionary Law in France, 1750-1850 », *Eighteenth-Century Studies*, 22, fall 1989, p. 483.

41 *Ibid.*

42 Compte rendu anonyme des *Heures du Soir*, *Le Charivari* 17 avril 1833. Chaque point de vue dominant a évidemment son exception. Dans un compte rendu du roman sentimental social de Bodin, *Savinie*, quand on en vient à la question de la sexuation du style, le recenseur explique qu'au dix-huitième siècle, « le style [...] était un miroir qui reflétait l'auteur », qu'il fût homme ou femme. Alors qu'à présent que les livres sont devenus des produits industriels, « les livres se font vite » et « le style a perdu son ingénuité, sa fraîcheur, et son caractère original, son genre [...]. Hommes et femmes de lettres écrivent selon cette mode ; après cela, présentez l'œuvre au plus habile expert, il n'y reconnaîtra pas plus le sexe de l'auteur qu'un fabricant ne reconnaîtra sur deux pièces d'étoffe celles

l'on n'en trouvera pas la réplique pour les écrits des hommes. Dès lors qu'il s'agit d'un compte rendu de romans sentimentaux sociaux écrits par des femmes, celui-ci ne saurait être complet sans son petit commentaire sur la sexuation du style de son auteur, et ce, quel que soit le sexe de l'auteur du compte rendu, qu'il s'agisse de la presse grand public ou de périodiques culturels, ou même de la presse féministe. Un critique va plus loin en suggérant que l'assignation d'un sexe à un texte vient remplir un vide conceptuel essentiel : « Nous demandons qu'on nous permette de donner un sexe à l'auteur : nous en avons besoin, d'abord pour la commodité du récit ; ensuite, et on le verra, pour la propriété même de nos idées[43]. » La formule bien connue de Buffon selon laquelle « Le style est l'homme même » a été reprise à l'infini tout au long de cette première moitié de XIXe siècle. Pour les femmes qui écrivent alors, on pourrait appliquer la réplique « la femme, c'est le style ».

Pendant toute la Monarchie de Juillet, le style « féminin » est associé à la sentimentalité. C'est ce que l'on retrouve notamment sous la plume de Félicité de Choiseul-Meuse quand elle reprend ce consensus critique : « Les hommes qui écrivent le font avec ce qu'ils pensent ; les femmes avec ce qu'elles sentent[44] ». Selon les comptes rendus de romans, la prose néo-classique, l'analyse du cœur, la touche légère et une intrigue réduite forment les codes « féminins ». De sorte que l'on pourra écrire que : « C'est une de ces œuvres rares et délicates comme les femmes seules en savent écrire et qui échappent véritablement à l'analyse, non par la multiplicité des situations et la confusion des incidents, mais par une cause toute contraire : il est facile de raconter l'action du roman ; mais tandis qu'on en dégage la simple donnée, on voit s'effacer, sans pouvoir les arrêter ni les rendre, mille nuances exquises de grâce et de sentiment, de naturel et de bon goût, autant vaudrait disséquer une fleur[45] », ou encore cette autre phrase : « Le style de Madame Constant est pur, limpide, harmonieux, c'est le style-femme, ce style des Cotin

---

qui a été tissée par une main d'homme et celle qui l'a été par une main de femme », compte rendu signé E. G. de *Savinie* et *Valida*, *Le Courrier français*, 9 juillet 1835.

43 A. Granier de Cassagnac, « *Jacques* par George Sand », *Revue de Paris*, t. X, 10 oct. 1834, p. 69.

44 Félicité de Choiseul-Meuse, « De l'esprit chez les femmes », *Journal des femmes*, 8 sept. 1832, p. 94.

45 Compte rendu signé H. M., « *Adélaïde – Mémoires d'une jeune fille*, par Madame Augustin Thierry », *Le Siècle*, 19 août 1839, p. 3.

[*sic*], des Genlis, dont je croyais la tradition perdue, aujourd'hui que certains de nos bas-bleus font faire à leur phrase des tours de force et le grand écart[46]. »

Comme ce commentaire le montre bien, ce n'est pas parce que les recenseurs se demandaient toujours si les femmes romancières évinçaient le style féminin qu'ils répondaient toujours par l'affirmative. En outre, certains codes poétiques identifiés comme masculins dans des romans écrits par des femmes incluaient également certains codes sentimentaux sociaux, comme par exemple l'intrigue à forte intensité dramatique ou encore l'attention portée aux spécificités sociales et à la description – même si en une plus faible mesure que dans les romans réalistes – ou encore le narrateur engagé prenant parti publiquement dans le débat public contemporain. Le style de Madame Reybaud fut ainsi régulièrement associé à un style masculin : « Cet écrivain n'a rien, ni dans la touche, ni dans la couleur, qui eût pu trahir son sexe. À part quelques scènes de cœur dont les femmes ont seules l'instinct, tout le reste se compose de teintes vigoureuses et arrêtées, de lignes hardies et nettes, d'effets étudiés et plein de relief, auxquels peu d'hommes ont su atteindre[47] ». Mais la sexuation des poétiques est un milieu instable : tous ces détails sont bien moins importants que le fait qu'il produit. Reybaud fut aussi louée pour « son style énergique et brillant qui semble devenu dans notre siècle le privilège des femmes[48] ».

C'est ce rôle extrêmement important que joue le genre [*gender*] dans la réception des œuvres de femmes qui permet de comprendre les avantages poétiques particuliers que Sand pouvait retirer de son identité littéraire sexuellement ambiguë[49]. En signant avec un nom d'homme tout en ne se cachant pas d'être une femme, Madame George Sand, comme certains recenseurs l'appellent, abroge ainsi pour elle les attributs de la masculinité comme de la féminité en littérature, quels qu'ils puissent être, lui permettant de remettre en cause la validité même de cette

46 Compte rendu signé L.C., « *Deux Femmes* de Louise de Constant », *Le Charivari*, 4 juillet 1836.

47 Compte rendu signé I.C.T. du « *Château de Saint-Germain*, par H. Arnaud (Madame Charles Reybaud) », *Le Constitutionnel*, 31 janvier 1837.

48 Compte rendu signé H. L., « *Térésa* par Mme Charles Reybaud », *Le Siècle*, 16 avril 1841.

49 Sur cette identité sexuée ambiguë de Sand, voir *Sand and Idealism* de Schor ainsi que l'article de Sandy Petrey, « George and Georgina Sand : Realist Gender in *Indiana* », dans *Textuality and Sexuality : Reading Theories and Practices*, éd. M. Worton et J. Stills, Manchester, Manchester University Press, 1993.

division binaire. Le succès de sa stratégie est patent dans les évaluations critiques de son œuvre, qui mettent en avant combien son style dépasse les catégories sexuées. Ainsi Gustave Planche déclarait : « Le style de *Jacques* est, comme le livre lui-même, éminemment *humain* », refusant par-là de prendre en considération la sexuation des poétiques dont on poursuit les femmes qui écrivent, au nom supérieur d'une commune appartenance à l'humanité. Au début de l'entrée « Mme George Sand » dans la *Biographie des femmes auteurs contemporaines françaises*, Jules Janin développe le caractère subversif que l'identité littéraire bisexuelle de George Sand ne manque pas de produire : « Qui est-il ou qui est-elle ? Homme ou femme, ange ou démon, paradoxe ou vérité ? [...] Comment tout d'un coup a-t-elle ainsi trouvé ce merveilleux style aux mille formes, et dites-moi pourquoi il s'est mis ainsi à couvrir de ses dédains, de son ironie et de ses cruels mépris la société toute entière ? Quelle énigme cet homme, quel phénomène cette femme ! quel intéressant objet de nos sympathies et de nos terreurs, cet être aux milles passions diverses, cette femme, ou plutôt cet homme et cette femme ! Et quel critique, en ce monde, osera jamais les aborder de front et les expliquer[50] ? » Mais Sand fut, quoi qu'il en soit, une exception, la seule à même de déstabiliser les clichés culturels qui dominaient alors. On pourrait citer l'opinion de Charles Nodier dans cette même *Biographie* : « Un livre de femme devrait donc être avant tout un livre de femme ; et les femmes le savent bien[51] ». L'identité sexuelle si marginale de George Sand telle que Janin la lisait se trouve encore confirmée par le point de vue de Nodier.

Durant toutes ces années qui voient naître le réalisme, j'ai suggéré qu'il y avait un caractère inéluctable à ce que l'identité de la femme écrivain soit d'abord celle d'une *femme* qui écrit. Cette identité a également été contestée, puisque la femme écrivain constituait un phare dans les controverses sur la sexuation qui devenaient centrales dans la construction de la société contemporaine. Le résultat en fut que pour une femme écrivain, il n'y avait pas d'autre choix que d'écrire comme une femme, dans le même temps qu'il lui fallait simultanément légitimer le fait que, bien que femme, elle écrivît. Dans une telle situation, la femme écrivain portait un fardeau de plus que son collègue masculin. Puisque ses œuvres devaient non seulement faire monter les enchères

50 Jules Janin, « Mme George Sand », *Biographie des femmes auteurs*, *op. cit.*, p. 439.
51 Charles Nodier, « Introduction », *Biographie des femmes auteurs*, *op. cit.*, p. 8.

du capital symbolique et/ou économique, mais encore justifier de leur existence en tant qu'elles étaient le produit d'une femme.

Pour une romancière désireuse d'accumuler un peu de capital symbolique, la stratégie de légitimation la plus évidente reposait sur la pratique déjà dominante du roman sentimental, étant donné que les femmes dominaient dans cette production, que les contributions en la matière de la part des romancières du tout début du dix-neuvième siècle étaient largement reconnues, et que le roman sentimental continuait de recueillir les suffrages de tous les critiques influents et les tenants du bon goût d'alors comme Sainte-Beuve, Jules Janin ou Gustave Planche. Il eût été bien plus difficile de tenter de se positionner dans le réalisme, quelle qu'en fût la récompense symbolique. Car dès le début, les œuvres réalistes ont clamé leur importance littéraire en identifiant le roman à l'homme, en forgeant une poétique qui s'associât étroitement aux formes masculines du savoir, et en sapant l'autorité des codes sentimentaux qui étaient l'apanage des femmes écrivains[52]. Pour tirer les bénéfices d'un investissement symbolique dans le réalisme, la consœur de Balzac devrait réussir ce tour de force qui consisterait à court-circuiter certains des aspects du positionnement réaliste qui remettent en cause son autorité, sans cependant démanteler le positionnement tout entier.

Du seul point de vue du canon, il semble incompréhensible que les contemporaines de Stendhal et Balzac n'aient pas imprimé leur marque dans l'une des pratiques qui aura eu un succès et une influence comme rarement une pratique romanesque en aura eu ; et cette absence aura longtemps alimenté le soupçon de l'infériorité littéraire des femmes écrivains constituées en classe. Mais du point de vue de l'imbrication des politiques du genre littéraire et du genre [*gender*] qui définit la pratique romanesque pendant la Monarchie de Juillet, l'esthétique réaliste qui émergeait alors ne pouvait être rien d'autre, pour une romancière, qu'une *fausse position**.

52 Dans le réalisme français, c'est l'approche scientifique et professionnelle de la description qui constitue le code le plus explicitement masculin. Ce traitement de la description est très différent dans le réalisme anglais, qui émerge dans la continuité de la tradition sentimentale anglaise. Qu'elle nous soit transmise par les cancans chez Austen ou Eliot, ou par les *flâneurs** chez Dickens, la description dans les romans réalistes anglais est le lieu de l'amateur éclairé et observateur, qui peut être indifféremment homme ou femme.

BIBLIOGRAPHIE

ROMANS FRANÇAIS CONSULTÉS

Tous les romans de Balzac, Stendhal, Hugo et Sand font partie de mon corpus. À la façon d'un guide pour conseiller d'autres lectures, je mentionne ici certains romans qui n'ont pas été cités mais qui rendent bien compte de l'engagement de certains auteurs dans la tradition sentimentale. Quand j'ai utilisé une édition commentée de Balzac autre que celle de la Pléiade, celle-ci est indiquée dans la bibliographie. Quand les commentaires éditoriaux apparaissent dans mon texte, le nom de l'éditeur est alors mentionné dans le corps du texte.

ABRANTÈS, JUNOT D', Laure, *La Duchesse de Valombray* (1838), Bruxelles, Société belge de librairie, Hauman et Compagnie, 1839.

ALLART, Hortense, *L'indienne*, Paris, Ch. Vimont, 1833.

ALLART, Hortense, *Settimia*, 2 volumes, Paris, Arthus Bertrand, 1836.

ANCELOT, Virginie, *Émérance*, 2 volumes, Paris, Charles Gosselin, 1842.

ANCELOT, Virginie, *Gabrielle* (1839), Paris, Charles Gosselin, 1840.

ANCELOT, Virginie, *Médérine*, 2 volumes, Paris, Berquet et Pétion, 1843.

ARLINCOURT, Victor d', *Le Renégat*, 2 volumes, Paris, Bechet aîné, 1822.

ARLINCOURT, Victor d', *Le Solitaire*, Paris, Le Normant, 1821.

ARNAUD, Angélique, *Clémence*, Bruxelles et Leipzig, Méline, Cans et Cie, 1841.

ARNAUD, Angélique, *La Comtesse de Servy*, 2 volumes, Paris, Charpentier, 1838.

ARNAUD, Angélique, *Coralie l'inconstante*, 2 volumes, Paris, Berquet et Pétion, 1843.

AUGER, Hippolyte, *La femme du monde et la femme artiste*, 2 volumes, Paris, A. Dupont, 1837.

BALZAC, Honoré de, *Béatrix* (1839), in *La Comédie humaine*, t. 2, Paris, Gallimard, Bibliothèque de la Pléiade, 1976.

BALZAC, Honoré de, *Les Chouans* (1829), in *La Comédie humaine*, t. 8, Paris, Gallimard, Bibliothèque de la Pléiade, 1977.

BALZAC, Honoré de, *La Femme de trente ans* (1842), in *La Comédie humaine*, t. 5, Paris, Gallimard, Bibliothèque de la Pléiade, 1977.

BALZAC, Honoré de, *Ferragus* (1833), in *La Comédie humaine*, t. 5, Paris, Gallimard, Bibliothèque de la Pléiade, 1977.

BALZAC, Honoré de, *La Grenadière* (1832), édition de Anne-Marie Meininger, in *La Comédie humaine*, t. 2, Paris, Gallimard, Bibliothèque de la Pléiade, 1976.

BALZAC, Honoré de, *Honorine* (1843), in *La Comédie humaine*, t. 2, Paris, Gallimard, Bibliothèque de la Pléiade, 1976.

BALZAC, Honoré de, *Illusions perdues* (1843), édition de Philippe Berthier, Paris, Classiques Garnier, 1990.

BALZAC, Honoré de, *Le Lys dans la vallée* (1836), in *La Comédie humaine*, t. 9, Paris, Gallimard, Bibliothèque de la Pléiade, 1978.

BALZAC, Honoré de, *Mémoires de deux jeunes mariées* (1842), in *La Comédie humaine*, t. 1, Paris, Gallimard, Bibliothèque de la Pléiade, 1976.

BALZAC, Honoré de, *Modeste Mignon* (1844), in *La Comédie humaine*, t. 1, Paris, Gallimard, Bibliothèque de la Pléiade, 1976.

BALZAC, Honoré de, *La Muse du département* (1843), éd. Patrick Berthier, Paris, Folio classique, 1984.

BALZAC, Honoré de, *Le Père Goriot* (1835), in *La Comédie humaine*, t. 4, Paris, Le Club français du livre, 1966.

BALZAC, Honoré de, *Sténie ou les erreurs philosophiques* (1821), Paris, Librairie George Courville, 1836.

BALZAC, Honoré de, *Une Double Famille* (1830), in *La Comédie humaine*, t. 2, Paris, Gallimard, Bibliothèque de la Pléiade, 1976.

BALZAC, Honoré de, *Une Fille d'Ève* (1839), in *La Comédie humaine*, t. 2, Paris, Gallimard, Bibliothèque de la Pléiade, 1976.

BARTHÉLÉMY HADOT, Marie-Adèle, *Guillaume Penn*, 3 volumes, Paris, Pigoreau, 1816.

BERNARD, Charles de, *Gerfaut* (1838), Paris, Calmann-Lévy, 1889.

BERNARD, Charles de, *Le Nœud Gordien*, 2 volumes, Paris, Béthune, 1838.

BERTHOUD, Samuel-Henry, *La Bague antique, Courtisane et sainte*, 2 volumes, Paris, De Potter, 1842.

BIGNAN, Anne, *L'Échafaud*, Paris, Madame Charles Bechet, 1832.

BILLOTEY, Élisa, *L'Agent de change, esquisse de mœurs*, Dieppe, Delevoye-Barrier, 1837.

BILLOTEY, Élisa, *Quoi… ? Tout ce qu'il vous plaira*, Dieppe, Delvoye-Barrier, 1834.

BODIN, Camille [*alias* Jenny Bastide], *La Cour d'Assises* (1832), Paris, Arnauld de Vresse, 1860.

BODIN, Camille, *Élise et Marie*, 2 volumes, Paris, Dumont, 1838.

BODIN, Camille, *Pascaline*, 2 volumes, Paris, Charles Vimont, 1835.

BODIN, Camille, *Savinie*, 2 volumes, Paris, Dumont, 1835.

BROT, Alphonse, *Priez pour elles !*, Paris, Sylvestre, 1833.

CALVIMONT, Albert de, *L'Honnête Homme*, Paris, E. Guérin, 1833.

CARLOWITZ, Aloïse de, *Caroline ou le Confesseur* (1833), Paris, Jules Berrier, 1834.

CARLOWITZ, Aloïse de, *La Femme du progrès, ou l'Émancipation*, 2 volumes, Paris, Desforest et cie, 1838.

CARLOWITZ, Aloïse de, *Le Pair de France, ou le Divorce*, 3 volumes, Paris, Charles Lachapelle, 1835.

CHARRIÈRE, Isabelle de, *Caliste, ou la Continuation des Lettres écrites de Lausanne* (1787), dans *Romans de femmes du XVIIIe siècle*, Paris, Robert Laffont, 1996.

CHARRIÈRE, Isabelle de, *Lettres de Mistriss Henley* (1774), in *Romans de femmes du XVIIIe siècle*, Paris, Robert Laffont, 1996.

CHATEAUBRIAND, François René de, *Atala* (1801), *René* (1802), Paris, Garnier-Flammarion, 1964.

CONSTANT, Benjamin, *Adolphe* (1816), Paris, Librairie Générale de France, 1972.

COTTIN, Sophie, *Amélie Mansfield* (1803), 3 volumes, Paris, Giguet et Michaud, 1805.

COTTIN, Sophie, *Claire d'Albe* (1799), Paris, Régine Deforges, 1976.

COTTIN, Sophie, *Élisabeth, ou les Exilés de Sibérie*, 2 volumes, Paris, Giguet et Michaud, 1806.

COTTIN, Sophie, *Malvina* (1801), volume 1 des *Œuvres Complètes*, Paris, Foucault, 1817.

COTTIN, Sophie, *Mathilde, ou Mémoires tirés de l'histoire des croisades* (1805) volumes 8 à 12 des *Œuvres de Mme Cottin*, Paris, Roret et Roussel, 1820.

COUAILHAC, Louis, *Pitié pour elle*, 2 volumes, Paris, Charles Lachapelle, 1837.

DASH, Comtesse [alias Gabrielle-Anne Pouilloüe de Saint-Mars], *Un Mari*, 2 volumes, Paris, L. Potter, 1843.

DAVIN, Félix, *Les Deux Lignes parallèles*, Paris, Librairies de Mame-Delaunay, 1833.

DESBORDES-VALMORE, Marceline, *L'Atelier d'un peintre*, 2 volumes, Paris, Charpentier, 1833.

DESPREZ, Ernest [alias Éléonore Tenaille de Vaulabelle], *Un Enfant*, 3 volumes, Paris, C. Gosselin, 1833.

DEZPREZ, Ernest, *Les Femmes vengées*, 2 volumes, Paris, A. Ledoux, 1834.

DUFFEYTE-DILHAN, Joseph, *Les Mémoires d'un Ange, ou les Femmes vengées, Roman historique, Philosophique et Moral*, 2 volumes, Bordeaux, Ramadié, s. d.

DUMAS, Alexandre, *Le Comte de Monte Cristo* (1844-1846), Paris, Robert Laffont, 1996.

DUPIN, Antoinette, *Marguerite*, 2 volumes, Paris, Moutardier, 1836.

DUPUIS, S[ophie ?], *Tableaux de mœurs*, 2 vol., Paris, Lecointe et Pougin, 1832.

DURAS, Claire de, *Ourika. Édouard. Olivier ou le secret*, éd. M.-B. Diethelm, Paris, Gallimard, coll. « Folio », 2007.

ÉPINAY SAINT-LUC, Sophie d', *Valida ou la Réputation d'une femme*, Paris, Alphonse Levavasseur, 1835.

ETIENNEZ, Hippolyte, *Un Droit de mari*, Paris, Dumont, 1834.

GAUTIER, Théophile, *Mademoiselle de Maupin* (1835), *Œuvres*, Paris, Robert Laffont, 1995.

GENLIS, Stéphanie-Félicité de, *Adèle et Théodore ou Lettres sur l'éducation*, 2e éd., 3 vol., Paris, M. Lambert, 1782.

GENLIS, Stéphanie-Félicité de, *Alphonsine, ou la Tendresse maternelle*, Paris, Chez Maradan, 1806.

GENLIS, Stéphanie-Félicité de, *La Duchesse de la Vallière*, Paris, Chez Maradan, 1804.

GENLIS, Stéphanie-Félicité de, *Mademoiselle de Clermont* (1802), in *Romans de femmes du XVIIIe siècle*, Paris, Robert Laffont, 1996.

GENLIS, Stéphanie-Félicité de, *Mademoiselle de La Fayette, ou le Siècle de Louis XIII*, Paris, Maradan, 1813.

GENLIS, Stéphanie-Félicité de, *Les Mères rivales, ou la Calomnie*, Paris, chez Maradan, 1819.

GERBER, Anatole, *Rosane. Désordre, Crime et Vertu*, Paris, Eugène Renduel, 1832.

GIRARDIN, Delphine de, *Le Lorgnon* (1831), Paris, Librairie Charles Gosselin, 1832.

GIRARDIN, Delphine de, *La Canne de M. Balzac* (1836), in *Nouvelles*, Paris, Slatkine, 1979.

GIRARDIN, Delphine de, *Monsieur le marquis de Pontanges*, Paris, Dumont, 1835.

Heures du soir, Livre de femmes, 6 vol., Paris, Urbain Canel – Adolphe Guyot, 1833.

HUGO, Victor, *Claude Gueux* (1834), Paris, Livre de Poche, 1995.

HUGO, Victor, *Le dernier jour d'un condamné* (1829), notice de Roger Borderie, Paris, Gallimard, 1970.

HUGO, Victor, *Les Misérables*, éd. M. Allem, Paris, Gallimard, Bibliothèque de la Pléiade, 1951.

HUGO, Victor, *Notre-Dame de Paris*, vol. IV, *Œuvres complètes*, Paris, Le Club français du livre, 1967.

KOCK, Paul de, *Sœur Anne*, Paris, Barba, 1825.

KRÜDENER, Juliane von, *Valérie* (1803), in *Romans de femmes du XVIIIe siècle*, Paris, Robert Laffont, 1996.

LACROIX, Jules, *Une Grossesse*, Paris, Eugène Renduel, 1833.

LAMOTHE-GAGNON, E.-L.-B., et Georges TOUCHARD-LAFOSSE, *Les Jolies filles*, 2 vol., Paris, Charles Lachapelle, 1832.

LESGUILLON, Hermance, *Rosane*, 2 vol., Paris, Charles le Clère, 1843.

LUCHET, Auguste, *Frère et sœur*, 2 vol., Paris, Hippolyte Souverain, 1838.
LUCHET, Auguste, *Le Nom de famille*, 2 vol., Paris, Hippolyte Souverain, 1842.
MAIGNAUD, Louise, *Les Étudians* [sic], *Épisode de la révolution de 1830*, Paris, Levavasseur, 1831.
MAIGNAUD, Louise, *La Fille mère*, Paris, Eugène Renduel, 1830.
MARBOUTY, Caroline, *Une fausse position* (1844), Paris, Librairie Malassis, 1862.
MARBOUTY, Caroline [Claire BRUNNE], *Ange de Spola, études de femmes*, Paris, Victor Magen, 1842.
MÉRIMÉE, Prosper, *Chronique du règne de Charles IX* (1829), Paris, Gallimard, 1869.
MERLIN, Maria de las Mercedes de Jaruco de, *Histoire de la Sœur Inès, épisode de mes douze premières années*, Paris, S. Dupont et Laguionie, 1832.
MERLIN, Maria de las Mercedes de Jaruco de, *Les Lionnes de Paris*, Paris, D'Amyot, 1845.
MONBORNE, Madame B., *Une Victime, esquisse littéraire*, Paris, H. Mouillefarine, 1834.
MONBORNE, Madame B., *Deux Originaux*, Paris, Corbet aîné, 1835.
MONTOLIEU, Isabelle de, *Caroline de Lichtfield*, ou *Mémoires d'une famille prussienne* (1786), Paris, Arthus Bertrand, t. 1, 1843.
MONTPEZAT, Mme Charles de, *Natalie*, Paris, Librairie Gustave Barba, 1833.
Mystère, signé La Baronne de T***, Paris, Desforges, 1837.
NIBOYET, Eugénie, *Les Deux frères, histoire intime*, Paris, Charles le Clère, 1839.
PANNIER, Sophie, *L'Athée*, Paris, Librairie de Fournier, 1835.
PANNIER, Sophie, *Un Secret dans le mariage*, Paris, L. de Potter, 1844.
PIGAULT-LEBRUN, Guillaume-Charles-Antoine, *Les Barons Felscheims* (1798), *Œuvres complètes de Pigault-Lebrun*, vol. 2, Paris, J.-N. Barba, 1818.
PIGAULT-LEBRUN, Guillaume-Charles-Antoine, *L'Enfant du Carnaval* (1792), Paris, J.-N. Barba, 1818.
REYBAUD, Madame Charles [alias H. Arnaud], *Les Deux Marguerites*, Bruxelles, Hauman, 1845.
REYBAUD, Madame Charles alias H. Arnaud], *Mézélie*, Paris, Ladvocat, 1839.
RICCOBONI, Marie-Jeanne, *Lettres de Mistriss Fanni Butlerd* (1757), in *Romans de femmes du XVIIIe siècle*, Paris, Robert Laffont, 1996.
ROBERT, Clémence, *L'Abbé Olivier*, Paris, Pastori, 1839.
ROBERT, Clémence, *Les Mendiants de Paris*, Bruxelles, Méline, Cans et Cie, 1848.
ROBERT, Clémence, *René l'Ouvrier*, Paris, G. Roux et O. Cassanet, 1841.
ROCHOUX, Armand-Ambroise, *Le Cœur et le code*, Paris, Pougin Legrand, 1839.
ROUSSEAU, Jean-Jacques, *La Nouvelle Héloïse* (1762), Paris, Garnier-Flammarion, 1967.
SADE D.A.F., de, *Justine ou les malheurs de la vertu*, s. n., En Hollande, 1801.

SAINT-FÉLIX, Jules de, *Mademoiselle de Marignan*, Paris, Desessart, 1836.

SAINT-SURIN, Rosa de [alias Marie-Caroline-Rosalie Richard de Cendrecourt Mommergé], *Maria ou Soir et matin*, Paris, Belin-Mandar, 1837.

SAND, George, *Le Compagnon du Tour de France* (1841), Plan de la Tour, Éditions d'Aujourd'hui, 1976.

SAND, George, *Horace* (1840), Meylan, Éditions de l'Aurore, 1982.

SAND, George, *Indiana* (1831), éd. Béatrice Didier, Paris, Gallimard, coll. « Folio classique », 1984.

SAND, George, *Jacques* (1834), *Œuvres complètes*, Paris, Michel Lévy, vol. 59, 1869.

SAND, George, *Lélia* (1833), Plan de la Tour, Éditions d'Aujourd'hui, 1979.

SAND, George, *Lucrezia Forniani* (1846), Paris, Éditions de la Sphère, 1981.

SAND, George, *Mauprat* (1837), Paris, Gallimard, 1981.

SAND, George, *Le Meunier d'Angibault*, Paris, Desessart, 1845.

SAND, George, *Le Péché de Monsieur Antoine* (1845), Meylan, Éditions de l'Aurore, 1982.

SAND, George, *Valentine* (1832), Meylan, Éditions de l'Aurore, 1988.

SERVAN, Félix, *Maria Joubert ou les Chagrins d'une jeune mariée*, Paris, Roux, 1836.

SOR, Charlotte de, *Madame de Tercy, ou l'Amour d'une femme*, Paris, Charles Lachapelle, 1836.

SOULIÉ, Frédéric, *Le Conseiller d'État*, Paris, A. Dupont, 1835.

SOUVESTRE, Émile, *Riche et pauvre* (1836), Paris, Michel Lévy frères, 1873.

SOUZA, Adélaïde de [alias Flahaut], *Adèle de Sénange. Charles et Marie. Eugène de Rothelin*, Paris, Charpentier, 1842.

STAËL, Germaine de, *Corinne ou l'Italie* (1807), Paris, Gallimard, 1985.

STAËL, Germaine de, *Delphine* (À la librairie Stéréotype, chez H. Nicolle, 1809), Paris, Éditions des femmes, 1981.

STENDHAL, *Armance ou Quelques scènes d'un salon de Paris en 1827*, in *Œuvres romanesques complètes*, Paris, Gallimard, coll. « Bibliothèque de la Pléiade », 2005, t. I. STENDHAL, *Lamiel* (1889), *Œuvres de Stendhal*, Paris, Le Divan, 1968.

STENDHAL, *Le Rouge et le noir* (1830), éd. Henri Martineau, Paris, Garnier, 1957.

STERN, Daniel [alias Marie d'Agoult], *Nélida* (1846), Paris, Calmann Lévy, 1987.

SUE, Eugène, *Les Mystères de Paris* (1842-1843), Paris, Robert Laffont, 1993.

TARBÉ DES SABLONS, Michelle-Catherine-Joséphine, *Roseline, ou de la Nécessité de la religion dans l'éducation des femmes*, 2 vol., Paris, A. Jeanthon, 1835.

TARBÉ DES SABLONS, Michelle-Catherine-Joséphine, *Zoé, ou la Femme légère*, Paris, Waille, 1845.

TOUCHARD-LAFOSSE, Mademoiselle [alias Louise Bury], *L'homme sans nom*, 2 vol., Paris, L. de Potter, 1844.

TOUCHARD-LAFOSSE, Mademoiselle [alias Louise Bury], *Les Trois Aristocraties, roman de mœurs*, Paris, L. de Potter, 1843.

TRISTAN, Flora, *Méphis ou le prolétaire* (1838), rééd. sous le titre de *Maréquita l'Espagnole. Méphis*, Paris, L. de Potter, Librairie-Éditeur s. d.
TULLIE-MONEUSE, Madame [alias Marguerite Robert Bloum], *Régina*, Paris, L. Desessart, 1838.
TULLIE-MONEUSE, Madame [alias Marguerite Robert Bloum], *Trois ans après*, Paris, L. Desessart, 1836.
VIGNY, Alfred de, *Cinq-Mars* (1826), Paris, Gallimard, 1980.
WALDOR, Mélanie, *Pages de la vie intime*, Paris, Dumont, 1836.

BIBLIOGRAPHIE PRIMAIRE – SOURCES CRITIQUES ET THÉORIQUES

N.B. Les articles non signés sont classés selon leur titre ; les comptes rendus, selon le titre de l'ouvrage recensé, lorsque celui-ci est dépourvu de titre ou de nom d'auteur.

Compte rendu de « *Adélaïde – Mémoires d'une jeune fille*, par Madame Augustin Thierry », signé H. M., *Le Siècle*, 19 août 1839.
Compte rendu de *Les Ailes d'Icare* par M. Charles de Bernard, s. n., *Le Charviari*, 30 mai 1840.
A., compte rendu de *Auguste et Frédéric*, *Journal des débats*, 11 mars 1817.
A., compte rendu d'*Albertine de Saint-Albe*, *La Minerve Française*, vol. 2, mai 1818.
A., compte rendu des œuvres complètes de Riccoboni et Cottin, *La Minerve française* août 1819 (tome 7).
BALZAC, Honoré de, *Avant-propos*, *in Écrits sur le roman, Anthologie*, Paris, Le livre de Poche, 2000.
BALZAC, Honoré de, « Lettre sur la littérature, le théâtre et les arts » (*La Revue parisienne*, 15 juillet 1840), *in Écrits sur le roman. Anthologie*, Paris, Le livre de Poche, 2000.
BALZAC, Honoré de, « Note de la première édition de *Scènes de la vie privée* [1830] », Paris, Bibliothèque de la Pléiade, t. I, 1976.
BALZAC, Honoré de, « Préface de la première édition », *La Comédie humaine*, vol. I, Paris, Bibliothèque de la Pléiade, 1976.
BALZAC, Honoré de, *Physiologie du mariage*, in *Comédie humaine*, t. XI, Gallimard, Bibliothèque de la Pléiade, 1979.
BALZAC, Honoré de, *Lettres à Mme Hanska*, éd. R. Pierrot, Paris, Les Éditions du Delta, 1968.

BALZAC, Honoré de, « Du Gouvernement moderne », *Le Catéchisme social, précédé de l'article* « Du Gouvernement moderne », textes établis et commentés par Bernard Guyon, Paris, La Renaissance du livre, 1933, Disponible sur https://archive.org/ stream/uninditdebalza00balz#page/4/mode/2up.

Compte rendu de BALZAC, signé « Un ermite », *La Lecture*, 1843, cité par René GUISE, « Balzac devant la presse », *L'Année balzacienne*, 1981.

BARBIER, A. A. et N. L. M. DESESSARTS, *Nouvelle Bibliothèque d'un homme de goût*, Paris, Arthus Bertrand, 1815.

BARRIÈRE, F., compte rendu *Deux Originaux* et *Mes loisirs* de Madame B. Monborne, *Le Journal des débats*, 23 juin 1846.

BRADI, Comtesse de, « Genlis », in Alfred de Montferrand (éd.) *Biographie des femmes auteurs contemporaines françaises*, Paris, Armand-Aubrée, 1836.

BUCHEZ, J.-B. et P.-C. ROUX dans *Histoire parlementaire de la Révolution française ou Journal des assemblées nationales depuis 1789 jusqu'en 1815*, tome XXXII, Paris, Paulin Librairie, 1837.

BUSSIÈRE, Auguste, « Les romans de femmes », *La Revue de Paris*, oct. 1843, 4e Série, t. 22.

Compte rendu de *Calixte* [Sic] *ou Lettres écrites de Lausanne* d'Isabelle de Charrière (anonyme), *L'Illustration* n° 122, 28 juin 1845.

CHARTON, Édouard, compte rendu des *Cent contes drolatiques*, dans *La Revue encyclopédique*, mars 1832.

CHASLES, Philarète, « Romans de M. de Balzac, troisième article », *Journal des Débats*, 16 août 1838.

CHASLES, Philarète, « *Gabrielle*, roman par Mme Ancelot », *Journal des débats*, 15 février 1839.

Compte rendu du *Château de Kenilworth* par Walter Scott, signé A.B., *L'Abeille* n° 3, 1821.

Compte rendu du *Château de Saint-Germain*, s. n., *Le Charivari*, 12 janvier 1837.

Compte rendu du « *Château de Saint-Germain*, par H. Arnaud (Madame Charles Reybaud) », signé I.C.T., *Le Constitutionnel*, 31 janvier 1837.

CHAUDES-AIGUES, Jacques-Germain, « George Sand – Alexandre Dumas », *L'Artiste*, 2de série, t. 1, 1839.

CHÉNIER, Marie-Joseph, *Tableau historique de l'état des progrès de la littérature française depuis 1789* (1816), Paris, E. Ducrocq, 1862.

CHOISEUL-MEUSE, Félicité de, « De l'esprit chez les femmes », *Journal des femmes*, 8 sept. 1832.

COLET, Louise, « La marquise de Lambert », *Le Constitutionnel*, 19 déc. 1842

Compte rendu du *Compagnon du Tour de France* de G. Sand, signé W.W., *Le Constitutionnel*, 21 janv. 1841.

CONSTANT, Benjamin, *De l'esprit de conquête et d'usurpation* (1814), Paris, B. Grasset, 1918.

CONSTANT, Benjamin, *Principes de politique* (1815), Paris, Guillaumin, 1872.

Compte rendu de « *Corisande de Mauléon*, ou *le Béarn au* XV*e* *siècle* ; par l'auteur de *Natalie* », *Journal des Débats*, 9 oct. 1835

Compte rendu des *Œuvres complettes [sic]* de Mme Cottin, s. n., *Le Corsaire*, 26 juillet 1823.

DAVIN, Félix, « Introduction aux *Études de mœurs au* XIX*e* *siècle* », *in* Balzac, *Écrits sur le roman*, *op. cit.*

« De la réalité en littérature », signé J.-Jph V…E., *Le Mercure du* XIX*e* *siècle* n° 11, 1825.

DESCHAMPS, Émile, « Mme B. d'Altenheym », *in Biographie des femmes auteurs contemporaines françaises avec portraits dessinés d'après nature par M. Jules Boilly*, sous la direction de A. de Montferrand, Paris, Armand-Aubrée.

Compte rendu de *La Dernière Aldini – Les Maître Mosaïstes* par George Sand, signé H.L., *Le Charivari*, 18 mai 1838.

Compte rendu du *Dernier jour d'un condamné*, par V. Hugo, signé N. [attribué à C. Nodier], *Journal des débats*, 26 février 1829, in *Œuvres complètes de Victor Hugo*, *op. cit.*, t. III, p. 1381.

Compte rendu, « *Deux Femmes* de Louise de Constant », signé L.C., *Le Charivari*, 4 juillet 1836.

DIDEROT, Denis, *De la Poésie dramatique*, *in Œuvres*, Paris, Gallimard, « Bibliothèque de la Pléiade », 1935.

DIDEROT, Denis, *Éloge de Richardson*, précédant *Clarisse Harlowe* de Richardson, traduit par l'abbé Prévost, Paris, Boulé éditeur, 1846

DUPATY, Émile, compte rendu de *Les Séductions* par Mme Jenny L.G.D., *La Minerve littéraire*, 1820, tome Ier.

Compte rendu de *L'Éducation pratique des femmes* par Nathalie de La Jolais, s. n., *Le Constitutionnel*, 17 juillet 1842.

Publicité pour *Émérance*, *Le Siècle*, 27 novembre 1841.

FÉLETZ, Charles-Marie, « *Eugène de Rothelin* », *in Mélanges de philosophie, d'histoire et de littérature*, Paris, Grimbert, 1838, vol. 6.

FÉLETZ, Charles-Marie, compte rendu d'*Adolphe*, *Mélanges de philosophie, d'histoire et de littérature*, Paris, Grimbert, 1838, vol. 6

Compte rendu *La Femme du Progrès* par Aloïse de Carlowitz, s. n., *Le Charivari*, 23 juin 1838.

Compte rendu de *La femme libre*, signé L. Cc., *Le Siècle*, 28 janvier 1838.

Galerie des dames françaises distinguées dans les lettres et les arts, Paris, chez Dussillon éditeur, rue Laffite n° 40, 1843.

GASCHON DE MOLÈNES, Paul, « Les femmes poètes », *La Revue des Deux-Mondes*, 1er juillet 1842.

GASCHON DE MOLÈNES, Paul, compte rendu de *La Muse du département*, *La Revue des Deux-Mondes*, 15 juin 1843, Nouvelle Série t. 2.

GASCHON DE MOLÈNES, Paul, « Revue littéraire », *La Revue littéraire*, 4e série, n°9, 1842.

GIRAULT DE SAINT-FARGEAU, Pierre-Augustin Eusèbe, *La Revue des romans* sous-titrée *Recueil d'analyses raisonnées des productions remarquables des plus célèbres romanciers français et étrangers contenant 1100 analyses raisonnées, faisant connaître avec assez d'étendue pour en donner une idée exacte, le sujet, les personnages, l'intrigue et le dénouement de chaque roman*, Paris, Librairie de Firmin-Didot, 1839.

GUÉROULT, Ad., « Lettre à un ami de la province sur quelques livres nouveaux », *Revue de Paris*, N.S., t. 20, 20 août 1835.

GRANIER DE CASSAGNAC, A., « *Jacques* par George Sand », *Revue de Paris*, t. X, 10 oct. 1834.

HEGEL, Georg Wilhelm Friedrich, *Esthétique*, trad. Charles Bénard, revue et complétée par Benoît Timmermans et Paolo Zaccaria, Paris, Le livre de Poche, « Les Classiques de la philosophie », 1997.

HEGEL, Georg Wilhelm Friedrich, *Principes de la philosophie du droit* (1855), trad. A. Kaan, Paris, Gallimard, Idées, 1963.

HUGO, Victor, *Préface* au Dernier Jour d'un condamné (1832), *Œuvres complètes*, t. IV, Paris, Club Français du livre, 1967.

Compte rendu des *Heures du Soir*, *Le Charivari*, s. n., 17 avril 1833.

Compte rendu des *Heures du Soir*, s. n., *Le Charivari*, 28 mai 1833.

Compte rendu des *Heures du Soir*, s. n., *Le Charivari*, 29 octobre 1833.

JANIN, Jules, compte rendu du *Rouge et le Noir* (signé J.J.), *Journal des Débats*, 26 déc. 1830, *in* Stendhal, *Œuvres romanesques complètes*, Paris, Gallimard, coll. « Bibliothèque de la Pléiade », t. I, 2005.

JANIN, Jules, compte rendu de *Une Fausse position*, *Le Journal des Débats*, 22 juillet 1844.

JANIN, Jules, « Mme George Sand », *in* Alfred de Montferrand, *Biographie des femmes auteurs*, *op. cit.*

LIMAYRAC, Paulin de, « Du roman actuel et de nos romanciers », *La Revue des Deux Mondes*, 5e série, t. 11, 1845.

LOÈVE-VEIMARS, François-Adolphe, *Précis de littérature française depuis son origine jusqu'à nos jours* (1825), Bruxelles, Société Belge de Librairie, 1838.

LUCHET, Auguste, « Préface à *L'Agent de change, esquisse de mœurs* d'Élisa Billotey », Dieppe, Delevoye-Barrier, 1837.

Compte rendu de *Madeleine la repentie*, roman de mœurs, par E. Guérin, signé G., *Le Siècle*, 8 déc. 1836.

MARC, Antoine, *Dictionnaire des romans anciens et modernes*, Paris, Chez Marc et Pigoreau, 1819.

Compte rendu de *Mariana* de Jules Sandeau, signé H.L., *Le Charivari*, 28 mars 1839.

MARMONTEL, Jean-François, *Essai sur les romans considérés du côté moral*, in *Œuvres complètes de Marmontel*, t. X, Paris, Chez Verdière, 1819.

MARX, Karl, *Le 18 Brumaire de Louis Bonaparte*, dans Karl Marx et Friedrich Engels, *Œuvres Choisies*, t. 1, Moscou, Éditions du Progrès, 1978.

MARX, Karl, *Lettre à Arnold Ruge, Septembre 1843*, disponible sur http://karl-marx. fr/documents/marx-1843-lettre-ruge.pdf

MARX, Karl, *Misère de la philosophie*, in *Œuvres de Karl Marx. Économie*, éd. de M. Rubel, t. I, Paris, Bibliothèque de la Pléiade, 1965.

Compte rendu de *Mézélie* de Mme Charles Reybaud, signé Y., *La Revue des Deux Mondes*, 4e série n° 20, 1839.

MICHELET, Jules, *Le Peuple*, éd. de Paul Viallaneix, Paris, Flammarion, coll. « Nouvelle Bibliothèque romantique », 1974.

MONTFERRAND, Alfred de, *Biographie des femmes auteurs contemporaines françaises*, Paris, Armand-Aubrée, 1836.

NODIER, Charles, « *Louise de Sénancourt* par Madame de T*** ». *Journal des débats*, 19 avril 1817.

NODIER, Charles, « Introduction », *in* Alfred de Montferrand, *Biographie des femmes auteurs*, *op. cit.*

PAGÈS, Émile, « Bulletin bibliographique », *Le Siècle*, 26 juillet 1838.

Compte rendu de *Pascaline*, signé F.T.C., *Le Charivari*, 6 janv. 1835.

PETITOT, A., « Notice », dans Sophie Cottin, *Œuvres complètes*, Paris, Foucault, 1817.

PIGOREAU, Alexandre-Nicolas, *Petite Bibliographie biographico-romancière ou dictionnaire des romanciers* (1821), Genève, Slatkine, 1968.

PIGOREAU, Alexandre-Nicolas, *Troisième Supplément à la petite bibliographie biographico-romancière*, Paris, Pigoreau, 1822.

PIGOREAU, Alexandre-Nicolas, *Dix-septième Supplément à la petite bibliographie biographico-romancière*, Paris, Pigoreau, 1828.

PLANCHE, Gustave, « Compte rendu de *Gabrielle* », *La Revue des Deux Mondes*, 4e série n° 20, 1839.

PLANCHE, Gustave, « Les Royautés littéraires. Lettre à M. Hugo », *La Revue des deux mondes*, 1re Série, t. 3, 1834.

PLANCHE, Gustave, « Revue littéraire », *L'Artiste*, 2de Série, t. 2, 1839.

PLANCHE, Gustave, Compte rendu de *Jacques*, *La Revue des Deux Mondes*, 4, 1834.

Compte rendu de *Régina* de Mme Tullie Moneuse, signé L.D., *Le Constitutionnel*, 5 nov. 1837.

Compte rendu de *Régina*, signé E.S., *Le National*, 7 nov. 1837.

Compte rendu de *Régina* et de *Trois ans après*, s. n., *Le Charivari*, 14 déc. 1837.

Compte rendu des œuvres complètes de Riccoboni et Cottin, signé A., *La Minerve française* n° 7, 1818.

RODRIGUES, Olinde, « L'artiste, le savant et l'industriel » (1825), *Œuvres de Saint-Simon*, Paris, E. Dentu, 1875, vol. 5.

« Le Roman à bon marché », *Le Charivari*, 10 octobre 1834.

Compte rendu des *Romans historiques de C. F. Vander-Velde*, signé V., *Journal des débats*, 26 décembre 1830.

ROUSSEAU, Jean-Jacques, *Du contrat social*, Paris, Garnier-Flammarion, 1966.

SAINTE-BEUVE, Charles-Auguste, « De la littérature industrielle », *La Revue des deux mondes*, 14 sept. 1839.

SAINTE-BEUVE, Charles-Auguste, « Dix ans après en littérature », *La Revue des Deux-Mondes*, 4e série, tome 20, 1840.

SAINTE-BEUVE, Charles-Auguste, « Poètes et romanciers modernes de la France, Madame de Duras », *La Revue des deux mondes*, 3e série no 2, 1834. Repris dans « Madame de Duras », *Portraits de* femmes, Paris, Garnier Frères, 1870.

SAINTE-BEUVE, Charles-Auguste, « Madame de Souza », *La Revue des deux mondes*, 3e série no 1, 1834, repris dans *Portraits de femmes*, Paris, Garnier frères, 1870.

SAINTE-BEUVE, Charles-Augustin, « M. de Balzac », *Causeries du lundi*, t. II, Paris, éd. Garnier Frères, s. d.

SAINT-SIMON, Olinde RODRIGUES, le docteur BAILLY et Léon HALÉVY, *Opinions littéraires, philosophiques et industrielles*, Paris, Galerie de Bossange Père, Librairie, 1825.

SALVANDY, N. A. de « Avant-propos », in Mme Charles de Montpezat, *Natalie*, t. 1, Paris, Librairie Gustave Barba, 1833.

SAND, George, *Histoire de ma vie*, Paris, Calmann-Lévy, 1876.

SAND, George, « Préface générale » (1842), in *Questions d'art et de littérature*, Paris, Calmann Lévy, 1878.

SAND, George, *Correspondance*, éd. G. Lubin, Paris, Garnier Frères, t. VI, 1970.

SAND, George, *Jean Ziska* (1843), Paris, Michel Lévy Frères, 1867.

Compte rendu de *Savinie*, signé Ed. L., *Le Charivari*, 19 juin 1835.

Compte rendu de *Savinie* de Camille Bodin et *Valida* de Sophie d'Épinay Saint-Luc, signé E.G., *Le Courrier français*, 9 juillet 1835.

Compte rendu de *Savinie*, s. n., *Le Corsaire*, 3 août 1835.

SMITH, Adam, *The Theory of Moral Sentiments* (1759), Indianapolis, Ind., Liberty Classics, 1984.

SOUTHERN, Henry, « French Novels », *The Foreign Quaterly Review*, no 10, octobre 1832, réimprimé dans *A Victorian Art of Fiction* par John Charles Olmsted, 2 vol., New York, Garland, 1979.

Introduction à un choix de *Souvenirs d'un enfant du peuple* de Michel Masson, s. n., *Le Constitutionnel*, 16 septembre 1838.

SOUVESTRE, Émile, « Du roman », *La Revue de Paris*, 1836, no 34.

STENDHAL, « Projet d'article sur *Le Rouge et le noir* » (1832), *Œuvres romanesques complètes*, t. I, éd. Y. Ansel et P. Berthier, Paris, Gallimard, Pléiade, 2005.
STENDHAL, « Paris, le 20 avril 1828 », *Le Courrier anglais*, *New Monthly Magazine*, éd. H. Martineau, Paris, Le Divan, 1935
STENDHAL, *Mélanges de littérature*, vol. III, éd. H. Martineau, Paris, le Divan, 1933.
STENDHAL, *De l'Amour*, Paris, Bohaire, 1833.
STENDHAL, « Walter Scott et la Princesse de Clèves », *Le National*, 19 février 1830, dans *Mélanges de littérature*, vol. 39 des *Œuvres Complètes*, Paris, Le Divan, 1968.
SURVILLE, Laure de, *Balzac, sa vie et ses œuvres d'après sa correspondance*, Paris, Librairie Nouvelle, 1858.
Compte rendu de « *Téresa* par Mme Charles Reybaud », signé H. L., *Le Siècle*, 16 avril 1841.
Compte rendu de *Valentine*, par G. Sand, signé C---r, *Journal des Débats*, 11 juil. 1833.
Compte rendu de *Vanina d'Ornano*, par Mme *** [Lattimore-Clarke], s. n. *Le Journal des débats*, 27 septembre 1825.
VAQUERIE, A., « Par qui la critique devrait être faite », *La France littéraire*, s. n., 1840.
VIEILLARD, P. A., compte rendu de *Agnès de France ou le Douzième siècle*, roman historique, *Annales de la littérature et des arts*, n° 4, 1821.

BIBLIOGRAPHIE SECONDAIRE

ADAM, Antoine, « Introduction à *Illusions perdues* », Paris, Garnier-Frères, 1961.
ALLISTON, April, *Virtue's Faults*, Stanford, Stanford University Press, 1996.
ALLISTON, April, « Female Sexuality and the Referent of Enlightenment Realisms » [in] *Spectacles of Realism*, dirigé par Margaret Cohen et Christopher Prendergast, Minneapolis (Minnesota), University of Minnesota Press, 1995.
ALTHUSSER, Louis, *Montesquieu, Rousseau, Marx,* Londres, Verso, 1972.
APTER, Emily, *Feminizing the Fetish. Psychoanalysis and Narrative Obsession in Turn-of-the-Century France*, Ithaca, Cornell University Press, 1991.
ARAC, Jonathan, "What is the History of Literature ?" *in The Uses of Literary History*, dirigé par Marshall Brown, Durham (Caroline du Nord), Duke University Press, 1995.
ARISTOTE, *Poétique*, éd. et trad. R. Dupont-Roc et J. Lallot, Paris, Seuil, coll. « Poétique », 1980.

ARMSTRONG, Nancy, *Desire and Domestic Fiction*, New York, Oxford University Press, 1987.

AUERBACH, Erich, *Mimésis, La Représentation de la réalité dans la littérature occidentale* (1946), trad. C. Heim, Paris, Gallimard, coll. « Tel », 1968.

BALIBAR, Étienne, « Citizen Subject », dans Eduardo Cavada, Peter Connor et Jean-Luc Nancy, *Who Comes After the Subject ?*, New York, Routledge, 1991.

BARBÉRIS, Pierre, *Balzac et le mal du siècle*, Paris, Gallimard, 1970.

BARBÉRIS, Pierre, *Mythes Balzaciens*, Paris, Gallimard, 1971.

BARDÈCHE, Maurice, *Balzac romancier*, Paris, Plon, 1940.

BEIZER, Janet, *Ventriloquized Bodies. Narrative of Hysteria in Nineteenth-Century France*, Ithaca et Londres, Cornell University Press, 1994.

BERMAN-CARTON, Janis Bergman-Carton, *The Woman of Ideas in French Art 1830-1848*, New Haven, Yale University Press, 1995.

BERSANI, Léo, *A Future for Astyanax* (1976), London, Marion Boyars, 1978.

BARTHES, Roland, *S/Z*, Paris, Seuil, 1970.

BENJAMIN, Walter, « Sur le concept d'histoire », traduit de l'allemand par Maurice de Gandillac, *Œuvres III*, Paris, Gallimard, coll. « Folio essais », 2000.

BENNETS, Tony, *Outside Litterature*, New York, Routledge, 1990.

BIERMANN, Karlheinrich, *Literarische-politische Avant-garde in Frankreich*, Stuttgart, W. Kohlhammer, 1982.

BOURDIEU, Pierre, *Les Règles de l'art. Genèse et structure du champ littéraire* (1992), Paris, Seuil, 1998.

BROOKS, Peter, *The Novel of Worldliness*, Princeton, Princeton University Press, 1969.

BROOKS, Peter, *The Melodramatic Imagination. Balzac, Henry James, Melodrama and the Mode of Excess*, Yale University Press, 1976.

BROWN, Marshall, *The Uses of Literary History*, Durham, Caroline du Nord, Duke University Press, 1995.

CAPLAN, Joy, *Framed Narratives*, Afterword by Jochen Schulte-Sasse, Minneapolis, University of Minnesota Press, 1985

CHAUSSINAND-NOGARET, Guy, *La Noblesse au XVIIIe siècle. De la féodalité aux lumières*, Paris, Hachette, 1976.

CIXOUS, Hélène, « Le Rire de la Méduse », *L'Arc* n° 61 « Simone de Beauvoir et la lutte des femmes », 1975.

COHEN, Margaret, « Women and Fiction in the Nineteenth-Century » *in The Cambridge Companion to the Modern French Novel* dirigé par Timothy Unwin, Cambridge, 1997.

COHEN, Margaret, « Melancholy, Mania, and the Reproduction of the Dead Father », *The Novel's Seductions : Staël's* Corinne *in Critical Inquiry,* éd. Karyna Szmurlo, Lewisburg, Bucknell UP, 1999.

COHEN, Margaret, « In Lieu of a Chapter on Some French Women Realist Novelists », *in Spectacles of Realism*, dirigé par M. Cohen et C. Prendergast, Minneapolis, University of Minnesota Press, 1995.

DEJEAN, Joan, « Classical Reeducation : Decanonizing the Feminine », *Yale French Studies* n° 75, 1988 "The Politics of Tradition", dirigé par Joan DeJean et Nancy K. Miller.

DENBY, David, *Sentimental Narrative and the Social Order in France, 1760-1820*, Cambridge, Cambridge University Press, 1994

DERRIDA, Jacques, « La loi du genre », *Glyph* n° 7, 1980.

DIDIER, Béatrice, *Le Dix-huitième Siècle, 1778-1820, Histoire de la Littérature française*, Paris, Arthaud, 1976.

DONOUGHO, Martin, « The Woman in White : On the Reception of Hegel's *Antigone* », *The Owl of Minerva*, 21, n° 1.

EDLINI, Leyla, « *La Canne de M. de Balzac* : Parody at the Intersections of Politics and Literature », *L'Esprit Créateur* 33, n° 3.

EISENHUT, Werner, *Virtus romana*, Munich, Wilhelm Fink, 1973.

EVANS, David Owen, *Le Roman social sous la Monarchie de Juillet*, Paris, PUF, 1930.

FORTASSIER, Rose, « Balzac et le roman par lettres », *Cahier de l'Association Internationale des Études françaises*, n° 29, 1977.

FOUCAULT, Michel, *L'Archéologie du savoir*, Paris, Gallimard, 1969.

FRAISSE, Geneviève, *Muse de la raison* (1989), Paris, Gallimard, coll. « Folio histoire », 1995.

FURET, François, *La Révolution*, t. 2, *Terminer la Révolution. De Louis XVIII à Jules Ferry (1814-1880)*, Paris, Hachette, coll. « Pluriel », 1988.

FURET, François et Mona OZOUF, *Le Siècle de l'avènement républicain*, Paris, Gallimard, 1993.

GALLAGHER, Catherine, *Nobody's Story*, Londres, Clarendon Press, 1994.

GELLRICH, Michelle, *Tragedy and Theory : The Problem of Conflict since Aristotle*, Princeton, Princeton University Press, 1988.

GIDE, André, Préface à *Armance*, Paris, Honoré Champion, 1925.

GUISE, René, « Balzac et le *Bulletin de censure* », *L'Année balzacienne*, 1983.

GUYON, Bernard, « Préface », in Honoré de Balzac, *La Muse du département*, Paris, Garnier Frères, 1970.

HAMON, Philippe, *Introduction à l'analyse du descriptif*, Paris, Hachette, 1991.

HARRISON, Nicholas, *Circles of Censorship*, Oxford, Clarendon Press, 1995

HERRENSTEIN-SMITH, Barbara, *Contingences of Value*, Cambridge (Massachusetts), Harvard University Press, 1998.

HESSE, Carla, « Reading Signatures : Female Authorship and Revolutionary Law in France, 1750-1850 », *Eighteenth-Century Studies*, 22, fall 1989.

HESSE, Carla, "Women in Print, 1750-1800 : An Essay on Historical Bibliography", *Studies on Voltaire and the 18th Century*, 1998.

HESSE, Carla, « Kant, Foucault, and *Three Women* » in Jan E. Goldstein éd., *Foucault and the Writing of History*, Oxford and Cambridge, Blackwell, 1994.

HOBSBAWM, E. J., *L'Ère des Révolutions (The Age of Revolutions)*, traduit de l'anglais par Françoise Braudel et Jean-Claude Pineau, Paris, Fayard, coll. « L'aventure des civilisations », 1969.

IKNAYAN, Margaret, *The Idea of the Novel in France : The Critical Reaction, 1815-1848*, Genève, Droz, 1961.

JAMESON, Fredric, *L'Inconscient politique* (*The Political Unconscious*, 1981), trad. N. Vieillecazes, Paris, Éditions Questions théoriques, coll. « Saggio Casino », 2012.

KELLER, Dorothy, *Fictional Genders. Role and Representation in Nineteenth-Century French narrative*, London, University of Nebraska Press, 1989.

KÖHLER, Erich, « Gattungsystem und Gesellschaftsystem » dans *Romantische Zeitschrift für Literaturgeschichte*, n° 1, 1977.

LANDES, Joan, *Women and the Public Sphere in the Age of the French Revolution*, New York, Cornell University Press, 1988.

LANGAN, Celeste, *Romantic Vagrancy : Wordsworth and the Simulation of Freedom*, Cambridge, Cambridge University Press, 1995.

LANGBAUER, Laurie, *Women and Romance*, Ithaca – Londres, Cornell University Press, 1990.

LEFORT, Claude, *Democraty and Political Theory* (1988), Minneapolis, University of Minnesota Press, s. d.

LE YAOUANC, Moïse, « En relisant *Le Lys dans la vallée* », *L'Année balzacienne*, 1987.

LUKÁCS, Georg, *Le Roman historique* (1965), traduit de l'allemand par Robert Sailley, Paris, Éditions Payot et Rivages, coll. « Petite Bibliothèque Payot », 2000.

LYONS, Martin, *Le Triomphe du livre*, Paris, Promodis, 1987.

MAIGRON, Louis, *Le Roman historique à l'époque romantique*, Genève, Slatkine, 1970.

MAN, Paul de, *Blindness and Insight, Essays in the Rhetoric of contemporary Criticism*, New York, Oxford, 1971.

MANN, Heinrich, *Flaubert und George Sand*, Leipzig, Insel Verlag, 1971

MARCUS, Sharon, « Disciplining Cultural Studies », intervention dans le cadre du « Colloquium for Nineteenth-Century French Studies », Santa Barbara, oct. 1994.

MARTIN-FUGIER, Anne, *La Vie élégante*, Paris, Fayard, 1990.

MARTINEAU, Henri, Introduction à *Armance*, Paris, Garnier, 1950.

MATLOCK, Jann, *Scenes of Seduction. Prostitution, Hysteria and Reading Difference in Nineteenth-Century France*, New York, Columbia University Press, 1994.

MEININGER, Anne-Marie, postface au *Lys dans la vallée*, Paris, Gallimard Folio, 1972.

MILLER, Nancy K., *Subject to change*, New York, Columbia University Press, 1988.

MILLER, Nancy K. et Joan DEJEAN, *Displacements. Women, Tradition, Literatures in French*, The John Hopkins University Press, 1990.

MILNER, Max, *La Littérature française*, t. XII, *Le Romantisme I (1820-1843)*, Paris, Arthaud, 1973.

MORETTI, Franco, *The Way of the World*, Londres, Verso, 1987.

MORETTI, Franco, *Atlas of the European Novel 1800-1900*, Londres, Verso, 1998.

PARENT-LARDEUR, Françoise, *Les Cabinets de lecture – La lecture publique à Paris sous la Restauration*, Paris, Payot, 1982.

PETREY, Sandy, *Realism and Revolution*, Ithaca (New York), Cornell University Press, 1988.

PETREY, Sandy, « George and Georgina Sand : Realist Gender in *Indiana* », *in Textuality and Sexuality : Reading Theories and Practices*, éd. M. Worton et J. Stills, Manchester, Manchester University Press, 1993.

PIERROT, Roger, « Introduction » aux *Mémoires de deux jeunes mariées*, *op. cit.*

PIERSSENS, Michel, « Armance : entre savoir et non-savoir », *Littérature*, n° 48 « Texte contre-texte », 1982, Url : http://www.persee.fr/web/revues/home/prescript/article/litt_0047-4800_1982_num_48_4_2175.

PLANTÉ, Christine, *La Petite sœur de Balzac*, Paris, Éd. du Seuil, 1989.

PRENDERGAST, Christopher, *The Order of Mimesis*, Cambridge, Cambridge University Press, 1986.

PRIOR, Henry, « Balzac à Turin », *La Revue de Paris*, janv.-fév. 1924.

RAYNAUD, Philippe, « La Déclaration des droits de l'homme », *in* Keith Michael Baker et Colin Lucas (éd.), *The French Revolution and the Creation of Modern Political Culture*, t. 2, Oxford, Pergamon Press, 1988.

ROSENVALLON, Pierre, « La République du suffrage universel », *in* François Furet et Mona Ozouf, *Le Siècle de l'avènement républicain*, Paris, Gallimard, 1993.

SCHAMA, Simon, *Citizens*, New York, Alfred A. Knopf, 1989.

SCHAEFFER, Jean-Marie, *Qu'est-ce qu'un genre littéraire ?*, Paris, éd. du Seuil, coll. « Poétique », 1989.

SCHOR, Naomi, *George Sand and Idealism*, New York, Columbia University Press, 1988.

SCHOR, Naomi, *Breaking the Chain. Women, Theory and French Realist Fiction*, New York, Columbia University Press, 1985.

SCOTT, Joan, *Gender and the Politics of History*, New York, Columbia University Press, 1988.

SCOTT, Joan, *Only Paradoxes to Offer*, Cambridge, Harvard University Press, 1996.

SÉCHÉ, Léon, *Hortense Allart de Méritens*, Paris, Société du Mercure de France, 1908.

SERVAL, M., *Une amie de Balzac*, Paris, Éditions Émile-Paul Frères, 1925.

STAROBINSKI, Jean, *L'invention de la liberté 1700-1789*, suivi de *1789 : Les Emblèmes de la raison*, Paris, Gallimard, 2006.

STEWART, Joan Hinde, *Gynographs*, Lincoln, University of Nebraska Press, 1993.

SULEIMAN, Susan Rubin, *Authoritarian Fictions. The Ideological Novel as a Literary Genre*, Princeton, Princeton University Press, 1993.

SZONDI, Peter, « *Tableau* and *Coup de Théâtre* », *New Literary History* 11, nº 2, hiver 1980.

TANNER, Tony, *Adultery in the Novel*, Baltimore, John Hopkins University Press, 1979.

TERDIMAN, Richard, *Discourse/Counter-Discourse*, Ithaca (New York), Cornell University Press, 1985.

TUDESQ, André-Jean et André JARDIN, *La France des Notables, I L'évolution Générale, 1815-1848*, t. 6 de la *Nouvelle Histoire de la France contemporaine*, Paris, Seuil, coll. « Points Histoire », 1973.

VIRIEUX, Denise, « Introduction à *Olivier ou le secret* », in Claire de Duras, *Olivier ou le secret*, Paris, Librairie José Corti, 1971.

WALLER, Margaret, *The Male Malady*, New York, Columbia University Press, 1993.

WALLER, Margaret, *Napoleon's Closet. The Emperor, the Priest and the Fashion Press*, Columbia University Press, à venir.

WALLERSTEIN, Immanuel, *The Modern World System*, vol. 3, Londres, Academic Press, 1988

WATSON, Nicola, *Revolution and the Form of the British Novel*, Oxford, Oxford University Press, 1994.

WEINBERG, Bernard, *French Realism : The Critical Reaction 1830-1870*, New York, MLA, 1937.

WRIGHT, J. Kent, « Les sources républicaines de la Déclaration des droits », dans Furet et Ozouf, *Le Siècle de l'avènement républicain*, *op. cit.*

INDEX DES NOMS

INDEX DES NOTIONS

TABLE DES MATIÈRES

IMPRIM'VERT®

Achevé d'imprimer par Corlet,
Condé-en-Normandie (Calvados),
en Mars 2022
N° d'impression : 175228 - dépôt légal : Mars 2022
Imprimé en France